U0069053

楊碧川——書

左派、烏托邦與馬克思主義的未竟之業

THE RISE AND FALL
OF THE
COMMUNIST PARTY
OF WORLD

共匪

# 目次

第四章
# 史大林主義

第五章
# 冷戰時代

第六章

# 動亂年代

 第七章

# 蘇聯東歐變天

第八章
# 蘇維埃帝國瓦解

# 《國際歌》（**L'internationale**）

Eugène Pottier 詞

Pierre Degeyter 曲

起來，飢寒交迫的奴隸，起來，全世界受苦的人！

滿腔的熱血已經沸騰，要爲眞理而鬥爭！

舊世界打得落花流水，奴隸們起來，起來！

不要說我們一無所有，我們要做天下的主人！

這是最後的鬥爭，團結起來到明天，

英特納雄耐爾，就一定要實現。

這是最後的鬥爭，團結起來到明天，

英特納雄耐爾就一定要實現。

〈瞿秋白譯〉

# 前言

楊碧川

在中國人（包括被國民黨反共教育洗腦的台灣人）的眼中，「最壞的匪」即思想上的叛亂犯。

不論你喜歡或討厭他，馬克思至今仍是屹立不搖的思想巨星，如果沒有他那令資產階級痛恨的共產主義思想，就沒有 20 世紀近 70 年的，擁有全世界 1/3 人口及 26％ 土地面積的紅色世界的出現。歐美資本家們打從心底就感謝馬克思、列寧、托洛茨基、毛澤東們，因為他們偉大的貢獻—暴力革命—使資產階級統治者振振有詞地強化剝削與鎮壓無產者，「假反共之名，行獨裁之實」（宋慶齡罵蔣介石的話）積累財富、繼續愚弄憨百姓，造成日益深刻的貧富差距的不平等世界。

所有罪過都怪 Dr.Marx，他到底錯在哪裡？

# 第一章

## 追求一個
## 公平正義的社會

馬克思（Karl Marx）

1516 莫爾《烏托邦》（Utopia）

1623 康帕內拉《太陽城》

1762 盧梭《社會契約論》

1776 亞當斯密《國富論》

1788 Sieye's《何謂第三等級》

1789 法國大革命

1793～1794 雅各賓獨裁（～1794）

1800 歐文實驗社會主義

1808 傅利葉《四運動理論》

1811 英國拉第特黨人破壞機器

1823 聖西門《產業者教理問答》

1825 俄國十二月黨人反亂

1828 邦納羅蒂《為平等而密謀》

1836 英國黨章運動

1839 布朗基領導四季社暴動

1840 普魯東《何謂財產？》

1844 馬克思《1844年手稿》

1847 馬克思《哲學的貧困》

1848 歐洲革命與馬克思《共產黨宣言》

1858 馬克思《政治經濟學批判》

1861 俄土地與自由社

1867 《資本論》第一卷

1864 第一國際（～1876）

1871　普法戰爭

1871　巴黎公社（3.18 ～ 5.28）鮑狄埃《國際歌》

1874　俄民粹運動

1878　俾斯麥《社會主義鎮壓法》（～ 1890）

1880　恩格斯《社會主義：從空想的到科學的》

1883　3.14 馬克思逝世（1818 ～）

　　　9.25 普列漢諾夫創立勞動解放社

1884　英國費邊社成立

1881　Sophia Perovskaya 指揮暗殺沙皇亞歷山大二世

1887　列寧之兄亞歷山大謀刺沙皇被絞死

1889　第二國際（～ 1914）

1890　德國社會民主黨（SPD) 創立

1891　SPD 通過《愛爾弗特綱領》

1894　法國德雷弗斯事件、中日甲午戰爭（1895）孫中
　　　山創立興中會

1895　台灣被日本統治（～ 1945）

　　　恩格斯逝世（1820 ～）

　　　12 月列寧與爾托夫被捕流放西伯利亞

1898　俄國社會民主工黨成立

1899　米勒蘭入閣風波

1899　伯恩斯坦《社會主義的前途與社會民主黨的任
　　　務》

1900　俄社民黨發刊《火星報》

1902 列寧《怎麼為？》

1903 7.30～8.10 俄社會民主工黨分裂為布爾什維克
與孟什維克

1904 日俄戰爭

1905 俄國革命

1909 列寧《唯物論與經驗論批判》

1910 日本大逆事件

1911 10.10 中國辛亥革命

1912 1.1 中華民國建國

1914 7.28 第一次世界大戰（～1918）

1915 陳獨秀《青年雜誌》

1916 河上肇《貧乏物語》 列寧《帝國主義》

1917 列寧《國家與革命》

3.12（2.27）俄國二月革命。彼得堡工兵代表蘇
維埃與臨時政府並立。

4.16 列寧回國發表《四月題綱》

7.16～18 七月暴動。

9.7～10 科尼洛夫叛國政變。

10.6 托洛茨基為彼得格勒蘇維埃主席。

11.7（10.25）十月革命勝利。

11.7～8 全俄工兵代表蘇維埃「二大」通過和平
法令，土地法令，列寧組織蘇維埃政府。

# 1. 社會主義

　　社會主義（Socialism）源自拉丁文 Socialis（社會的、即同伙，善於交際）到 1830 年代，歐洲人把社會主義假設成一個強調合作、反對競爭、主張協調、反對自私自利，要消除現有社會罪惡，尤其反對資本主義私有制的社會願景。

　　**烏托邦**　自古以來就有一些人追求一個不再被統治者壓迫，剝削的公平正義社會理想，柏拉圖（platon，427 ～ 347BC）的《理想國》把人分爲具有智慧的治國者（哲人王），具有勇氣的戰士和具有節制且安分守己的平民，三種人各司其職，他們所實踐的道德就是政的表現，這麼一來，

烏托邦（utopia）木刻版的地圖。

柏拉圖（platon）

這個正義王國終究將成爲極權國家。

16 世紀英國大法官莫爾（Thomas More，1478 ～ 1536）眼看權貴、地主圈地養羊以追求羊毛利潤，迫使失去土地的農民流離失所，淪爲乞丐，盜賊、娼妓而備受鞭打、烙印、監禁，敢怒不敢言，只好用拉丁文字寫了《烏托邦》（Utopia，1516）痛批「羊吃人」的社會亂象，他期待建立一個人人勤儉刻苦，摒棄私產和金銀財寶，共同勞動的理想社會，開創了近代歐洲社會主義思想的先河。

17 世紀義大利出現一位奔走義大利獨立的神甫康帕內拉（Thomoso Campanella，1568 ～ 1639），他坐牢 25 年，在獄中寫了《太陽城》（Civitas Solis，1602），期待出現一個「太陽」的明智哲人王統治世界。

法國查理曼大帝的後裔聖西門伯爵（Claude H.Saint-Simon，1760 ～ 1825）把社會矛盾概括爲「勞動者和遊手好閒者之間的對立」。不過他卻把工廠主、商人、銀行家都視爲廣義的勞工，以區別於貴族、神甫、高利貸的「遊手好閒者」。這位爵爺幻想建立一個「實業制度」（Système Industriel），由實業家、科學家和藝術家共同治理社會，排除一切不事生產者參政的權利。不過沒有任何一個實業家理睬他那理性的呼籲。傅利葉（Charles M.Fourier，1772 ～ 1837）被 1789 年大革命摧毀了辛苦掙得的財產，此後 40 年一貧如洗。他期待建立一個由 1,600 人組成的「方陣」——法朗吉公社（Phalange），人人把勞動當作快樂，天天換工作以滿足多樣的興趣。直到去世前，他每天中午坐在飯

桌旁空等慈善家的出現。不過傅利葉的信徒孔西得朗（Par V.Considerant，1808～1893）致力宣傳導師的理念，1830年代發刊《地球報》，風靡一陣子，甚至影響了俄國革命主義派。

英國工人歐文（Robert Owen，1771～1858）從小工當到 500 個工人的老闆，1800 年開始在自己的工場縮短工時為 10 小時，提高工資，禁止 9 歲以下童工，設立比市價低 1/4 的員工福利社，辦托兒所、夜校。他名滿天下，名利雙收，卻在 1824 年帶 4 個兒子去美國印第安那州（Indiana）買下 3 萬英畝土地，建立「新和諧村」（New Harmopy Community of Equality），兩年後失敗回家。歐文太樂觀的以為可以在地上建立一個聯合勞動、聯合消費、聯合保有財產的公社，並由此締造出一批誠實、正直、勤勞和集體勞動的「新人」。由於他的努力，促成 1833 年第一個「大不列顛與愛爾蘭全國產業部門大聯合」成立，象徵英國開始有了總工會的全國性大會組織。

這三大空想社會主義者認為，教育與宣傳才是主要推動力，他們並未想到「造反」也沒考慮如何組織、動員群眾起來反抗；但他們關懷弱者的心胸，豈是其他飽食終日的資產階級可以比擬的？

**暴力主義** 19 世紀又出現一些主張用暴力手段迫使統治階級改革，或煽動群眾起來革命的紅色思想家，加上否定國家、權威統治的無政府主義者們，都以直接行動喚起被壓迫大眾的轉變。

巴貝夫（Francios-Noël Babeuf，1760～1797）未受過正規教育，15 歲開始打工。他在管理地政事務所的檔案時，發現了地主霸佔土地的醜陋面。1792 年他被推為索姆省的長官不到半年，逃到巴黎，1794 年又為雅各賓派（Jacobins）辯護，說熱月政變是「富人反對窮人的內戰」，號召人民起義，1795 年 2 月他被當局判處煽動叛亂最下獄，在獄中結識義大利人邦納羅蒂（F.Buonarroti，1761～1837）。1795 年 10 月他出獄後宣佈：「專制的鐵窗使我的精神具有新的剛強和堅韌」，「如果今天我在『專制暴君』的眼裡不是個叛亂者，那麼我自己就使自己成唯一個罪人了！」

巴貝夫不懈地辦報、組織「平等密謀革命委員會」，發佈〈起義令〉，1796 年 5 月他被捕，1797 年 5 月被判死刑。他並不諱言窮人要起來奪權，用暴力建立一個真正平等的共和國。這個過程中需要有一個過渡期，先建立革命獨裁，教育和組織群眾，鎮壓敵人，實行有利於無產者（他指的是一般大眾）的改革，以完成過渡期的任務。

布朗基（Louis Auguste Blanqui，1805～1881）生於尼斯附近，1824 年參加燒炭黨（Carbonari），後來到巴黎大學念醫學及法律，1827 年起參加暴動，一生坐牢 33 年 7 個月又 6 天。他在法庭上傲然自稱自己的職業就是「無產階級」，「這是 3,000 萬以勞動維生，但卻被剝奪政治權利的法國人的身份！」他主張要由一群既熱情又專職的「覺悟者」組成革命團體來領導革命，並在革命後繼續教育人民，不必先忙著搞選舉，必須立刻行獨裁統治，立刻解除保衛資

產階級的軍隊，武裝全體工人爲國民軍，「不應當讓一隻槍留在資產階級的手裡」，當法國工人豎起刺刀的時候，就是社會主義的降臨。

他把每 10 個人組成一個小組，20 個人成立一個支部，互相不認識；宣誓要用暴力進行社會革命，建立平等社會。1838 年他又暗中組織「四季社」，每 7 個人爲一個「星期」，4 個星期爲一個「月」，再加「上月」的領導共 29 人；3 個月成一個「季」，由代號「春天」的人領導，4 個季爲一個「年」。1839 年 5 月 12 日「四季社」暴動，巴黎市民冷漠旁觀，布朗基被判徒指認被捕，1840 年 1 月判處死刑，再改判無期徒刑，1847 年 6 月才出獄。他終身共坐牢 37 年多，被軟禁 7 年多，流亡或監視 10 個多月。

布朗基發揚了巴貝夫的平等主義，又提出以職業革命家領導、教育人民去暴力革命，後來列寧師承了他的理念。

**無政府主義**（Anarchism）　即否認一切權威統治、沒有政府乃至沒有國家的政治理念。法國排字工人普魯東（Pierre-Joseph Proudhon，1809～1865）以《何謂財產》入選巴黎大學徵文大獎，這位 Besancon 的鄉巴佬借用布里索（Jacques-Pierre Brissot de Warville）的話說：「何謂財產？財產即盜竊！」（Qu'est-ce que la proprie'te' c'est le vol ！）他認爲私有財產只不過是掠奪他人勞動的成果，以及靠不勞而獲的利息、利潤、地租、租金等而來的。一小撮人擁有龐大的財富，大多數人卻陷入貧困的絕境。資本主義制度造成貧富不均；但共產主義公有制卻違反獨立原則，消滅私有制

使人不能獨立，只不過把目前強者與弱者的狀況顛倒過來，使弱者剝削強者罷了。

普魯東主張絕對的平等，即「過渡到愈來愈平均地分配知識、勞動和產品」。他反對一部份人統治另一部份人，要建立一個沒有主人、沒有首長，人人完全自由、平等，尊重所有人意見的秩序和無政府狀態結合的政治形式。國家只是保護少數特權階級對勞動大眾的壓迫，民主政治是用謊言來騙選票，選出來的民代所制定的是壓迫人民的法律。

不要權威！教會、國家、土地、金錢統統不要成為權威！讓自由的契約代替專制的法律，讓自願的協商代替國家的仲裁；讓公道和平等代替鐵面無情和至高上的司法；讓理性的倫理代替啟示的倫理；讓力量均衡代替權力的均衡，讓經濟統一代替政治極權。因此，要通過個人、公社、團體間建立契約及合作關係，來和平地消滅國家。不過他也深知大多數法國工人渴望自己有一天當上老闆，過著中產階級的生活。所以他不反對財產私有權，只主張取消不勞而獲的收入，建立一個綜合共產制和私有制的「第三種社會形式」，即以平等、法律、獨立性和相對性為基礎的小私有制社會。

普魯東反對暴力革命以及罷工，因為對有錢人的暴力行動，將引起大亂和專制，加劇社會的階級仇恨。普魯東的思想混亂，前後矛盾，但卻深刻地影響法國及西南歐國家（義大利、西班牙），再影響俄國巴枯寧、克魯泡特金以及東歐的工人運動。

**無政府工團主義**（Anarcho-syndicdlism）　法國政府土

木工程技師索列爾（Georges Sorel，1847～1922）在《暴力論》等著作中一方面強調工團（法國無政府主義工會）的自主發展，反對政黨對工人運動的領導。同時又強調議會鬥爭不會使工人階級得到解放，是一批人領導另一批人，這是強迫組織某個社會秩序，勞動階級透過「總罷工」這個暴力，激起團結意識，將非自動自發地培養出高貴與莊嚴的情操，以直接行動（Action Direct）來展現自己的主張和力量。

俄國貴族子弟巴枯寧（M. A.Bakunin，1814～1876）受黑格爾哲學的洗禮，又接受赫斯（Moses Hess，1812～1875）的一句話影響，「為了推翻一切，人必須進行破壞。要知道，否定的本身也包含著肯定。」他開始主張不妥協，徹底地破壞一切，「破壞的慾望也就是創造的慾望。」

赫爾岑回憶巴枯凝視：「他無所不能，他可以成為煽動家、護民家、宣傳家、宗派和教派的首領。隨便他在哪裡，只要這個地方是一種運動的最突出點，他就能喚起民眾，並指定他們的方向。」

巴枯寧在 1848 年到處搞暴動（從布拉格到德累斯登），兩度被判死刑（1849），最後被引渡回俄國（1851）。他向沙皇寫懺悔書，1857 年被流放西伯利亞，1861 年經過日本、美國逃抵倫敦。1863 年他參加波蘭起義失敗，開始宣傳自己的無政府主義，1868 年創立「國際社會主義民主同盟」，1869 年加入第一國際。巴枯寧和馬克思的鬥爭，使他於 1872 年被開除，1876 年病逝於柏林。

社會主義的基本信念是平等，無政府主義主張的是自

由。他認為一切權力與壓制都在侵犯自由，強調個人自由是至高無上的基本條件。要實現個人自由，只有建立在人與人之間無條件的平等之上，以及政治、經濟、社會各方面的平等，是無政府主義奮鬥的目標。他否定上帝這個不祥之物，指出人的祖先比其他動物多出了兩種寶貴的天賦──思考的能力和反叛的慾望，撒旦才是「永遠的反叛者，最初的自由思想家和世界的解放者」。他否定既有的權威、體制、軍隊、銀行、大學，要徹底破壞這些體制，「不但從財產方面開始，也要從政治、軍事、司法及警察各方面，全面地宣告破產。」

他痛批馬克思主義沒有自由，因為共產主義必須有著規

巴枯寧（M. A. Bakunin）

則和組織的暴力，必須承認國家的必要性，這將導致回歸到權力原理與國家統治方面，「由少數人建立一種監護組織，由這些有才幹和有德性的人來監督與引導這一大群固執、可怕的即人民的行動。」

他主張革命者只知道一種學問，即「破壞的學問」。他認爲「流氓無產階級」（Lumpenproletariat）（流氓、乞丐、強盜）才是破壞的主體力量。工人階級已沾染了資產階級習氣，已不能成爲革命的主力了。他和馬克思對先進國勞動階級的看法完全南轅北轍。這兩位大師的鬥爭導致第一國際瓦解，解果兩敗俱傷。

## 2. 馬克思

共產主義（Communism）在 1830 年代已經和社會主義混爲一談，直到馬克思才把共產主義變成無產階級解放，用暴力革命推翻資產階級統治，實現無產階級專政（獨裁）的一種行動的思想。

**青年馬克思**　馬克思（Karl Heinrich Marx，1818.5.5 ～ 1883.3.14）誕生於普魯士萊茵省特利爾（Trier）的一個猶太人律師家庭，他們已改信新教。他家住在天主教徒區，一直和整個社會疏離，馬克思對「所有逝去的祖輩留下的傳統就像惡魔那樣重壓在我們活著的人的心頭上」的猶太族遺產極端厭惡，終身成爲漂泊的世界公民。

1835 年起馬克思唸過波昂大學一年，再改唸柏林大學

（～1841），結識了鮑威爾等「青年黑格爾派」（1837），畢業後的哲學博士找不到頭路，1842 年 2 月起投稿科隆的《萊茵報》，10 月去那裡當主編，他不斷批判普魯士國家、教會和貴族，終究主動辭職，1843 年 11 月馬克思帶著 Jenny 到巴黎和盧格（Ruge）夫婦一起住在塞納河左岸。兩個女人很快鬧翻，盧格不久又病倒離開。1844 年 2 月，馬克思獨撐《德法年鑑》（1,000 冊），到處借錢，籌到 6,000 法郎，差點餓死。

馬克思已經自學掌握了法語（他自小通希臘文、拉丁文），經常出入義大利、波蘭、俄、德亡命客和僑民聚集的

恩格斯（Friedrich Engels）

咖啡廳，冷靜而不介入他們的爭論。他在集會上看到「博愛」不是一句空話，「在他們留下勞累痕跡的臉上，閃耀著高尚的精神。」法國社會主義思潮第一次令馬克思心嚮往之。

當燕妮帶著大女兒回娘家時，24 歲的恩格斯（Friedrich Engels，1820 ～ 1895）在 1844 年 8 月 24 日和馬克思在一家咖啡店碰頭，此後 10 天建立 40 年不渝的革命友誼。恩格斯是普魯士 Barmen（Wuppertal）一個富裕猶太人工廠主的兒子，1838 年中學休學就被老父強迫至不萊梅學做生意，1841 年自願當砲兵，他在柏林服役時，常到大學旁聽黑格爾哲學課程，坐在他前面的是巴枯寧。1842 年他去英國曼徹斯特工作，由於早先投稿《萊茵報》，1844 年又投稿《德法年鑑》，和馬克思建立同志情誼，兩人合寫一本小冊子，最後變成 300 頁的《神聖家族》。恩格斯在英國研究政治經濟學和社會運動，1842 年 10 月他退伍時到科隆拜會赫斯。赫斯點醒他說，只有作為實踐人道主義的共產主義，才能圓滿地解決社會問題。恩格斯帶給馬克思一個關於進步工業社會實際狀況的具體材料，打開了馬克思研究政治經濟學的視野，為他更加宏大的歷史主題提供了物質證據和思考方向。

除了社會主義和英國古典政治經濟學，馬克思用德國古典哲學的成果，「特別是用費爾巴哈唯物主義哲學得以產生的黑格爾體系的成果豐富了哲學。這些成果中最重要的就是辯證法。」[1]

---

1　列寧《馬克思主義的三個來源和三個組成部份》（1913）

黑格爾（Georg Wilhelm Friedrich Hegel）

　　黑格爾（Georg Wilhelm Friedrich Hegel，1770 ～ 1831）
念過杜賓根神學校，任教海德堡和柏林大學，1829 年爲柏
林大學校長。他主張「人的存在在他的頭腦即理性中有它的
中心，在這個中心的啓發下他建立起現實的世界」。黑格爾
從絕對精神（Absoluter Geist）出發，認爲絕對精神是自然
界及人類社會出現以前的一種精神或理性的存在，是一切
事物的本源。絕對精神獨立自主的發展，從邏輯階段開始，
經過自然階段，最後發展到精神階段而回歸自身。他分析了
人類意識的發展，從意識對此時此地直接知覺過程，到自我
意識即人能夠分析這個世界，並相應地安排他自己的行動

的理解階段。接著是理性本身，即理解現實的階段。之後精神便依靠宗教和藝術獲得絕對的知識，人清楚地認識到他自己的理性在這個世界上的各個階段。這些階段即「異化」（alienation），因爲這些階段是人類心靈的產物，但又超越人類的心靈。每一個後續階段在超越出前一個階段的同時，又獲得了前幾個階段的成分，這個運動過程即「揚棄」（aufhaben）。[2]

恩格斯指出，黑格爾把整個自然、歷史和精神的世界描寫成一個過程，即處於不斷的變動、變化和發展的過程，並揭示這種運動和發展的內在聯繫。[3] 事物不是孤立靜止的，而是處於內在的必然聯繫和轉化發展之中；世界是不斷運動、變化和發展的。其運動、變化、發展的動力，就是它本身所固有的內在矛盾。

不過，黑格爾在現實上關心的是「市民社會」（civil society）這個由人類私欲和勞動交換構成的社會。人類的意識在人間的司法、社會和政治機構中客觀地顯現自己，只有這些機構才能使人類獲得充分的自由。只有最高統一的機構——國家——才能把特殊的權利和普遍的理性統一起來。因此，黑格爾否定人生而自由，在市民社會的競爭（經濟戰爭）和社會衝突中，唯有國家才能扮演協調的角色。國家成爲倫理、理念的最高（絕對）精神的體現，普魯士國家就是歷史

2　引自 David McLellan，"Marx"，第 2 章「Fontana」，1978 年。
3　恩格斯《反杜林論》

發展的最高峰。他一頭栽進普魯士專制主義的懷抱裡，順應了德意志人民從經濟統一到政治統一的潮流。

馬克思受費爾巴哈（Ludwig Feuerbach，1804～1872）的影響，這位本來在大學教書，因為批判宗教而被趕出校園的黑格爾左派人士指出：人對自然現象的恐懼而最終崇拜神明，而自然界是不依人的思想而客觀存在的，人的意識和思維是物質器官即人腦的產物。人怎麼想、怎麼主張，他的上帝也就怎麼思維和主張了。物質的、可以感覺的世界才是真實的世界，精神是物質的最高產物。黑格爾把個人理性變為絕對和獨立的實體，並把意識及意識所反映的對象割裂（對立），把人腦的產物獨立並高於人腦（黑格爾稱為「異化」），作為主體的是理性、精神，人卻自我外化其外；人的本質及能力在人的外界，反過來支配了人，這就是「人的自我疏離（異化）」。要克服它，唯有把黑格爾哲學顛倒過來，即把主體和客體倒立過來。馬克思在《資本論》第1卷第2版的序言中指出：「觀念的東西不外是移入人腦，並在人腦中改造過的物質的東西而已。」他宣佈必須把黑格爾辯證法倒立過來，「以便發現這種神秘外殼的全部核心。」

1845年，馬克思在《關於費爾巴哈的題綱》指出：(1)從前的一切唯物主義……的主要缺點是：對事物、現實、感性，只是從客體的或直觀的形式去理解，而不是把它們當作人的感性活動、當作實踐去理解。(3)環境的改變和人的活動的一致，只能被看作是並且合理地理解為革命實踐。(11)哲學家門只是用不同的方式解釋世界，而問題在於改變世界

（Die philosophen haben die Welt nur verschieden interpretiert; es kommt darauf an,sie zu verandern）。

這就是馬克思獨創的「唯物辯證法」（dialectical materialism）。他本人沒有界定過什麼是唯物辯證法，而是由恩格斯後來提出，再由列寧欽定成爲三大定律。首先，物質是第一性的，而且只有物質世界才是實在的，精神、思維、觀念是第二性的，或者僅僅是物質因素的反映或衍生物。

⑴量變到質變的轉化 內在的運動的本質（quantity）受到量（quality）的改變，例如水的汽化或結冰，起先是察覺不出來的。當量變到質變，一旦超越了界線，變化就不再是逐漸的，而是一種飛躍，不再是漸進的，而是革命的了。

⑵對立物互相滲透 內部矛盾有其肯定與否定的兩面，它們之間的衝突釋出能量。「矛盾」（contradiction）是相互反對的要素的並存，這些要素既同時存在，又互相反對，例如數學上的正、負數。一切運動和變化都是變化中的物體內在矛盾所引起的。

⑶否定的否定 由舊的產生新的事物，但後者本身又構成新的矛盾，並發展到自我否定。肯定與否定是對立面（opposite antithesis）的統一，辯證的否定是對舊事物既克服又保留（黑格爾的「揚棄」），是包含著肯定因素的否定。[4]

---

4 黑格爾辯證法：「正」（thesis）是事物最初、最直接、最直覺的狀態；與其相反，通過我們自身的體驗加以反省、分析的「悟性階段」，是對上一個階段的「反」（antithesis）。達到這兩個階段，事物本身開始分裂，一方面達到新的質，另一方面則失去了原來的面目和本質，達到自覺或理性階段，

　　馬克思從《黑格爾法哲學批判》（直到 1943 年才問世）開始批判黑格爾，他認為國家和法的根源是物質生活，這種物質生活的總和就是市民社會。這一突破在 1844 年的《黑格爾法哲學批判導言》中他指出：物質的力量也只能用物質力量來摧毀，「但理論一經掌握群眾，也就會變成物質力量。理論只要說服人，就能掌握群眾；而理論只要徹底，就能說服人。所謂徹底，就是抓住事物的根本，但人的根本就是人本身。」

　　**異化勞動**　《1844 年經濟學哲學手稿》（1934 年才出版）中，青年馬克思批判英、法古典經濟學家片面、簡單地把人當作經濟齒輪上的一個小齒輪而已。儘管亞當・斯密（Adam Smith，1723 ～ 1790）、李嘉圖（David Ricardo，1772 ～ 1823）提出勞動價值論，認為勞動是價值的源泉，商品的價值是由生產商品時消耗的勞動量所決定的。他們又指出，利潤和工資互相矛盾，工資越高，利潤越低，反之亦然。

　　馬克思發現，資本主義發達以來，「勞動者」淪為最悲慘的商品，只能出賣自己的勞動才能活下來。然而，他所創造出來的勞動，作為一種異己的力量存在，作為不依賴於生產者的力量，同勞動者相對立。工人拼命工作，又同時喪失了勞動的生活資料（土地、工具、原料等等），以及生命肉體所需要的資料；「而淪為兩方面的奴隸」。勞動外化於

---

即「綜合」（synthesis）。

他，成為同他對立的一種自立的力量。他生產愈多、產品愈精緻，他就變得愈粗鄙。當勞動成為勞動者的外化之物時，勞動對勞動者而言是否定的，不再是自由的肉體與精神的動力。他的肉體被消耗，精神頹喪了。勞動不再屬於他，而變成一種強制勞動，使他一輩子犧牲，並死於悔恨中。

　　人，人的活動和人的活動產品，這三者都被「異化」了。人疏離他的生命活動和他的產品時，他又同時疏離了其他人。勞動產品表現為資本，即對勞動的支配。社會分工成為敵對的社會階級，競爭的必然結果是資本集中到少數人手中，最後整個社會非分裂成有產者與勞動者兩個階級不可。馬克思宣佈：「社會私有制和奴隸的解放，當採取勞動者的政治解放形式，這不只意味著只有勞動者的解放，而且包含著人類的解放。」因此他贊成共產主義：「共產主義是私有

亞當・斯密（Adam Smith）　　　李嘉圖（David Ricardo）

財產即人的自我異化的積極的揚棄，因而是通過人並且爲了人而對人的本質的眞正佔有；因此，它是人向自身、向社會（即人的）的人的復歸。」

這種共產主義等於人道主義，又等於自然主義，它是人和自然之間、人和人之間的矛盾的眞正解決。共產主義的起源是「歷史的全部活動」，現階段主要是經濟問題，即取消私有財產制，人必須全面從異化勞動中解放出來。

**歷史唯物主義**（唯物史觀） 馬克思、恩格斯從 1844 年合著《神聖家族》起，開始逐步建立唯物史觀，後來馬克思在《資本論》概括地說：「勞動，首先是人和自然之間的過程，是人以自身的活動來引起、調整和控制人和自然之間的物質變換的過程。」

通過勞動創造了自我，就是人類歷史的基本要素。在《德意志意識形態》（1846）中，馬克思指出：人在現實活動中進行物質生產，是在一定物質的、不受人的意志所左右的界限和條件下能動地表現自己。如此，人就「不得不成爲各種制度、表現、觀念的生產者了」。他強調：「不是社會意識決定社會的存在，恰恰相反，是社會的存在決定人的意識。」

在《政治經濟學批判》導言中（1859）他又指出：「人們在自己生活的社會生產中發生，必然不以他們的意志爲轉移的關係，及同他們的物質生產力的一定發展階段相適合的生產關係，這些生產關係的總和構成社會的經濟結構，即有法律、政治的上層結構樹立其上，並有一定的社會意識形態

《資本論》（Das Kapital）封面

與其適應的現實基礎。物質生活的生產方式制約著整個社會生活、政治生活以及精神生活的過程。不是人們的意識決定人們的存在，相反的，是人們的社會存在決定人們的意識。社會的物質生產力發展到一定階段，便同它們一直在其中活動的現存生產關係或財產關係發生矛盾。由於這些關係，便由生產力的發展形式，變成生產力的桎梏。那時，社會革命的時代就到來了。隨著經濟基礎的變更，全部龐大的上層建築也會或慢或快地發生變革。」

　　如果太片面強調馬克思對社會、歷史觀的必然性和預定性，則忘了他的哲學並不是一種解釋世界，而是要改變世界

的哲學[5]，馬克思從未忘記，人才是創造歷史的主體，「歷史不過是追求自己目的的人的活動而已。」無產階級只能通過階級鬥爭和暴力革命，才能把自己和全體被壓迫勞苦大眾解放出來，他堅持這是歷史的必然方向。一個被戴上枷鎖的階級，不能再求助於歷史的權利，只能求助於人的權利，並且只有通過人才能完全回復自己本身。

使生產資料公有化、消滅私有制和人剝削人的現象，最終建立一個沒有剝削、沒有階級的共產主義社會。共產黨的目的「只有用暴力推翻現在的社會制度，那些統治者在共產主義革命面前顫抖吧！無產者在這個革命中失去的只是自己頸上鎖鍊，而它們所獲得的卻是整個世界。」

「全世界無產者，聯合起來！」（Proletarier aller Lander vereinigt euch! Proletarians of all lands, unite!）

**困頓中的馬克思**　馬克思在倫敦生活困頓到繳不起房租，被房東拿走小孩的玩具。長子（8 歲）及其他兩個兒子夭折，只剩下 3 個女兒活下來，不過他和女傭海倫娜・德穆特（Helene Demuth）有一個私生子（1851），幸虧恩格斯出面撫養才擺平風波。

馬克思自私、傲慢，經常在深夜寫稿，猛抽菸斗裡的劣質菸草，被家人干擾就暴跳如雷，痔瘡更永無止境地折磨他。普魯士的密探施蒂伯（Wilhelm Stieber，後來當上警察局長）潛入馬克思家裡，寫信給燕妮的大哥（內務大臣）說：

---

5　Althusser, "Lenin et philosophie", 1969

「他眼睛倨傲，洞察力強，有點魔鬼般的東西，令人忐忑不安。……他經常喝酒，整天閒逛，但是一旦工作起來就不眠不休。」他家裡破破爛爛，積滿灰塵，凌亂不堪。在房間中央有一張搖搖欲墜的大桌子，上面鋪一塊漆布，桌上堆著手稿、書和玩具、破餐具、一盞燈、一把荷蘭煙斗、一個菸灰缸。

　　在倫敦沒幾個英國人理他，只有經濟學者穆勒（John Stuart Mill）偶而出入他家而已。他寫了一大堆有關資本的書，卻一毛錢也沒有賺到，幸好獨身的恩格斯照顧他一家30年。儘管1856年得到遺產，才搬到一個較好的房子租下來，仍靠典當過日子。1846年母親去世和沃爾夫留下的遺產，使他的日子好過些。1850年代馬克思只靠投稿《紐約每日論壇報》的微薄稿費（有常常領不到錢）度日，燕妮恨不得把兒女帶進墳墓，她不想再受苦了。這就是資產階級眼中頭號「共匪」的實際生活！

　　揭露資本主義的真面目的馬克思流亡倫敦後，用近40年時間研究資本主義的生產過程以及資本的生產和分配。其主要論點是針對資本家對無產階級的剝削，資本和生產的積累和集中，資本主義危機、社會矛盾和異化──這些邪惡勢力必導致資本主義的崩潰。[6]他生前才發表《資本論》（Das Kapial:Kritik Der politischen Ecomomie）第一卷（1887）第2卷（1907）第3卷（1909）分別問世。

---

6　張正修《馬克思主義經濟學理論與發展》P.28～P.30，《保成》，2001年。

馬克思全力研究資本主義體制下人如何被異化，人和勞動被商品化過程的這個「秘密」。他揭露資本主義經濟規律及其不可克服的內在矛盾，並通過共產主義奪回那已被商品化了的無產階級原有的自由人性。

「商品」通過交換來組織勞動產品的生產，而有了使用價值和交換價值。資本主義經濟學認為價值由市場決定，馬克思確認為價值是由包含在生產中的社會必要勞動時間來決定。一個人每天勞動生產出來的產品，可以以物易物或通過貨幣來交換，這就產生了有人從中獲利，通過商品再獲得更多的東西，再創造利潤。這個常識下掩蓋了一個事實：剩餘價值（surplus value）。一個工人每天工作四個小時即可維持生活，那麼他另外四個小時的工作所創造出來的價值，就被老闆、資本家完全佔有和剝削了。如果沒有這個差額所創造出來的利潤（即剩餘價值），就沒有人會僱用工人或投資生產了。

資本家不是用貨幣買進工人的勞動，而是買進了他的勞動力。勞動在資本主義制度下變成了商品，有一定的價值。剩餘價值創造了利潤，所有商品的價值最後唯一共同的性質，就是它們都是人的勞動——抽象人類勞動——的產品。有了這個基準，商品才有交換價值。勞動成為商品，在市場上以貨幣的形式進行買賣。

剩餘價值又轉化成貨幣，貨幣再轉化成資本。隨著生產技術的進步，資本家延長勞動時間，或降低工資（勞動力的價值），或擴充殖民地以攫取低廉原料等等手段，阻止利潤

下滑。一切提高生產力的方法，「都是靠犧牲工人來實現」；一切發展生產力的手段都變成統治和剝削生產者的手段。最終工人被資本主義制度折磨，失去了智力。

任何一項人類的勞動產品，都具有一定的使用價值和交換的價值，所謂商品（Were,Commodity）終究變成用來交換而不再是自己直接消費的社會勞動產品（拉薩爾說：「難道棺材店的老闆首先為自己和家人製造棺材，有多餘的才拿出去賣嗎？」）當不再以物易物，而用一種媒介作為交換的手段時，商品就進入以貨幣（Geld,money）作為交換尺度的貨幣經濟時代。另一種不事生產，完全靠貨幣進入市場，不是為買而賣，而是為賣而買，就產生了高利貸及商人，這些人擁有貨幣而帶來的利潤，就積累起資本了。

當勞工的勞動產品成為資本家手中的商品，並且他的勞動也以時間和貨幣來計算工資時，勞動也就商品化了。

商品—貨幣—商品的形態變成商人拿貨幣創造了利潤（G'=G+AG），/C-M'-C),m'=m+m, m 就是剩餘價值（Surplus value/mebrwerts）

在《共產黨宣言》中馬克思盛讚資產階級的革命作用，他們「抹去了一切向來受人尊敬和令人竟為的職業的神聖光環，它把醫生、律師、教士、詩人和學者都變成了它出錢招雇的僱傭勞動者。資產階級在不到一百年的階級統治中所創造的生產力，比過去一切世代所創造的全部生產力還要多、還要大。」

馬克思並未忘記譴責資本家所得到的積累，是「從頭到

腳，每個毛孔都滴著血和骯髒的東西」。資本累積最終形成一個社會金字塔頂尖的少數人，以及大量不滿受剝削的勞工和殖民地奴隸所形成的金字塔底盤。在《資本論》第一卷最後部分，馬克思樂觀地預言這種轉化過程，由資本主義生產過程本身的機構所訓練、聯合和組織起來的工人階級的反抗，也不斷地增加。最後當資本壟斷形成的生產方式的桎梏、生產資料的集中和勞動力的社會化，達到了同它們的資本主義外殼不相容的地步，「這種外殼就要炸毀了，資本主義和私有制的喪鐘就要敲響了，剝削者就要被剝奪了。」

馬克思的偉大在於把這一切理論作為無產階級的武器，勞動階級一旦掌握了這個批判的武器，必將成為資產階級的掘墓人。建立無產階級專政，不但消滅了階級剝削，同時也找回了人真正的自由。

**無產階級專政**（Die Diktatur des Proletariats）　就是在無產階級革命中，無產階級首先使自己上升為統治階級，爭得民主，聯合成一個階段，並以統治者的資格用暴力消滅舊的生產關係，從而消滅了它自己這個階級的統治。代替那個存在著階級對立的資產階級舊社會的，將是這樣一個聯合體，在那裡，每個人的自由發展是所有人自由發展的條件。

1850 年的《法蘭西階級鬥爭》中，馬克思首次明確提出無產階級革命的目標是要建立「無產階級專政」，推翻資產階級專政，宣佈不斷革命，達到消滅一切階級差別，「達到消滅這些差別所產生的一切生產關係和其相適應的一切社會關係，達到改變由這些社會關係產生出來的一切觀念的必

然的過渡階段。」1875 年《哥達綱領批判》中，他又認為，在資本主義社會和社會主義及共產主義社會之間，有一個從前者轉變為後者的過渡期，這個時期的國家只能是無產階級專政。

1871 年巴黎公社成立後，馬克思盛讚公社已經開始搗毀國家機器，把權力交給人民；並且沒有解除自己的武裝，沒有把權力交給統治階級的共和主義騙子們。公社由工人選出代表的議會，兼具管理和立法的功能，廢除常備兵和警察，以武裝的民兵來取代。

馬克思為 19 世紀歐洲勞動運動提供了一套理論和道德的訴求。他第一次把社會主義運動解釋為勞動階級（即工人無產階級）從自身的解放開始，指向未來摧毀資本主義社會的運動。

對未來社會的設想在馬、恩設想的未來社會裡，生產資料全歸全體成員所佔有，但一切發展過程首先是共產主義社會的第一個階段（社會主義社會）和共產主義社會的高級階段。第一階段使人們享受日益富足的物質生活，及提高文化精神生活，接著進入消滅一切階級和階級差別，消滅城鄉差別和腦力勞動與體力勞動的差別，實行按勞分配原則。這樣，全體社會成員都將成為全面發展的新人，在資本主義與社會主義肢兼有個過渡期，這個時期必須實行無產階級專政。

無產階級專政的國家不是被摧毀的，而是自行消滅，對人的統治將由對物的管理和對生產過程的領導所代替。如此，人類實現了從必然王國向自由王國（realm of ne cessity and realm of free dom）的飛躍。[7] 由於科學技術的高度發展，生產力的高度發展，人的文明水準和認識能力的極大提高，認識改造自然和社會能力也必然得到極大的提高，可以十分自覺地掌握和運用自然和社會規律，真正成為能自由駕馭自然和社會的自由人，追求更高的理想世界，完全自覺地創造自己的歷史。

**革命理論** 統治階級不可能自動放棄維護現存的社會制度的工具，因此無產階級反對資產階級的鬥爭是從小到大，從低級形式到高級形式。一旦鬥爭發展到十分激烈的程度時，就要爆發革命，無產階級就要奪取政權，資產階級利用手中握有的國家機器鎮壓無產階級的反抗，無產階級只有通過暴力革命才能奪取政權。

歷經 1848 年革命和 1871 年巴黎公社革命的血淋淋教訓，馬、恩除了主張無產階級通過暴力革命推翻資產階級統治的同時，必須打碎舊國家機器，把它的軍隊、警察、法院、監獄等加以改組、改造或撤換，建立自己的統治。不過，馬、恩並沒有完全否定和平過渡的可能性，但認為那是一種例外，然而理想與現實的落差，在 19 世紀的第一國際（1864 ～ 1876）及第二國際（1889 ～ 1914）都在現實上無法達成

---

7　必然王國指的是人在認識和實踐活動中，對客觀事物及其規律還沒有真正認識，因而不能自覺地支配自己和外部世界；自由王國則指人已認識了客觀事物的規律，並自覺地依據這種認識來支配自己和外部世界。意即人擺脫了自然界和社會領域的盲目力量的支配，能自覺地創造自己的歷史的狀態。《資本論》第 3 卷：「在必然王國的彼岸，作為目的本身的人類，能力的發展，真正的自由，就開始了。」

無產階級暴力革命奪權的理想。

> ### 馬克思並未發明階級鬥爭理論
>
> 在他寫給魏德邁的信中（1852.3.5）說：「……至於講到我，無論是發現現代社會中有階級存在或發現各階級間的鬥爭，都不是我的功勞……我所加上的新內容就是證明了下列幾點：(1)階級的存在僅僅同生產發展的一定歷史階段相聯繫；(2)階級鬥爭必然導致無產階級專政；(3)這個專政不過是達到消滅一切階級和進入無產階級社會的過渡。」

# 3. 馬克思主義的未竟之業

第一國際（International Workingmen's Association）是馬克思一生最得意的傑作，他躊躇滿志至宣佈「奪取政權已成為工人階級的偉大使命」，但 12 年內卻捲入蒲魯東派和巴枯寧派的挑戰，加上英國式工聯主義中那些強調勞資協調通過合法途徑，要求政府立法保障工人政治權利的路線，疲於應付。

馬克思力辯不要把鬥爭侷限於「對資本進行游擊式的博鬥，而應當運用自己組織的力量，力求消滅雇用勞動制，最終解放工人階級」（1865 年《工資價格和利潤》）。1871年 9 月在倫敦大會上，馬、恩痛批巴枯寧鼓吹工人放棄政治

鬥爭，就等於把工人推入資產階級政治的懷抱。革命是政治的最高行動，誰想要革命，誰就必須承認準備革命和教育工人進行革命的手段，工人應當利用他們所擁有的一切手段，反擊資產階級政府，包括利用議會講壇的手段。

馬、恩樂觀地期待「要使工人擺脫就政權支配的最好辦法，就是在每一個國家裡建立一個無產階級政黨，這未免太烏托邦式的不切實際理想。

猶太人拉薩爾（F.Lassaller，1825～1864）的《公開的答覆》（1863）中主張工人階級必須組織自己的獨立政黨，並在國家干預與協助下組成合作社和資本家競爭，為達成此目標，勞工首先要爭取普選權，利用一切合法手段展開一個和平的、合法的宣傳之手段。由國家出資建立合作社及一個中央委員會來調節生產，消滅資本主義經濟危機，使工人成為企業主，獲得自己的全部勞動成果，建立一個純粹的「社會主義共和國」。

普魯士勞工在他的號召下成立「全德工人聯合會」（ADAV，1863）拉薩爾為首任會長，但他卻因為橫刀奪愛而被情敵在決鬥中殺死。馬克思感傷地寫信給恩格斯說：「他畢竟是我們敵人中的敵人，如今像一隻老鼠一樣，躺在那裡再也不能說話了。」

1875 年 5 月 23～27 日，馬克思嫡傳的李卜克內西（W.Liebknecht，1826～1900）、工人倍倍爾（A.Bebel，1840～1913）的愛森納赫派與拉薩爾派在哥達（Gotha）合併為「德意志社會主義工人黨」（SAPD），1890 年後改稱

「德國社會民主黨」（SPD）。

　　事先看過《哥達綱領草案》的恩格斯十分不爽，他認為「我們的人在理論上比拉薩爾派高明 100 倍，卻在政治機警上差了 100 倍」。李卜克內西在 4 月 1 日回信說：「您的責怪是多餘的」，綱領的缺點可知，而且大家一開始都已心知肚明，但是「只要不想合併的協商破裂，這些缺點在代表會議上就不可能避免了，……要嘛就是這個綱領，否則就沒有合併了。」事實上李卜克內西在制定綱領時相當自作主張，反映他自己的觀點。馬克思氣得寫《哥達綱領批判》（1875.5.5），而被徒弟們扣押這封措辭尖銳的文件，15 年後才由恩格斯公佈。

　　《哥達綱領》是拉薩爾主義的勝利，與其陳義過高的抽象理論，工人們感興趣的是具體的限制工時、提高工資、不受限制的結社集會自由權。馬克思的精神只有一條，即工人階級解放是國際兄弟聯合行動。何況兩派合併後人數增為 32,000 人（1877），並在 1877 年帝國國會選舉上獲得 12 席（薩克森區就有 9 人）；《前進報》（Vorwarts，1876）成為黨報，加上文藝雜誌《新世界》，擁有 30 個工會、5 萬人支持新政黨。

　　**巴黎公社**　1870 年 7 月普法戰爭爆發，9 月 2 日拿破崙三世兵敗被俘於色當，巴黎市民於 9 月 4 日湧上街頭，要求建立共和國，資產階級宣佈成立第三共和國，但在 20 萬普軍兵臨城下，只能屈服，巴黎市民憤而起義，11 月 1 日遭政府軍反擊而敗，普軍圍城 131 天，1871 年 1 月 28 日國防

巴黎公社革命時在街道上堆障礙物。

政府向普魯士投降，2 月 17 日梯也爾把國民議會遷往凡爾賽，同時解除革命工人的武裝。

　　巴黎市民自組國民自衛軍，由各區代表選出中央委員會，公推義大利民族英雄加里波迪（Giuseppe Garibaldi）為主席（但他未參加行動）。3 月 17 日梯也爾下令逮捕中央委員。政府軍向蒙馬特高地出發，突襲國民自衛軍據點。當他們拖曳大砲時被婦女發現，在路易絲・米歇爾（Louise Michel）領導下，敲響警鐘，包圍軍隊。政府軍倒戈向人民這邊，下午 2 點中央委員會下令起義，攻佔巴黎市政廳、陸軍部、警察局和一切政府部門。梯也爾倉皇逃出凡爾賽，市政廳再度升起紅旗。

這批善良的「暴民」忙著選舉，沒有立刻反擊反革命勢力。3月26日歷史上第一次勞動人民眞正行使民主權利，一共選出86名代表，28日正式宣佈建立「巴黎公社」（Paris Commune）。

公社代表中，布朗基派佔2/3，蒲魯東派佔1/3，前者主張中央集權，後者堅持鬆散的地方自治。公社一開始就以全民武裝（國民自衛軍）代替常備兵，廢除警察、司法機關，改由公社選出司法及治安委員會。所有職員及代表年薪一律不超過6,000法朗，規定男女同工同酬（1,500～2,000法朗，帝政時代只有400～600法朗），教會勢力不得進入學校，拆除象徵軍國主義的旺多姆廣場圓柱（拿破崙紀念銅柱），改爲「國際廣場」。

國際工人（500-600人）加入巴黎公社，匈牙利工人弗蘭克爾（Léo Frankel）出任勞工部長，波蘭革命家東布羅夫斯基（Jaroslaw Dabrowski）和符盧勃列夫斯基（Walery A.Wróblewski）擔任防城司令。

梯也爾在凡爾賽集結憲兵、市警、教皇兵和保皇兵組成的四萬兵力，還加上俾斯麥放回來的十萬俘擄軍。

公社舉行22.9萬選民的投票（佔選民的2/3），仍有21名資產階級代表加入86名代表組成的公社委員會，4月初這些人先後退出公社。

公社成立後宣佈沒收梯也爾及其他五個凡爾賽閣員以及凡爾賽議員、政府成員、帝國主義走狗等的財產。4月3日由於布朗基派大將杜瓦爾、弗陸朗和一些戰士被凡爾賽軍俘

盧後處死。5 日公社通過〈人質法令〉，對被指控與凡爾賽方面有勾結者，經罪證確鑿後提起公訴和關押。公社逮捕了巴黎大主教達爾布瓦、副主教拉加爾德及官僚、軍官等 260 人當人質，直到 5 月 24 日才處決 64 人。

當時巴黎公社有八萬軍隊及 114,000 名國民自衛隊，加上 700 名比利時人及 400 名波蘭人，以及少數匈牙利、奧、義、俄等各國自願軍。

4 月初公社部隊遇到凡爾賽正規軍，一戰即潰。俾斯麥也釋放麥克馬洪元帥及十萬戰俘，加強了凡爾賽政府的力量。4 月 20 日麥克馬洪渡過賽納河，52 日進逼伊西要塞。5 月 1 日公社成立公安委員會，16 日少數派反對藉公安之名實行軍事獨裁。9 日伊西要塞陷落，第二天陸軍部代表羅西爾歧途發動政變，沒人響應。公社內訌，20 日凡爾賽軍用 300 門大砲猛轟，迫公社放棄蒙魯白、旺夫、沃日拉爾等城門，聖克魯門幾乎被炸平。21 日下午巴黎市民正在杜伊勒里宮舉行盛大音樂會，一名叛徒引導政府軍進入聖克魯門，從西南面進攻巴黎市區。歷經七天的血戰，凡是穿紅褲子的自衛軍，加上勞工、婦女、兒童紛紛遭凡爾賽軍屠殺。27 日 200 名戰士在拉雪茲（Lachaise）神父公墓應戰，遭集體屠殺。28 日拉姆龐諾街的最後一個街壘陷落。凡爾賽軍又在拉雪茲公墓南側一道牆下屠殺公社戰士。

勝利者屠殺三萬人，公社有 72,941 人陣亡，60,917 人被捕流放，歷經 72 天的巴黎公社倒在血泊中，有四萬人被審訊，370 人被處死，3,500 人被迫流亡。

　　革命詩人鮑迪埃（Eugène Edine Pottier，1816～1887）
在激戰的第二天（5.22）寫下〈國際歌〉，17年後再由狄蓋
特（Pierre Degeyter）譜曲，從此「International」響徹天下。

　　巴枯寧派也在馬賽、里昂起義（1870.8-9）失敗後，巴
枯寧逃出法國。巴黎公社起義失敗後，各國政府開始鎮壓社
會主義運動。法國外長弗爾在1871年6月通告各國政府，
共同鎮壓第一國際，要求引渡漏網之魚。法國政府規定，凡
加入第一國際的，判處兩個月至兩年徒刑。德國議員李卜克
內西和倍倍爾也被扣上「陰謀叛國罪」坐牢兩年。

　　巴黎公社只存在72天，它的革命光輝永照千秋。公社
向全世界證明，工人階級用暴力革命打碎資產階級的國家機
器，用無產階級民主代替資產階級民主。它還證明：只要沒

革命詩人鮑迪埃（Eugène Edine Pottier）　狄蓋特（Pierre Degeyter）

有一個自覺的革命領導，則無產階級在革命鬥爭中即使再英勇，也不能保證勝利和維持革命成果。這就是共匪們第一次奪取政權慘敗的血淋淋歷史。

恩格斯建議把第一國際總部遷往美國紐約，法國代表抗議離席，散發傳單痛批：「在需要盡職的時候，『國際』崩潰了，逃過大西洋，躲避革命！」音樂教師左爾格（F.Sorger，1828 ～ 1906）無力重整隊伍，德裔移民也不肯參加美國勞工的鬥爭，1875 年第一國際在費城召開最後一次會議（7 月 15 日），宣佈解散，巴枯寧則在 7 月 1 日去世。

# 第二章

# 國際社會主義運動

法國畫家歐諾雷·多米耶的油畫《三等車廂》，寫實描繪出工人階級旅客
的貧窮和堅韌。

# 1. 德國社會民主黨

德國社會民主黨再出發，1871 年馬克思發表《法蘭西內戰》，第一次提出無產階級專政的首要條件，就是要建立自己的軍隊。無產階級革命必須用暴力革命打碎資產階級國家機器，用無產階級民主代替資產階級民主，建立一個新型的「無產階級專政」，運用這個政權來鎮壓反革命。

然而，事與願違，整個 19 世紀最後 30 年的國際性政治運動，卻朝向反馬克思的革命理念，一頭栽進議會選舉掛帥路線，而帶頭的更是馬克思嫡傳的德國社會民主黨。

新生的德意志帝國（1871 ～ 1914）豈容工人囂張？1871 年 3 月 18 日巴黎公社起義後，倍倍爾在國會宣佈：這僅是一場前哨戰，「用不著幾十年，巴黎無產階級的戰鬥口號：『向宮廷宣戰。給茅舍以和平，消滅貧困和寄生現象！』將成爲全歐洲無產階級的戰鬥口號。」進步黨領袖李斯特爾大聲疾呼：同反對黨派鬥爭是次要的，同工人黨鬥爭才是主要的。俾斯麥樂得順應地主、資產階級的要求，1872 年萊比錫刑式法庭以「叛國罪」把李卜克內西、倍倍爾關進要塞監禁兩年。1874 年 5 月起，政府取締各地社民黨組織，更利用新修訂的出版法壓制黨報，規定「凡在印刷品中用破壞道德、法律意志或愛國熱情的方式攻擊家庭、所有權、普遍義務兵役或其他國家制度的原則者，處兩年以下監禁」。（第 20 條）

1878 年 5 月 11 日及 6 月 2 日，威廉一世兩度遇刺，俾

斯麥認爲，遏止「與我們一同居住在各個程式的危險強盜集團繼續茁壯的時刻來到了。」10月鐵血宰相強行迫國會通過《鎮壓社民主黨人企圖危害社會治安的法令》（〈反社會黨人法〉）不到一年內政府連續頒佈627項禁令，這個惡法也延長12年（～1890年9.30）總共有800～900人連同其家屬共1,500人被判刑或服勞役，1,300多種刊物被查禁，900多人被放逐。SAPD除了流亡國外，就只能地下活動。

1890年俾斯麥不容於新皇威廉二世，黯然下野，9月30日帝國議會解除《社鎮法》，社會黨熬過12年終於再出發，改爲「德國社會主義民主黨」（SPD）。

1891年10月24日的 Erfurt 大會上，通過考茨基和伯恩斯坦分別起草的《愛爾弗特綱領》。考茨基遵循馬克思路線，即對於資產階級社會的經濟發展和工人反資本主義剝削的鬥爭必然是一場政治鬥爭，勞工階級必須通過經濟鬥爭，掙得政治權利和奪取政權，SPD的任務就是把工人階級的這種鬥爭變成自覺的鬥爭，並將他們團結起來，伯恩斯坦則起草十點〈首要要求〉包括20歲以上成年男女的普選權，人民直接立法，以民兵代替常備兵役，廢除一切壓制討論、集會、結社自由的法令，免費醫療等等。總之，在原則上接受馬克思主義，在實踐上仍舊充滿改良主義，甚至是拉薩爾主義的議會路線及合法、和平，毫無提及無產階級革命及無產階級專政。難怪恩格斯於6月29日寫信給考茨基說：這個綱領草案最危險的傾向是：「爲了運動的現在而犧牲了運動的未來。」不過馬、恩從未明確闡述甚至規定客觀必然發

展與實際行動之間，革命目標與改良工作之間的關係，僅僅指出要以理論與實際的辯證統一來解決它們之間的對立。

　　SPD 在各地方行政機構（勞動爭議裁判所、地方職業介紹所）十分活躍，1910 年至少有十萬人，與鞍匠艾伯特（F.Ebert，1871～1925）從不萊梅的地方黨工起家，陸續當上議員，自由工會的書記和柏林的黨書記，1918 年戰後成立德國首任總統。後來的共和國總理 P.Scheidermann、國會議長 Löbe 等都出身地方黨官僚。SPD 逐漸走向議會選舉掛帥，實際上拋棄了馬克思主義。

　　1912 年 SPD 與進步人民黨合作，贏得 397 席中的 110 席，成為歐洲第一大反對黨，擁有 100 萬黨員，3,500 名專職幹部，號稱世界第一大黨，卻是「擁有巨人身軀而無靈魂的巨人」。


## 2. 修正主義的震撼

　　**修正主義**　恩格斯在《法蘭西階級鬥爭》的〈導言〉中，並不諱言：「歷史表明我們也曾經錯了，暴露了我們當時的看法只是一種幻想。」歷史走得更遠，並完全改變了無產階級借以進行鬥爭的條件。他宣佈 1848 年的鬥爭方法在今天一切都已經過去了。他不忘提醒，當年《共產黨宣言》中早已宣佈爭取普選權、爭取民主是戰鬥的無產階級的首要任務之一。SPD 的選舉成就，「以無可爭辯的數字展現在全世界面前」，它給了各國同志最尖銳武器中的一件武器，向他

們表明了應該如何善用普選權。通過選票的增加，既加強了工人的勝利決心，同時又增加了對手的恐懼，因而成了我們最好的宣傳手段。

　　過去古典的巷戰時代，街壘（拒馬）的精神效果勝過物質的效果甚大，是一種動搖軍心的手段，然而當前手槍、大砲等軍事技術上的進步及都市結構的變化，所有條件都對軍隊有利，對反對者不利，一切條件都變壞了。對方譴責我們不願貿然走上我們預先知道必遭失敗的街頭就是怯懦；他們堅決懇求我們最後一定應當去當砲灰。實行突襲的時代，由自覺的少數人帶領著不自覺的群眾實現革命的時代，已經過去了。舊策略必須加以修正。德國人做出利用選舉奪取我們所能奪得的一切陣地的榜樣，到處有人效法；無準備的攻擊，到處都退到次要地位。

　　不言而喻，我們的外國同志仍沒有放棄自己的革命權。須知革命權總是唯一的眞正的「歷史權利」。不管別國發生什麼情況，德國社會民主黨總是佔有一個特殊的地位，由它派去參加投票的 200 萬選民以及雖非選民卻擁護他們的那些男女青年和婦女，共同構成最廣大、堅不可摧的人群，構成國際無產階級大軍的決定性的「突擊隊」。如果這樣繼續下去，我們在本世紀末就可能奪得社會中等階層的大部分、小資階級和小農，發展成國內的決定力量，其他一切勢力不管願意與否，都得向它低頭。我們主要的任務就是不停地促使這種力量增長到超出現政府制度的控制能力。老恩格斯不禁慨嘆：「世界歷史的諷刺把一切都顛倒過來了。我們是革命

者、顛覆者，但我們用合法手段卻比用不合法手段和顛覆的辦法獲得的成就更要多得多。」

但恩格斯一方面不否定和平手段，因為這僅是特定條件下的特殊例外。馬、恩始終堅持只有用暴力革命推翻現存體制，革命不能停頓再改革現狀就結束；無產階級的任務是要不間斷地進行革命。不只在一國範圍內，而且要在世界一切佔統治地位的國家內部都發展到停止無產階級間的競爭，把生產力集中到無產階級手中的「不斷革命」（permanent revolution）。

伯恩斯坦（Eduard Bernstein，1850～1932）大考茨基四歲，是柏林猶太人火車司機的兒子，中學畢業後在銀行工

伯恩斯坦（Eduard Bernstein）

作（1869 ～ 1878），1872 年加入愛森納赫派，〈非常法〉時代他流亡蘇黎世，1881 ～ 1890 年主編《社會民主黨人報》。1888 至 1901 年他長期流亡倫敦，成爲恩格斯的追隨者，經常爲導師代筆。他回國後才加入 SPD，並一直擔任國會議員（1902 ～ 1906、1912 ～ 1918、1920 ～ 1928）。

1896 至 1898 年間考茨基鼓勵伯恩斯坦在《新時代》連續發表文章，總結爲《社會主義的前途與社會民主黨的任務》（Die Voraussetzungen des Sozialismus und die Aufgaben der Sozialdemokratie）（1899）出書，震撼了整個歐洲社會主義陣營，捲起了大論戰的風暴。伯恩斯坦的論斷簡單明瞭：爲了選舉，SPD 必須在戰術上修正（Revision der Taktik）馬克思主義，黨只要在國會擁有 1/4 的席次，許多問題的解決就取決於他們的投票了。

由於流亡英國 12 年，伯恩斯坦總是習慣「戴著英國眼鏡」看問題（盧森堡的評語）。伯恩斯坦首先認爲，在人民意識的形成中，經濟因素起決定性作用，這是不對的，「既然存在著必然性，又何必還要採取行動呢？」馬克思並未完全擺脫黑格弁證法的思維方式，把歷史決定論當做決定一切發展的因素。恩格斯則已經相當程度修正了馬克思的理論，認爲歷史發展的過程中，受到許多中程因素（meditate cause）的影響，這個中期因素的影響愈大，則終極因素（ultimate cause）的影響也就相對地減弱了。然而，馬克思把歷史發展視爲受經濟因素的絕對影響，並由此推向暴力崇拜的發展。

　　馬克思綜合了近代兩大社會主義運動潮流 ——⑴以改革、建設為目標（其表現為空想的、宗派的、和平的和進化的）；⑵由革命的暴民激發的靈感，本質上是以破壞為目的（其表現為陰謀的、暴動的、恐怖的、群眾的）其所揭示的是「依靠奪取政權的解放」。伯恩斯坦指出，馬克思的理論是結合這兩派潮流的真髓，但卻要使特殊的社會主義的要素—隸屬於政治的急進社會革命的要素。成為主導力量這是一種妥協，而非由此綜合而消滅兩者間的矛盾。儘管馬克思主義後來逐漸在方法上克服布朗基暴動主義，但在面對近代社會主義的變革方面，卻又特別重視暴力革命的創造力。

　　但是伯恩斯坦已經看到未來是有一個發達的工會，議會民主制度和公民自由為特徵的改良主義的未來，馬克思的辯證法和唯物主義的缺陷，用它來理解像社會這種複雜事物的未來發展時，永遠有陷入「主觀臆造的危險」。[1]

　　由於深受韋伯等費邊社的影響，伯恩斯坦學了很多邊際論學說。當時對馬克思整個價值理論最大的批判，來自奧地利龐巴衛克（Eugen Böhn-Bawerk）的《馬克思體系的終結》（1896）。龐巴衛克認為，價值概念並不具有馬克思所說的那種客觀存在，只不過是使用價值之間的一種量的關係，一種抽象的假說而已。

　　在伯恩斯坦他看來，資本主義正在自我調節，股份公司

---

1　　Jules Townshed,〈右翼與馬克思主義〉，引自《20 世紀的馬克思主義》壬立勝譯 P.87，鳳凰出版傳媒集團，2011 年。

的形成、所有權的分散，意味著資本家比從前更多，而且中小企業非但沒有被消滅，反而更加繁榮。如果SPD的活動和前途取決於有產者人數的減少，那它的確可以「躺著睡著了」。

階級鬥爭並非日益加劇，而是一向趨向緩和的現象。中等階級並未無產化，無產階級也因為工會鬥爭的結果，會提升他們的政治和經濟地位。他樂觀地預估中等階級（包括政府僱用的白領公務員）最後將站在無產階級一邊。社會災難不會一夜之間就創造出經濟改造的總需要的某種關係。社會主義的經濟前提並不存在。因此，政治鬥爭應該是爭取創立民主制的漸進過程，即一個不能由任何階級獨享同整體對立的政治特權的社會，而達到各個階級平衡的制度。把整個工人階級都說成是革命的，而整個資產階級都是反動的，這是錯誤的提法。

他不敢公開宣佈馬克思的共產主義已經破產，只能說《共產黨宣言》中的各種戰術，在歷經半世紀後已過時了。SPD要「修正」馬克思主義。最後他講了一句老是被人引用和批判的話：「人們稱為社會主義的終極目標的那個東西，對我而言不算什麼。運動就是一切。」

他宣稱，如果不能對如何擴大工人的政治、經濟權利作出回答，「那其他一切都是空談了。」對他而言資本主義經濟和政治發展無意導致的結果不是無產階級革命，而是多階級共同體的建立，這個共同體將隨著民主進程而變得越來越具有合作性。

考茨基（Karl Kautsky）

　　伯恩斯坦擊中 SPD 的要害，許多人表面上夸夸而談，卻私下承認不能忽略小資產階級和農民這些「中間選民」的要求，因爲他們當中許多人沒有投給 SPD 支持票。

　　生於布拉格的「馬克思主義教皇」考茨基（Karl Kautsky，1854～1938，父爲捷克人，母爲德意志人）。只能力辯，又不得不承認社會革命是一場長期深刻的變化所引起的，實現這個過程的形式愈是和平，它也就愈能成功。政治革命是社會革命的序幕，是階級力量對比突然變化而引起的奪權鬥爭。政治愈民主化，那麼政治變革變成和平革命的可能性也就愈大。他向倍倍爾力陳，「我們將來能夠成功的

偉大力量是革命的熱情」，由於西歐已經普遍深植民主政治，用恐怖手段來奪取政權已失去了意義。無產階級唯有通過普選來奪取政權，「但不是破壞國家政權」。他只能坦承，「SPD 是一個革命的，但又不挑起革命的黨。」這句話表明工人階級取得政權的手段是靠爭取社會改革的鬥爭，不間斷地適應革命目標《新道路》。

1909 年考茨基寫了《取得政權的道路》，再度肯定無產階級能夠進行革命，否定了修正主義或改良主義和平長入社會主義，而是階級鬥爭的尖銳化。他指出：整個發展都朝向這個偉大的戰鬥，這個戰鬥將撼動國家的基礎，並且只能以推翻資本家階級告終。他號召各國社民黨準備即將來臨的戰鬥，把無產階級的各種行動匯聚成目標明確的統一行動，邁向奪取政權的最高點。

考茨基堅決反對無產階級和反動的資產階級代表建立聯合政府，因為資產階級國家是資產階級手中的工具。任何合作政策只會敗壞無產階級政黨的聲譽，麻痺工人階級，造成工人階級隊伍的分裂。這種政策在革命已日益高漲條件下，無異政治自殺。黨只有在具備高度的馬克思主義的政策的基礎上，才能取得鬥爭的勝利。

SPD 誕生於工人運動的風頭尖浪，這個運動致力于工會運動和小打小的經濟，社會和政治改良。SPD 是改良主義者和革命者的混合體，而運動面對的是強大的官僚機器和軍隊，因此，要贏得「民主的戰鬥就必須避免同軍隊正面交鋒，必須通過民主過程來搞顛覆，讓民主徹底背棄統

治者」。[2]

不論如何，SPD 已經蛻化爲一個選舉掛帥的選舉黨，儘管黨內有倍倍爾（和後來的盧森堡）的極力譴責，再也無法回頭了。

# 3. 社會主義運動的黃金時代

**第二國際時代**　儘管第一國際在 1876 年解散，然而國際勞動運動和社會主義運動並未停頓下來，誠如列寧所指的：「聚集和團結無產階級的力量，準備無產階級去做未來的戰鬥的過程，慢慢地，但是一直往前的進展著。」

在馬克思主義的傳播下，1876 年 7 月美國勞動人民黨成立，次年改爲美國社會勞動黨（左格爾和魏德邁之子奧托等聯合拉薩爾派成立），1870 年代末已有一萬人和 24 份報紙。1879 年 10 月蓋得和拉法格在馬賽創建以馬克思主義指導的「法國工人黨」。英國人也在 1881 年成立英國民主聯盟（海德曼倡議），另一批知識份子成立費邊社（1884）。此外，荷蘭（1870）、捷克（1872）、丹麥（1878）、奧地利（1883）、瑞典（1889）、瑞士（1889）各國都陸續建立了社會主義政黨和團體。

1889 年 7 月 14 日，即百年前巴黎人民攻陷巴士底監獄的當天，來自 22 個國家和地區的 393 名代表，在巴黎 Salle

---

2　Townshed, P.83

Petrell 大廳召開國際社會主義工人代表大會。第二天，可能派也在朗克里街 10 號的工商聯合大廳召開 600 人大會，法國人占 500 人，德國人全體缺席。7 月 20 日終於在混亂中通過 4 項決議：⑴推行 8 小時工作制及改善勞動條件；⑵五一勞動節為世界統一工運行動；⑶利用國會實現政策；⑷戰爭與和平法案─號召反戰、反徵兵，以國民兵代替常備兵。

　　這個國際社會主義運動終究再次有組織地甦醒，直到 1914 年（形式到 1923 年）為止，始終沒有一個固定的中央事務局，始終維持兩三年開一次大會，只有決議和宣言，而不像第一國際及列寧的第三國際那樣，有一個中央集權組織來統治與領導國際工運與社會運動。所謂「the Second International」直到 20 世紀初才在報刊上被使用，直到 1914 年一次世界大戰爆發「第二國際」才被世人廣泛地接受。

　　儘管第二國際一再宣示工人運動的終極目的是要奪取政權以實現社會主義，在現階段各國社會主義政黨應當利用一切方式進行爭取改良的政治。

　　經濟和工會鬥爭，這些鬥爭都應當服從最終目的。這一策略基本上符合工人運動在相對和平發展時期的客觀需要，有利於為迎接最後決戰進行準備和組織隊伍。1891 年 8 月布魯塞爾大會一開始就禁止無政府主義者參加。

　　19 世紀末各國社會主義政黨領袖都接受一個事實，要在布爾喬亞社會裡爭取選票，以便達成在現存體制上奪取政權的目的。如此一來，馬、恩一再提示的以革命手段奪取政

權，粉碎資產階級國家機器和建立無產階級及專政的原則，就被迴避而傾向改良主義（或右傾機會主義）了。

五一（May Day）鬥爭　為紀念 1886 年 5 月 1 日美國芝加哥、底特律、紐約各地 35 萬勞工為爭職八小時工作制而罷工示威，有 4 名芝加哥工運領袖犧牲而獲得勝利，第二國際創立的第一項決議，即每年「五一」號召各國勞工罷工示威來展現勞動狙擊的實力。不過各國的情況幾乎令人沮喪，法國人在 Fourmies 的示威中（1890.5.1），包括兒童在內有十人遇害，當時社會黨人克利孟梭（Georges Clemenceau）痛批說：「這簡直是第四等級要起來奪權！」拉法格因此被判刑一年；奧國當局在當天用軍警嚴陣以待；薩克森當局下令鐵路工人不准罷工，否則處以煽動不服從政府命令的第 111 條罪行。

SPD 事實上不敢發動五一罷工及示威，例如他們在 1892 年 11 月柏林大會上決議，停工是慶祝五一節的最好形式，但又決定不作全體統一的規定；每年視情況而定。李卜克內西在 1893 年 10 月的科隆大會上終於爭取到「鑒於在德國經濟目前的條件下不可能實行普遍罷工，因此黨大會建議，只有那些實行罷工不會損害到工人利益和工人組織，除舉行其他群眾大會外，也通過罷工來慶祝五一節。」這簡直是脫褲子放屁！1892 年後再也沒出現國際性的五一鬥爭了。

反對軍國主義和帝國主義戰爭　面對 19 世紀末的軍國主義與帝國主義氣焰高漲，我們這些溫和的社會主義者們只能口頭上像荷蘭的路德教牧師紐文胡斯那樣，提出「國際罷

工」，把國際戰爭變成國內的階級鬥爭，號召國際各國勞工們拒服兵役和總罷工來反戰，李卜克內西指出：「軍國主義是同階級鬥爭問題不可分離的，德國工人的敵人不是法國工人，而是他們本國的資產階級。」他正確地指出軍國主義是資本主義的產物，保衛和平必須反對資本主義；號召各國無產階級加強國際團結，把反對軍國主義的鬥爭和爭取社會主義的鬥爭聯繫起來。大會通過李卜克內西的提案。然而，這不過是空谷回音。1900 年巴黎大會上，荷蘭代表 H.Van Rol 首次譴責殖民地的盲目擴張必然帶來帝國主義戰爭，而戰爭是沙文主義的泉源，鼓勵人民盲目愛國，叫全體勞動階級為資產階級流血賣命。

「第二國際」儘管是馬克思主義派當頭，但無力阻止改良主義的抬頭。1899 年法國社會黨的議員米勒蘭（A.Millerland，1859～1943）加入資產階級內閣，一部份人認為他不是背叛社會主義，而是象徵著新希望。考茨基提出一個折衷方案，把社會黨人加入資產階級政府視為「非原則性的問題」，不必爭議。他認為這不能視為正常，但能作為一種被迫的、臨時的和例外的手段，而且是一個策略問題而不是一個原則問題。他怕決議被諷刺為曖昧的「橡皮性（kautschuk）決議」與 kautsky 的發音相近。

**第二國際的黃昏**　在第一次世界大戰以前，歐洲沒有一個社會主義者能夠在他的政黨支持下去政府擔任公職，不過大家至少把爭取普選權，號召群眾鬥爭當作可行的鬥爭行動；比利時（1890～1894）、奧地利（1891～1907）、法

國各黨都陸續呈現樂觀的勝利。

### 1880～1918年主要社會主義政黨的力量

| | 創黨年份 | 工人在工業領域比例 | 得票率 | 議員人數 |
|---|---|---|---|---|
| 奧地利 | 1889 | 23.5%（1910） | 25.4%（1911） | 82（1912） |
| 比利時 | 1885 | 45.1%（1910） | 30.3%（1914） | 39 |
| 丹　麥 | 1878 | 24.0%（1911） | 29.6%（1913） | |
| 芬　蘭 | 1889 | 11.1%（1910） | 47.3%（1916） | |
| 法　國 | 1905 | 29.5%（1906） | 16.8%（1914） | 101 |
| 德　國 | 1875 | 39.1%（1907） | 34.8%（1912） | 110 |
| 荷　蘭 | 1894 | 32.8%（1909） | 11.2%（1905） | |
| 義大利 | 1892 | 26.8%（1911） | 21.3%（1904） | 42 |
| 挪　威 | 1887 | 26.0%（1910） | 32.1%（1915） | |
| 瑞　典 | 1889 | 24.7%（1910） | 36.4%（1914） | |
| 英　國 | 1900-1906 | 44.6%（1911） | 7.0%（1910） | 42 |

（Sasson，"One Hundred Years of Socialism"，P.10）

　　第一及第二國際時期，社會主義革命政黨通過冠名為社會民主黨，以有利於資產階級領導的民主革命，表明資產階級第一步是實現民主革命，第二步是將民主革命轉變為社會主義革命，但是修正主義路線使各國黨向右轉已如概述。

　　20世紀以來，戰爭、列強爭霸殖民地，反戰、反軍國主義成為國際社會主義運動的主軸。1907年8月13至24日第二國際在德國斯圖家特大會上，有來自25個國家的886人出席。列寧（第一次參加）和盧森堡在大會中出盡風頭。

　　反戰議題上，法國代表的三個草案和SPD的一個草案針鋒相對。瓦揚和饒勒斯譴責SPD畏首畏尾，只知道計算

選票，是一群「善良、知足和飽食終日的小市民」，完全站在沙文主義立場，只會在「防衛性」戰爭中爲保衛「被威脅國」。

1914 年 7 月 28 日第一次世界大戰爆發，交戰國的社會主義者都加入本國政府，捍衛祖國。29 日第二國際國際局發表反戰宣言，饒勒斯聲嘶力竭地呼籲法國人民和各國無產階級團結反戰，31 日他被極右派刺死。SPD 在 8 月 3 日以俄國沙皇是德國的敵人爲藉口，議員團在國會毫無異議地投票贊成戰爭法案。法國社會黨也在同一天投贊成票，蓋得加入內閣。俄國人普列漢諾夫也支持「保衛祖國」。

SPD 的卡爾‧李卜克內西、盧森堡、梅林、蔡特金女士、考茨基，甚至伯恩斯坦都反戰，14 名國會議員反戰，其他 64 人支持戰爭，SPD 分裂。1917 年 4 月 7 日被開除的反戰派在哥達宣佈成立「獨立社會民主黨」（USPD）。不久伯恩斯坦、艾斯納（Kurt Eisner）等修正主義者都參加。卡爾‧李卜克內西 1914 年 12 月 2 日不顧檔繼而在國會唯一反對第二次戰爭撥款案，第三次表決時和反戰派離開議會。1915 年 2 月他被徵調爲工兵，盧森堡在 2 月 8 日突然被捕。1916 年 3 月 19 日李卜克內西、盧森堡（已出獄）、梅林等紀念古羅馬時代反抗暴政的格鬥士斯巴達克（Spartacus），召開斯巴達克全國代表會議，後來加入 USPD。盧森保又在 6 月被拘禁，7 月 10 日再坐牢；28 日李卜克內西被判刑兩年六個月。

第二國際成立 25 年來，正是歐洲社會民主主義的黃金

年代，考茨基、伯恩斯坦、倍倍爾、阿德勒、饒勒絲、普列漢諾夫等各個著作等身，又是群眾演講的高手，列寧、盧森堡等第二代也鋒芒畢露。他們把馬克思主義通俗化（尤其馬克思主義的沙皇考茨基），向工人和群眾宣傳推翻現存資本主義制度，建立一個社會主義（或者共產主義）的理想社會，鼓舞了工人無產階級的政治運動。他們締造了社會主義最光輝的時代。然而理念與現實的落差，使社會民主主義者滑向議會掛帥的路線，事實上放棄馬克思的暴力革命和無產階級專政，各個走向修正主義或改良主義。面對民族主義（馬克思主義最弱的一環）和極端社會主義（列寧的布爾什維克主義）的兩面夾擊，社會民主主義者顯得軟弱與疲憊不堪，第二國際就這樣走進歷史了。

## 4. 天下第一的「女共匪」盧森堡

　　波蘭歷經 18 世紀三次被俄、奧、普三國三次瓜分，大部份劃歸俄羅斯（包括波蘭王國及立陶宛），西部的波森歸於普魯士，南部加里西亞屬於奧地利。俄、普在佔領區內厲行同化政策；只有加里西亞的波蘭人地主才享有和德、匈貴族同樣的特權，讓他們去壓制烏克蘭人 Ruthenia 農民。19 世紀歐洲各地革命戰場上，到處可見波蘭人的出現。然而三個波蘭人民對三個外來政權，既有貴族、地主和工農的階級對立，也有對三個支配民族的民族矛盾，社會主義運動更是四分五裂。

生於立陶宛首都 Vilnius 的猶太富裕子弟約吉希斯（Leo Jogiches，1867～1919），中學被退學，1885 年維爾諾成立革命小組，他生活清苦自律，常混進工廠做工，宣傳革命，1888-1889 年被，1890 年冬流亡瑞士。他起先投靠普列漢諾夫，不久遇到在蘇黎世大學唸書的猶太女孩羅沙・盧森堡（Rosa Luxemburg，1871-1919）。這位落魄的木材商之女，從小罹患腿關節炎被誤診而終身輕微跛腳，生性樂觀。1887 年中學畢業前她已加入「第二無產階級」（II Proletariat），被當局列入黑名單，1889 年初逃瑞士，住在一名嫁給 SPD 政論家卡爾・呂貝克（Karl Lubeck）博士的波蘭婦女家裡，幫他抄寫文稿。1890 年她進入蘇黎世大學攻讀法學和政治經濟學。1893 年她和愛人同志成立「波蘭王國社會民主黨」（SDKP）。這年 8 月她代表黨出席第二國際蘇黎世大會，

羅沙・盧森堡（Rosa Luxemburg）

被百般質疑和刁難，甚至被波蘭社會黨人污衊爲秘密警察的工具。

　　**反對資產階級領導波蘭獨立**的盧森堡進入會場，跳上一張椅子滔滔不絕地自辯，並指出舊波蘭已分成三個部分，並和這三個外國的政治利益有機地結合起來。她認爲重建波蘭的理想是反動的，而且是個烏托邦和無指望的教條，因爲那是資產階級的民族獨立。當前俄屬波蘭的無產階級必須和俄國無產階級相呼應，共同推翻沙皇專制；奧屬西里西亞的波蘭無產階級，必須和奧國兄弟共同爭取普選權；德屬波蘭方面的波蘭工人，也必須和德國社會民主黨共同奮鬥。1896年第二國際倫敦大會上，後來成爲波蘭獨裁者的畢爾蘇茨基（Jozef Pilsudski）成功地否決了她的提議，考茨基、普列漢諾夫等人也支持波蘭獨立，通過承認每個民族都有完全自決的權利，反對殖民政策。

　　1897 年 5 月盧森堡以《論波蘭的工業發展》獲得博士學位。1898 年 4 月盧森堡和呂貝克的第三子 24 歲的工匠古斯塔夫假結婚，立刻分手，5 月 16 日和「丈夫」來到柏林。6 月起她上西里西亞爲 SPD 的選舉宣傳，十分成功。她取得德國國籍，加入 SPD。

　　她寫了《社會改良或社會革命》（1898）痛批修正主義。她指出，改良與革命不是歷史進步的不同方式，而是階級社會發展的不同時刻。不能像選舉冷或熱的臘腸那樣，在歷史的「自助餐」中對改良或革命隨便選擇。眞正的問題在於評估改良的內容，並看到它是有利於資產階級還是無產階級一

邊。

在 1898 年 10 月的斯圖加特大會上，盧森堡更大聲疾呼「只有終極目標才構成我們社會鬥爭的精神和內容」，並使這一戰鬥成為階級鬥爭；要實現社會主義，首先必須「奪取政權」。

1905 年盧森堡隻身潛回華沙參加革命，1906 年被捕再逃回德國，她力主群眾性自發的大罷工，而非靠黨的領導。政治性罷工是群眾自發性的行動，群眾在這個鬥爭中接受考驗與鍛鍊，將發揮自己的才幹與積極性，這並非社民黨所能夠領導引爆的。

在 1906 年 SPD 曼海姆大會上，她痛批 SPD 的機會主義派，他們「把罷工當作一把刀子，隨心所欲地折起來放在口袋裡以防萬一，或打開來使用。」俄國工人自發性地而非黨的領導發動罷工。黨只能在革命時期承擔政治領導（制定口號、指出鬥爭方向），使它所制定的堅決、果斷和勇往直前的策略，並必須先意識到這些事件的可能性和結束，來調整自己的行動方式，使群眾產生自信和戰鬥熱情。她總結俄國 1905 年革命的失敗經驗，主張群眾在罷工的鬥爭中接受考驗並鍛鍊出自己的能力。她說，勝利的保證不在議壇，而是革命的群眾；決定勝負的不是選票與席次，而是無產階級與廣大人民群眾的覺悟及組織程度。最終解決問題不在國會大廈，而是在街頭。

盧森堡指出：「資本主義社會的生產愈來愈走向社會主義，而它的政治關係和權利關係則相反，它們在資本主義社

會和社會主義社會之間築起一堵愈來愈高的牆。這座牆靠社
會改良和民主發展是打不通的。相反，它會更高更牢固。要
打垮這座牆，只有靠革命的錘擊，即由無產階級奪取政權。」

　　1910 年 4 月間考茨基寫了〈現在怎麼辦？〉，認為目
前進行議會外鬥爭的時機尚未成熟，工人階級寧可通過獲得
普選權、集會自由、新聞自由和結社自由，作為一種新的戰
略奠定基礎，這就是「消耗戰略」（Strategie d'usur），即
利用國會內的鬥爭來逐步消耗敵人的力量，用選舉鬥爭來撼
動現行社會體制的基礎。

　　盧森堡以〈疲勞還是鬥爭〉（1910.5-6），反駁這無非
是把一切希望都寄託在帝國國會選舉上，簡直像馬克思在
《霧月十八日》所描述的那些人一樣：對於當前自己的猶豫
不決和失敗，他們習慣於用下一次機會採取偉大行動的希望
來安慰自己。考茨基承襲了恩格斯在《1844 年至 1850 年法
蘭西階級鬥爭》的導言，把 SPD 迄今為止的成就歸功於「疲
勞戰略」。但是，恩格斯並不期待一次由少數自覺的人帶領
一群不自覺的群眾去發動一場「突襲」的擊破戰略；而是只
有在資產階級社會的長期發展過程中，在長期不懈的日常鬥
爭中，無產階級才能做好準備，迎接這場變革的使命。他老
人家不反對議會鬥爭，但也沒放棄街頭暴動及巷戰。

　　面對愈來愈激烈，聲勢愈來愈浩大的示威，考茨基只求
「不應該不惜任何代價地向前走」，而應當使聲勢不減弱但
不該更加激化。盧森堡力陳必須抱定把事情推向極端的決
心，要接二連三地進攻。他在另一篇文章中總結考茨基的論

點為：「理論上氣沖九宵，實踐中疲勞放鬆，最革命的前景在雲霧中，而議會的席次是實際中唯一的前景。」（《新時代》第 28 年卷第 2 卷，P637）

在《群眾罷工、黨和工會》書裡，以及後來的〈俄國社會民主工黨的組織問題〉論文中，盧森堡批判列寧的黨的民主集中制思想。在她看來，列寧不過是把密謀集團的巴貝夫主義運動的組織原則機械地搬到工人群眾的社會民主主義運動中，其後果是一方面抑制和阻礙群眾的自發的積極性，導致民主社會主義的發展受阻。同時，強調黨的集中「一方面把態度明確的和活躍的革命家的有組織的部隊，同它周圍得雖然還沒有組織起來但是積極革命的環境完全區別開來，另一方面是實行嚴格的紀律和中央機關對黨的地方組織生活的各方面進行直接的、決定性的和固定的干預」，結果是「中央委員會成了黨的真正的積極的核心，而其他一切組織不過是它的執行工具而已」。

1917 年俄國大革命之際，盧森堡因反戰而屢次下獄，1918 年秋天，她在欲中執筆《論俄國革命》，有系統地批判布爾什維克主義，尤其對無產階級專政的問題。盧森堡堅決地擁護俄國實行無產階級專政，但她認為「階級專政，不是一個黨或一個集團的專政」，這一個專政必須是「階級的事業，而不是極少數人以階級的名義實行的事業」，換句話說，「它必須處處依靠群眾的積極參加，處於群眾的直接影響下，接受全體公眾的監督，它是從人民大眾日益發達的政治教育中產生出來的」。盧森堡強調無產階級專政是要運用

民主，而不是取消民主，否則，「沒有普選，沒有不受限制的出版和集會自由，沒有自由的意見交鋒，任何公共機關的生命必將逐漸衰微，成為沒有靈魂的生活，只剩下官僚對其中唯一的活動因素」了。她強調在革命中，群眾是自發的、能動的主體，而黨領導只是群眾意志的解釋者、傳聲器。列寧被迫還擊，在《共產主義運動的左傾幼稚病》（1920 年）中重申了領袖、黨、階級和群眾的關係，表示「群眾是劃分為階級的……在多數情況下，至少在現代的文明國家裡，階級通常是由最有威信的、最具有影響力的、最有經驗的而被選出擔任最重要職務而被稱為「領袖」的人們所組成的比較穩定的集團來主持的」。儘管盧森堡並沒有進一步提出如何激發群眾自發性及創造精神來，但在行動上她卻建立斯巴達喀斯團（德共），可惜被 SPD 的黨官僚「同志」出賣而喪生。

## 5. 職業革命家革命的黨

19 世紀俄羅斯知識階層（intellegentsia）不畏苦難地承擔了啟蒙民眾乃至丟炸彈的使命。1825 年俄曆 12 月 14 日（西曆 12.16）十二月黨人趁尼古拉一世繼位當天，近衛軍團開進樞密院廣場，下午已集結 3,000 人，加上周圍有兩萬民眾看熱鬧。不料指揮卻臨陣脫逃，尼古拉一世即位後立刻下令鎮壓，打死軍民 1,271 人。烏克蘭各地「南方協會」起義也告失敗。彼斯特爾、穆拉維也夫等五名首犯被判極刑，數千人被判重刑，121 人流放西伯利亞。他們的妻子、愛人

尼古拉一世（Nicholas I）　　　　詩人普希金（Alexander Pushkin）

自願隨丈夫長期流放。

　　詩人普希金（Alexander Pushkin）寫了〈致西伯利亞囚徒〉：「保持著驕傲忍耐的模樣，希望！在陰暗的地底會喚起精神和歡樂，沈重的枷鎖會掉落，陰濕的牢獄會覆滅！」Vladimir Odoevsky 回詩：「我們悲慘的工作，不會就此消滅，行看星星之火，燃成熊熊烈焰！」

　　尼古拉一世厲行「尼古拉紀律」，保護人民的靈魂，限制人民出國，嚴禁西歐書刊，連樂譜都要檢查，害怕它們是「革命的暗號」。1826 年 7 月他在宮廷的陛下辦公廳下設「第三廳」，才 24 人就指揮全俄七大憲兵轄區內的幾千名惡漢。所謂「政治犯」的定義是「書寫或散發教唆人們對統治當局或君主個人品行不敬的手抄或印刷品或聲明」罪行的人。革命的知識階級面對死刑、牢房及流放，誕生了革命民

主主義。

　　赫爾岑（Alexander Herzen，1818 ～ 1870）出身貴族與
德國女傭的私生子，唸過莫斯科大學物理系。他醉心聖西
門、傅利葉的法國社會主義，又傾向黑格爾哲學，宣稱辯證
法是「革命的代數」。1834 ～ 1839 年他被流放，1853 年他
在倫敦創刊《北極星》及《鐘聲》雜誌。1862 年提出「到
民間去」（khozdenie v narod），指出人民最需要的是土地、
自由與教育，號召青年下鄉去啓蒙農民大眾。

　　貝林斯基（Vissarion Belinsky，1811 ～ 1848）生於波羅
的海北部 Sveaborg 的一個艦隊軍醫家庭，念過莫斯科大學
文學系，寫了抨擊農奴制的劇本而被開除（1832），此後主
編文藝刊物。

　　他遊歷歐洲後，宣佈自己懂了「赤貧」和「無產階級」
的眞正含義。西歐的無產階級只是在法律紙面上和資產階級
平等，然而「無產階級既是私有者和資本家永久的勞動者，
他所有的只是兩隻手，充其量不過是奴隸。他認爲俄國完全
不必走西歐資本主義道路（赫爾岑也這麼想），沒有任何事
情「比促進社會主義到來更加崇高、更加高貴了」，實現社
主義必須採取暴力革命的手段，「認爲不經過暴力革命，不
經過流血，時間就使這一步自自然然能做到，那是可笑的。」
他堅信農民是歷史發展的決定力量。

　　車爾尼雪夫斯基（Nikolai Chernyshevsky，1828 ～
1889）生於神職者家庭，念過神學校及彼得堡大學，教過
陸軍小學，後來去彼得堡，1856 年主編《現代人》，主張

廢除農奴，暗中組織革命團體，1862 年被流放西伯利亞，1889 年才因病獲准回故鄉撒拉托夫（Saratov）。他堅信通過人民由下而上的革命來推翻政權，不相信自由派貴族由上而下的改革。

1861 年 3 月沙皇下詔解放農奴，但農奴根本無力購買土地。車爾尼雪夫斯基揭穿這不過是一場騙人的把戲，沙皇本人也是地主，「他們憑什麼要賜給你們自由？」

車爾尼雪夫斯基在獄中寫了《怎麼辦？》（1863），提出革命知識份子的形象是勇敢、不動搖、不退縮、只求工作的先行者。1863 年知識階級成立「土地與自由社」。1866 年 4 月尼古拉伊壽丁小組企圖行刺沙皇失敗，亞歷山大二世盤問 Dmitry Karakozov 為什麼要殺他，後者傲然回答說，因為你允諾農民土地與自由，結果卻欺騙他們。沙皇下令絞殺他，33 個成員全體被捕。1866 年 5 月 26 日亞歷山大二世寫給大臣委員會主席波‧加加林的聖旨中，解釋自己的使命是：「保護俄國人民免於那些處於萌芽狀態的有邪說的影響，這些邪說隨著時間的推移有可能醞釀呈社會災難。」1880 年他解散第三廳，另立一個「暗探局」（Okhana，1881 年開始運作）。

拉甫洛夫（Peter Lavrovich Lavrov，1823 ～ 1900）主張有教養的階級是受惠於人民大眾的，因此有革命傾向的知識階級，首先應當為人民服務。1873 ～ 1875 年一群少爺、小姐下鄉掀起「到民間去」運動。然而農民普遍冷漠以待，密探更戰勝了他們的熱情。巴枯寧的無政府主義在俄國流行，

1879 年一群脫離「土地與自由社」的人另立「人民意志派」
（Narodnaya Volya），開始暗殺政要、警察和特務。

急進青年特卡喬夫（Pyotr Tkachev，1844～1886）反
對拉甫洛夫那種準備主義（preparationism），即革命是群眾
歷史發展的必然結果，沒有等待這種自然的爆發而刻意去製
造革命，反而帶給人民更大的痛苦，因此，有教養的知識階
級要耐心準備革命。特卡喬夫大聲極呼：「革命家不是準備
革命，而是要搞革命！」「不能再猶豫了，任何拖延眈擱都
是犯罪！」他宣稱：「只有當少數人不願再等待多數人而自
己去認識自己的需要，並下定決心把這種認識（覺悟）可以
說是強加於多數人的時候，只有當少數人促使一直埋藏在人
民心中對自己境遇的不滿情緒爆發出來的時候，暴力革命才
會發生。」

他認爲一切社會災難、詐欺，完全是人爲的不平等——
即體力、智力、經濟及政治上的不平等所造成的。爲了消滅
不平等，就要由少數在智力及道德力量上通達的人，通過暴
力革命把這兩種力量結合成物質力量來推動革命，奪取政
權，建立一個互信、互愛的自治社會，並逐步消滅和廢除國
家的中央集權。他和布朗基一樣啓蒙了列寧的獨裁思想。

特卡喬夫最後死於巴黎的精神病院。1869 年巴枯寧
欣喜若狂地在日內瓦擁抱來自俄國的尼恰耶夫（Sergei
Nechaev，1847～1882）這名鄉下神甫的兒子，他主張「一
切爲革命，手段決定目的」。兩人合寫了《革命者教理問答》
（Programme of Revolutionary Action/Program of revolutionary

activities），共 26 條。他們說：「革命家是註定必死的人，他沒有的名字、自己的利害、自己的感情、愛情、財產。」他切斷一切市民秩序、一切法律與世俗道德的束縛，他只知道一種學問，即「破壞的科學」，凡是促進革命勝利的，才是合乎道德的東西。革命者對自己殘酷，對別人更加殘酷。一切親情、友情、愛情、激情等溫柔脆弱的感情都應該被唯一的革命事業的冷靜激情易抑制下去。每個人都是革命者手中的資本，隨時去犧牲以符合革命的利益。要把高官、有地位、有財富的「畜牲」用盡手段迫其屈服；要掌握野心官吏和自由派的秘密，使他們名譽掃地；要鼓動那些空談理論的陰謀家、革命家們去進行實際且複雜的行動。

尼恰耶夫在 1870 年回國內，組織每五個人唯一個小組的「人民的正義」，他下令處死一名不聽命的大學生，再逃亡瑞士，1872 年被捕，仍在獄中遙控恐怖行動，1882 年死於獄中。

1876 年米哈伊洛夫（A.Mikhaylovsky，1855 ～ 1884）創立第二個「土地與自由社」，主張指有通過暴力推翻體制，才能賦於農民公社的職能和人民的自決權。1877 年 7 月彼得堡軍事長官 Trepov 巡視監獄時。下令鞭打正在放風、不肯向他脫貌帽致敬的政治犯，1878 年初他被貴族千金查蘇利奇（V.Zasulich，1848 ～ 1919）趁請願時開槍，差點身亡。法官判查蘇利奇無罪，無異鼓勵了無府主義者更加深信「實踐勝於宣傳」。

1879 年「土地與自由設」分裂爲「土地平分社」和「民

意派」（Narodnaya Volya，NV），前者主張漸進手段及宣傳，米哈伊洛夫領導的 NV 則到處暗殺密探、高官與警察。亞歷山大二世終究被農奴之子安得烈・謝里波亞夫和彼得堡總督之女 Sophia Perovshaya（1854 ～ 1881）發動六次暗殺行動而遭炸死（1881 年）。

1887 年 3 月又有 15 名 NV 成員涉嫌行刺沙皇亞歷山大三世失敗，五人上絞刑台，其中 21 歲的大學生亞歷山大・烏里揚諾夫，他 17 歲的高中畢業生弟弟伊里奇立誓要為大哥復仇，成了羅曼諾夫王長的掘墓人——列寧。

俄國馬克思主義政黨 1860 年代俄國工人自發性地罷工鬥爭，開始有了工人組織。1875 年奧德薩有南俄工人協

亞歷山大三世（Alexander III）　　亞歷山大・烏里揚諾夫（Aleksandr Ulyanov），列寧之兄。

普列漢諾夫（G.Plekhanov）

會，三年後彼得堡有北方工人協會，猶太工人則成立「崩得」（Bund，同盟）。1885 年莫羅佐夫紡織廠大罷工，震撼了全俄羅斯。1883 年普列漢諾夫（G.Plekhanov，1856～1918）在日內瓦創立俄國第一個馬克思主義的「勞動解放社」。這位出身地主家庭的陸軍士校與礦冶學校學生曾加入土地與自由社，1880 年流亡國外，研究馬克思思想，開始反對民粹主義，主張勞動階級的政治鬥爭與政治解放是爭取經濟解放的先決條件。

勞動解放社主張由 知識份子組織工人，向工人宣傳社會主義，使工人階級自覺地進行社會政治活動，同時號召革

命青年給予協助。1884 年普列漢諾夫發表〈我們的意見分歧〉，公開與民粹派決裂。他主張俄國在某種程度上已是資本主義國家，並將進入工廠生產階段，無產階級是未來的對抗階級，將成為革命的主體；革命的知識份子應當在行將到來的解放中領導工人階級秘密組織，推翻沙皇制，建立自由民主，然後由無產階級奪取政權。

勞動解放社帶給徬徨的俄羅斯青年新的希望，各地社會民主小組紛紛秘密成立。1898 年 3 月 4 日在馬克思主義與俄國工人運動相結合的基礎上，「俄國社會民主工黨」於明斯克宣告成立，九名代表中的八人立刻被暗探局特務逮捕，基輔憲兵抓走 176 人，各地共有 500 多人陸續被捕。

1900 年 7 月 29 日，30 歲的伊里奇·烏里揚諾夫（Vladmir Ilich Ulyanov，1870 ～ 1924）到日內瓦拜會導師們，備受老人們冷落，十分憤怒與失望。他生於伏爾加河畔的 Simbirsk，父親有蒙古人（卡爾梅克人）母親的血統，母親是德意志人外科醫生的女兒。伊里奇九歲入學，一直保持全校第一名成績。1886 年老父腦溢血去世，1887 年 3 月大哥亞歷山大被捕，大姊安娜也因為去找大哥一併被抓走而流放。亞歷山大於 3 月 20 日被絞死，17 歲的伊里奇因為是政治犯的家屬，差點被取消金質獎章及參加大學考試的機會，幸虧校長克倫斯基力爭，推薦他入喀山大學攻讀法律，真是歷史的巧合，1917 年列寧推翻的正是校長的兒子克倫斯基的政府。

入學三個月後，12 月 5 日伊里奇被校方懷疑帶頭鬧學

伊里奇・烏里揚諾夫（Vladmir Ilich Ulyanov），筆名為列寧（Lenin）。

潮而開除，還被當局放逐到科庫什科，與大姊安娜一起被警察監視。他只能猛 K 書籍，迷上了車爾尼雪夫斯基在《現代人》寫的文章。他獲准回喀山，1891 年於母親的奔走，他才獲准以校外生資格參加彼得堡大學舉行的國家考試，以第一名成績通過法律系考試，1892 年取得律師執照，在薩馬拉當律師助理。1893 年春伊里奇參加薩馬拉一個馬克思主義小組，9 月移居彼得堡，23 歲就以博學贏得革命團體給他「老頭子」的綽號。他開始寫作，至 1923 年中風為止，30 年內共寫了 1,400 萬字著作。1894 年伊里奇巧遇大他兩歲的識字班女教師克魯普斯卡婭（Nadezhda Krupuskaya，

1868 ～ 1939）。

1895 年 2 月伊里奇肺病痊癒後，代表彼得堡小組去日內瓦拜會心儀已久的普列漢諾夫，7 去柏林拜會德國社會民主黨的理論大師考茨基。9 月回國時，以雙層底板旅行箱夾帶馬克思主義文件混過關。

11 月伊里奇和猶太人馬爾托夫（Julius Martov，1873 ～ 1923）成立「爭取工人階級解放鬥爭協會」，12 月被抓耙子出賣而被捕。1897 年 2 月伊里奇流放西伯利亞三年，馬爾托夫流放到北極圈。

1901 年 5 月起伊里奇開始以「Lenin」（列寧）筆名寫了《怎麼辦？》副標題是〈我們在運動中的迫切任務〉，承襲恩格斯的觀點──「沒有革命的理論，就不會有革命的運動。」主張運動不只有政治和經濟的兩種形式，還要有第三種形式的理論鬥爭。他更採取考茨基的觀點，即現代社會主義學說是資產階級知識份子這一階層的個別人物的頭腦中產生出來的，他們把這個學說傳給了才智出眾的無產者，後者又在條件許可的地方把它灌輸到無產階級的階級鬥爭中去。考茨基說：「可見社會主義意識是一種從外面灌輸（von Aussen Hineingetragen）到無產階級鬥爭的東西，不是一種從這個鬥爭中自發（urwuchsig）產生出來的東西。」列寧指出，工人階級自發地反抗、罷工，還不能意識到他們的利益和整個政治及社會體制不可調和的對立，也就沒有而且不可能具有社會民主主義的意識。這種意識只能從外面灌輸進去，去組織一個和自發工人運動有緊密聯繫的革命政黨。

這個任務必須由先進的知識份子去承擔，起這種先進作用的必須是職業革命家。他們不必在工廠裡每天工作 11 小時，而是設法使他們依靠這個黨的經費來維持生活，能夠及時地轉入秘密狀態。為了建立一個使運動具有穩固性，使它不致輕率地進攻，就絕對需要一個堅強的革命組織；即由一群嚴守黨紀與秘密的職業革命家所組成「黨」。黨應該是組織的總和，一個整體，它有一個嚴密的組織和統一的紀律，由中央委員會（全國性）、地方組織和基層組織構成的統一體，這樣這樣的黨才能領導全俄一切工會的革命運動。為此黨必須發行一份全國性的機關報（黨報），才能向全黨和全體工人鼓舞政治活動，並宣傳以馬克思主義為黨的綱領和策略。

過去組織的失敗簡直是一場災難性的折磨，「在這個歷史時刻裡，我們卻像一群原始的工匠，我們竟大言不慚地說：給我們一支有組織的革命隊伍，我們就可以把俄國搞得天翻地覆！每每想到這件事，我就慚愧不已。」

列寧全心全力投入革命這個「職業」，並非只為了替大哥報仇。唐恩（Fyodr Don）指出：「沒有人像他那樣全天候 24 小時都在忙著搞革命。他的腦中除了革命，其他什麼都沒有。他連睡覺夢見的都是革命，對這種人你又能奈其何？」

1903 年 7 月 30 日俄國社會民主黨在布魯塞爾的一個大麵粉倉庫召開「二大」。幾天後，由於比利時警察的干擾並驅逐了兩名代表，大會被迫移師倫敦。《火星報》佔 33 人，

其中列寧派 24 人，馬爾托夫派九人，加上三名「經濟派」（他們只重視經濟鬥爭，不謀政治鬥爭）和五名 Bund，以及其他動搖份子，其中八人各有兩票決權，一共有 51 票。大會通過最高綱領爲黨的最終目的，也就是社會主義革命，實行無產階級專政。這是當時各國社會黨中，唯一把無產階級專政列入黨綱的。

接著在討論黨章第一條時，列寧堅持只有承認黨綱，在物質上支持並親自參加黨的一個組織的人，才能成爲黨員。馬爾托夫提案，主張不必參加黨的一個組織，只要在某種形式上（例如在財政上）幫助黨的人就可以成爲黨員。兩者僅參加或不參加組織一字之差，卻包含著建立一個什麼樣政黨的原則分歧。馬爾托夫的想法是，「如果你願意的話，就算是黨員」；列寧則堅持「寧可十個實際工作者而不自稱爲黨員，也不讓一個空談家有權利和機會做一個黨員」。他老早就一再強調，無產階級政黨是無產階級的先鋒部隊，「要知道，只是自稱爲『先鋒隊』是不夠的——還要做得使其餘一切部隊都能看到並不得不承認我們確實是走在前面的。」

大會以 28：22 票否決了列寧的提案。《火星報》兩派決裂的關鍵在於有關中央機關的結構和選舉上面：列寧主張由三名中央委員組成國內的中委會；三名《火星報》編輯組成中央機關的編委（國外），並指揮國內的中委會。他又堅持黨組織的中央集權制，大會決定取消所有獨立的小組織。這才把 Bund（五票）和馬丁諾夫（Alexander Martionv）等反對解散《工人事業報》海外聯合會的兩人氣得退席。列寧

控制 24 票，自稱布爾什維克（Bolshevik，多數派）；馬爾托夫派 20 票，被他貶爲少數派（Menshevik，孟什維克）。

列寧在一片「獨裁！」「戒嚴！」的叫罵聲中強行改組《火星報》編輯部，由他和普列漢諾夫、馬爾托夫三個人包辦；但是普列漢諾夫和馬爾托夫會後拒絕和他合作。11 月列寧退出《火星報》，而被孟什維克視爲列寧「打手」、「棍子」的托洛茨基，也被趕出《火星報》。1904 年，俄國第一次革命爆發前，列寧寫了〈進一步退兩步〉，痛批孟什維克把黨倒退回過去的組織渙散地步，他痛次知識份子的特點「正是個人主義不能接受紀律和組織」，強調「無產階級在奪權鬥爭中，捨組織而沒有其他武器」。

托洛茨基 1904 年 8 月寫了〈我們的政治任務〉反對中央集權，他不幸而言中了：「只要多數同志的思想像捕鼠器中的老鼠那樣，在一俄寸見方的組織章程的雞毛蒜皮中掙扎得筋疲力盡、走投無路，那就不可能提出實際的政治任務了。」所以他警告：「在列寧的制度下，黨代替了勞工組織，黨組織代替了黨，中央委員會代替了黨組織，最後獨裁者代替了中央委員會。」

1905 年 1 月旅順被日軍攻陷，1 月 9 日警察線民的加邦神甫被迫率領 14 萬工人及家屬走向冬宮向尼古拉二世請願。沙皇避走，下午 2 點哥薩克騎兵屠殺手無寸鐵的 1,000 多人，引爆 2 月農民暴動，6 月黑海艦隊波將金號水兵起義。沙皇在 1905 年 8 月 6 日頒佈〈建立國家杜馬「Duma 國會」法令〉企圖拖延瞞騙。10 月維特一再上書沙皇：「歷史的進步是

不可阻擋的，公民自由思想一定會勝利，不是走改良的道路，就是走革命的道路。」；「在當前的形勢下只有兩條路，要嘛宣佈軍事戒嚴，鎮壓一切；要嘛讓步，實行立憲改革。」尼古拉二世終於在 10 月 17 日簽署了《整頓國家秩序宣言》。然而全國政治罷工、示威已在 10 月進入高潮，10 月 13 日孟什維克在聖彼得堡成立勞動者代表蘇維埃（Soviet），每個工廠由 500 人推選一名代表參加。

1905 年 4 至 5 月列寧在倫敦單獨召開俄國社會民主工黨「三大」，自己擔任國外代表，控制中央委員會，把布爾什維克比為黨的正統。他提出的戰略是：這是一次資產階級民主革命，其任務是取消地主所有制和沙皇專制，建立工農民主革命政權，為向社會主義過渡準備條件。因此，無產階

血腥星期日前夕的景象。

級應當領導革命，武裝工人，聯合農民。

1905 年 9 月 5 日，日、俄簽訂〈朴茨茅斯條約〉停戰後，沙皇軍隊調回歐俄，加上英、法又貸予沙皇政府四億美金款項，沙皇有恃無恐，先讓中下層資產階級（律師、學者、教師、大學生）等的代表米留可夫（歷史學者）、斯圖盧威（解放同盟）的「立憲民主黨」和壟斷資產階級的「十月黨」滿足立憲選舉，由維持主持修改《國家根本法》。11 月 26 日彼得堡蘇維埃主席齊赫則（Nikolay Chkheidze）等被捕後，托洛茨基實際領導蘇維埃，號召人民擠兌和抗稅，12 月 3 日他終於被捕，1906 年 11 月被判處終身流放西伯利亞。

列寧也在 1905 年 11 月潛回彼得堡，革命失敗後再逃出俄國。他在 1904 年 7 月寫《社會民主黨在民主革命中的兩種策略》，力陳工人階級才是民主革命的主力和領導者，農民是可靠的盟友，革命必須變成社會主義革命。他痛斥孟什維克有潔癖地拒絕參加這場資產階級民主革命。孟什維克的確認定這次革命不過是西歐資產階級革命在俄國重演；無產階級只能追隨資產階級，通過議會或立憲議會來改良體制。普列漢諾夫甚至悲觀地認為「人民不該拿起武器」。

哲學是具有黨性的 1906 年 4～5 月布、孟兩派在瑞典斯德哥爾摩召開團結大會，開放 Bund 和波蘭及立陶宛社民黨入黨。列寧當選為中委，盧那察爾斯基問他說：「如果我們是少數派，那麼要被迫服從他們嗎？」列寧笑著回答：「我們不允許『統一』的觀念套在自己脖子上，無論如何，我們不許被孟什維克用繩子套住！」

　　列寧在流亡中從不忘記研究哲學。他不像其他人浪費時間進行沈思或思辨，要像馬克思那樣按照實際情況來實踐。1908 年他了《唯物主義和經驗主義批判》，一面闡明物質唯一特性就是它是客觀存在的；哲學唯物主義跟承認這個特性是分不開的。他不耐煩那些「哲學家」們各種詭辯和吹毛求疵的爭論，又不敢公開表明自己堅定的立場。列寧堅持沒有折衷，哲學就是實踐；全部哲學都是有黨性的。馬克思主義者的任務就是要善於貫徹自己的路線，同敵視我們的各種勢力和階級路線鬥爭；唯一有用的哲學就是有益於無產階級的。[3]

　　1906 年 5 月 10 日俄國第一屆杜馬開議，資產階級代表和戈列梅金（Ivan Goremykin）政府在農民土地問題和政治自由化問題上尖銳衝突，7 月 8 日沙皇的哥薩克騎兵闖入塔夫利達宮，結束 72 天的民主義會。1907 年 2 月 20 日第二屆杜馬開議，布派 15 人、孟派 32 人、立憲民主派 92 人進入國會。布爾什維克利用議會鬥爭（這是 1907 年 5 月黨「五大」的決議），聯合了佔多數的勞動派及社會革命黨、勞動人民社會主義黨形成「左派聯盟」。6 月 3 日，新任的大臣會議主席史托雷平（Pyotr Stolypin）藉口社會民主黨議會黨團密謀發動「弒君奪權」政變，下令解散第二屆杜馬，逮捕社民黨人。1905 年沙皇政府絞死 2,000 多人，流放與監禁 25,000 多名政治犯；1906 年再逮捕七萬多人。史托雷平流

---

3　參考 Althusser"Lenin&Philosophy"(1969) 的精闢論述。

放 18 萬人，連 70 歲的「革命之母」Breshikovskaya（1844〜1934）也不放過。第三屆國會以複選出來的地主和資產階級代表佔全體的 50%，農民代表佔 22%，工人代表只佔 2%。1911 年初史托雷平扶持西部各省勢力，提議由各省自治會選出一名代表參加國會，被杜馬和國務會議否決，他悍然自行通過法案，解散國會和國務會議。1911 年 9 月史托雷平遇刺身亡。

托洛茨基（Lev Trotsky，1879〜1940，本姓 Bronstein）生於烏克蘭 Yanovka 的猶太人富農家庭，念奧德薩大學數學系不到一星期，1898 年 1 月被捕，1900 年 5 月他帶著妻子、

托洛茨基（Lev Trotsky）。

女兒流放西伯利亞，1902 年秋天丟下妻女逃走，在假護照上填寫昔日奧德薩監獄典獄長的姓氏 Trotsky 作假名。1902 年他終於到倫敦吵醒了列寧，列寧需要這支「筆」來增加自己在《火星報》的地位。1903 年倫敦「二大」後，托洛茨基和導師決裂，又不見諒於孟什維克，單獨在歐洲流亡。這時他又另外和謝多娃（Natalia Sedova）結婚。

托洛茨基接受帕爾烏斯（Parvus，1867～1924）的觀點，1906 年寫《總結與前瞻——俄國革命的性質》闡述俄國靠專制集權及外資迅速發展資本主義，但資產階級勢力薄弱，不能發展出自由主義的布爾喬亞社會，反而把先進工業裡佔少數的工人階級帶到革命的前面來。在俄國只有大規模的工業，工人掌握了工業的命脈。因此他斷言：「經濟落後國家的工人比先進國家的工人更有可能迅速地奪取政權。」革命的先鋒隊——無產階級將領導廣大的農民共同戰鬥，並在奪權勝利後把土地分給農民。俄國無產階級如果沒有歐洲無產階級的直接援助，也就無法完成奪權的歷史任務。因此它一開始就是一個國際性的發展。

後來他繼續提出「不斷革命論」（Permanent Revolution），指出無產階級奪權後，革命只能跳過民主革命階段，直接進行社會主義革命，建立無產階級專政。1928～1929 年他在阿拉木圖流放地才寫了《什麼是不斷革命論》（基本論點）14 點：

(1)現在需要每一個馬克思主義者都高度重視不斷革命論，……因爲「在總體上變成了一個關於世界革命的性質、

內在聯繫和方法的問題。」

⑵對於一些資本主義發展遲晚的國家，特別是殖民地和半殖民地的國家來說，不斷革命論意味著要徹底地、真正地解決它們的民主和民族解放的任務，只有通過無產階級——被壓迫民族的領導者，首先是農民大眾的領導者——的專政，才能實現這個任務。

⑶不僅僅是土地問題，還有民族問題，它們在民族革命中使佔落後國家人口總數中絕大多數的農民佔據了一個特殊的地位。沒有無產階級同農民的聯盟，民主革命的任務不可能解決，甚至不會被認真地提出。但是，這兩個階級的聯盟，只有通過民族自由派資產階級的影響進行毫不妥協的鬥爭中才得以實現。

⑷不管個別國家革命初期偶然性階段的情況如何，無產階級和農民的革命聯盟只有在組織為共產黨的無產階級先鋒隊的領導下才有可能實現。這本身就意味著，民主革命的勝利只有通過依靠同農民結成聯盟的、並已首先解決了民主革命諸任務的無產階級專政才能實現。

⑸從歷史角度來評估，布爾什維克的舊口號「無產階級和農民民主專政」確實反映了無產階級、農民和自由派資產階級之間的關係。十月的經驗已證實了這一點。列寧的舊公式並未事先解決革命聯盟內部無產階級和農民之間在政治的相互關係問題。換句話說，這一公式有意讓某種代數佔有一席之地，本來這種代數應在歷史經驗進程中更為確切的算術數字所取代的。但是歷史經驗表明，而且在排除任何曲解的

前提下表明，不管農民擔任的革命角色多麼偉大，這種角色不是一種獨立的角色，更談不上是領導角色。這就意味著，「無產階級和農民民主專政」只有作為領導著農民大眾的無產階級專政才是可以設想的。

(6)作為一種政體的無產階級和農民的民主專政，……這個政黨只能反映農民的利益，並從整體上也反映了小資產階級民主派的利益，……近代歷史，特別是俄國近四分之一世紀得經驗證明，在建立農民政黨的道路上，有一個難以克服的障礙，即小資產階級在經濟上、政治上沒有獨立性，以及它自身內部的深刻分化，由於這些原因，小資產階級（農民）上層在所有關鍵時刻，尤其在戰爭與革命的問題上跟著大資產階級走，而小資產階級的下層則跟著無產階級走。它的中間層則不得不在兩個極端之間作選擇……。

(7)共產國際今天還企圖將無產階級和農民民主專政的口號強加於東方國家，歷史早就徹底否定了這種只能起一種反動作用的口號了。這一口號同無產階級專政的口號勢不兩立，它在政治上促使無產階級同小資產階級群眾融在一起，因而就為民族資產階級奪取領導權，從而也是為民主革命的失敗創造了一個更加有利的條件，……這一口號是對馬克思主義和布爾什維克主義的十月傳統的一種明目張膽的背叛。

(8)無產階級在取得政權後，作為民主革命的領導來實行無產階級專政，它不可避免地並立即會面臨同深刻地侵犯資產階級所有制聯繫的任務。民主革命就會立刻變成社會主義革命，從而成為不斷革命。

⑼無產階級奪取了政權，這並不是革命的結束，而僅僅是革命的開始。社會主義的建設只有在民族和國際範圍的階級鬥爭的基礎上才可以設想。在資本主義關係佔決定性優勢的世界舞台上，這種鬥爭必然導致國內爆發內戰，在國外爆發革命戰爭。在這裡也包含著社會主義革命的不間斷性……。

⑽在民族範圍內完成社會主義革命是不可想像的。資產階級社會危機的重要原因之一，是它自己所創造的生產力不能再受困於一個民族國家的疆界。因此，一方面產生了帝國主義戰爭，而另一方面產生了歐洲資產階級聯邦的烏托邦。社會主義革命從民族舞台上拉開序幕，在國際間的舞台上發展，在全世界的大舞台上完成。這樣，從新的、更廣泛的意義來說，社會主義成為一場不斷革命，只要新社會在我們整個地球上沒有取得徹底的勝利以前，就不能說完成了社會主義革命。（下略）

# 第三章

# 無產階級革命專政

朱塞佩·佩利扎·達·沃爾佩多的畫作《第四階級》是20世紀一場工人罷工的象徵,現代無產階級的最著名代表之一。

1918

    1.23 俄羅斯社會主義聯邦成立

    2.27 俄共宣佈建立紅軍

    3.7 蘇德布列斯特李托夫斯克條約

    3.8 俄共（布）成立

    3.10 遷都莫斯科

    列寧厲行戰時共產主義

    8.30 列寧遇刺

    11.9 柏林革命

1919

    1.15 盧森堡遇害

    3.6 第三國際成立

    5.4 中國五四運動

    6.20 葛蘭西號召成立工廠委員會

    7.31（德）威瑪共和國成立

    12.4 俄共成立契卡

1920

    列寧《左傾幼稚病》《民族和殖民地問題題綱》

    12.7 德國統一共產黨建立

1921

    2.28 克朗斯塔特水兵起義

    3.18 俄共通過新經濟政策

    7月中共鍵黨

1922

　4.3 史大林成為俄共總書記

　7.15 日共建黨

　12.30 蘇聯成立

1924

　1.21 列寧逝世

　第一次國共合作

1925

　托洛茨基被解職

　12 月聯共通過─國家社會主義路線

1926

　史、托鬥爭

　11 月葛蘭西被捕

1927

　4.12 蔣介石上海「清共」

　8.1 中共南昌暴動

　12.9 聯共通過五年計劃

1928

　4.15 台共成立於上海

1929

　1.18 托洛茨基被驅逐出境，流亡土耳其

　10 月紐約股市大崩盤

1931

10 月印度支那共產黨成立

史大林再推集體化

11.17 中華蘇維埃共和國臨時政府（瑞金）

1933

1 月希特勒執政

2 月柏林國會大廈縱火案

1934

8 月希特勒為德國總統

10 月中共開始長征

12.1 基洛夫血案

1936

7 月西班牙內戰

8 月第一次莫斯科大審判，處死季諾維也夫、加米涅夫

12.12 西安事變

1937

1 月第二次莫斯科大審

7.7 中、日戰爭（～ 1945）

1938

3.13 第三次大審，處死布哈林、李可夫

9.3 第四國際成立於巴黎。《聯共（布）黨史簡明教程》

1939

4 月西班牙內戰結束

8.23〈德、蘇互不侵犯條約〉

9 月德侵波蘭引爆二次大戰

聯共通過第 3 次五年計畫

1940

8.20 托洛茨基被暗殺

1941

5.19 胡志明成立越南獨立同盟

6.22 德侵蘇聯

12.7 日本偷襲珍珠港

1942

2 月中共延安整風

2 月史大林格勒保衛戰（872 天）

1943

5 月史大林解散第三國際

10 月墨索里尼垮台

11 月開羅會議、德黑蘭會議

1944

8.18 巴黎解放

8-10 月，蘇軍坐視華沙起義被德軍殲滅

1945

2 月雅爾達協定

4.28 墨索里尼被絞死

# 1. 從二月到十月革命

1912 年 1 月列寧在布拉格自導自演黨的「六大」，成立「俄國中央局」，把還在坐牢的史大林圈選爲中央委員。他在俄國社會民主工黨加上「布爾什維克」，搶佔了革命的正統。他不克出席 1914 年 7 月的布魯塞爾國際大會，寫

信給愛人伊內莎（Inessa Armand）說：「最重要的是證明我們是一個政黨（那邊是個空架子聯盟或一些小團體），除非他們接受我們的條件，否則絕不接近（approchment），至於團結（unité）就更不必提了。」他套用車爾尼雪夫斯基的話改爲：「誰害怕弄髒自己的雙手，就別讓他去從事政治活動。」

　　1914 年 6 月 28 日奧國皇儲斐迪南大公夫婦在波斯尼亞首府薩拉耶弗檢閱軍事演習後，被塞爾維亞青年普林西普槍殺。奧匈帝國在獲得德皇威廉二世的支持後，先向塞爾維亞政府發出最後通牒遭拒絕，7 月 26 日向塞爾維亞宣戰。8 月

塞拉耶佛事件，斐迪南公爵夫婦遭到槍殺。

1 日中午德國向俄國宣戰，3 日下午 6 點向法國宣戰，掀開第一次世界大戰（1914 ～ 1948）。

　　1914 年一次世界大戰爆發，列寧堅信帝國主義戰爭勢必引爆一場革命。8 月 8 日他被奧國警察以間諜罪拘禁 12 天，老阿德勒出面交涉使他獲釋。當奧國內務大臣向老阿德勒說：「你敢肯定，烏里揚諾夫是沙皇政府的敵人嗎？」後者回答說：「對沙皇政府而言，他是比閣下您還要危險的人！」列寧又流亡到瑞士，1915-1916 年召集兩次反戰大會，沒有結果。他在蘇黎世的圖書館裡，用半年時間參考四種語文的 184 種著作，摘錄 49 種期刊的 231 篇文章，寫成了《帝國主義是資本主義的最高階段》（1917.4 出版）。

　　「帝國主義」（imperialism）的五大特徵為：(1)生產和資本的集中發展達到這樣高度的發展以致造成了經濟生活中產生決定作用的壟斷組織——辛迪加（Syndicat）、卡特爾、托拉斯；(2)銀行資本和工業資本已經熔合，在這個「金融資本」的基礎上形成了金融寡頭；(3)與商品輸出不同的資本輸出有了特別重要的意義；(4)瓜分世界的資本家國際壟斷同盟已形成；(5)最大資本主義列強已經把世界上的領土瓜分完畢。

　　這是他相當程度引用霍布森的《帝國主義》（John A.Hobson，"Imperialism"，1902）和希法亭的《金融資本論》的觀點寫成的。列寧指出：資本輸出具有突出地位，國際托拉斯帝國主義瓜分世界殆盡。這個金融資本引導向帝國主義的階段，是一個「垂死的資本主義」，勢必引爆帝國主義戰

爭。因此，他宣判資本主義死刑。但是並非那麼樂觀，因為
個別國家不同表現不盡一致的發展趨勢；但是資本主義的政
治經濟發展在主要國家出現了不平衡。帝國主義的內在矛盾
與經濟特徵，造成了帝國主義在全球鏈條上出現了薄弱的環
節，因此，在俄國那樣隔絕狀態下，能夠開始革命。但是必
須有一個前提：即工人階級必須在社會革命中成熟起來。這
本書出版半年後，列寧又指出：必須把俄國革命變成世界革
命的序幕，並逐步轉向世界革命。這顯然滲入了托洛茨基的
「不斷革命論」。

　　捲入第一次世界大戰的俄羅斯帝國動員 1,500 萬人參
戰，平均每個士兵只分到兩雙鞋子，1916 年底已有 800 萬
人傷亡或失蹤，各地罷工四起。資產階級要求政客建立責任
內閣制，沙皇在 1917 年 2 月下令解散國會，立憲民主黨的
馬拉克諾夫說：「如果後代詛咒這場革命，他們將會責備我
們沒有及時發動一場由上而下的革命來阻止它。」

　　彼得格勒工人從 1917 年 1 月起開始罷工，3 月釀成大
罷工。3 月 8 日（俄曆 2 月 23 日，以下同）[1] 慶祝三八婦女
節當天，一群買不到麵包的婦女走上街頭示威，偶而攻擊
麵包店，工人也加入這場溫和的示威行動。第二天警察力
量癱瘓，10 日哥薩克騎兵在茲納緬廣場開槍打死驅散群眾
的一名警察。衛戍部隊奉命準備鎮暴，11 日打死一些示威
者。巴甫洛夫團教導隊後備連的四個連士兵，卻上街示威

---

1　俄曆在 20 世紀時比陽曆晚 13 天。

支持民眾，向警察開槍。12 日上午 6 點沃倫禁衛團士兵起義，社會民主工黨宣佈首都已在起義者手上，只剩下冬宮及海軍大廈（後者在當夜被佔）。13 日工人、士兵直撲冬宮，逮捕所有大臣。15 日深夜尼古拉二世宣佈退位，把王位交給他弟弟米哈伊爾，後者拒絕接位，500 年的羅曼諾夫（Romanov）王朝一下子土崩瓦解。

3 月 12 日（2 月 27 日）晚上 9 點，40-50 名工人、士兵及各黨、社會團體代表在塔夫利達宮集合，成立彼得格勒蘇維埃，孟什維克派佔多數，由齊赫則為主席，社會革命黨人克倫斯基（Alexander Kerensky，1881 ～ 1970）為副主席，布爾什維克的人不是在海外就是在西伯利亞，只有兩名代表。15 日成立臨時政府，由大地主李沃夫（Georgy Lvov）為總理兼內務部長，立憲民主黨人米留可夫（Pavel Milyukov）為外長，克倫斯基為司法部長。二月革命一開始就出現了臨時政府和彼得格勒工兵蘇維埃兩個並立的「政權」。

帕爾烏斯這位軍火商促使德軍參謀總部用密封火車把列寧等人送回俄國去搞革命。1917 年 4 月 16 日（4.3）正逢列寧 47 歲生日的前一天，他跳下火車走進彼得格勒的芬蘭車站。

列寧登上裝甲車演講，最後高呼「世界無產階級革命萬歲！」第二天發表《論無產階級在這次革命中的任務》（《四月題綱》），指出革命的根本問題是政權問題。現在政權正由沙皇貴族階級轉到資產階級手裡，因此，資產階級民主革

命已完成。「俄國當前形勢的特點是從革命的第一階段向革命的第二階段過渡。」布爾什維克黨的任務是「使政權轉到無產階級和貧苦農民手中」。他宣稱要堅決反對戰爭,「一切政權歸於蘇維埃,建立貧農與無產階級專政,不給臨時政府任何支持」。

他的話震驚了孟什維克,連老同志加米涅夫都反對他,首都更盛傳列寧是德國間諜。4 月 21 日布黨的彼得格勒委員會以 13 票對 2 票否決了列寧的提綱。他又寫了〈論兩個政權〉、〈論策略書〉強調一切革命的根本問題就是國家政權問題,不弄清楚這個問題,便談不上自覺地參加革命,更不用說領導革命了。列寧不理自家人的反對聲浪,因為他已爭取到托洛茨基了。

托洛茨基在 1916 年 10 月被法國驅逐,潛逃到西班牙,差點被送到古巴,1917 年 1 月流亡美國,3 月離開紐約,取道加拿大時被英軍關進集中營,俄國輿論壓迫英方放人,5 月他重返彼得格勒,加入區聯派(Mezhrayontsy),再以個人身份加入布爾什維克,6 月再率領 4,000 多人入黨,並主編《真理報》。

3 月 17 日米留可夫外長對外宣佈俄國繼續參戰,引起厭戰民眾的憤怒和示威,5 月 3 日(4.20)米留可夫外長下台,克倫斯基出任陸海軍部長,18 日下令繼續打仗。在 6 月的一次全俄蘇維埃代表大會上,孟派的策列特里(Irakli Tsereteli)宣稱,在俄國似乎還沒有一個政黨願意奪權,並為國家今後的命運負責。列寧立刻回答:「不對!沒有一個

政黨會拒絕執政，我們的黨就不會拒絕，它隨時準備接管一切！」。

民眾不管什麼宣傳和口號，城市貧民要的是麵包，工人要求改善待遇，農民要求土地，所有人都希望趕快停戰。布爾什維克迅速發展出 25 萬黨員（軍中有 2.6 萬黨員），儘管他們沒參加政府，仍不斷向工人、士兵進行宣傳和教育。6 月 10 日臨時政府準備反攻，布爾什維克卻準備發動和平示威，要求「全部政權歸於蘇維埃」、「反對進攻政策」，臨時政府立刻制止示威。18 日蘇維埃發動要求「通過立憲議會實現民主共和」的示威。7 月 3-5 日布爾什維克乘勢發動群眾高呼「打倒十個資本家部長！」「人民和平萬歲！」的口號。

7 月 4 日首都 50 萬工人汗水兵在「全部政權歸於蘇維埃！」口號下和平示威，臨時政府調動軍隊和士官生鎮壓，死傷 400 多人。克倫斯基揚言要逮捕「德國奸細」，將布爾什維克就地正法。列寧逃到芬蘭邊境，專心寫他的《國家與革命》。托洛茨基和加米涅夫等被關到 9 月初。

愚蠢的軍人柯尼洛夫在 9 月 7-14 日發動兵變，進逼首都，準備「救國」。克倫斯基無奈地向布爾什維克要求支援。布派在軍中宣傳鼓勵，使各師奇怪地走錯路而無法會師。托洛茨基更是早就在監獄中遙控彼得格勒蘇維埃，他回答水兵什麼時候動手逮捕部長們時說：「還不是時候，我們應該先利用克倫斯基做砲架去射擊柯尼洛夫，以後再解決他。10 月初他出獄，10 月 6 日成為彼得格勒蘇維埃主席。五天後

布派已在蘇維埃佔多數了。

　　列寧躲在芬蘭邊界 100 多天，一再構思無產階級除了用暴力革命破壞國家這個個壓迫工具外，別無選擇。無產階級勝利後，沒有政治上的過渡期，要一下子從資本主義社會過渡到共產主義社會是不可能的。這個期間的國家就是「無產階級專政（Dictatorship of Proletariat）」，即對廣大人民實行民主，對剝削階級和壓迫階級實行暴力鎮壓。「當下層社會不願意再繼續保留舊的社會制度，上層社會不能再以舊的方式生存時，革命才能勝利。我還可以用另一方式表達這個真理的含意：革命不伴隨著全民族的危機就不能成功，必須觸動被剝削階級和剝削階級。」

　　10 月 7 日列寧潛回首都，三天後在一個孟什維克的家裡召開歷史性的會議（諷刺的是那個蘇哈諾夫正好已經出門，而他的妻子是布爾什維克蘇漢諾娃・嘉・弗拉克謝爾曼是布黨中委會秘書）21 個中委有 12 人出席，除了加米涅夫和季諾維也夫外，都贊成武裝暴動奪取政權。第二天，加米涅夫、季諾維也夫在《新生活報》上聲稱他們都反對黨在最近期間主動發起任何武裝暴動，必須說明，「我不知道黨有什麼指定在某某時間舉行某某行動的決定」他並非故意洩密，因為《工人之路報》已經連續刊出許多篇列寧關於武裝起義的書信了。彼得格勒幾乎所有報紙每天都在大量評論布爾什維克的計畫和其活動，所以布黨的陽謀早已昭然若揭了。

　　克倫斯基準備鎮壓布黨，卻被孟什維克制止而作罷，11

月2日托洛茨基成為彼得堡蘇維埃的軍事委員長。

11月6日，列寧寫信給布派中央委員會：「現在很清楚了，對起義猶豫不決就意味著死亡！……我們不能再等待了，等待意味著失敗！一切革命的歷史已證明，革命者片刻的猶豫就會成為革命的千古罪人！」

起義前幾天托洛茨基向美國記者 John Reed 指出：「軍隊已經站在我們一邊了，那些妥協份子與和平主義者，即那些社會革命黨人和孟什維克，已經喪失了一切權威──因為農民與地主、工人與雇主、士兵與軍官之間的鬥爭已經變得更加激烈，更加不可調和了，只有用人民群眾一致的行動，只有無產階級專政的勝利，才能完成革命，才能拯救人民。」

當晚孟什維克的唐恩還在斯莫爾尼學院的全俄蘇維埃大會上慨嘆：「人民群眾困苦顛沛，疲憊至極，他們對革命已不再感到興趣了，如果布爾什維克發動什麼事變，那就會葬送革命……」托洛茨基帶著〈浮士德〉劇中魔鬼麥斯托菲爾那樣嘲弄的神情，緩緩地諷刺說：「唐恩的戰術證明，人民群眾──那麼大的、愚昧的、無動於衷的人民群眾是絕對擁護他的！」（哄堂大笑）「過去七個月的歷史證明，人民唾棄了孟什維克……唐恩卻告訴你們說，你們沒有權利發動武裝暴動。發動武裝暴動是一切革命者的正當權利！當那些被踐踏的人民群眾起來反抗的時候，那就是他們的權利！」

11月7日（10.25）凌晨2時起水兵包圍了冬宮的臨時政府所仔地。上午9時克倫斯基化裝成女人，搭美國大使館的汽車逃走，其餘閣員紛紛被捕。下午1時托洛茨基宣佈：

臨時政府已經不存在了。下午會後，列寧和托洛茨基躺在一個小房間的地板上，老頭子用窘迫的眼神，猶豫地對老戰友說：「你曉得，被壓迫的和通緝、流亡的生活一躍而當權，這太突然了⋯⋯」他停了一下，尋思片刻，終於冒出一句德語：「Es Schwincrefr」（昏頭了）同時又用手繞著頭上畫一個圓圈。

當晚 10 時唐恩和馬爾托夫等人斥責布爾什維克的武裝暴動是因謀詭計，是「對祖國和革命的犯罪行為」，托洛茨基當場反駁：「現在發生的是暴動，而非陰謀。民眾的暴動不需要找任何理由來辯護。」他又對那些人怒吼：「你們已經是孤家寡人，已經破產，你們的戲演完了，滾回今後你們該滾的地方——歷史的垃圾推中去吧！」

11 月 8 日上午 5 時 15 分，在「革命萬歲」、「社會主義萬歲」的歡呼聲，以及〈國際歌〉的激昂聲中，人類第一個無產階級專政的蘇維埃政權宣佈誕生了，這是布爾什維克和社會革命黨合作的成果。

十月革命的傷亡人數為：軍官 53 人，士兵 602 人，警察 73 人，平民 587 人。革命當晚莫斯科照樣歌舞昇平，革命對大多數人而言毫無關係。十年後愛森斯坦拍攝電影〈十月〉的現場，傷亡人數比真正十月革命那天還多。

**捍衛革命**　托洛茨基建議將新政府叫做「人民委員會」（Kormissar）。在 16,000 萬人口中，布爾什維克只有七萬人。人們不相信革命政府能夠撐多久，鐵路、郵電、電信員工拒絕為新政府服務。12 月 20 日列寧成立「全俄肅清反革命及

1917 年俄國革命成功後慶祝。

怠工特別委員會」，簡稱：「契卡」（cheka），由波蘭小
貴族出身的革命家捷爾任斯基（Dzerzinsky，1877 ～ 1926）
主持。

　　列寧將社會革命黨左派拉為暫時的盟友，不料第二次全
俄蘇維埃大會上，布爾什維克在 707 席代表中只佔 175 人，
加上 40 名同盟者，孟派只有 16 人，社會革命黨右派卻有
370 人。全俄國半數人贊成社會主義，但是反對布爾什維克。
1918 年 1 月 18 日召開立憲會議當天，大會否決了布爾什維
克在十月革命後的各種宣言，第二天武裝士兵在議場門口阻
攔代表們，22 日列寧下令解散議會，23 日宣佈建立「勞動
者、士兵及農民代表的蘇維埃共和國」（蘇俄）。從此俄國

再也沒有民主可言了。

協約國不承認蘇維埃政權那個「僭稱的政變」，德軍最終以最後通牒要求蘇俄割地賠款。托洛茨基拒絕，下令復員。2 月 14 日起，俄國改採西曆（2 月 1 日）。布哈林等左派共產主義者反對屈服，主張向德國宣佈革命戰爭。3 月 8 日布爾什維克改稱「俄國共產黨」（布），10 日遷都莫斯科。3 月 3 日對德國簽下〈布列斯特─李托夫斯克條約〉，割讓芬蘭、波蘭、波羅的海地區，賠款 60 億金馬克。八個月後德國爆發革命，一切作廢。列寧在 3 月的黨第七次大會解釋：「歷史指示我們：和平是為了以後去作戰的一個暫時的休息，戰爭是取得較好或較壞的和平方法。」「我正是要將空間讓給實際戰勝者，以贏得時間。」

3 月 9 日英、日軍分別登陸莫曼斯克及西伯利亞，14 國軍隊陸續入侵干涉俄國革命。舊俄貴族、將軍的白軍也受歐美日各國支持，配合外軍從四面八方包圍新生的俄共政府。托洛茨基迅速建立一支紅軍，三年內戰俄共勝利，1,300 萬人死於戰火中，經濟完全破壞。1920 年工業生產只相當逾 1913 年的 1/7，貨幣形同廢紙，只能以物易物，由政府管制一切資源及糧食、生產，號稱「暫時共產主義」（War Communism）。

1918 年 7 月社會革命黨反對向農民徵糧，他們又在 8 月炸死德國大使，並發動士兵佔領莫斯科郵政總局和電報總局大樓，很快就被托洛茨基制伏。

8 月 30 日列寧在對工人演講後上車前，被 Fanya Kaplan

連開三槍，左肩骨和右肺上面的胸骨關節各中一槍，總算沒死。當晚契卡至少槍決七千人，至 1919 年又逮捕 12 萬人，槍決七萬人，社會革命黨已被清除，孟什維克也被消除殆盡，馬爾托夫寧死不肯再和列寧見面，選擇流亡歐洲的孤獨之旅，含恨而終。

## 2. 從內戰到新經濟

**內戰與協約國干涉**　1918 年 5 月四萬名捷克戰俘兵團在伏爾加河中游及西伯利亞一帶暴亂，社會革命黨和孟什維克在薩拉馬（古比雪夫）和鄂木斯克建立反共政權，南部出現領導的白衛軍（White Volunteer Army），有柯尼洛夫和尤鄧尼金（Antheny Denikin）指揮。在外貝加爾湖地區的哥薩克將領謝苗諾夫則由佔據西伯利亞的日本軍支持；在北部阿爾欽格省，前民粹主義者 N.Tchaikousky 依靠英、法干涉軍建立反共政權。

1918 年夏天白軍全盛，10 月鄧尼金拿下奧廖爾，逼近圖拉，尤鄧尼金進逼彼得格勒。此外，14 國干涉軍入侵，連希臘、塞爾維亞、日本、義大利也參一腳，並供應白衛軍補給，但避免與蘇維埃軍正面交鋒。1920 年先後撤離，只剩日本軍一直佔領遠東的濱海省至 1922 年；在庫頁島的日軍遲至 1925 年才撤離。新生蘇維埃國家陷入四面八方包圍，只控制中部地區，等於過去俄國 1/10 ～ 1/15 的領土而已。

托洛茨基在 1918 年 3 月出任共和國最高革命軍事委員

會主席，迅速建立一支 150 萬人的紅軍（Red Army），由舊俄軍人瓦齊采斯擔任總司令。至 1920 年紅軍已有 500 萬人。由於托洛茨基啟用舊俄軍官與專家（佔軍中幹部的 76%），吸收了圖哈切夫斯基（Mikhail Tukhachevsky）、布瓊尼，引起布哈林的質疑，以及工人出身的伏羅希洛夫（Kliment Voroshilov）等「軍事反對派」的強烈不滿與抵制，列寧只能支持托洛茨基。托洛茨基又在軍中設置政治委員，強化軍中的政治教育並監視舊軍人，這就是中共的政委（例如鄧小平）和國民黨的政工（例如王昇）的起源。「不是勝利就是死亡！」托洛茨基不准叛逃，凡叛逃被抓回來者一律列隊報數，每到第 10 名、20 名、30 名……出列，立刻槍斃，這是羅馬軍團的「逢十抽一」殺律。

　　史大林（Stalin，1887-1953）這位格魯吉亞人鞋匠之子，唸過梯弗列斯東正教學校，1889 年因宣傳與馬克斯主義被開除，1901 年起開始革命生涯，1902 年～ 1913 年先後七次被捕脫逃，1913 ～ 17 年在西伯利亞流放，1917 年 3 月返回彼得格勒，十月革命後他當個不起眼的民族事務人民委員（1917 ～ 1922）。

　　但是托洛茨基盛氣凌人，史大林乘機聯合軍事反對派，1918 年底他要求去伏爾加和下游的察里津（Tsaritsyn，後來改為史大林格勒）督糧，結識了老鄉伏羅希洛夫，開始和托洛茨基起衝突，史大林胡亂指揮，紅軍慘敗，氣得托洛茨基要把伏羅希洛夫交付軍法，不過列寧還是偏袒史大林。11 月新成立的工農國防委員會，托洛茨基讓史大林加入，「給

圖哈切夫斯基（Mikhail Tukhachevsky）　史大林（Stalin）

他一個公開批評與建議的機會」。此舉反而引狼入室，1919年3月的共黨「八大」後，史大林再兼掌國家監察人民委員部；又同時兼任黨中委剛設立的兩個小組──政治局及組織局的委員。年初斯維爾德洛夫英年早逝，史大林成為其他大人物不屑一顧的「管家婆」，一步步控制了黨機器，引進自己的人馬充當黨務官僚。卡岡諾維奇（Lazar Kaganovich，1893～1991）這個猶太人鞋匠出身的黨棍，進組織局，不到一年內就開除 17 萬人，來個黨的大換血。

　　1919 年秋天波蘭軍攻打白俄羅斯及明斯克，1920 年 5 月攻佔基輔，圖哈切夫斯基與布瓊尼兩路反攻勝利，直達華沙城下，但史大林胡亂指揮，8 月 16 日波軍反攻，迫 27 歲的圖哈切夫斯基後撤，11 月布瓊尼擊潰克里米亞的弗蘭格

爾，年底三年內戰結束。

內戰期間列寧厲行「戰時共產主義」，派工人及貧農下鄉強奪富農囤積的餘糧，1917 年 11 月至 1918 年 8 月達 3,000 普特（每普特等於 16.3 公斤），至 1920 與 1921 年徵收達 42,300 萬普特。1918 年 6 月又全面沒收大企業及部分中型企業為國有，禁止商業貿易，消費品上漲兩倍以上。但 1920 年生產只達戰前（1913 年）的 13.8%而已，1,600 萬人死去，徵糧更引發農民反抗。1921 年 2 月末革命聖地克瑯斯塔特（Kronstadt）的水兵，以「商業自由化，社會主義各政黨合法化，沒有共產黨的蘇維埃」口號起義，托洛茨基下令圖哈切夫斯基用大砲、飛機和毒瓦斯鎮壓。

1921 年 3 月 8-16 日俄共召開第十次大會，列寧坦承「我們不能使廣大群眾信服」。3 月 21 日他宣佈一連串的放棄徵糧、商業化自由、開放中小企業自由化；工業實施「統一領導，分級管理」，允許自由貿易、引進外資等「新經濟政策」(NEP)。他力斥那些教條主義者，主張「我們應該利用資本主義」。他準備暫時退卻，向資本主義學習；一旦度過危機，再回過頭來建設社會主義。他的重點是工業化和電氣化，並提出了「共產主義就是蘇維埃政權加上全國電氣化」。

**列寧獨裁** 內戰爆發不久，莫斯科派的薩普龍諾夫、奧新斯基、斯米爾諾夫等「民主集中派」反對契卡濫用權力、地方契卡無法無天，要求將他們歸由地方蘇維埃監督；更反對由黨中央機關垂直領導。他們在「八大」上進一步認為官僚主義已深入一切機構，中央簒奪了地方權力至難以置信的

地步。

1920 年 9 月施略普尼科夫、梅德維捷夫、柯倫泰、米雅斯尼柯夫等工人出身的工會領袖成立「工人反對派」，呼應民主集中派，他們認為黨正在墮落的根本原因是權力過度集中，黨對工會和蘇維埃干涉過多。工會反對派又主張國家工會化，將管理全國經濟的大權交給「全俄生產者代表大會」。

托洛茨基成為眾矢之的，11 月在全俄工會第五次代表大會上，他公開主張「把螺絲釘得緊」、「整刷工會」等口號，在工會中採取軍事命令辦法，反對說服辦法，主張工會國家化，反對工會機關選舉制，事態愈發不可收拾。12 月 24 日俄共（布）中央全會討論內部分期及工會問題，列寧終於在 31 日開了金口，痛批托洛茨基，附帶批評布哈林，堅持由黨培養的幹部領導工會，不能聽命於托洛茨基式的官僚支配而導致工會與群眾疏離。至於工人反對派否認黨、否認國家，具有工團主義傾向，會引起無政府主義狀態，結束黨的專政。1912 年 3 月 16 日「十大」最後一天，老頭子震怒地下令解散那些「具有特殊綱領，力求在一定程度上鬧獨立並建立其集團紀律的集團，否則開除出黨」。

列寧的個人獨裁為史大林鋪平了路，「十一大」後第二天，1922 年 4 月 30 日加米涅夫推薦史大林成為俄共（布）總書記，誰也不在乎這個管家婆的位置就通過了。大家天真地忽略了總書記控制黨機器及手握 485,000 名黨員的生殺大權，任由他組建聽命於他的職業黨官僚。從十月革命奪權的

俄共（布），面對反革命及內戰的險峻局勢，列寧除了厲行
共產黨獨裁統治之外，毫無其他選擇，無產階級政黨是一個
統一整體，一個有嚴密組織的從中央到地方支部的有機體，
只有結成統一意志，統一行動的有機部隊，才能團結和領導
革命。俄共是個革命政黨，其統治是靠「合法的暴力」。

## 3. 歐洲紅色革命的幻滅

　　俄國布爾什維克十月革命勝利的訊息，使東歐及西歐的
無產階級心底燃起了希望的烈焰。於是，在戰後廢墟中出現
了幾個曇花一現的短命蘇維埃政權，幾乎都仿效俄國模式
（德國除外）。列寧和托洛茨基也過渡樂觀地以為紅色革命
必然會席捲整個歐洲，他們建立第三國際到處鼓吹革命，然
而一切都挫敗，並引發法西斯主義反革命的提早到來。

　　芬蘭（1918 年 1 月～5 月）、匈牙利（1919 年 3～6 月）、
克羅地亞（1919 年 7 月）、維也納（1919 年 6.15）、斯洛
伐克（1919 年 6 月）、羅馬尼亞……各國的紅色革命紛紛
倒在血泊中，波蘭的畢爾蘇茨基於 1919 年 8 月奪回白俄羅
斯和烏克蘭西部，1920 年 4 月奪佔基輔。列寧過渡樂觀地
以為，紅軍攻下波蘭就可以西進歐洲，迎接德國革命。托洛
茨基以軍備不足反對這種冒險，但是列寧獲得史大林、季諾
維也夫等的支持，紅軍兵分兩路，6 月 13 日迫波蘭軍退出
基輔。

　　捷爾任斯基、翁斯里哈特（契卡頭子）、列辛斯基、諾

伏托哥等匆匆成立了「臨時波蘭革命委員會」，紅軍打到華沙附近，不料史大林胡亂指揮，8月6日法國顧問魏剛支援波蘭軍大敗紅軍於瓦斯瓦河畔。列寧在「十大」上承認：「我們推進得太快了，……造成這些錯誤是由於我們太過高估自己的優勢力量。」1920年10月俄、波簽訂和約。

**德國革命的悲劇**　1918年11月3日德國基爾水兵引爆十一月革命，呂貝克、漢堡、不萊梅各地工兵蘇維埃紛紛成立，11月8日慕尼黑出現巴伐利亞共和國（USPD的猶太人作家 Rurt Eisner 為總理）。9日威廉二世退位，俄國和德國的革命似乎就一氣呵成了。但這只是暫時的幻象。同日李卜克內西被迫提前發動柏林起義，號召工人士兵「肩負起歷史的使命」，奪取政權。皇帝退位，馬克斯親王辭職，SPD領袖艾伯特早已得到軍部、官僚集團的信賴，成為帝國宰相。下午2點謝德曼宣佈：「偉大的德意志共和國萬歲！」4點李卜克內西也在皇宮的陽台上項群眾宣佈成立「自由社會主義共和國」。

李卜克內西拒絕艾伯特的邀請入閣，11月10日他和盧森堡又沒被選為柏林蘇維埃第一次全體會議代表。SPD挽救了德意志帝國，卻讓軍隊、官僚及大資產階級原封不動地保留下來，革命迅速被舊勢力扼殺搖籃中。李卜克內西沒有托洛茨基的能耐和實力，柏林的工兵蘇維埃更不是彼得格勒蘇維埃。30日公布的〈選舉法〉，「不是全部政權歸於蘇維埃，而是全部政權歸於人民」，工人和士兵被耍得團團轉。

斯巴達克派和革命工會組織仍幻想建立俄國式的蘇維埃

共和國 11 日成立「斯巴達克同盟」（Spartacus Bund），公佈盧森堡起草的《斯巴達克同盟要什麼？》。盧森堡指出：「國民議會是資產階級革命已廢棄的遺產，是一個沒有內涵的空殼，是小資產階級幻想『統一民族』，幻想資產階級國家的『自由、平等、博愛』時期的工具。今天，誰要拾起國民議會，誰就有意或無意把革命退回到資產階級革命的歷史階段。……議會迷在昨天是軟弱，今天是曖昧，明天就是對社會主義的背叛。」

然而 SPD、USPD 和德意志保守黨（DKP）、基督教社會黨（CSP）、德意志民族人民黨（DNVP）、德意志人民黨（DV）等都準備選舉、制憲。12 月 28 日興登堡也致信艾伯特，要求召開國民會議，結束蘇維埃制度。

12 月 16 ～ 21 日，在 SPD 右翼的操縱下，全德工兵委員會「一大」決定把立法權及行政權交給人民全權代表委員會和以後舉行的國民會議。12 月 29 日斯巴達克同盟召開全代會，30 日正式成立「德國共產黨」（KPD），共推李卜克內希罕盧森堡爲主席。盧森堡指出：「現在該是實現馬克思、恩格斯當年提出的直接爲無產階級奪取政權而鬥爭的時候了，黨和無產階級面臨的直接任務就是動員和依靠廣大工人群眾的革命積極性和歷史主動性，使社會主義成爲事實和行動，並且徹底消滅資本主義。」面對情勢逆轉、敵強我弱的劣勢下，盧森堡認爲黨有必要參加國民議會選舉。她在 12 月底指出：「參加選舉的目的不是要和資產階級及其幫兇一起炮製法令，而是要把他們趕出殿堂，要襲擊這個反

革命堡壘，要在這個堡壘上空升起無產階級革命的勝利旗幟！」

然而青年激進派堅決否定參加這種可恥的、把工人引入歧途的「自殺性行動」（這也是列寧所駁斥的「左傾幼稚病」），並以 62：23 票否決了參加選舉。

1919 年 1 月 4 日普魯士政府免除 USPD 左派埃米爾・艾希霍恩（Emil Eichhorn）的柏林警察總監職務，激怒了德共及左派。他們在 6 日發動柏林總罷工，7 ～ 8 日工人佔據火車站、報社、印刷廠、郵局、警察局。李卜克內西等人宣佈推翻艾伯特政府，艾伯特已有舊軍人的「自由團」（Freikorps）支持，6 日下令嗜血狗諾斯克為柏林總司令。諾斯克說：「總得有人擔當警犬的任務，我不能逃避這個責任！」並由呂特維茨（Walther von Luttwitz，1859 ～ 1942）將軍指揮部隊待命，10 日晚上開始進攻市中心，盧森堡和李卜克內西轉入地下。11 日政府下令士兵「每支槍的刺刀上應該挑一個斯巴達克份子」。12 日起白色恐怖籠罩柏林，政府公開懸賞十萬馬克要捉拿李卜克內希和盧森堡的人頭。盧森堡 13 日寫的〈紙板糊成的小屋〉指出：「在冒煙的瓦礫堆上，在被殺害的斯巴達克盟員的血渠和屍體上，『秩序』的英雄們匆忙地重新鞏固了自己的統治」，「今天明白無誤的是，艾伯特和謝得曼只能靠刺刀來統治。」這就是他們建立在紙板糊成的小屋的「秩序」。

1 月 15 日李卜克內希罕盧森堡在曼海姆街 34 號被捕。躺在床上看《浮士德》的盧森堡匆匆把幾本書塞進一個小

提包被押走。剛來探望他們的威廉‧皮克（Wilhelm Pieck，1876～1960，1949年起爲東德總統）僥倖地被軍人當作訪客而放走。李卜克內西和盧森堡被押進近衛騎兵司令部的艾登飯店慘遭毒打，送往監獄途中遭到殺害。李卜克內西被棄屍街頭，盧森堡的遺體直到5月1日護城河冰融後才浮出面。

　　2月6日艾伯特被威瑪國會選爲德意志共和國首任總統。德共和USPD左派掌握的薩克森邦也在3月2日被諾斯克碾碎。德共發動3月4-16日柏林暴動失敗，盧森堡的老情人約吉希斯10日被槍決，1,200多人遇害，幾千人被丟進監獄。艾斯納在2月21日被暗殺。4月7日USPD黨人和無政府主義者推翻巴伐利亞右派政府，由詩人托勒（E.Toller，1893～1939）和無政府主義者G.Landuer（1870～1919）主政。13日中央支持右派策動慕尼黑駐軍反撲，推翻托樂。德共趕走亂軍，宣佈建立巴伐利亞蘇維埃共和國，六萬自由團迅速反撲，5月1日攻佔慕尼黑。557名共產黨人被殺，6,000多人被監禁。

　　列寧對德國革命可能使世界革命在一個星期內全部動起來的過渡樂觀後，只有慨嘆：「我們預言的國際革命正在向前發展，但這種運動並不是我們所期望的那種直線運動。」

　　**義大利工廠委員會**　「慘勝國」義大利百廢待舉，社會黨乘勢坐大，1919年11月獲得國會1/3的席次。

　　受到俄國革命的衝擊，社會黨分爲「革命派」和「改良派」。1917年12月革命派在佛羅倫斯的秘密會議上，波爾

葛蘭西（Antonio Gramsci）

迪加（Amadeo Bordiga，1889 ～ 1970）主張走俄國革命路線，而被葛蘭西極力反對。

葛蘭西（Antonio Gramsci，1891 ～ 1937）生於薩丁尼亞島的阿爾巴尼亞裔，他從小罹患先天性脊骨畸形，生活困苦，1911 年考進都靈大學攻讀文學和哲學，他的同學有陶里亞蒂（Parmiro Togliatti，1893 ～ 1964）。1913 年他加入社會黨，1915 年輟學，成為《人民呼聲報》記者，1917 年為支部執委。

葛蘭西反對立刻發動工人起義，因為當時社會黨缺乏主動精神和想像力。他認為，工人階級在政治活動外，應該有自己的文化組織——「道德生活俱樂部」做為革命的學校。1919 年 4-5 月間他和陶里亞蒂、塔斯卡（A.Tasca，1892 ～ 1960）等人創刊《新秩序》週刊（L'ordine Nuovo），把發

現義大利工人階級的蘇維埃傳統和尋找義大利真正的革命精神傾向作為辦報的方針。6月20日葛蘭西號召都靈工人發展工廠委員會，通過工人自願自覺的紀律，使工人在每個生產過程中成為歷史（生產）的主體，通過工廠委員會這種工人民主自治，訓練未來的政治和管理經驗，指向一個新型的無產階級國家。

都靈（Torino）是義大利北部的工業重鎮，尤其有飛雅特工廠。1918年當地50萬人口當中，有1/3是工人。都靈工人響應葛蘭西，半年內有15萬人參加工廠委員會運動。1920年初物價暴漲，罷工四起。3月間資本家重建產業同盟，

美國人看弗拉基米爾・列寧和貝尼托・墨索里尼。

政府調動軍隊包圍都靈。4月廠主抓住飛雅特廠工人爲夏季改變作息時間的爭議，宣布歇業，引爆政治總罷工，11天後功敗垂成。8月米蘭的冶金工人爲爭取家新而怠工，資本家又宣佈停業，米蘭冶金工在8月31日佔領工廠，都靈、羅馬、那不勒斯、熱內亞各地工廠紛紛響應，9月2日工人佔領工廠蔚爲風潮，工人自己管理生產，組織赤衛隊。

擁有220萬工會成員的義大利社會黨卻聽任改良派的建議，總工會和當局談判（1920.9），社會黨要求總工會投票表決是否要發動革命。最後資方答應提高工資10～20%，9月25至30日各地工人佔領的工廠被解除武裝後，資本家立刻翻臉，攻擊工人，墨索里尼（Mussolini，1883～1945）的義大利的法西斯運動就因而應運而滋生了。

1921年5月大選，社、共兩黨共獲得138席（122與16席），法西斯黨只有35席，墨索里尼踏入政壇。11月他在羅馬成立「國家法西斯黨」（32萬人），各個身穿黑衫，向他舉右手高呼「領袖」（Duce）。1922年10月24日墨索里尼在那不勒斯大會上公然宣佈要奪取政權。28日四萬名法西斯黨徒向羅馬進軍，兩天後他們進入首都，國王任命墨索里尼組閣。最終他建立一黨專制國家（1925-1945）。

1921年1月21日義大利共產黨建黨，參加第三國際，1924年5月葛蘭西從莫斯科回國（1922～1924），領導意共。葛蘭西在1926年11月8日被捕，1928年5月受審訊，法官宣佈：「我們必須讓這顆腦袋停止活動20年！」將他判刑20年4個月又5天，1937年4月21日他獲得減刑出

獄，六天後去世（46歲）。葛蘭西忍受病痛的折磨，1929
～1935年在欲中寫下32冊密密麻麻的《欲中札記》（Prison
Notebooks）及大量信。

　　葛蘭西針對1918年後資產階級的歐洲重建過程中工人
運動失敗進行反思。他認為，對國家直接進攻是1917年10
月布爾什維克鬥爭的成功，但在西歐不可能選擇這一道路。
西方已有一個強大的市民社會包圍並且保護了國家。「在我
國，國家就是一切，市民社會仍處於原始階段，還無法同國
家區分開來。在西方，國家和市民社會之間存在一個正確
的關係，當國家動盪時，市民社會堅實的結構立即反映出
來。國家只是一個外面的壕溝，其背後挺立著一個強大的堡
壘和土木工事。」當國家尚處於原始狀態，資產階級尚未
建立強有力的領導以前，革命運動可以採用砲火打開一個
缺口，再迅速從一個陣地轉向另一個陣地的陣地戰（the war
of position）。

　　可是在市民社會已經發達的國家裡，政權透過知識份子
來實現領導權（霸權，hegemony），政權一方面有強制的
作用（因為擁有軍隊、警察、法庭、官僚體系），同時又透
過對整個社會政治和文化的領導權，使被治者同意被領導，
兩者互補完成，這兩者的平衡即「暴力與同意的結合」。

　　國家統治權力俘虜了這一群體的知識份子，透過他們來
改變全體國民的意見、理念乃至價值觀和世界觀。因此，工
人階級要奪取政權的首要任務，就是先建立屬於自己的世界
觀和意識形態，再與農民結盟；通過不只是經濟與政治的鬥

爭，更要有文化上、思想上的鬥爭，才能掌握領導權，才能建立一個新的文化和社會的集團——「黨」（他晦澀地用modern prince ／現代王子來表達）。黨是這種「集體意志」的組織者，成為工人階級的知識指揮總部和戰爭的指導中心。

摧毀國家堡壘就得超越陣地戰，進行「運動戰」（the war of movement）。市民社會發達的國家，上層結構已呈為限帶戰爭的戰鬥體制。一場猛烈的砲火只能摧毀它的外表，其背後堅實的工事還能使資產階級運用領導權來分散瓦解革命力量。革命運動就不能夠在短期內迅速各個擊破敵人的堡壘，而是要有罕見的耐力與創造精神，去進行長期的整體戰爭（包括思想、文化及政治、經濟各方面）。「這需要無數的人民大眾付出巨大的犧牲」，「有必要進行前所未有的領導權的集中，因為在政治上，陣地戰一旦獲勝就具有最終的決定意義。」

列寧的黨是革命的先鋒隊，傳統的西歐社會民主黨（考茨基式的）被認為是在「等待」資本主義危機時刻的到來。葛蘭西則要政黨承擔一個更為艱巨的任務；在更廣泛的意義上建立一個新國家。[2] 儘管他沒來得及提出如何發動革命奪權的觀點就含恨以終，但仍不失為 20 世紀西方馬克思主義最閃亮的一顆紅星。他的遺作直到 1947 ～ 1949 年間才首度問世。

---

2　D.Sasson, "One Hundred Years of Socialism", P.80, 1996.

# 4. 列寧創立第三國際

　　1919 年 3 月 2 日「共產國際」（Communist International）
創立，作爲繼承馬、恩第一國際和第二國際以來一脈
相傳的國際革命正統總部，世稱「第三國際」（Third
International，1919 ～ 1943）。列寧指出：第三國際的任務
和特點就是執行和遵循馬克思的遺訓，實現社會主義和工人
運動歷來的理想。他痛批第二國際時期，大多數工人黨領袖
們由於習慣於和平時期，繼而喪失了從事革命的勇氣和能
力。他們在大戰一開始就投向本國政府和資本家那一邊，背
叛了工人。第三國際的成立，標誌著工人階級已經拋棄了這
批社會主義叛徒，開始無產階級專政，全世界開始進入革命
戰鬥的時期。

　　6 日，以無產階級專政和共產主義運動爲其至的第三國
際誕生。以無產階級專政和共產主義運動爲旗幟的第三國際
誕生。季諾維也夫成爲第三國際執委會主席。第三國際創立
24 年裡，「國際」事實上被俄共黨中央控制，主要政策的
轉折完全配合蘇聯共產黨內部權力鬥爭，或由蘇聯的對外政
策所決定，各國共產黨只有聽命於第三國際，幾乎完全不能
掌握自己的命運。

　　面對 1919 ～ 1920 年歐洲青年社會主義運動普遍流行不
妥協、反議會路線、反對參加右派工會、動輒鬧分裂、打著
紅旗反紅旗的風潮，列寧寫了〈共產主義運動中的左派幼稚
病〉（1920.4-5），指示革命者在工作中要使用各種手段和

策略，必要時採取妥協，像在「反革命」工會、各種組織和議會的工作一樣，但絕不可忘記共產主義這個目標。他提出著名的統戰公式：「為了爭取群眾，戰勝敵人，共產黨人必須極仔細、極留心、極巧妙地一方面利用敵人之間的矛盾（哪怕是暫時的、不穩定的、動搖的、有條件的結盟）。」總之不要害怕利用這種統戰策略來壯大自己，他指出：「不善於把秘密鬥爭形式和一切合法鬥爭起來的革命家，是非常蹩腳的革命家。」

　　1920 年 7 月第三國際已發展出 27 個支部，甚至法國社會黨、德國獨立社民黨和英國獨立工黨都聲明要退出第二國際，加入第三國際。1920 年 7 月 19 日季諾維也夫召開共產國際「二大」，來自 41 國的 217 名代表，其中俄共佔 40%。8 月 6 日「二大」通過季諾維也夫的〈加入共產國際得 21 條件〉，主要內容為：所有宣傳和鼓動，必須具有真正的共產主義性質，並應符合共產國際的政綱和決議。有計畫有步驟地和改良主義者及中間派完全決裂，並把他們趕出黨。把鬥爭的合法及非法兩種方式結合起來。在農村、工會、議會內有計劃地進行組織活動。在殖民地無情揭露「本國的」帝國主義者所幹的勾當，不是在口頭上而是在行動上支持殖民地的一切解放運動。必須清除議會黨團內不可靠份子，使議會黨團真正服從黨中央委員會，為真正革命的宣傳鼓動利益而服務。按照民主集中制建立黨，實行鐵的紀律，清洗混進黨內的小資產階級份子。每個加入共產國際的黨，其黨綱都應交由共產國際大會或執委會批准；所有加入共產國際

的黨，必須完全執行和遵奉國際代表大會及其執委會的一切決議；凡加入者，一律改稱為某某國共產黨（即共產國際支部）；凡有拒絕「國際」條件的黨員，即應開除。必須使每個普通勞工都清楚，共產黨同那些背叛了工人階級旗幟的舊的、正式的「社會民主黨」或「社會黨」之間的區別。

列寧又批判波爾迪加拒絕參加議會鬥爭，「只站在議會外面，你又如何能夠揭露議會的陰謀和各個政黨的立場呢？」布哈林的提綱就決定，利用議會的合法鬥爭來進行煽動、揭露敵人，並在意識形態上動員群眾，使其不受民主幻想所欺騙。大選後，議會黨團必須完全受黨的支配。

總之，列寧建立共產黨，恢復馬克思的革命傳統，並致力使國際革命運動的各國黨和社會民主黨的議會路線分裂，建立共產黨主義的革命政黨。他宣佈社民黨是社會主義的「叛徒」（Renegade）。〈21 條〉使西歐左翼徹底分裂，儘管各國共產黨的形成是少數派從社會主義政黨中分裂出來。直到 1989～1991 年，歐洲和亞、非、拉美各國的每一個社會主義團體和派別都在每一個階段不斷地對自己界定自己的傾向。

# 5. 殖民地解放戰略

十月革命直接衝擊下，鼓舞了土耳其凱莫爾革命（1918～1923）成功；1919 年朝鮮爆發三一獨立運動；4 月印度爆發甘地領導的反英第一次不合作運動；中國爆發反帝的

五四運動；5 月阿富汗也爆發反英獨立運動。1920 年伊拉克爆發了「獨立捍衛者」領導的反英暴動，伊朗亞塞拜然（Azarbaijan）和吉蘭（Gilan）也掀起反英武裝鬥爭。非洲的埃及也掀起 1919 年 3 月大起義，1922 年 3 月贏得獨立。摩洛哥的里夫人在 1921 年爆發反法、西起義；比屬剛果出現宗教色彩的「基班古運動」（Kimbanguist Movement）。

**列寧的戰略**　民族解放如何和階級鬥爭作辯證的發展呢？馬克思生前無定見，盧森堡反對波蘭民族獨立；列寧一再鼓吹民族自決。托洛茨基在 1918 年從前線寫密信給列寧指出：「總之，歐洲革命已經退到幕後，毫無疑問，我們本身已從西方退到東方了。」因此，「到目前為止，我們對於亞洲動盪的注意一直不夠，但是國際形勢卻以這樣的方式表現得十分明顯，即通往巴黎和倫敦的道路，正在於阿富汗、旁遮普和孟加拉的一些城鎮。」

　　列寧天才地把被壓迫民族的民族解放和階級鬥爭辯證地結合起來，證明是正確且有遠見的策略。他首先區別壓迫民族與被壓迫族，指出第二國際的機會主義者不承認這個區別，煽動民族沙文主義，為帝國主義侵略戰爭辯護。他強調必須使各民族和各國無產階級與勞動者群眾共同進行革命鬥爭。由於托洛茨基的提醒，列寧在 1919 年 11 月有亞洲共產主義者代表參加的全俄代表大會上指出：「但是我們看到，沒有全世界被奴役的殖民地國家勞動人民的支持，首先是亞洲人民的支持，革命是不可能成功的。我們必須說，走在前面的國家不可能單獨完成邁向共產主義的過渡。我們的任務

是要把蘊育在勞動人民中的革命熱情變成自覺的、有組織的革命行動，而不要過多地考慮他們的革命水準有多高。」

歐洲革命的退潮，使列寧把目光轉向亞洲被殖民民族的反帝運動，重燃世界革命的希望，1920 年 7 月共產國際「二大」的另一重要議題，是討論列寧 6 月 5 日起草的〈民族和殖民地問題提綱草稿〉。他在十月革命後已意識到，「世界政治的一切變化都必須圍繞一個中心點，這個中心點就是資產階級反對俄羅斯蘇維埃共和國的鬥爭。」因此，無論是文明或落後國家的共產黨，都只能從這種觀點出發，才能正確地提出和解決各種政治問題。[3]

列寧事實上對東方革命一無所知，他的戰術仍是兩階段革命，及把民族資產階級視爲殖民地民主革命的主體。他認爲落後國家及殖民地的無產階級在帝國主義的全面壓制下，人數很少，經濟力量很小，思想修養很差，無法形成一個獨立的階級。基於上述，必須使一切民族解放運動和殖民地解放運動同蘇維埃俄國建立最緊密的聯盟政策，他主張各國共產黨必須「支持」這些國家的資產階級民族革命運動（這是大會討論後修正的決議）。他解釋說：「只有在殖民地國家的資產階級解放運動眞正具有革命性的時候，在這種運動的代表人物不阻礙我們用革命精神去教育、去組織農民和廣大被剝削群眾的時候，我們共產黨人才應當支持並且一定支持這種運動。」因此，他提醒共產黨人在沒有上述的前提條件

---

3　《共產國際二大文件》，P.224

下，必須「堅持反對」把落後國家的革命運動塗上共產主義
的色彩。[4] 黨和當地資產階級民族革命運動結成臨時的聯盟，
但不可同它們混爲一體，甚至當無產階級運動還在萌芽狀態
時，也絕對要保持這一運動的獨立性。

羅易反對把歷史革命的任務完全交付給資產階級，「即
使像在印度那樣先進的殖民地國家裡，作爲一個階級的資產
階級，它在經濟和文化方面都和封建的社會制度沒有區別。
……因此，從這個意義上來說，民族主義運動在意識形態上
是反動的。」列寧最終同意把凡是他表示支持殖民地的「資
產階級民主運動」，一律改爲支持「民族革命運動」。羅易
的提案，經過列寧同意的另一重大理論觀點是：「共產國際
還應該指出，並應該從理論上說明，在先進國家無產階級的
幫助下，落後國家可以不經過資本主義發展階段而過渡到蘇
維埃制度，然後經過一定的發展階段到共產主義。」

1920 年 7 月 28 日大會以三票棄權，一致通過列寧的提
綱草案。9 月 1-8 日第三國際在巴庫召開東方各民族第一次
代表大會（ECCI），10 月第三國際在東方成立三個分局：
中東局（巴庫）、近東局（塔什干）、遠東局（伊爾庫茨克）。
1921 年 4 月 21 日俄共在莫斯科成立「東方勞苦共產主義者
大學」（東方大學，Communist University of the Toilers of
the East），10 月 21 日正式開學，1922 年起又相繼在巴庫、

---

4  Aresolute struggle must be waged against the clothe the revolutionary libevation
   movement in the backward countries which are not genuinely communist in
   Communist colours.

伊爾庫茨克和塔什干（針對印度）各地建立分校。東大學制起初爲七個月，1922 年改爲三年制，1938 年停辦。中共的劉少奇、羅亦農、任弼時、汪壽華、蕭勁光、陳延年、陳喬年兄弟（陳獨秀的兩個兒子）、趙世炎等，以及日共、台共（謝雪紅、林木順，1927 年入學）都先後進入東方大學深造。

列寧老早就主義外蒙的蘇赫巴托（Damdin Sukhbaatar，1893 ～ 1923）和喬巴山（Khorloogiin Choibalsan，1895 ～ 1952），他們在 1920 年成立蒙古人民黨。1921 年 2 月白俄的恩琴男爵（Roman Ungern von Sternberg）在日軍支持下攻佔庫倫。3 月蒙古人民黨在恰克圖起義，13 日宣佈建立臨時政府。他們獲得遠東共和國的支援，7 月解放庫倫，生擒恩琴，10 月宣佈建立蒙古人民革命政府。1922 年 10 月蘇赫巴托會見了列寧，蘇俄承認外蒙古獨立。1924 年 11 月喬巴山宣佈建立「蒙古人民共和國」，全面倒向蘇聯。

1921 年 7 月，中共在上海建黨，接著日本共產黨（1922 年 7.15）建黨，1925 年流亡在俄國的朝鮮人也建立朝鮮共產黨。

# 6. 蘇聯的建立

列寧民族政策的禍根革命前夕，列寧一再堅持民族自決，鼓勵沙俄境內非俄羅斯族起義，共同推翻沙皇專制。1917 年 12 月蘇維埃政府不得不承認烏克蘭、亞美尼亞、波羅的海三國的獨立。但列寧更堅持一個集中的黨，不允許它

成爲各民族的黨的鬆散聯盟。1913 年 12 月 6 日他在寫給邵
武勉（S.Shaumyan，1878～1918，格魯吉亞人）的信中指出：
「維護民族自決並不意味著主張分離主義；相反地，可以預
期一旦俄國的專制政權垮台，那些行使分離權的民族將會自
願地回到羊圈中來。」不過列寧狡猾地把民族自決權只賦予
無產階級，認爲只有無產階級爲主體，以及代表它的共產黨
才能主張民族分離。最終，這個權利只有莫斯科的領導人才
能決定。[5]

　　1919 年 5 月列寧起草〈中央關於軍事統一的是草案〉
指出，爲了戰勝強大的敵人，必須把各兄弟蘇維埃共和國的
軍事供應和鐵路運輸交通交給俄羅斯聯邦統一領導。「老大
哥」開始「保護」小老弟了：各國的兄弟黨只能聽命於莫斯
科的黨中央。「十大」（1921.3）通過〈關於黨在各民族主
義問題方面當前任務的決議〉認爲各個蘇維埃共和國的孤立
存在是不穩固不牢靠的，因爲它備受資本主義國家威脅其生
存。基於各共和國的國防、恢復生產力及調配糧食三者必然
要求各蘇維埃共和國建立聯盟。

　　至此，列寧的民族自決、分離已成爲一種用完了的權宜
之計。內戰結束後，那群出走的羊就被他趕回羊圈了。列寧
收回了他的承諾，史大林完全忠實地執行這種策略，毛澤東
更是青出於藍，最終是佔統治地位的大民族壓迫弱小民族。

　　1922 年 8 月史大林起草〈關於俄羅斯蘇維埃聯邦社會

---

5　Schapiro，"The Communist Party of the Soviet Union"，p.226，1971 年。

主義共和國和各獨立共和國的相互關係〉草案，即「自治化」方案。主要方案規定烏克蘭、白俄羅斯、亞塞拜然、格魯吉亞和亞美尼亞作為各個自治國加入俄聯邦。史大林的死黨奧爾忠尼啓則（Grigriy Ordzhonikidze，1886～1937，格魯吉亞人）控制下的亞塞拜然共產黨欣然接受，但是他自己的故鄉格魯吉亞則強烈反對。

　　列寧在草案上堅持建立一個新的聯盟，另行組織政府，所有共和國包括俄聯邦在內，都應以平等地位參加。把各自治共和國併入俄聯邦的草案，會被看作是一種大俄羅斯沙文主義的舉動，並會引起和加劇民族主義運動。他批評史大林

奧爾忠尼啓則（Grigriy Ordzhonikidze）

在這一問題上操之過急。史大林接受導師的批評，但卻拒絕建立新的中央機構；後來他認為列寧「有點輕率」。

格魯吉亞在內戰期間宣佈獨立，獲得協約國的承認。1921 年 2 月布爾什維克派策劃了一次叛亂，不久紅軍就開進來了。列寧默認這個侵略行動，這種失信行徑引起格魯吉亞人的反感。列寧在 1920 年 2 月勸告奧爾忠尼啓則對當地的孟什維克作出讓步，但後者只聽史大林的，根本不理導師的告誡。格魯吉亞人最不滿的是這位欽差大臣不把他們看在眼裡。

史大林硬把高加索三國先合併為「南高加索聯邦」，才准它們加入聯盟，這一條並未通知列寧。1922 年 10 月 6 日列寧因為牙痛而沒出席，他下條子說：「我宣佈同大俄羅斯沙文主義進行決死戰。一旦我那顆討厭的蛀牙一治好，我就要用滿口的好牙吃掉它。」

列寧 10 月 21 日發給格魯吉亞共產黨一份電報，嚴屬批評格魯吉亞人在攻擊奧爾忠尼啓則時使用的「粗暴」和「不禮貌」的語調。格魯吉亞人穆吉萬尼（Polikarp Mdivani）等一狀告到臥病的列寧那裡。李可夫奉命去梯弗利斯調查，科巴希澤指控奧爾忠尼啓則接受一匹白馬，經常在大街上騎馬耀武揚威。奧爾忠尼啓則打了科巴希澤一記耳光，李可夫照實以告，列寧氣得主張開除奧爾忠尼啓則。

但是列寧還是祖護史大林那個「廚子」，說他不會燒什麼菜，只會加辣椒（對托洛茨基語）。1922 年 12 月 30 日蘇維埃社會主義共和國聯盟（蘇聯）成立，1923 年 7 月聯

盟中執委會批准憲法，13 日正式宣告蘇聯成立。截至 1925 年底，共有 6 個加盟共和國，15 個自治共和國和 16 個自治洲加入蘇聯。

　　列寧已經發覺不對勁了，1922 年 12 月的最後幾天他口授了三個關於民族問題的字條，痛批史大林、奧爾忠尼啓則的大俄羅斯沙文主義。他指出，俄羅斯化了的異族人在這方面總是比俄羅斯人表現得更糟。然而一切都太遲了，他自食惡果，而史大林、奧爾忠尼啓則只不過忠實地執行了他的策略而已。

# 7. 列寧最後的鬥爭

　　列寧的個人獨裁為史大林的權力膨脹鋪路。1922 年 3 月普列奧布拉斯基在「十一大」會上質問史大林和其他人為什麼把總書記擔任的黨的責任和指導兩個人民委員部的工作合併起來？列寧回答：「我們當中誰沒犯過這樣的錯誤呢？誰沒有同時擔任好幾個職務？如果不是這樣，又該怎麼辦呢？」「十一大」結束第二天，4 月 3 日，加米涅夫推薦史大林為黨中央總書記，誰也不在意，大家都忽略了史大林已經控制了黨機器，並手握 485,000 名黨員的生殺大權，建立由一群職業官僚（而非職業革命家）控制了黨的新局面。卡岡諾維奇（L.Kaganovich，1893 ～ 1991）、莫洛托夫（Molotov，1890 ～ 1986，1912 年參加《真理報》前兩度被流放）和米高湯（A.Mikoyan，1895 ～ 1978，亞美尼亞人）

是史大林的三把刀子。1922 年列寧第一次中風，季諾維也夫、加米涅夫和史大林三人聯合負責黨務到 10 月初；12 月 6 日列寧第二次中風，給了史大林篡奪黨權的大好良機，34 個省委書記統統是他的人馬，1923 年史大林更插手國家保衛局了。

完美的革命家列寧晚年對共產黨統治的未盡人意感到失望，但卻自我安慰說，不管怎樣，新機構不過是和舊制度下的機構一樣的官僚機構——「僅僅在表面上稍微粉飾一下」，這個機構是「我們整個地從舊時代接收過來的」（1922 年 11 月在共產國際四大上的講話也同樣批評外國共產黨過於俄羅斯化）。

他最後六年住在克里姆林宮東北隅的舊帝國元老院二樓，隔壁是辦公是和人民委員會的會議廳。他的住所包括五個小房間，臥室只有 16 平方公尺，一扇窗子，裡面有一張小書桌、一張鐵床和兩把椅子。辦公室在走廊的另一端，只有 36 平方公尺大，小辦公室桌上有三架專用電話、文件、檔案，參考書則放在轉動的桌面上。書桌旁有一張大長桌，以及兩排沙發椅，牆上掛著馬克思的畫像。辦公桌右邊有一排書架，整齊地排放著 200 冊各種書刊及雜誌，其他牆上掛滿著地圖。人民委員會兼俄共（布）中央政治局會議室的隔壁是列寧個人的圖書室，約有 5,000 冊的藏書。他精通英、法、德、俄等九種語文，在職業欄上填寫了「新聞記者」；在外語欄上則填寫「精通德語」。

無論是他自己的辦公室或人民委員會的房間裡，都不准

掛上列寧的相片。他更不喜歡拍照，除非不得已。辦公室是他的私人禁地，不與秘書或助理共享。他經常上午9點半到10點到辦公室，先看報紙，再看匯報文件；11點起辦公，接見訪客、開會、寫文章。下午4點他才用晚餐或休息。下午5點到6點又回辦公室，或坐車出去兜風休息一下。人民委員會的會議從下午6點開始，列寧從不遲到一分鐘。他禁止別人在他面前抽煙，其他人一緊張就跑出去到另一個大廳裡抽煙，氣得他老人家命令那些人立刻回座。他規定每個人的發言只限3至5分鐘，自己以身作則；一旦有人犯規，他就把自己的錶指向那個人。他痛恨有人沒執行決定，或敷衍了事、破壞紀律，立刻怒斥那個人。他自己清苦，老是站在廚房吃飯或喝茶，穿一千零一套的舊西裝。1918年3月他被告知月薪由500盧布提高到800盧布，那個倒楣的會計不但挨了一頓臭罵，還差點被嚴重警告。

短短七年的國務活動，他完全掌握了絕對的領導權，個人完美無缺，不被權力腐化，沒有留下一男半女。然而敢和他抗衡的托洛茨基卻幾乎完全敬佩地順從他，至於他多年培養的季諾維也夫、加米涅夫、史大林、捷爾任斯基等人表面對他唯唯諾諾，卻是他無法改變的冷酷官僚。他臨死前更無法阻止那班子弟們展開殘酷的權力鬥爭。

在他臥病期間，史大林肆無忌憚地對列寧夫人大聲咆哮，嚇得她跑去向加米涅夫哭訴，不敢告訴自己的丈夫。

季諾維也夫（Grigory Zinoviev，1883～1936）早年在瑞士攻讀化學及法律。這位猶太人在1901年加入俄國社會

民主黨，1906-1908 年間在彼得堡主編《前進報》，1908 年起流亡歐洲，1917 年隨列寧回國。他的確在十月革命前夕反對布黨武裝起義，革命後又反對布黨獨裁，但列寧仍任命他為中央政治局委員、彼得格勒蘇維埃主席；1919 年還成為第三國際主席。至於加米涅夫（Lev Kamenev，1883 ～ 1936）是格魯吉亞的猶太人，唸過莫斯科大學，鬧革命而被流放，1901 年入黨，後來娶了托洛茨基的妹妹 Olga（後來離婚），1908 ～ 1914 年流亡歐洲，1915 年又被流放西伯利亞。他也反對十月起義，不過列寧仍派他為莫斯科蘇維埃主席，1922 年擔任人民委員會副主席。

油盡燈枯的列寧，1922 年 12 月 25 日第一次口授遺囑，

季諾維也夫（Grigory Zinoviev）　　加米涅夫（Lev Kamenev）

建議把黨中央委員會擴大成 50-100 人，避免史大林和托洛茨基的對立將造成黨的分裂。他認為史大林大權在握，「但我沒有把握，他能不能永遠十分謹慎地使用這一權力。」至於托洛茨基，就個人而言，「他是黨中央委員會中最有才能的人」，但卻太過自負，過份熱衷於事情的純行政方面。對於季諾維也夫、加米涅夫反對十月起義，「當然不是偶然的，但不必要太過份歸咎於他們身上，正如非布爾什維克主義也不必歸咎於托洛茨基一樣。」他稱讚布哈林是黨內最可貴和最大的理論家，並且可以說是全黨所喜歡的人物；但是把他的理論觀點當作完全是馬克思主義的，那值得懷疑，因為他完全不懂辯證法。皮達可夫無疑是個有堅強意志和卓越才能的人，但太熱衷行政方面，而不善於處理重大的政治問題。

　　這六人當中誰是列寧得接班人呢？他沒有明確地交代清楚。1923 年 1 月 4 月列寧口授〈給代表大會〉的第二份補充意見，直指「史大林粗暴」，這個缺點「在我們之間，在我們共產黨人的來往之間是完全可以容忍的，但是在總書記的職位上便不可容忍。」他建議「同志們仔細想個辦法把史大林從這個職位上調開」，另派一個對同志更有耐心、更忠實、更留心的人擔任總書記，避免黨的分裂。

　　革命孤鷹托洛茨基除了對列寧以外，不管對誰講話都帶著高傲與隨便的態度，老是下命令。他不屑搞權力鬥爭，甚至 1922 年 4 月 11 日拒絕列寧在政治局會議上建議由他擔任人民委員會副主席。9 月列寧又再度向中央政治局提議而且通過，托洛茨基又再度拒絕。他自己解釋說：「我有我的觀

點，有我的辦事方法，一旦某種決議通過之後，我也有自己貫徹執行的辦法。列寧對此非常瞭解，……我要執行指示是不適合的。」列寧還寫口信要求托洛茨基出面擺平格魯吉亞問題，托洛茨基根本懶得理會這件事，何況列寧第二天又病倒了，不了了之。教育人民委員盧那察爾斯基寫道：「托洛茨基很注重自己所扮演的歷史角色，他會犧牲一切，甚至犧牲個人的性命，只爲了維護他在後人心目中完美的革命領導者的形象。」對一個職業革命家而言，不屑奪權鬥爭的浪漫潔癖，注定了他失敗的悲劇下場。

　　史大林先結合季諾維也夫和加米涅夫成爲三巨頭；1923年再拉攏布哈林這個書呆子，另外兩個政治局委員李可夫和托姆斯基，也老早對托洛茨基不滿。


# 8. 什麼是列寧主義

　　終其短暫的一生，列寧秉持馬克思主義而戰鬥。他以馬克思思想，尤其辯證唯物主義展開俄國革命及世界革命的論述，以契合無產階級革命與建設共產主義社會及蘇維埃國家的進程。

　　列寧主義（1924 年他逝世後由史大林欽定爲「帝國主義和無產階級革命時代的馬克思主義」是具有哲學、政治、社會和實際內容的革命學說。然而，列寧爲了戰略、戰術各個階段的革命，未免不惜一再以自己的策略和暫時的全一隻冊來闡述馬克思主義，換句話說，馬克思思想爲列寧主義服

務。[6]

　　**黨代替了無產階級**　按照《怎麼辦？》的論述社會竟說必須由知識份子從外面灌輸給無產階級，這批先鋒隊領導了工人階級去發動革命，它們是根據民主集中制原則組織的紀律嚴明的共產黨來領導，而共產黨則由忠誠的、無畏的職業革命家來領導，個人服從上級，少數服從多數；最後是全黨服從中央，中央則服從列寧的決斷，導致一人號令天下，爲史大林專制大開善門。

　　壟斷資本和國家壟斷資本加深了資本主義發展的不平衡性，因此無產階級革命能在幾個國家，甚至在帝國主義鍊條最薄弱的環節上被突破而成功。資產階級民主革命僅是邁向無產階級革命的前一步，無產階級必須把廣大農民當作可靠的同盟軍。革命勝利後應先建立工人無產階級和農民的革命民主專政，並及時從民主革命向社會主義革命的過渡。無產階級奪權專政後，必須對無產階級和勞苦大眾實行民主，對一切剝削階級實行獨裁統治（毛澤東完全師法這一論述）。無產階級專政不是階級鬥爭的結束，而是繼續以新的形式鬥爭下去，不僅意味著暴力鎮壓，反革命及剝削階級，還要防禦外來侵略，同時組織社會建設的任務。

　　無產階級革命導致一黨專政，所謂「民主集中制」終究是「民主」不存只剩下中央集權。[7] 禁止黨內不同意見的「團

---

6　1918 年馬、恩進入莫斯科，立刻被馬克思思想研究所主持人梁贊諾夫迎進研究所關起來「繼續研究」他們的思想遺產。

7　Hobsbawm, "The Age of Extremes",P.387〔Vintage BK〕1995

結和統一」，列寧的鴨霸，終究在他死後導致無法走回頭的史大林獨裁，不必再贅言毛澤東了。

列寧發揚了馬克思關於共產主義社會的兩個階段論，明確地把過渡時期，社會主義和共產主義建設劃分出來。大力發展生產力是社會主義建設的根本任務，而創造出高於資本主義生產的勞動生產率，造成發達的生產是新社會制度勝利的最重要的保證，要這樣的過渡，從戰時共產主義到新經濟政策已驗證了走向計畫經濟的慘痛教訓，最終是屬行黨國暴力專政，導致史大林官僚集團支配的後果，高速工業化犧牲了千百萬農民和 1932 ～ 1933 年間的大飢荒。國家計畫委員會（Gosplan）及特務恐怖統治凌駕黨國與人民，一切為史大林個人獨裁開路。

1917 年布爾什維克革命勝利的確為深受壓迫的人們樹立了一個反抗的榜樣。1919 年列寧創建共產國際（第三國際），成為世界革命的總部，然而各國共產黨（一國一黨）必須無條件聽命於俄共及後來的聯共，儘管理想上是殖民地解放運動與鬥爭帝國主義中的階級鬥爭結合起來，但從列寧開始對東洋及落後地帶的民族民主解放運動的不甚理解，造成德共、日共、中共初期的挫敗與苦難。對烏克蘭、格魯吉亞各國，列寧堅持民族解放運動必須由俄共的代理人來執行，這又回到舊沙俄帝國主義老路子，各國兄弟黨只能聽命於莫斯科的黨中央。而民族自決，分離成為列寧的權宜之計，內戰結束後，那群出走的羊就被他趕回羊圈了，史大林汗毛澤東終究以大俄羅斯沙文主義和大漢沙文主義壓迫了弱

小民族，但始作甬者的列寧不能逃避歷史的批判。

# 9. 埋葬托洛茨基主義

　　1923 年 4 月「十二大」上，手握列寧關於格魯吉亞問題上批判史大林手信的托洛茨基卻不屑採取行動，反而讓史大林公開譴責托洛茨基長期隱瞞列寧口述紀錄的陰謀。托洛茨基認為自己是猶太人，不願介入民族問題。但即使亮出牌，他已陷入四面楚歌，中央委員會也不會聽的。事後他一再辯稱當時沒採取行動，因為害怕被人誤會是搞個人鬥爭，和列寧爭黨和國家的領導權，「一想到這一層，我就害怕起來。我以為那時候我們的隊伍將陷於沮喪，即時勝利，也將付出慘痛的代價。」敗兵之將，又有什麼潔癖可作為失敗的理由？他的驕傲與不妥協早已得罪其他人了；布哈林有一次對他說，他們更怕他獨裁。孤鷹的悲劇，完全由他自導自演下去。

　　1923 年 10 月 8 日托洛茨基向中央委員會和中監委寫信，痛批黨機關的官僚化、脫離群眾，「在十二大之前形成了的，而在十二大之後獲得了徹底鞏固並已經完全形成的一種制度，其遠離工人民主之遠，遠遠超過戰時共產主義最慘酷時期的那種制度。」一個星期後（1923.10.15），他又召集工人反對派、民主集中派的皮達可夫、普列奧布拉任斯基等人發表〈46 人聲明〉，向史大林開砲說：「一個特選的官僚機構破壞了黨，扼殺了黨的獨立自主精神，破壞了一切。」

史大林輕易地在 10 月底反擊，譴責他們的行動是一個嚴重的政治錯誤，〈46 人聲明〉是在危急關頭想要分裂黨的一個「派別活動」。同時史大林又假裝表示贊成黨內需要更多的民主，11 月他大談這個論調。12 月 5 日政治局想制止這場討論，托洛茨基沒出席，卻早在 10 月的中央全會討論中央政治局的決議文時贊成這項決議，他完全被史大林利用了。

然而托洛茨基拙劣地在 12 月 11 日《眞理報》上刊出 8 日他寫的〈新方針〉，痛批黨的官僚主義。黨機關過度集中權力，侵蝕了黨的主動精神。黨內民主絕對不能通過黨機器的努力而實現，黨本身是要使黨機器服從自己的控制，把它變成集體意志的執行者，並通過清除那些窒息一切批評的官僚主義的辦法，來更新黨的機器。他更呼籲年輕一代要促使老一代保持革命精神、呼籲「要青年背誦我們的公式，這是不夠的。必須要青年拿著革命的公式奮鬥，從血汗中改造他們」，要青年們有主見、有鬥爭的勇氣和獨立的品性，而不是盲目服從，靠拍馬屁而追求升官發財。

加米涅夫對史大林說：「我們能讓托洛茨基獨裁嗎？」托洛茨基儘管在青年及少壯軍官中享有聲譽，但他那一貫主張殘酷專政的傲態，根本無法獲得黨內外更多不滿他的人的信賴，何況黨機器也不是他的，而是史大林的。史大林操縱下的反撲，把各種討論的焦點放在〈46 人聲明〉和托洛茨基企圖在黨內建立獨立派別的陰謀上面，這正是列寧在「十大」上所運用手法的再版。

　　1924 年 1 月 16 至 18 日的「十三大」是史大林精心安排的會議。托洛茨基因為 1923 年 10 月打野鴨時受風寒而幾乎一病不起。16 日啓程去南方養病，三天後到達梯弗利斯。一項譴責托洛茨基和反對派的決議僅以三票反對獲得通過。史大林祭出列寧在「十大」的決議這招殺手鐧。三天後，21 日，列寧逝世了（享年 54 歲），由李可夫繼任人民委員會主席。

　　托洛茨基辯稱史大林故意騙他說列寧葬禮的時間（1 月 27 日，星期日）是 26 日，電告他別趕回來參加。這未免太牽強了，憑他是革命委員主席身份，調動一架飛機隨時趕回莫斯科又有什麼困難？他失去抬棺的機會，史大林成為唯一的喪主。

　　1 月 27 日列寧的遺體被史大林這位東正教的神學生以防腐處理後，永遠放在水晶棺材裡供萬民瞻仰。史大林手握列寧的神主牌，並且完全控制了黨、政、軍、特。1924 年 5 月 23 至 31 日召開被中斷的「十三大」，列寧夫人要求宣讀列寧遺囑，加米涅夫只宣讀了一部份內容。季諾維也夫說，「伊里奇所擔心的並沒有出現」，他建議讓史大林繼續留任總書記，當場舉手表決，只有托洛茨基等少數人反對無效。「十三大」把中央委員擴大為 53 人，候補中委也擴大一倍為 34 人。新的成員幾乎清一色是史大林的地方人馬。

　　史大林善於冷靜地把握時機，先讓對方出手，再抓住他的弱點予以反擊。他言必列寧，隨時信手拈來導師的一段話，遊刃有餘地駁倒對手，使自己立於不敗之地。他不像托

洛茨基那樣雄辯滔滔和咄咄逼人，卻善用通俗的語言，把複雜的問題化為「二者必居其一」，毫不含糊，成為東正教教義問答的論述，使一般人容易理解。[8]

　　他欽定列寧主義（Leninism）為：「是無產階級革命的理論策略，特別是無產階級專政的理論策略。」由他一個人壟斷和解釋列寧的思想，塑造他才是列寧唯一最親密的戰友、最忠實的學生和繼承人的形象。

　　1924 年 6 月托洛茨基寫了一本歌頌列寧的小冊子，把自己比為和導師平起平坐的革命伙伴，惹怒了許多老布爾什維克，畢竟他是 1917 年 4 月後才加入布爾什維克的。10 月他再把早期的文章匯編成《十月的教訓》出版，在序言中強調革命期間黨的正確領導；分析了十月革命前系列寧和季諾維也夫、加米涅夫的衝突，也指出列寧所犯的錯誤。他這種翻舊帳的手法，給自己招來了毀滅性了反擊[9]，更把季諾維也夫、加米涅夫趕到史大林那邊去。

　　事實上托洛茨基和列寧在1917年都曾惡毒地謾罵對方。1924 年 10 月 18 日加米涅夫寫了〈托洛茨基主義還是列寧主義？〉痛批托洛茨基過去是孟什維克主義的代理人。11 月 9 日史大林也用同一個標題，在全蘇工會中央理事會共產黨黨團會議上演講，開始詆毀托洛茨基在十月革命及內戰的歷史作用。史大林卻斷言，過去人們過分誇大了托洛茨基的

8　Alan Bullock,"Hitler and Stalin",P173-174 (1993)

9　L Gay：《斯大林——歷史人物》，p.252，新華，1981 年版。

這一作用，其實托洛茨基對勝利的貢獻並不多於其他任何一個布爾什維克。而十月起義的眞正領導權掌握在包括史大林在內的 5 人小組，根本不包括托洛茨基在內。史大林開始篡改歷史，污衊托洛茨基在十月前夕，是「作爲一個失去軍隊的政治上的孤立者走到布爾什維克這邊來的」。於是，史大林動員黨機器，宣布「黨的任務就是要埋葬托洛茨基主義這一思潮。」

更早在 1924 年 5 月俄共「十三大」後一個月的共產國際「五大」上（6 月），歐洲各國黨延燒俄共十三大批鬥托洛茨基的怒火；因爲托洛茨基在 1923 年法國佔領魯爾區後，他主張幫助德共制定一個明確地以武裝起義爲高潮的革命行動計劃，俄共中央政治局派皮達可夫和拉狄克趕去薩克森，結果一敗塗地。托洛茨基不屑回應，整整沉默 3 個星期，終究被趕出共產國際執委會，由史大林取而代之。

史大林坐山觀虎鬥，最後才出面做總結。托洛茨基既未否認也沒回答，等於默認罪行。他全身病痛，醫生勸他去高加索療養，但他拒絕離開克里姆林宮的住所。1924 年底季諾維也夫派的列寧格勒蘇維埃要求黨中央開除托洛茨基，加米涅夫也落井下石。1925 年 1 月 15 日托洛茨基按耐不住，自行請辭那個有名無實的革命軍委主席，向黨中央寫信聲明：「我過去認爲，現在仍認爲，『托洛茨基主義』在政治上早已消除了。」27-30 日得中央委會及中監委會聯席會上決議：「在黨內和黨的周圍，托洛茨基反對派言論使他的名字成爲一切非布爾什維克的、一切非共產主義的和反無產階

級傾向的派別的旗幟。……實質上，現代的托洛茨基主義是按照近代『歐洲式』的假馬克思主義的精神，也就是說，歸根到底，是按照『歐洲社會民主主義』的精神所偽造的共產主義。」

1925 年 1 月 26 日伏龍芝接替托洛茨基接掌軍權，托洛茨基改為租讓委員會委員，管理電氣、工業科技和最高經濟委員會，去品味數字，從此很少公開露面了。

史大林先不向托洛茨基開刀，他反而冷靜地解釋說：「我沒有同意他們的建議，是因為我知道，割除政策對黨是很危險的；割除的方法、流血的方法——而他們要求流血——是很危險的，是有傳染性的。今天割除一個人，明天割除另一個人，後天再割除第三個人，那麼我們黨內還會留下什麼呢？」

史大林抓住托洛茨基主義得三個方面猛烈攻擊：首先，托洛茨基在 1905 ～ 1906 年就已堅持不斷革命論，論證在資產階級革命完成後，社會民主黨的任務是繼續採取實現下一個階段的社會革命任務。這恰是列寧在 1917 年二月革命後所採取的政策。然而列寧在 1905 年以後基於戰術考量，他攻擊托洛茨基的觀點是「半無政府主義」，而主張「無產階級和農民革命民主專政」的理論，托洛茨基在 1905 年曾提出，農民在本質上是資產階級，因此，任何時候都必須由無產階級（勞工）來領導。列寧事實上在 1917 年和內戰期間乃至新經濟政策時期，都堅信農民是不可改變的資產階級這一觀點（只對農民在教育上有些讓步，但在政治上絕沒任何

讓不）。可是，1905 年以後列寧對托洛茨基層經批判過。
重提過去這次論爭，史大林可以斷言托洛茨基優先發展重工
業的經濟，犯了「低估農民」的錯誤，而和列寧在新經濟政
策時期以後需要不惜一切代價保持農民的支持觀點相反。[10]
托洛茨基百口莫辯。

　　攻擊托洛茨基的第三點錯誤是最重點，即俄國革命的最
終勝利要取決於其他歐洲先進國家爆發革命所給它的支援。
史大林本人在 1924 年 4 月的〈列寧主義基礎〉演講中，還
認爲在一國範圍內建設無產階級專政，並不等於保證社會主
義的完全勝利。列寧在 1917 年後仍保持這個希望，但歐洲
紅色革命卻幻滅了，這個世界同時革命才能舒緩俄國困難的
信念和理論必須重新修正，俄國共產黨應該只依靠自己的力
量才能繼續掌權。

　　史大林終於發現了列寧在 1915 年〈論歐洲聯邦口號〉
中所預言的那一段論述：「經濟和政治發展的不平衡是資本
主義的絕對規律由此就應得出結論：社會主義可能首先在
少數甚至在單獨一個資本主義國家內獲得勝利。」列寧並
沒有提到俄國，而且明確地把一國的勝利同爲了把革命推
向其他國家而作的努力立即結合起來。史大林靠這個微弱
的基礎祭出他的「在一國建成社會主義」（Socialism in one
country）的學說。儘管缺乏有力的論述，但實際上共產黨人
已經意識到，對可預見的未來發生革命過度寄望是不切實際

---

10　Schapiro, "The Communist Party of Soviet Union", p.292-293.

的。史大林輕率地、粗暴地把托洛茨基對蘇聯形勢的看法，扭曲爲「不斷失望論」：「對我們的革命力量和能力缺乏信心，對俄國無產階級的力量缺乏信心，這就是『不斷革命論』的實質所在。」

1925 年 4 月 23 日加米涅夫突然發難，他直攻史大林說：「我們反對中央書記處，書記處實際上把政治和組織混爲一體，凌駕於政治機構之上」，「我們反對『領袖』理論，我們反對製造一個個人的領袖。史大林同志不能起團結布爾什維克司令部的作用。」他的發言被台下得史大林黨羽高呼「史大林！」聲浪淹沒。31 日的閉幕會上季諾維也夫仍當選爲政治局委員，加米涅夫則降爲候補政治局委員。列寧格勒省委改組，基洛夫取代了季諾維也夫的位置。大會通過改黨名爲「蘇聯共產黨（布）」。史大林煞有其事地問，要是沒有李可夫，沒有莫洛托夫，沒有加里寧，沒有托姆斯基，沒有布哈林，怎麼實現對黨的領導呢？他總結說：「離開了集體來領導黨是辦不到的，在伊里奇逝世後，誰要幻想這點，那是愚蠢的，誰要講到這點，那也是愚蠢的。」

加米涅夫立刻失去了勞動和國防委員會主席、莫斯科蘇維埃主席和人民委員會副主席大位，季諾維也夫失去了他在列寧格勒的地盤。托洛茨基在 1925 年大會上一言不發，安然地看他的法文小說。但是美國作家馬克斯‧伊斯特曼（Max Eastman，1883 ～ 1969）卻發表了《列寧逝世以後》，不僅大量引述列寧遺囑的內容，而且還如實地敘述了列寧逝世後的政治衝突。1925 年 9 月托洛茨基批判這本書，他認

為說中央委員會對全黨隱瞞了重要文件，這是「誹謗」，所謂隱瞞或違背遺囑的種種言論都是「惡意捏造」。他在1924年敗陣以後，未能承擔起領導反對派的責任，頗令許多追隨者失望。

1926年4月托洛茨基和季諾維也夫、加米涅夫互相寬恕對方。他們的新同盟在4月6至9日的中央委員會上結成統一戰線，要求提出加速工業化的綱領。7月14-23日他們進一步提出一個完整的綱領〈13人聲明〉，痛批官僚主義繼續駭人聽聞地發展，造成黨員不敢公開表達他們內心的思想、希望和要求，一切討論都是由上往下貫徹，基層黨員只能洗耳恭聽，他們只能單獨地、偷偷地思考問題。

1926年10月間反對派主角們在工廠支部會議上表態，要求黨討論攸關的重大問題。托洛茨基、季諾維也夫、加米涅夫、皮達可夫、索柯里尼柯夫和葉夫多基莫夫等六人竟然自己聲明他們違犯了黨記的錯誤，今後決不再搞派系活動，並譴責他們在共產國際中的左派支持者和工人反對派（A.Shlyapnikov等人）的殘餘份子，而把自己的脖子送到史大林的面前，令支持者大為震驚。1926年10月23至26日的中央全會上，季諾維也夫被逐出共產國際執委會（由布哈林在6月取而代之），托洛茨基和加米涅夫被逐出政治局，反對派已成為過街老鼠了。

1927年蔣介石發動「四‧一二」上海清共；5月英、俄斷交。5月26日托洛茨基等發表〈84人聲明〉，上書黨中央，列舉中央多數派在中國問題及國內政策上的錯誤，譴責多數

派破壞黨內民主，使官僚主義嚴重滋長等等。史大林在 10 月 21-23 日把季諾維也夫、托洛茨基開除中央委員會。史大林發表〈托洛茨基反對派的過去和現在〉，聲稱列寧遺囑是給黨「十三大」的，其中沒有一個字獲一句話暗示史大林的錯誤，只說史大林粗暴，但是粗暴並不是也不可能是史大林的政治路線或立場上的缺點。他繼續說：「我對待那些粗暴而陰險地破壞黨的人是粗暴的。」

11 月 7 日在紀念十月革命十周年大會上，托洛茨基站在史大林附近的觀禮堂上，接受支持者高呼「反對派萬歲！」「打倒史大林！」「托洛茨基萬歲！」的擁護口號。季諾維也夫派也在列寧格勒示威，慘遭特務鎮壓。11 月 14 日黨中央聯席會決議把托洛茨基、季諾維也夫、加米涅夫、斯米爾加（Ivar Smilga）、葉夫多基莫夫等人逐出中委會。1927 年 12 月 2-9 日的「十五大」上，反對派成為被嘲笑的對象，他們的講話不斷地被打斷、插話和被會議主席打斷。12 月 3 日史大林列舉了他們和反對派分歧的七個原則，宣佈「反對派不僅在思想上，而且在組織上，應當完全並徹底解除武裝」。十五大追認批准開除反對派的手續，並開除 75 名托一季份子及 18 名民主集中派。

季諾維也夫、加米涅夫等人可恥地在 19 日向黨中央輸誠，史大林恩准他們寫悔過書留黨察看半年。翌年 5 月底他們宣佈和托洛茨基劃清界線，才獲准再入黨。1928 年 1 月 18 日托洛茨基夫婦及兒子廖瓦‧謝多夫（Lev Sedov）被 GPU 特務押至中俄邊界的阿拉木圖。1929 年 1 月 1,600 名

托派被放逐。1929 年 2 月托洛茨基被放逐到土耳其，1932
年被剝奪國籍，1937 年他流亡墨西哥，1940 年死於史大林
殺手的冰斧下。

# 10. 第三國際

　　德共無所適從的悲劇 1923 年以前，德共似乎就要實現
一場革命了，列寧滿懷期待這個馬、恩的故鄉將繼起成為社
會主義者世界中心，（1919 年，共產國際曾將柏林視為邏
輯上最適合建立總部的所在，莫斯科只是暫棲之地而已。）[11]
　　1920 年 12 月 4-7 日，獨立社民黨（USPD）左派與德
共合併為統一德國共產黨（VKPD），約有 30 萬黨員，加
入第三國際。1921 年 2 月普魯士選舉中，VKPD 得 30 席，
在薩克森的梅謝堡選區，VKPD 更高居第一，這年 3 月，
第三國際代表庫恩赴柏林策劃革命，2 月 24 日德共領袖列
維不肯聽命而辭去主席，由布蘭德勒（H.Brandler，1881 ～
1967）接任，3 月 4 日，德共號召直接戰鬥，推翻資產階級
政府，選舉工人會議。這時法軍佔領杜塞多夫，德共在中部
的 mansfeld 礦區暴動，3 月 18 日，庫恩號召總罷工，3 月
24 日少伯特總統宣佈薩克森戒嚴，調派砲兵鎮壓，4 月 1 日，
德共下令停止「三月暴動」，列維在 3 月 27 日趕回國，大

---

11　Hobsbawn,"Revdutionaries",1973，黃居正譯。《革命分子》，p.83，左岸文化，
　　（2017）。

勢已去，寫小冊子痛批德共領導的失策，更痛批共產國際的瞎指揮，而被共產國際執委會扣上「叛徒」、「賣國賊」等帽子而開除出黨。

1923 年 1 月 11 日，法、比藉口德國不履行賠款，進兵魯耳區威瑪政府發動全國消極抵抗，馬克幣值暴跌。8 月 11 日，德共嚮應柏林革命職工會發動反政府罷工，共產國際主席季諾維也夫卻斷定，在德國政權已是垂手可得了，托洛茨基也一樣被這種狂熱冲昏了頭。共產國際要麼就約束德共，或是鼓勵他們向前衝。國際執委會下令德共產加薩克森及杜林根的邦政府（與 SPD 合作），全力準備暴動（10 月 16 至 20 日間），但 10 月 21 日在薩克森被 SPD 抵制總罷工而非罷，國際卻先派台爾曼（E.Thalman，1886 ～ 1944）及 R.Remmtle 去漢堡，10 月 23 日發動只有兩三百人的罷工，抵不過 20 倍的敵人而慘敗。國防軍也迅速解除了德共在薩克森及杜林根的工人民兵武裝，驅逐共產黨人（10 月 29 至 30 日），11 月 23 日，德共被宣佈為非法德國勞工的革命就要停擺。

由於墨索里尼的法西斯黨在 1922 年 10 月取得政權，保加利亞共產黨在 1923 年 6 至 9 月的政變也告失敗，第三國際「五大」（1924 年 6 月 17 ～ 7 月 8 日）季諾維也夫指出，「法西斯是資產階級的右手，社會民主黨是它的左手」，SPD 已成為法西斯的「孿生兄弟」，因此，共產黨打擊的對像是社民黨。如此政策政變，叫各國共產黨加強「布爾什維克化」。

按照史大林同赫爾佐格的談話所列的 12 條，即「黨必須把自己看成無產階級的階級聯合的最高形式，即負有領導無產階級組織的其他一切形式（從工會到國會黨團的使命形式）」，「把握最高原則與群眾最廣泛地聯繫與接觸」……云云。配合這個政策，德共在 1924 年 4 月 7 日的法蘭克福「九大」後，馬斯洛夫（A.Maslow，1891 ～ 1941，俄國人的德共左派）及路特費舍女士（Ruth Fischer，1895 ～ 1961）這兩位 1923 年 5 月同台爾曼同赴莫斯科的左派人士，1924 年 4 月掌握了黨的領導權，他們奉命反對德國國會接受的「道威斯計畫」（Dawesplan）[12]（8 月 29 日），但卻在議會投票上失利，1924 年 12 月大選德共失去 100 萬票，1925 年 3 月總統大選時，德共拒絕季諾維也夫的指示，不同 SPD 合作，結果坐視老軍頭興登堡當選總統。德共極左派（羅森堡・卡茲）痛批黨沒有充分估計右派的力量，只會同 SPD 口角之爭而坐失機會。

極左派向黨中央挑戰，1925 年德共「十大後」，極左派仍未被趕出中央。第三國際痛斥德共的極左傾向，下令德共派代表至莫斯科。台爾曼及費舍率九人制莫斯科，後來費舍和馬斯洛夫被莫明奇妙地扣上「托派」帽子[13]，1926 年 2-3 月的共產國際執委會擴大會議上他倆被批鬥，8-11 月被

---

12 由美國芝加哥銀行家道威斯為主的報告（1924.4.9），為穩定德國通貨，由美、英向德國提供 8 億金馬克國際信用貸款，計畫生效的第一年支付 10 億金馬克，第 5 年增至年支付 25 億金馬克，由德國的關稅、間接稅、交通稅和工業稅作為賠款的來源，比、法兩國從魯耳撤軍。

批准開除，1928 年在「六大」上他倆要求再入黨被拒絕。1933-40 年雙雙流亡法國，後來路特亡命美國（後死於巴黎），馬斯洛夫則亡命古巴以終。

至於台爾曼則於 1933 年 3 月在柏林被納粹特務逮捕，1944 年 8 月 18 日被殺於布痕瓦爾德集中營。

法共（PCF）在 1920 年 12 月 25 日社會黨都爾大會上大勝，宣佈加入共產黨，由 Frossa 為總書記，後來他被駐莫斯科的蘇瓦林（Boris Souvarine）排擠。1925 年 1 月在法共「四大」上托列士（Maurice Thorez，1900 ～ 1964）有共產國際為靠山，批鬥托派的蘇瓦林。正逢選舉前夕，摩洛哥的 Abd-El-Krim 領導反法、西民族解放運動。法共聲援摩洛哥人，號召總工會（CGT）共同行動，而被右派斥為叛國行徑。這時蘇聯正和法國交涉建交，史大林對法共十分惱火，12 月起法共被打入冷宮。

1918 年 12 月波蘭共產黨建黨以來，前波蘭王國立陶宛社會民主工黨（SDKPIL）仍保持盧森堡的國際主義傳統，而社會民主黨（PPS）又傾向托洛茨基主義。波共的 3W（W. Warsk、H. Walecki 和 Wera Kostrzewa 女士）早在 1923 年就和法共聯名，向共產國際抗議迫害托洛茨基。1924 年 7 月

---

13 馬斯洛夫在 1924 年發表《1917 年的兩個革命》指出列寧在 1921 年犯錯，即在「到群眾中去」提出統戰策略。科施（Karl Korsch,1886-1961）也發表〈列寧與共產國際〉主張各國黨應有自己的政策以配合各國的特殊狀況。從 1929 年起，史大林控制的第三國際就強迫各國支部無條件俯首聽命莫斯科的指令。

他們在國際「五大」上被史大林派批鬥為修正主義和投機主義；史大林另外扶立 Leszynski 和 Krodikowski 等人取代「3W」。不過史大林一向不信任猶太人領導的波共，1938年把他們統統扣上「托派」或「畢爾蘇茨基的秘密警察工作者」的罪名槍斃。

　　1928 年 7 月 17 日至 9 月 1 日共產國際「六大」召開，由布哈林主持。他的〈世界資本主義的全盤危機與國際無產階級的任務〉報告，成了 1930 年代初期世界共產主義運動奉行的基礎理論。布哈林指出：第一次大戰後，1921 年資本主義制度發生第一次危機，而以蘇聯革命，建立共產國際，以及西歐無產階級一連串的敗北結束。接著是資本主義逐漸安定化，同時蘇聯急速發展。第三期，資本主義市場萎縮，加上蘇聯的成長與殖民地運動的勃興，整個資本主義捲入帝國主義戰爭、反蘇戰爭、反帝民族解放戰爭及巨大的階級鬥爭漩渦裡。從 1928 年以來，資本主義穩定已告結束，工人群眾已急速左傾，革命高潮正在形成，出現了戰後以來資本主義的「總危機」，「總崩潰」。因此，共產黨當前必須完成的基本戰略目標為再廣大的群眾無產階級組織（蘇維埃、工會……）取得優勢地位，爭取城鄉之間的貧苦大眾和小資產階級。同時，國際無產階級必須加強對社會民主黨作無情的鬥爭。

　　「六大」通過〈殖民地半殖民地革命運動的決議〉，還對民族資產階級有所期待，儘管他們「有動搖和妥協的傾向」，但不排除同他們在反帝活動上與他們暫時妥協及協

調。

從「六大」高唱「第三期危機論」起，歷經三次國際執委會議（1929.7.3～7.19；1931.3.25～4.3；1932.8.27～9.15），共產國際繼續左傾下去，持續下令鬥爭社會民主黨，把法西斯黨的崛起歸罪於國際社會民主黨的支持。因此共產黨要優先鬥爭社會民主黨，才能反法西斯黨（第11次執委會決議）。史大林這一錯誤的決策，反而使德共把希特勒送上台。

德共因此更加分裂，凡是反對鬥爭 SPD 的，都被台爾曼扣上「取消派」的大帽子。1929年5月1日德共決定單獨舉行示威，被警察打死24人。德共宣稱反對戰鬥的都是叛徒，完全執行「六大」的極左路線。

反法西斯統一戰線面對德、義、日法西斯的威脅，史大林終於在1933年起調整第三國際的戰略。1933年11月蘇聯和美國建交，1935年5月和法、捷簽訂互助條約，1933～1935年又和西班牙、羅馬尼亞、保加利亞、盧森堡各國建交。

1935年7月25日共產國際「七大」通過保加利亞人季米特洛夫（Georgi Dimitrov，1882～1949）所提出的〈反法西斯統一戰線〉決議。他指出：現出許多資本主義國家的勞動群眾「必須不在無產階級專政和資產階級專政之間，而在資產階級民主與法西斯之間，作一個明確的選擇。」大會通過他的報告並做成決議，糾正了「六大」的路線，號召工人把反對法西斯作為首要任務，建立起工人階級統一戰線和

反法西斯人民戰線的有效聯合；並號召殖民地及半殖民地群眾成立反帝統一戰線；要求各國黨儘快糾正關門主義的錯誤，避免千篇一律的格式和簡單化的方法，盡最大的努力去團結群眾。決議宣佈各支部與第二國際各黨派談判，建立反資本主義攻勢，反法西斯、反帝國主義威脅的統一戰線，「革命無產階級準備與盟友並肩作戰，為鞏固勞苦者真正民主的蘇維埃政府而戰鬥！」

季米特洛夫在「七大」以前已對史大林說過：「為什麼關鍵時刻千百群眾不是跟著我們，而是跟著社會民主黨走，譬如說，像德國那樣跟著納粹黨走呢？我想，主要的原因在於我們的宣傳系統，在於對歐洲工人採取了不正確的態度。」

「七大」是共產國際最後一次代表大會，從此史大林停止召開執委擴大會議或全會，取消了派遣國際代表制，改由國際執委會直接向各國黨的最高領導人下指令，季米特洛夫在結束他的報告時，還不忘歌誦「我們擁有像史大林同志那樣偉大舵手的工人階級，才能夠必定完成歷史任務——把法西斯主義連同資本主義一併從地球上掃除乾淨。」然而一切未免太遲了。

# 11. 日本共產主義運動

1868 年明治維新以來，日本急速仿效普魯士建立由上而嚇得官爵民卑的社會，統治階級加上新興官僚與資本家共

片山潛　　　　　　幸德秋水　　　　　　安部磯雄
（Katayama Sen）　（Kotoku Shusui）　（Abe Isoo）

同擁立天皇，所以是維新（推翻江戶的德川幕府將軍），
而不是由下而上的革命。政府主導的殖產興業，完全滿足
了三井、三菱等大財閥利用官商勾結來發展工商企業，配
合政府富國強兵的軍需產業發達。1894 年 1 月大阪天滿紡
織廠的女工罷工，揭開了近代日本勞工運動的序幕。1897
年，從美國回來的康奈爾大學哲學博士片山潛（Katayama
Sen，1859 ～ 1933）和西裝師博澤田半之助（Sawada
Hannosuke）等成立「勞動組合期成會」。1898 年片山又和
幸德秋水（Kotoku Shusui，1871 ～ 1911）、安部磯雄（Abe
Isoo，1865 ～ 1949）等成立「社會主義研究會」，1900 年
發展爲「社會主義協會」。政府在 1900 年 3 月 10 日祭出〈治
警法〉，取締日本剛萌芽的社會主義運動。

　　幸德秋水、大杉榮、山川均等無政府主義者主張「直接
行動」，發動總罷工，反對參加議會選舉。1907 年 2 月政
府又取締社會黨。幸德秋水在 1910 年被控企圖暗殺天皇被

捕，12 人處絞刑，12 人判無期徒刑。1911 年末至 1912 年初片山潛發動東京市電車罷工被捕，出獄後流亡美國，1921 年至莫斯科。

日本初期的社會主義運動進入冬眠期。1911 年大逆事件判決後，8 月 21 日政府在警視廳內設置「特別高等課」，專事取締社會主義運動，檢查新聞、雜誌和出版品、著作乃至碑文、墓標，成爲近代日本的秘密警察。

京大教授河上肇（Kawakami Hajime，1879 ～ 1946）從 1916 年起連載《貧乏物語》，以人道主義分析勞動群眾貧困問題，做爲資本主義的矛盾，風靡全日本。他影響中國留日學生李大釗、李達、郭沫若以至周恩來。河上博士從 1924 年起「打破 20 年來的思想桎梏」，決意「今後必須拿出全副力量來全面掌握馬克思主義」。他介紹馬克思如何把

大杉榮
（Osugi Sakae）

山川均
（Yamakawa Hitoshi）

河上肇（Kawakami Hajime）

德田球一（Tokuda Kyūichi）

黑格爾辯證法顛倒過來，並指出理論和實踐的辯證的統一，就是「實踐為物論」。1932 年他毅然加入日共，1933 年被捕，五年後出獄，閉門著述，1946 年孤寂而逝。

1922 年 1 月參加東方民族大會的近藤榮藏、德田球一等人，受片山潛的影響而傾向共產主義，琉球人德田留在莫斯科繼續學習，1922 年 7 月 15 日日本共產黨建黨，堺利彥為首任委員長，10 月加入第三國際根據布哈林完全不顧實況的〈1922 綱領〉，規定日共第一階段的任務是無產階級協助農民與小資產階級，共同推翻天皇體制的資產階級民主革命；第二階段才是無產階級社會主義革命。日共無所作為，只是向學生及工人滲透。

捍衛布爾什維克主義的山川均（Yamakawa Hitoshi，1880 ～ 1958），1922 日 8 月 1 日在《前衛》發表了〈無產

階級的方向轉換〉，他認為，日本無產階級運動的第一階段，首先是以少數先鋒份子（前衛）純潔自己的思想為目標。但現在，少數人有被敵人拉出隊伍的危險。因此，運動的第二階段目的，應是帶著已純潔了的思想回到留在後方的群眾中去——「到群眾中去」。

這位京都同志社大學中退、當過藥商的知識份子，主張「前衛」必須領導無產階級大眾，以改善當前生活為首要目標。現階段不必非有合法的共產黨來搞秘密活動不可，而是以無產政黨的形式來結合廣泛的大眾從事日常鬥爭。他因此提出了解散共產黨和結合廣泛工農大眾的「勞農派」路線。山川均又指出，日本資本主義正在發展中，所以革命形勢尚未成熟，無產階級意識乃是隨著革命形勢的發展而自然地產生於勞動者之間的；盲從共產國際是錯誤的，應該建立一個日本特有的革命路線。

佐野學（Sano Manabu） 甘粕正彥（Masahiko Amakasu）

　　日本特高警察早已滲入日共內部，1923 年 6 月 1 日逮捕 100 多人，只有佐野學、近藤榮藏等 5 人亡命莫斯科。1923 年 9 月關東大地震，右派乘機屠殺在東京的朝鮮勞工 6000 多人，憲兵大尉甘粕正彥殘殺大杉榮一家，警方也殘殺南葛勞組的川合虎義等 9 人。在獄中的共產黨紛紛向政府投降而獲釋，1924 年 3 月，山川均等宣佈解散日共，1925 年 1 月共產國際東方局下令維茲斯基在上海重建日共，推舉德田球一為委員長。

　　共產國際的〈上海會議一月綱領〉指出：（日共）黨的瓦解乃是缺乏對革命工作（尤其是地下工作）的規律、覺悟和知識為最大原因；今後必須少做抽象的理論宣傳，多抓實際問題來從事具體的組織工作；地下工作並非一朝一夕，必須透過具體的日常工作來實際累積經驗；儘早創刊黨的中央機關誌。8 月日共重建中央局，由德田、渡邊政之輔（Watanabe Masanosuke，1899～1928）、市川正一、佐野學、佐野文夫等負責重建黨的工作，9 月發刊《無產階級新聞》。山川、堺等認為應成立合法的無產政黨（共同戰線黨），反對組織非法的共產黨。

　　留學德、法，受德共科爾施影響的福本和夫（Fukumoto Kazuo，1894～1984），回國後批判山川主義（1924）。他主張先清除不徹底的馬列主義動搖份子，再結合百分之百納粹的馬列主義者（分離、結合論）。日本革命必須以天皇為對象，非採取二階段革命不可；共產黨員應是少數精銳主義的職業革命家。當前鬥爭的目標雖然是「實現資產階級民

主主義」，但這將通過其內在的、必然的辯證轉化，而轉化
成無產階級革命。

　　德田、福本等興沖沖地去莫斯科，被共產國際執委會痛
批一頓，福本被扣上不切實際的小資產階級性格大帽子。日
共只能聽命布哈林起草的〈1927 年綱領〉。布哈林規定：
在日本，既具有資產階級民主革命的客觀前提，……又是備
使資產階級民主革命迅速轉化爲社會主義革命的客觀條件。
（這未免是托洛茨基的老套公式了！）此外，綱領還規定「殖
民地完全獨立」，日共必須協助台灣、朝鮮的殖民地解放和
民族獨立運動。日共必須發展工廠支部，創刊中央機關報，
組織非法運動，公然在大眾面前發展合法運動。27 歲的工
人渡邊政之輔成爲中央常任委員長。

　　1928 年 2 月日本第一次普選，八名無產政黨人士當選，
軍人首相田中義一。下令在 3 月 15 日全國大逮捕千名日共
（48 人被起訴），再下令禁止左派的勞農黨、日本勞動組
合評議會、全日本無產青年同盟；把河上肇、向坂逸郎、大
森義太郎等左派教授趕出校園。

　　逃出特高魔掌的市川正一、渡邊政之輔等又重建日共。
1928 年 10 月渡邊從莫斯科回國途經基隆港，被水警盤查，
開槍打死水警後自盡。1929 年 3 月 5 日舊勞農派選出的議
員山本宣治教授在東京一家旅館被右派暗殺。這年 3 月特高
逮捕日共東京區負責人菊池克己和間庭末吉，4 月一舉逮捕
4,000 人，株連台共東京特別支部。6 月佐野學也在上海被
中國警察逮捕。日本共產黨就在第三國際的胡亂指揮下慘遭

滅頂。

1929 年冬，日共佐野博（Sano Hirosi，留學列寧學校的國際共產青年同盟執委）和前納善三郎（Maeno Zensaburou）、田中清玄三人重建日共，開始奉行武裝鬥爭路線。1930 年 1 月田中指揮「行動隊」突襲各地警署，5 至 7 月他們紛紛被捕。1932 年 1 月，留學東方大學的風間丈吉等又重建日共中央。第三國際 5 月指示的〈1932 年綱領〉，要日共必須以打倒天皇制為日本革命的戰略目標，當前的革命是過渡到社會主義革命的資產階級民主主義革命；把一切鬥爭朝向對天皇制的鬥爭，強調黨的活動必須建立在群眾基礎上的重要性。

1932 年 2 至 10 月日共又有幾十人被捕，無產階級作家小林多喜二（Kobayashi Takiji，1888 ~ 1932）及日共領導岩田義道等遇害。1933 年 5 月野呂榮太郎再建黨中央，11 月被捕，1934 年 2 月被拷打死於獄中。另一方面，鍋山貞親、佐野學、三田村四郎、田中清玄等在獄中投降，聲明「轉向」。宮本顯治（Kenji Miyamoto）、袴田里見等被捕，坐牢到 1945 年戰後才獲釋。

# 12. 中國共產黨的悲劇

新青年留日的老革命陳獨秀（1879 ~ 1942，安徽人）在上海創刊《青年》雜誌（1915，後來改為《新青年》），高舉民主與科學兩面大旗，猛烈攻擊儒家傳統倫理、舊文學

和舊制度，掀起了現代中國思想解放——新文化運動運動的序幕。1917 年 1 月他去北京大學當文科學長。1917 年俄國十月革命勝利，鼓舞了北大教授李大釗（1889-1927），留學日本早稻田大學），從 1918 年起連續發表〈庶民的勝利〉、〈布爾什維克主義的勝利〉向中國青年介紹馬克思主義，宣傳十月革命。

　　1919 年 5 月 4 日陳獨秀鼓勵北大學生上街示威，高呼「外爭國權，內除國賊」，抗議政府同意把以前被德國強佔的山東的權益交給日本，迫北洋政府最終拒絕在凡爾賽和會上簽字。陳獨秀在 6 月 11 日單獨發傳單被捕，拘禁 98 天，再由李大釗護送到天津，匆匆逃到上海，開始鼓吹共產主義。中國留日學生透過日文，尤其是河上肇的著作，生吞活剝馬克思主義。愈來愈多的知識份子傾向相信共產主義將使中國擺脫困境，他們是從熱愛國家的民族主義熱情出發，接

陳獨秀

受共產主義，並感染了日本明治維新的愛國精神。

第三國際在 1920 年 4 月由遠東局派遣維經斯基到中國考察，先去北京見了李大釗，再去上海見陳獨秀。5 月陳獨秀在上海成立「馬克思主義研究會」。11 月 7 日陳獨秀創刊《共產黨》月刊，強調要建立一個革命的中國共產黨，「引導革命的無產階級去同資本家鬥爭，並要從資本家手裡獲得政權。」

1920 年 8 月，陳獨秀在上海成立中共上海發起組，毛澤東（9 月）、李大釗（10 月）以至湖北、廣州、濟南，以及在日本和法國的留學生也紛紛建立共產主義小組，陳獨秀也成立了「社會主義青年團」，由俞秀松擔任書記。1921 年 6 月，荷蘭人馬林（G.Maring，1883 ～ 1942）來到上海，他以在印尼促成工人左派（司馬溫）和資產階級的伊斯蘭聯盟合作的經驗聞名，成為共產國際駐中國的代表。[14]

第一次國共合作 1922 年 7 月中共決定加入第三國際。1921 年 12 月馬林去桂林說服孫中山聯俄，孫認為過早聯俄會引起列強干涉，但允許「在國民黨內進行共產主義宣傳」。

---

14 荷蘭印度尼西亞在 1914 年 5 月由馬林（本名 Hendricus Sneevliet）在三寶瓏成立荷蘭人的東印度社會民主聯盟，吸收司馬溫、丹馬六甲、阿里民等印度青年加入伊斯蘭聯盟，共同反抗荷蘭當局，1917 年左派失勢，1920 年 5 月司馬溫建利亞洲第一共產黨──東印度共產主義者同盟（PKI），1923 年再成立東印度勞工統一會。1924 年 6 月，PKI 改為印尼共產黨，哈蘭、蘇格拉拒絕共產國際 1925 年 3 月的指令，不肯和其他非共民族主義團體結成反帝統一戰線，1926 年 11 月 26 日當晚在巴達維亞等地暴動失敗，12,000 人被捕，其中 4,500 人被處死。丹馬六甲、司馬溫等人流亡海外。

陳獨秀起先抗拒馬林強迫中共加入國民黨，1922 年 8 月底被馬林拿出〈加入共產國際 21 條件〉壓迫而屈服。一切由馬林包辦，中共根本不知道他到底和孫中山談什麼。11 月陳獨秀率團去莫斯科參加共產國際「四大」。1923 年 6 月中共「三大」上，馬林緊迫盯人，追中共以 21：16 票通過以個人身份加入國民黨；但又規定加入國民黨時，黨必須在政治上、思想上和組織上保持自己的獨立性。

　　1923 年 10 月 6 日拉脫維亞猶太人鮑羅廷帶著越南人阮愛國（胡志明）到廣州。鮑促使孫中山整理三民主義理論，把國民黨脫胎換骨成為一個布爾什維克式中央集權的黨，並建立一支黨軍。1924 年 1 月 20-30 日，改造後的中國國民黨在廣州召開第一次全國代表大會，確立「聯俄、容共、扶持工農」三大政策，展開第一次國共合作。6 月蘇聯協助蔣介石開辦黃埔軍校，在軍隊裡設黨代表。

　　老鮑包辦了一切，使孫中山可以獨裁，並向蘇俄那樣，「先由黨造出一個國家，再以黨治國」。李大釗、于樹德、譚平山等成為國民黨的中執委，毛澤東等為候補中執委。國民黨內「反共先知們」鄧澤如、林植勉等早就認定中共加入國民黨，是要「借國民黨之軀殼，注入共產黨之靈魂」（1923.11.29）。孫中山更不滿陳獨秀批評他的黨。

　　1925 年 3 月孫中山病逝北京，1925 年 7 月鮑羅廷把大元帥改為國民政府，推汪精衛為主席。8 月親蘇的廖仲愷遇刺身亡，胡漢民因為他的堂弟涉案而離開廣州，蔣介石再以部下涉及廖案為藉口，9 月把廣東軍總司令許崇智趕走。鮑

馬林（G.Maring）

羅廷只能承認蔣介石為中國國民黨內唯一強人，幻想這位
「左派將軍」推動革命。

　　孫的弟子戴季陶警告中共寄生在國民黨內搞陰謀和分
裂，主張國共兩黨只能在黨外合作。陳獨秀在 10 月主張退
出國民黨，卻被共產國際代表壓制。1926 年 3 月 18 日，蔣
介石藉口共產黨員李之龍擅自把中山艦開往黃埔（事實上李
中了記），20 日下令廣州戒嚴（中山艦事件），包圍省港
罷工委員會、蘇聯顧問及汪精衛黨的住宅，迫汪嚇得在 5 月
11 日逃出廣州去歐洲。蔣介石用槍桿子奪取了黨權，他的
導師張靜江從上海趕來，拋出〈整理黨務案〉，迫中共交出

名冊，把中共趕出黨內要職，毛澤冬、譚平山等人下台。7月蔣介石誓師北伐，不到半年內由珠江打到長江。1927年3月蔣拿下南京後按兵不動，不服從武漢政府（汪、鮑）的指揮。26日蔣悄悄來到上海，找到昔日青幫的爺叔們，透過上海買辦和洋人接頭。

陳獨秀、汪壽華、周恩來等領導1926年10月、1927年2月及3月21日的三次上海工人起義勝利，迎接北伐軍兵不血刃地接收上海。1927年4月12日蔣介石下令清共，上海流氓杜月笙的殺手配合白崇禧的部隊，三天內共產黨及工人紛紛人頭落地。東北軍閥張作霖更早在4月6日派軍警突襲北京的蘇聯使館，逮捕李大釗等19人，28日將他們處決。南京、蘇州、杭州、廣州、福州各地展開清共行動。4月18日蔣介石建立南京政府，不理武漢方面宣佈他屠殺民眾、摧殘黨部，要「按反革命條例懲治」的口頭威脅。

托洛茨基一向反對中共加入國民黨，中山艦事件後，他再度主張中共退出國民黨，以結束奴役狀態。鮑羅廷在1926年說過：「共產黨注定要在中國的革命擔任苦力的角色。」托洛茨基指出：「把工農趕進資產階級的陣營，無異是叛徒政策。」史大林堅持中國國民黨因爲中共的加入，而成爲一個工、農、小資產階級和民族資產階級的「四個階級聯盟」。1926年11月他發表《論中國革命的前途》時重申：中國革命的特質既是資產階級民主革命，又是民族解放革命；由於中國的大民族資產階級極爲薄弱，因此，中國革命的倡導者和領導者、中國農民的領袖，必不可避免地要由中

國無產階級及其政黨來擔當；中國的旁邊有蘇聯（會幫助中國無產階級進行反帝和反中國中世紀封建殘餘的鬥爭）。中國革命政權將是反帝、反資本主義，走向社會主義的過渡政權。在此鬥爭發展中，中共不宜在目前退出國民黨，而應加緊在黨內工作。

1927 年 4 月 3 日托洛茨基又寫了《中國革命的階級關係》，認為中國根本不具備任何獨立過渡到社會主義的前提，國民黨是一個資產階級革命政黨，即使勝利了也只能在資本主義的基礎上影響生產力的發展。他反對中共在一個資產階級政黨下充當下屬和附庸，主張中共完全獨立進行公開鬥爭，舉起旗幟去爭取工人階級和革命的領導權。他說：「中共退出國民黨不是結束合作，而是結束奴役。」史大林派立刻扣押這篇文章，不過仍在中山大學的中國托派學生私下傳閱。

1927 年四一二「清共」過後，托洛茨基嘲笑史大林在 4 月 5 日還說：「人們應該利用中國資產階級，然後像對待一個擠乾的檸檬那樣扔掉。」史大林的通篇講話是安撫和平息大家的不滿，是「麻痺我們的黨和中國的黨」。5 月 7 日托洛茨基又寫〈中國革命與史大林綱領〉，痛批四一二的失敗「不僅是機會主義路線破產，也是官僚主義指導方法的失敗」。在每一步中，「我們為顧全資產階級的利益，失掉了革命發展的速度，造成了資產階級反革命的順利條件。」

史大林和托洛茨基關於中國革命的論爭，把中共當作犧牲品。史大林不能向托洛茨基低頭，繼續叫布哈林向中共下

令，叫他們不得退出國民黨；要支持國民黨左派，向各級政
府滲透，以期實現土地改革，立即滿足工農的迫切需要，向
軍隊滲透以便逐步佔據重要崗位，把國民黨變成一個「眞正
的人民黨」（1927.5.24）。1927 年 6 月 1 日共產國際執委
會 5 月密令悄悄交給共產國際代表羅易。史大林下令中共開
始執行強硬路線，堅持土地革命，建立工農武裝，組織革命
法庭，嚴懲反動軍官。中共領導人看過這封電報後哭笑不
得。

　　鮑羅廷 6 月 5 日已被武漢政府解除國民政府最高顧問職
務，他在羅易主持的中共「五大」上（1927.4.27～5.8，武漢）
反對土地改革，「因爲這會嚇跑資產階級和國民黨左派，導
致統一戰線的完全破裂。」5 月 13 日唐生智手下夏斗寅開
始反共，楊森、于學忠等也在湖北搗毀各地中共黨部及工農
團體，屠殺 3,000 人。汪精衛靠中共葉挺的部隊硬撐，21 日
第 35 團的許克祥反共兵變，連續七天屠殺共產黨人。中共
中央 6 月 4 日下令禁止沒收小地主及革命軍人的土地。

　　鮑羅廷準備打包離開武漢，慨嘆「一切都完了！」6 月
5 日當天羅易把 5 月密令交給汪精衛看，以爲可以取信於汪。
汪看過後苦笑說：「這些只是中的任何一條都不能實行，因
爲隨時實行哪一條，國民黨就完了！當初縱容 CP 同志加入
國民黨，不想結果竟如此！」

　　在史大林眼中中共不是眞正的共產黨，陳獨秀等人「軟
弱、混亂，政治上不定型和業務上不精通」，不會善用和國
民黨合作的寶貴時期去大力開展工作，「整整一年，中共中

央靠國民黨養活自己，享受著工作的自由和組織的自由，但沒有做任何工作。」史大林絕對沒犯錯，堅持「我們的政策無論過去還是現在都是唯一正確的政策」。7月10日布哈林第一次點名批判陳獨秀是中共黨內「機會主義傾向最嚴重的領袖」。12日老鮑指定張太雷、李維漢、李立三、周恩來組成中共臨時中央，建議陳獨秀去莫斯科和共產國際討論中國問題，陳獨秀向黨中央請辭：「國際一面要我們執行自己的政策，一面又不許我們退出國民黨，實在沒有出路，我實在不能工作。」他拒絕去莫斯科，13日起閉門謝客。15日汪精衛下令「分共」，但還沒殺人。

7月23日，紅色欽差羅明納茲（Beso Lominadze，1898～1930）到武漢，三天後召開中共中央會議。蘇聯顧問加倫將軍（Vasily K.Blyukher，1889～1938）建議中共對伍隨張發奎部隊退到廣東。羅明納茲也拿出莫斯科的電報，訓令蘇聯顧問不得參加暴動和不許動用共產國際的資金。這時周恩來等人已在南昌準備暴動，張國燾27日去南昌勸阻。葉劍英痛罵共產國際和中共中央害死了中國革命，葬送了成千上萬同志，它的領導破產了。周恩來也動怒，張國燾只好同意暴動。8月1日2,100人在南昌暴動，三天後逃出江西，直奔廣東。

8月7日羅明納茲在漢口主持八七會議，把一切過錯推給陳獨秀。27歲的詩人瞿秋白（1899～1935，江蘇常熟人）這位精通俄語、採訪過蘇聯的《新青年》主編，並在東方大學中國任教的中共早期理論家，被指定為新的中共領導。29

歲的羅明納茲和 25 歲的德共紐曼（Heinz Neumann，1902〜？）成為中共的太上皇。毛澤東也出席八七會議，發言指出：「從前我們指責孫中山專做軍事運動，我們恰恰相反，不做軍事運動專做農民運動。蔣（介石）唐（生智）都是拿起槍桿子的，我們獨不管……」，他強調：「須知政權是由槍桿子中取得的。」不過沒人理。

48 歲的陳獨秀搭船逃回上海沉潛起來，意志消沈。他在中秋賞月時（九江），在船上慨嘆：「中國革命應該由中國人來領導。」

瞿秋白

毛澤東（1893〜1976）生於湖南湘潭的中農家庭，當過兵，唸過長沙的師範學校，深受未來的岳父楊昌濟的啓蒙，1918 年他投奔北大教授楊昌濟，在北大圖書館當助理，再受陳獨秀、李大釗的啓蒙。1919 年他回湖南創刊《湘江評論》，1920 年成為中共湖南小組成員，參加 1921 年「一大」，翌年在湖南發動 12 次罷工。1924 年 2 月他在國民黨

上海市黨部擔任胡漢民的秘書，8月又回故鄉。他一向關心農民問題，曾向陳獨秀建議重視中國歷史上的造反和革命，都和農民暴動有關；陳不理他那一套。

1925年毛在廣州主持農民講習所訓練幹部，1926年又回湖南考察農民運動。1927年毛發動減租減息，組織農民暴動，鬥爭土豪劣紳。他主張：「沒有貧農，便沒有革命。若否認他們，便是否定革命；若打擊他們，便是打擊革命。」他從湖南農村考察得出結論，農民才是革命的先鋒，而不提及無產階級的領導。他還指出：「革命不是請客吃飯，不是做文章，不是繪畫繡花，不能那樣雅緻那樣從容不迫、文質彬彬，那樣溫良恭儉讓。革命是暴力，是一個階級推翻另一個階級的暴力行動。」

八七會議後羅明納茲提出「不間斷革命論」，認為中國革命必須不停留地由資產階級民主革命發展到社會主義革命，所以要隨時記住反對資產階級。史大林也早在7月26日剽竊托洛茨基的觀點，宣佈中共必須開始建立蘇維埃的思想，「以使一旦同國民黨鬥爭失敗後，他們可以領導群眾建立蘇維埃。」八七會議貫徹了這個旨意，毛澤東回到湖南、江西搞秋收暴動慘敗，把不到1,000人拉上井崗山打游擊。

留學日本早稻田大學的廣東海豐地主之子彭湃（1896～1929），1921年回國後參加社會主義青年團，他參加八一暴動後回海、陸豐建立中國第一個蘇維埃（～1928）。徐向前在湖北黃安、麻城、安徽六安（1927～1930）；方志敏在江西弋陽、橫峰；賀龍在湖北洪湖地區；

彭德懷在湖南平江；鄧小平在廣西右江（1929）；楊靖宇在
磻山；鄧子恢在閩西；劉志丹在陝北；王維舟在川東，各自
發展游擊基地。毛澤東在 1927 年 9 月 27 日把殘餘部隊拉上
江西井崗山。1928 年 4 月朱德、林彪、陳毅等 1000 多人也
投奔井崗山。張太雷在 1927 年 12 月發動廣州暴動慘敗。

　　1928 年 6～7 月中共在莫斯科召開「六大」，由布哈
林主持，選出精通三教九流、船伕出身的向忠發（1880～
1931）為總書記。他領導過漢冶平（1923）湖北省總工會
（1925）的工運，1927 年去莫斯科，成為史大林的最愛。
向忠發回上海，實際上由中宣部李立三（1899～1967，湖
南人，赴法勤工儉學，1922～1927 年領導過武漢、上海各

毛澤東

地的工運）發號施令。

留俄的中國托派回國，陳獨秀從他們那裡得到托洛茨基的論著，發現英雄所見略同，尤其主張中共退出國民黨的觀點，開始引用托派言論給中共中央，卻遭受警告，說他「不惜把自己躲到托洛茨基主義的旗幟下而污衊共產主義的根本路線爲機會主義」（10.15）。11 月 15 日把陳獨秀當作托派開除黨籍。

正逢 1929 年 3 月桂係李宗仁反蔣，8 月各路軍閥也反蔣。1930 年 5 至 11 月蔣介石和馮玉祥、閻錫山、李宗仁打中原大戰，蔣介石最後勝利。共產國際 1929 年 10 月指示中共：「這是革命新浪潮的發動。」下令中共發動群眾，進行革命，推翻地主資產階級聯盟的政權，建立蘇維埃工農獨裁。1930 年 6 月 11 日中共中央通過李立三的〈新的革命高潮與一省或幾個省的首先勝利〉——立三路線。8 月 6 日中共中央成立「中央行動委員會」，始使城市暴動。李立三下令紅一軍攻武昌，紅二軍搞地方暴動，進逼武漢，紅三軍攻大冶，以便「會師武漢，飲馬長江」。9 月間他還認爲忠於共產國際是一回事，忠於中國革命又是另一回事。只要打下武漢，「以後再和莫斯科講話就不一樣了」。結果卻一敗塗地，共產國際 9 月派瞿秋白、周恩來回上海，迫李立三認錯，把他打爲「半個托洛茨基」，送去莫斯科（一去 15 年）。

1931 年 1 月從蘇聯回來的 28 個布爾什維克成爲中共的主導勢力。6 月向忠發在上海被捕後叛黨，仍被蔣介石槍斃。10 月遠在莫斯科的王明指定博古（秦邦憲）、洛甫（張聞天）

成立臨時中央政治局。1930年在顧順章和盧福坦出賣下，中共五萬人被捕，6,000多人遇害。蔣介石從1930年12月至1931年9月四次圍剿蘇區，眼看中共就要覆滅了。

朱德（1886～1976，四川人）這位出身雲南講武學堂，又去德國哥廷根大學旁聽，1925年留學蘇聯的中共紅軍領袖，面對蔣介石的圍剿，和毛澤東以「敵進我退，敵駐我擾，敵疲我打，敵退我擊」的游擊戰16字訣，加上「出其不意，攻其不備，聲東擊西，避實就虛」和「化整為零，集零為整」戰術，避開了蔣軍的追擊。

毛熟讀曾國藩的文集，深知帶兵必須注意軍隊跟人民的友善關係，才逐漸制定了「三大紀律八項注意」。1928～1930年間毛闡明在共產黨領導下的工農武裝割據，是以武裝鬥爭為主要形式，以土地革命為主要內容，以農村革命根據地為依託，這三者的緊密結合。要在敵人統治薄弱的地區（農村）建立根據地，才能波浪式地向前推進，逐步擴展和壯大，才能以農村包圍城市，最後奪取政權。

1931年關東軍發動「九一八事變」，半年內佔領整個滿州，蔣介石堅持「先安內再攘外」，不敢抗擊日軍，但只好在9月暫停剿共。中共乘機把江西南部和福建西部的根據地聯成一片，1931年11月7日宣佈建立中華蘇維埃共和國臨時政府，指定40歲的毛澤東為主席。但他只是候補政治局委員的小配角，被博古（26歲）、王稼祥（27歲）和他們的頭頭王明壓制，意氣消沉。留蘇派譏笑他是「狹隘的經驗主義」、「落後的農民意識」，缺乏堅定的階級立場，毛

甚至允許富農保有土地。他整天在瑞金看《三國演義》、《水滸傳》和《孫子兵法》，三年內落魄至極。

共產國際派德國人李德（Otto Braun，1872～1955）這位伏龍芝軍校畢業的紅軍參謀到瑞金（1933.9）。1933年10月蔣介石第四次圍剿，不料曾在上海抗擊日軍的第19路軍在福州宣佈建立「中華共和國臨時政府」。閩變在一個月內就被蔣介石的大特務戴笠花錢擺平。中共中央被共產國際指斥為沒有乘機出兵援助閩變，把一切責任推到毛澤東身上叫他撤職留黨察看。1934年1月蔣介石借用德國前國防軍首腦馮·塞克特，用碉堡戰術發動五次圍剿。李德卻異想天開地下令紅軍短促突擊，節節抵抗戰術，使紅軍一再慘敗。1934年7月，蘇區縮小到九個縣。10月，紅軍主力86,000多人開始兩萬五千里大逃亡。1935年1月15日，在遵義會議上，毛澤東痛批李德，加上周恩來、王稼祥等的力挺，毛再度進入中央政治局，當周恩來（負責軍事）的副手。

1935年6月紅軍抵達四川懋功，15日與張國燾會師，兩軍又分開走，10月19日毛這一支逃至陝北吳啓鎮；張國燾軍則被國民黨軍在四川，西康擊潰。1935年10月22日，紅軍三大主力在甘肅會師。

1960年毛澤東告訴美國人斯諾（E.Snow）說：共產黨建黨時有五萬黨員，蔣介石大屠殺後，只剩一萬人；後來歷經長征、抗戰、解放戰爭，到60年代，那一萬人只剩下800人，「靠這800人，治黨治國幾十年。」從此，中共躲在陝北的窯洞裡12年，躲過蔣介石的追擊。

# 13. 毛澤東思想掛帥

　　1935 年 8 月，中共在長征途中發表《八一宣言》（事實上是王明在莫斯科發出的），根據共產國際的指示，號召「停止內戰，一致抗日」。蔣介石在 1936 年 10 月調集 30 個嫡系師，準備滅共。他在 12 月 4 日親赴西安督師，卻被東北軍的少帥張學良及西北軍將領楊虎城在 12 日扣押，逼蔣抗日。14 日，史大林的電報透過共產國際阻止了中共對蔣下手。12 月 25 日中共逼蔣介石口頭答應停止剿共，進行第二次國共合作。中共得以喘息，開始建立抗日民族統一戰線。

　　1937 年 7 月中日戰爭爆發，中共中央宣誓向蔣介石效忠，「為國救命」。8 月 22 至 25 日在洛川會議上通過《抗日救國十大綱領》，紅軍被國府收編為八路軍，在華中、華南的游擊隊也改編為「新四軍」。

　　史大林一直懷疑毛澤東是狹隘的農民立場，忽視工人而孤立地建立紅軍。1937 年 11 月王明回到延安，1938 年 9 月王稼祥下達史大林的旨意：「你們應該支持毛澤東同志為中國共產黨領導，王明等人不要再爭吵了⋯⋯。」

　　國共雙方軍隊摩擦不斷，1941 年 1 月，國府軍在安徽涇縣茂林伏擊北上的新四軍 7,000 多人，俘盧葉挺軍長，面對如此形勢，毛澤東堅持「自衛」原則，即「人不犯我，我不犯人，人若犯我，我必犯人」。1940 年 3 月 11 日他在〈目前抗日統一戰線中的策略問題〉報告中，又強調自衛原則、

戰勝原則——「不鬥則已，鬥則必勝」，堅持有理、有利、有節的鬥爭，發展進步勢力，爭取中間勢力，孤立頑固派。12月25日，他進一步闡述統一戰線的策略就是：「統一戰線下的獨立自主政策，既須統一，又須獨立。在敵佔區和國民黨統治區，一方面發展統戰工作，一方面採取蔭蔽精幹、長期埋伏、積蓄力量、以待時機的政策。」中共爭取反蔣勢力的統戰奏效，中國民主同盟（1944.9 成立）也呼應中共，要求蔣介石「立即結束一黨專政，建立各黨派聯合之政府，實行民主政治」。

毛澤東沒唸過幾本馬列的書，也看不懂洋文，但他對中國歷史的獨特見解和深知中國人的鬥爭方式，發展出一套自己的、被捧爲「馬列主義理論與中國革命的實踐的統一」的毛澤東思想（Maoism）。

1937 年夏天毛寫了《實踐論》和《矛盾論》，首先強調馬克思主義者最主要的是實踐活動，而階級鬥爭（各種形式的）「給予人的認識發展以深刻的影響，在階級社會中，每一個人都在一定的階級地位中生活，各種思想無不打上階級的烙印。」

唯物辯證法主張從事物的內部，從一事對其他事物的關係去研究事物的發展；事物發展的根本原因不在事物的外部，而是在事物的內部，在於事物內部的矛盾性。毛強調矛盾是共性，是絕對性，但又強調矛盾的特殊性，因爲不同事物矛盾有各自的特點，矛盾各方面有其特殊性。教條主義者不了解用不同的方法去解決不同的矛盾，只千篇一律地套公

式，例如俄國二月革命和十月革命所解決的矛盾是根本不同的。複雜事物的發展過程中，許多矛盾存在，其中必有一種是主要矛盾，它的存在和發展，規定了其他矛盾的存在和發展。抗戰是主要矛盾，抗蔣鬥爭是次要的、暫時的。

任何一個矛盾在各方面不僅是互補的——這是每一方面存在的必要條件，而且在它們各自向另一方轉化時還是同一的。戰爭轉化為和平，無產階級成為統治階級，原來的統治階級轉化成被統治階級，轉化到對方原來所佔的地位。他的結論是：矛盾的鬥爭貫穿於過程的始終，並使這一過程向著其他過程轉化，矛盾的鬥爭無所不在，「所以說矛盾的鬥爭性是無條件的、絕對的。」但是解決矛盾的方法，則因矛盾的性質不同而不同，有些是對抗性的，有些是非對抗性的，兩者更可能互相轉化。

不要認為毛的理論沒什麼創造性可言，從他對其他人的鬥爭——從理論鬥爭到政治鬥爭的過程，就可以看出毛是如何實踐他的矛盾論。

1938 年他寫了《抗日游擊戰爭的戰略問題》、《論持久戰》等文章，提出人民戰爭的思想。1939-1940 年他寫《共產黨人發刊辭》、《中國革命和中國共產黨》、《新民主主義》，分析中國的歷史和現狀，點明了主要矛盾、革命的對象，總結歷史經驗，指出統一戰線、武裝鬥爭、黨的建設是中共在中國革命戰爭中戰勝敵人的三大法寶。

毛必須鞏固他在黨內的領導地位，1941 年 5 月提出《改造我們的學習》，痛批「閉塞眼睛捉麻雀」、「瞎子摸象」，

夸夸其談，言必希臘，對於自己的老祖宗則「對不住，忘記了」的主觀主義作風，不點名地批評「許多同志」自以為是，「老子天下第一」、「欽差大臣滿天飛」。6 個星期後，毛已定於一尊了，王明、博古開始為他們在江西所犯的錯誤路線受到譴責，但他們拒不認錯。

1942 年 2 月，毛又提出《反對主觀主義以整頓學風、反對宗派主義以整頓黨風、反對黨八股以整頓文風》，開始對黨內展開思想鬥爭，把洋派打倒。王明稱病住院，大特務康生卻大抓「托派」，例如寫《野百合花》的王實味，批評延安是歌轉玉堂春、舞迴金蓮步的歌舞昇平現象，幹部的待遇是衣分三色、食分五等。

1943 年 3 月，毛成為中共中央主席，一首〈東方紅〉的「聖歌」出現了：「東方紅，太陽升。中國出了個毛澤東，他為人民謀福利，他是人民的大救星。」1945 年 4 月在「七大」以前先通過《關於若干歷史問題的決議》，以前的國際路線，陳獨秀、瞿秋白、李立三、王明等路線都被批鬥，4 月 23 日至 6 月 11 日的中共「七大」上，通過劉少奇的報告，公開讚揚 52 歲的毛澤東的思想「就是馬克思、列寧主義的理論與中國革命的實踐之統一的思想，就是中國的共產主義，中國的馬克思主義」，確立了毛思想為「黨內一切工作的指針。」從此毛思想統治中共 30 多年。

# 第四章

## 史大林主義

'I CAN'T BELIEVE MY EYES!'

馬克思、列寧和史大林在共產天堂沮喪的俯視著蘇聯
領導人戈巴契夫領導著共產主義的送葬隊伍。

1929 至 1953 年間，史大林統治蘇聯期間，以高壓專制手段治國，史大林主義的特點為：1. 由一個人掌權的絕對高壓性質的無產階級專政；2. 無情地消除黨內高級領導的對手及現實的或潛在的反對派領袖；3. 廣泛使用秘密警察和恐怖手段（包括強制勞動營）；4. 極端忽視人權和法律標準；5. 在經濟領域忠實行指令性集中計畫管理體制；6. 在一國建成社會主義；7. 利用外國共產黨為蘇聯私利服務；8. 搞個人崇拜。[1]

# 1. 急速工業化

史大林急速工業化，將農趕進集體農莊，首先要建立蘇聯的軍事力量。史大林堅稱：「我們的任務不是研究經濟學，而是要改變它。我們不受任何規律的限制，布爾什維克沒有什麼攻不破的堡壘！」5 月底，史大林向黨中央提出了集體化和加速工業化的新政策。

史大林發明了「階級敵人」這個新名詞：「向社會主義前進不能不引起剝削份子（富農）對這種前進的反抗，而剝削份子的反抗不能不引起階級鬥爭的必然的尖銳化。」

用犧牲農業來加速發展工業化，史大林回過來走托洛茨基從前主張的路線。他後來坦承，為了工業化，必須暫時向

---

1　J.Wilczynski,"An Encyzlopedia Dictionary of Marxism,Socialism and Communism"The Macmillan Press Ltd.（1981）

農民徵收「額外稅」。書呆子布哈林嚇壞了，1928 年 7 月間他私下拜訪加米涅夫，激動地指出史大林是個沒有原則的陰謀家，爲了趕走他不喜歡的某一個人，他可以隨意改變他自己的理論，他的政策只會造成恐怖、內戰、流血和飢荒。加米涅夫不該保持這份談話記錄，後來被托派在 1929 年 1 月間偷偷翻印傳閱，成爲布哈林被整肅的禍根。

1929 年 1 月 24 日布哈林發表〈列寧的政治遺囑〉演講，痛批史大林違反了導師生前要「把重心轉到和平組織文化工作方面去」，史大林在 1928 年 10 月 19 日已指出新經濟政策的實質就是強化階級鬥爭。布哈林和人民委員會主席李可夫（Rykov，1881 ～ 1938），工會領導人托姆斯基（Tomsky，1880 ～ 1930）等 3 個傻瓜抗議，史大林一人專斷、用個人領導代替集體領導。史大林正中下懷，開始抹黑布哈林派是令人憎恨的富農支持者和保衛者，他們距離反馬克思主義甚至反革命，只有一步之遙了。黨中央譴責他們提出辭職及組成獨立宗派的主要罪行。

1929 年 4 月 23 至 29 日的「十六大」上，一致通過工業化的五年計畫和迅速實現集體化政策。李可夫首先投降，支持史大林的政策。6 月 2 日托姆斯基被趕出工會負責人職務。7 月 3 日布哈林被解除共產國際執委會主席團成員職務；他被抹黑「同資產階級份子勾結」，並企圖聯絡前托派組織。布哈林等三人最終向總書記認錯（1929.11.26）。12 月 21 日在史大林五十大壽上，《眞理報》出現了「領袖」（vozhod），還加上一句：「史大林即今日的列寧。」

　　國家政治保衛局負責向農民開戰：1929 到 1933 年間有
1,000 萬戶農民，「許多人很不受歡迎，被勞動者驅逐了。」
這是史大林親口對英國首相邱吉爾說的[2]。到 1930 年夏天已
有 32 萬戶富農被消滅或流放，500 萬戶農戶被烙上「富農」
最罪名，100 萬人活活餓死，1933 年至少 700 萬人餓死。如
此「豐功偉業」，終於在 1937 年底使 1,850 萬戶（佔農村
人口的 93％）、耕地面積的 99.1％完全集體化了。

　　勞工也被黨和政府嚴重壓制，1930 年 10 月規定「流動
者」及「曠職者」喪失 6 個月的受雇權利；1932 年更規定
他們不得配給糧票及住宅。1932 年 11 月，曠供一天就被開
除，12 月在國內開始使用身份證。1940 年規定遲到 20 分鐘，
強制服勞役並減薪 25％。

　　當全球陷入 1929 年經濟大恐慌以來，唯獨蘇聯沒有這
個恐慌，反而一日千里地大躍進，令許多歐美人士羨煞，他
們不斷進出蘇聯觀摩，卻根本沒辦法看到史大林用特務恐怖
和人海戰術急速完成工業化的血腥一面。

# 2. 特務戰勝了黨

　　暴力成為總書記唯一的鴉片，愈使用暴力，就愈加依賴
特務。1922 年契卡改制為國家政治局（GPU），1923 年載
改為「國家政治保安總局」（OGPU，世稱「格別烏」）。

---

2　邱吉爾《第二次世界大戰回憶錄》第 4 卷（1951），p.447-448

1940 年 OGPU 獨立成爲國家安全人民委員會，1941 年再改爲國家安全部之前，隸屬於「內務人民委員部」（NKVD），總部一直位於莫斯科盧比揚卡（Lubyanska）的舊俄時代一幢保險公司大樓裡。捷爾任斯基死後（1926），由波蘭人明仁斯基（Vyacheslav Menzhinski，1874～1934）接掌史大林派來的另一個拉脫維亞人亞戈達（Genrikh Yagoda，1891～1938），逐漸發號施令。

　　1928 年 3 月 OGPU 宣佈偵破北高加索頓巴斯的沙赫京礦區沙赫特城的工程師勾結海外白俄及西方帝國主義者，那些工程師統統被槍斃。1930 年夏天 OGPU 又偵破 48 名教授、農藝技師及食品企業領導人在內的「勞動農民黨」案，9 月這 48 人統統被槍斃。11 月又有拉姆津（Leonid Ramzin）教授爲首的 2,000 人涉及工業黨案，他們被控陰謀叛國，先後勾結法國及十多個國家的參謀部及白俄。史大林第一次精心導演一場 50 多萬人旁聽的公審（1930.11.25），他們齊聲怒吼：「死刑！」迫八個案首俯首認罪判死刑，兩天後才改判十年徒刑。

　　特務把富農和反對加入集體農莊的農民扣上「階級敵人」、「反革命陰謀份子」罪名趕進集中營，1933 年特務封鎖飢荒最嚴重的烏克蘭，不准人們離境，封鎖當地人吃人的消息。1934 年亞戈達接替已死的明仁斯基，他在「十七大」當選爲中央委員，最大的貢獻是把集中營變成有用的勞動力供應站，包括修築白海 - 波羅的海運河的浩大工程在內。

　　1934 年 12 月 1 日列寧格勒負責人，黨政治局委員基洛夫（K.Kirov，1886 ～ 1934）遇刺當天，黨中執委會就頒佈一項黨內密令，迅速處置那些被控爲準備和進行恐怖活動的人，調查終結後馬上執行，不給他們請求寬恕的機會。12 月 160 日季諾維也夫、加米涅夫被捕，承認他們對基洛夫血案負有「道義上的責任」，而被分別判處十年及五年徒刑。1936 年 8 月 15 日官方的塔斯射向全世界公布，公開審訊暗殺基洛夫的恐怖份子以及勾結法西斯的「16 條瘋狗」，把他們以勾結海外的托洛茨基，企圖行刺史大林等政要罪名，統統槍斃。

　　特務嚴刑逼供下產生了極其荒謬的招供：哥爾茨曼招供自己在 1932 年 11 月去柏林出差時，曾秘密前往丹麥哥本哈根的 Bristole 飯店，當面接受托洛茨基的指示，必須除掉史大林，必須挑選合適的人去完成這件事。事件公佈後，不料丹麥官方報紙說，Bristole 飯店老早在 1917 年就因大樓拆除關閉了。史大林氣得大罵：「活見鬼！你們怎麼想出這個飯店？應該說他們是在車站見面，車站是拆不掉的！」

　　1936 年 7 月 29 日，在取得所有供詞後，聯共中央發出一封密信：「現在已經說明，托洛茨基 - 季諾維也夫惡魔在反蘇維埃政權的鬥爭中，把我國勞動者一切最兇惡、不共戴天的敵人（間諜、挑撥離間、破壞份子、白匪、富農等）都糾集在一起；這些份子和托洛茨基份子及季諾維也夫份子兩者之間已沒有任何區別了。於是「人民公敵」出現了。

　　史大林永遠不會犯錯，他是天才，被人民愛戴的領袖。

敵人（包括左右傾份子、修正主義者、反黨份子、叛徒、賣國賊）、資產階級代理人、帝國主義代理人和走狗，都必須和流亡的托洛茨基劃上等號。沒有托洛茨基的存在，也就沒有危機；沒有托洛茨基，也要繼續不斷製造各種「托派」。史大林並不急著追殺這個宿敵，反而利用托洛茨基的剩餘價值，在黨內掀起清洗的腥風血雨。史大林豈不明白那些「叛徒」是在特務的嚴刑逼供下製造出來的？他必須讓「叛徒」在大庭廣眾下成為「人民公敵」，並且自己俯首認罪，要求自己被槍斃，這才能證明總書記的偉大與天才。

亞戈達在 1936 至 1937 年間只不過抓了 150 萬人，而把一半的政治犯槍斃而已。1936 年 8 月托姆斯基自殺身亡。9 月葉若夫（Nikolai Yezhov，1895 ～ 1940）取代了亞戈達。1937 年 3 月他指控亞戈達是沙皇暗探局的密探、騙子及盜用公款，4 月將他逮捕。葉若夫清洗了 NKVD 內的 5,000 人，再如數補上另一批人。國安機關共有 25,000 人，受過高等教育的只佔 1% 而已。

1937 年 1 月 23 到 27 日，所謂「暗藏的托派」、「思想戰線上的托派」拉狄克、皮達可夫、索柯里尼柯夫等 17 人，又在莫斯科的十月廳演出「托洛茨基平行總部」大戲，仍由從前的孟什維克的維辛斯基（Andrey Vyshinsky，1883 ～ 1954）主審。皮達可夫供稱他在 1931 年去柏林時，見了托洛茨基的兒子廖瓦，11 月他回國前，廖瓦交給他兩雙鞋子，鞋底藏有兩封信，一封給他，另一封給前莫斯科軍區司令穆拉洛夫。托洛茨基要他們使盡一切手段除掉史大林和他

的親信，破壞蘇聯的經濟。他立刻把信燒掉，從此在烏克蘭搞平行總部。1935 年 12 月他從德國搭機去奧斯陸，在赫列爾機場下機，再乘車前往維克薩爾見了托洛茨基，托洛茨基告訴他，已經和德國人商定武裝干涉一事，這則動人的故事卻被挪威《晚郵報》於 1937 年 1 月 25 日戳破，該報說：「赫列爾機場官員肯定地表示，1935 年 12 月間沒有任何民航班機在那裡降落，皮達可夫來奧斯陸之事完全不可相信。」托洛茨基隨即通過報界說：「如果查明皮達可夫確實來過我這裡，那就意味著我的名譽將徹底破產。但是，如果查明事實恰恰相反，那就證明關於見面之說從頭到尾都是謊言，必須查明真相，趁他現在還沒有被槍斃。」他還向莫斯科挑戰，寫一封信要求蘇聯和挪威政府交涉，讓他作為皮達可夫的共犯引渡回蘇聯接受審判。

皮達可夫為了妻子和兒子，踐踏自己光榮的過去。第二主角拉狄克（Karl Radek，1885 ～ 1939）是波蘭猶太人，念過克拉科夫大學，1908 年加入德國社民黨，1917 年加入布爾什維克。他參加 1918 年德國革命被捕，1920 年 1 月才回莫斯科。1926 年他出任中山大學校長，翌年被史大林流放西伯利亞。1929 年他公開和托派決裂，又出賣曾至土耳其見過托洛茨基的契卡特務布留姆金，從而獲得主子的賞識，1933 年出任《消息報》主編和政治局顧問。

拉狄克比別人更賣力演出，在法官面前痛哭流涕，痛罵自己被托洛茨基「那雙漂亮的眼睛迷惑」，背叛了國家，換取十年有期徒刑，後來也不見了。駐日大使索科里尼科夫也

拉狄克（Karl Radek） 皮達可夫（Pyatakov）

索柯里尼柯夫（Grigory Sokolnikov） 維辛斯基（Andrey Vyshinsky）

判刑十年，卻死在西伯利亞的集中營。皮達可夫等 13 人遇害。1937 年 2 月 17 日奧爾忠尼啓則和史大林爭吵，激烈反對特務濫捕濫殺，第二天就自殺了。

1937 年伏羅希洛夫揭發 1923 ～ 1924 年間莫斯科的軍隊統統是托派陸軍大學、全俄中執委會的學院、砲校、莫斯科軍區司令部也統統是托派。1937 年 6 月圖哈切夫斯基元帥及其他七名高級將領被控爲德國間諜，第二天紅軍高級將領四萬人慘遭清洗殆盡。

圖哈切夫斯基（Tukhachevsky，1948 ～ 1927）留學法國，1915 年被俘，1917 年逃回國，1918 年加入布爾什維克，1920 年攻打華沙，1921 年鎮壓喀琅施塔特，兼任紅軍軍校校長，1934 年 6 月升爲國防人民委員，1935 年授爲元帥。由於德國國防軍和紅軍簽訂第一個合作協定，可以在蘇聯境內建造軍事設施、試驗武器及訓練軍人，俄國人也分享了德軍的成果。紅軍的科佩茨克機場、喀山的坦克兵學校培養出 1941 年進攻蘇聯的古德林元帥等人。紅軍將領十分敬佩德國將領，1933 年希特勒掌權後，德、蘇軍事合作繼續進行。

圖哈切夫斯基六次出訪德國，帝國安全總局頭子海德里希派人潛入參謀本部檔案室和軍事諜報部，竊取了圖哈切夫斯基的文件和簽名手跡，然後在蓋世太保總部的地窖僞造有關文件。他還叫特務故意去蘇聯大使館，索價 300 萬盧布，一手交貨，一手拿到僞鈔（1937.5）。德國外交官故意將圖哈切夫斯基的情報透露給捷克斯洛伐克總統貝那斯。那個大嘴巴好心通知了蘇聯人。史大林並非不知道這是希特勒的陰

謀，卻狠心地剷除紅軍將領中的「托派」與「德國間諜」。

1937～1938年有四萬多名軍官被槍斃，包括五名元帥中的三人，15個集團司令中的13人，85個軍長中的57人，195個師長中的110人，406個旅長中的220人，陸海軍人民委員部的全體11個副部長，最高軍事委員會80人當中的75人，包括所有軍區司令，所有空、海軍將領只剩一個艦隊司令沒死，即槍斃了90%的將軍和80%的上校。難怪希特勒在1941年9月對他的手下說：「他們已經沒有好的統帥了。」

1938年3月2至13日「布哈林右派集團和托派聯盟陰謀集團」又上演，第一次大審時的要角亞戈達淪為被告，被控毒死大文豪高爾基（Maxim Gorky，1868～1936）父子。李可夫、布哈林等18人迅速被槍斃。

1935年布哈林為史大林起草憲法後，深知自己已命在旦夕，先在家裡寫好〈致未來黨的領導人的信〉，跪叫夫人拉琳娜逐字背熟，1961年才交給聯共中央委員。

布哈林沈痛地指出：「我就要離開世間了，我不是在無產階級斧鉞下低了我的頭，無產階級的斧鉞應該是無情的，但應該是純潔的。面對一台萬惡的機器，我感到自己無能為力，這部機器居然使用了中世紀的方法，擁有巨大的權力，炮製著有組織的造謠誹謗，毫無顧忌地採取行動。」

「現在任何中央委員、任何黨員都可以被碾碎，都可以變成叛徒、恐怖份子、暗害份子、間諜。如果史大林懷疑的話，證據也就立即會有的。」

「現在大部份所謂內務人民委員部的機器，不過是一批沒有頭腦、腐敗無能、收入豐裕的官僚們的變了質的組織而已，他們利用契卡以往的權力，迎合了史大林在爭奪地位和名聲的病態多疑心理，製造他們那些卑鄙的案件。」

「烏雲籠罩著黨。我那絲毫無罪的頭會牽連成千上萬無罪的人，……從 18 歲起我就在黨內，我的生活目標始終是爭取工人階級利益、爭取社會主義勝利的鬥爭。」

「我向全黨呼籲：在這些日子裡，在或許是我生命最後的日子裡，我確信，歷史遲早必會清除我頭上的污穢。我從來沒有當過叛徒，……我沒有反對史大林的事。我要求年輕、正直的新一代黨的領導人在黨的全會上宣讀我的信，宣告我無罪，恢復我的黨籍。」

「同志們，要知道，在你們高舉著向共產主義勝利邁進的旗幟上，也有我的一滴血。」

葉若夫恐怖時期，兩年內審判處決 36,514 人，5,634 人被監禁，每個案件的審理不超過 15 分鐘。1937 年有936,750 被控反革命而坐牢，其中 1/3 即 353,073 人被槍斃；1938 年 638,509 人被捕，其中一半遇害；在勞改營和監獄裡擠滿 130 萬人。

恐怖手段首先是預防性的，用來清除反抗史大林的人。其次，它是建設性的，可以讓史大林重新啓用幹部。第三，它可以有效地、長期地在黨內外排除其他力量的凝聚或團結的可能。[3]

葉若夫 1938 年 7 月被貶爲內河航運人民委員，不久被

關進精神病院，六個月後他在醫院內自殺身亡。史大林對雅科列夫說：「葉若夫是個惡棍，他殺了我們最優秀的人……他毀了多少人啊！為此，我們把他槍斃了！」

代替葉若夫的是史大林格魯吉亞的小同鄉貝利亞（L. P. Beria，1899～1953）。葉若夫的手下幾乎統統被槍斃，1939年貝利亞清洗外交人民委員部，把李維諾夫等扣上「反蘇活動」罪名槍斃。

1936-1939年間就有120萬黨員被捕（佔全體的半數），只有五萬人沒死。第17次黨代表大會代表1,962人，也有1,180人被殺；中央委員會的139人（包括候補中委）遇害。1939年3月的「十八大」上，再也沒有任何爭論和雜音了。發言者競相別出心裁地歌頌史大林。

史大林自辯：「粉碎了人民公敵並肅清了黨組織和蘇維埃組織中的蛻化變質份子以後，在政治工作和組織工作上更加一致了，更加緊密地團結在自己的中央委員會了。」清洗伴隨著一些嚴重的錯誤，的確「比原先所能預料的還多」；但是，「毫無疑問的，我們今後無須再採用大批清洗的辦法了」。但1933～1936年的清黨終究是不可避免的，而且這次清洗基本上產生了良好的結果。至此為止，剩下來的都是久經考驗的國王人馬，秘密警察機關更完全掌握在可靠的忠僕手上。史大林針對反對者和「潛在的」反對者，都用一種預防性的恐怖手段來解決。

---

3　Schapira, "The Communist Party of the Soviet Union", p.435.

　　無論他個人如何獨裁，如果沒有官僚集團和特務的配合，又豈能為所欲為呢？如果說是歷史選擇了史大林，不如說是官僚、特務集團選擇了史大林主子。他們的蛻化不但玷污了革命，篡奪了革命，並且吞噬了革命。

# 3. 被背叛的革命

　　1930 年 9 月納粹黨抬頭後，托洛茨基呼籲德共和共產國際改變策略，與 SPD 結成統一戰線，反而被史大林派斥責為「托洛茨基主義的法西斯分子」，例如當時共產國際組織部長皮阿托尼說：「叛徒托洛茨基提倡共產黨與社會民主黨聯合，企圖救助社會民主主義者……在社會民主主義者除了幫助法西斯分子而一無所有的時候，為反法西斯鬥爭而建立與 SPD 的聯盟的必要性在那裡？」（1932.3.15，英文《共產國際》）

　　希特勒掌權後，托洛茨基更預言希特勒勢必發動戰爭，與其是針對波蘭或法國，毋寧是對蘇聯的戰爭。他推斷戰爭將在 1933 ～ 1934 年爆發，德蘇戰爭在 1939 年二次大戰後的 1941 年 6 月終於引爆。

　　希特勒上台，托洛茨基在德國的版稅被中斷了。1933 ～ 1934 年他遊蕩於法國。1934 年 4 月 17 日被法國當局驅逐，6 月 13 日由於挪威工黨的同情，當局准發給他 6 個月的簽證。

　　1936 年他寫了《被背叛的革命》，痛批史大林官僚主

義造成蘇聯工人國家的墮落（蛻化），老調重彈地拿古典與馬克斯觀點來突顯史大林離經叛道，否定其既有的成就。

為什麼史大林會勝利？因為官僚們先找到了他，他帶給他們一切必要的保證：一個老布林什維克的聲望，倔強的性格，狹隘的眼光，而他勢力的唯一源泉，又是和政治機關的密切聯繫。官僚層非但征服了反對派，並且征服了布爾什維克黨和列寧，並不是用思想和辯論，而是用文的社會壓力。「官僚主義的沈重的屁股，壓倒了革命的頭」。

150～200 萬的大小官僚自成一個階級，「專」了各產階級大眾的「政」。因此，托洛茨基樂觀地預言：「一個落後國家的各產階級，被註定來完成第一次社會主義革命。為了這個歷史特權，就一切象徵看來，各產階級必須以第二次補充的革命，反對官僚專制的革命來償付」。換句話說，這是一場政治革命，而決不是要根本變革社會經濟組織為目的的社會革命。

托洛茨基堅信蘇聯仍是工人國家，但是被史大林官僚主義統治下變成「蛻化了」（墮落的，degenerated）的工人國家。

在 1938 年 9 月寫的《第四國際綱領》中，托洛茨基指出：「蘇聯是從十月革命中產生的工人國家，作為社會主義會展的必要前提的生產資料的國有，開創了迅速發展生產力的可能性，但與此同時，工人國家的機構卻是全蛻化了，它從工人階級的武器變成了官僚對工人階級施加暴虐的武器；並愈益成為破壞這個國家經濟的武器。」

# 4. 西班牙內戰的悲劇

西班牙是歐洲最封建、最落後的國家，天主教會控制全國 1/3 的財富，全國每 900 人當中有 1 個教士；50% 以上是文盲，200 萬戶貧農平均不到 1 公頃土地。巴斯克人、卡達隆尼亞人隨時鬧獨立。

20 世紀以來，西班牙由上而下的改革流於形式，1918 ～ 1920 年的「布爾什維克 3 年」，工運高漲。1918 ～ 1923 年間更迭 12 次內閣。1923 年 9 月，里維拉將軍（Miguel Primo de Rivera，1870 ～ 1930）以「祖國、宗教、王權」口號發動政變，開始軍事獨裁。1930 年 1 月，知識份子公開批判體制，學生造反，把將軍轟下臺，但是繼任的貝倫格爾將軍（Berenguer）和阿斯納爾將軍（Aznar）都無法面對世界不景氣下的工農怒潮。

現代工業主要限於北部外圍地區的卡達隆尼亞（Cataluña）的紡織工廠和巴斯克（País Vasco）地區的鋼鐵、造船及造紙工廠。只有在阿斯圖里亞斯（Asturias）的礦區，才可以說存在著現代資產階級和工業工人階級；其他地區幾乎是落後的不毛之地，南部的安達盧西亞（Andalucía）、埃斯特雷馬杜拉（Extremadura）和拉曼查（La Mancha），大片私人領地或莊園，不在地主僱用大批破產農民耕種。

巴枯寧的無政府主義在巴塞隆納（Barcelona）、安達盧西亞和馬德里（Madrid）流行，無政府主義者成立主張暴力革命的「全國勞聯」（CNT）；主張漸進的有「社會主義勞

動黨」（PSOE）及旗下的「勞工總會」（UGT），由卡巴列羅（Francisco Largo Caballero，1869～1946）領導；另外還有一個「社會主義者聯盟」。1912年12月社會黨分裂，馬克思派的Pablo Iglesias（1850～1925）反對加入第三國際；急進派則在4月成立「西班牙共產黨」（PCE）。1935年，當過托洛茨基秘書，後來又反托的卡達隆尼亞人安德列‧寧（André Nin，1892～1937），在巴塞隆納建立馬克思主義統一工人黨（POUM）。

　　1930年8月17日，共和黨和左派及卡達隆尼亞黨左派在San Sebastian會師，宣佈成立革命委員會。12月2日，一群士兵與市民在庇里牛斯山下的Jaca暴動，立刻被鎮壓。1931年3月審訊時，共和派大示威，4月12日共和派勝選，兩天後阿豐索十三世出國。共和派的薩莫拉（Alcalá Zamora）組成臨時政府，6月28日立憲議會選舉，共和派佔145席，社會黨116席，由阿薩尼亞（Manuel Azaña，1880～1940）組閣（1931.12.10），宣佈主權在民，政教分離，23歲以上男女普選，一院制，卡達隆尼亞自治。

　　三次土地改革未見績效，全球景氣把工、農趕進無政府工團主義的陣營。巴斯克人、納瓦拉人、阿拉貢人主張獨立。1933年右派成立「西班牙右翼聯盟」（CEDA）和長槍黨（Falange），11月獲得114席。里維拉的兒子高喊：「沒有其他的辯證法，只有用手槍和拳頭說話！」

　　接下來是兩年的黑暗期：1933年8～11月，卡達隆尼亞、阿拉爾（Aragón）各地無政府主義者暴動，燒毀教堂。

1934 年 10 月，左派聯合大罷工。10 月 6 日，卡達隆尼亞宣佈獨立。弗朗哥將軍（Francisco Franco Y Bahamonde，1892～1975）從摩洛哥來摩爾人傭兵。屠殺阿斯圖里亞斯礦工暴動中的男女老幼。1935 年 7 月，共產黨號召組織反法西斯統一戰線。1936 年 2 月，統一戰線贏得選舉，2 月 19 日成立人民戰線內閣，阿薩尼亞組閣。然而，右派故意焚燒教堂栽贓給左派，引發 113 次罷工和 146 次爆炸事件。

1936 年 7 月 18 日弗朗哥在摩洛哥掀起叛旗，右派乘機反叛。人民戰線內部四分五裂，葡、義、德公然支持弗朗哥叛軍。11 月 6 日弗朗哥圍攻馬德里，共和國政府播遷到瓦倫西亞（Valenciana）。11 月 18 日、德、義承認弗朗哥政權；英、法卻發起 27 國不干涉西班牙，法國人民戰線內閣也不支持他們的西班牙左派兄弟。

西班牙社會分裂成左右兩極化：保守力量佔一半人口，另一半人傾聽第三國際的宣傳。儘管共和國的 75% 師級將領、70% 的旅級將領都效忠政府，但絕大多數中、下級軍官卻狂熱地站在叛軍那邊。人民戰線內部每個政黨都有自己的部隊，各自為戰，互不協調。除了馬德里外，卡達隆尼亞、巴斯克、阿斯圖里亞斯有自己的政府。工人委員會和工會接管工廠和莊園，咖啡店被關閉，通貨被工票取代，禁止賣淫和酗酒。民兵成為捍衛社會革命的主力，當選的軍官必須在最民主的討論和表決後才能下達命令，官兵同伙同薪。

1936 年 10 月蘇聯才支援西班牙政府，史大林號召各國共產黨組成一支「國際旅」，1937 年底共有 129 個縱隊（法

國 9,000 人、波蘭 5,000 人、義大利 3,500 人、美國 1,280 人、英國 1,200 人、加拿大 1,000 人、匈牙利 1,200 人、南斯拉夫 1,200 人、德國 3,000 人、奧國 2,000 人，一共陣亡 7,000 多人）。誠如馬丁‧布拉斯指出：「西班牙內戰是一場血腥的鬥牛，鬥牛場在半島上，但許多鬥牛士是外國人。」戰後歐洲各國共產黨領袖，包括阿爾巴尼亞的 M. Shehu、比利時的 F. Honner、保加利亞的 Damyanov、匈牙利的 Erno Gero、義大利的陶里亞蒂、南斯拉夫的狄托、東德的烏布利希……，還加上作家海明威（Ernest Hermingway）、歐威爾（George Orwell）、巴比塞（Henri Barbusse）、馬爾羅（André Malraux）等人，整個國際縱隊的背後由蘇聯特務控制，一共 4 萬多人（包括婦女）在西班牙打仗。

共和國的權力落入社會主義工人黨那個滿足被誇為「西班牙的列寧」——卡巴列羅手裡。1937 年春，卡巴列羅政府相當程度地壓制社會革命的發展，把民兵編入共產黨控制的第五兵團裡，成為一支正規部隊。然而，他對共產黨明顯地發號施令十分驚訝。

西共（PCR）在 1930 年不過 800 人，他們重建工會後，批評卡巴列羅出賣工人，與布爾喬亞妥協，而主張沒收土地，成立蘇維埃。卡達隆尼亞人毛林（Joaquín Maurín，1896～1973）一向主張黨的獨立，反對如此冒進，而被扣上托派罪名開除。1932 年 1 月，共產國際執委會指示西共，罵他們不懂資產階級革命性質，受無政府主義傳統影響而鬧宗派主義，未揭發無政府工團主義，沒有鬥爭托洛茨基派，

西共終於向第三國際屈服。內戰開始，西共拒絕入閣，第三國際強迫他們接受教育、農業兩個部門。

無政府主義派要消滅園家、私有財產軍隊，在全國建立「自由公社」。內戰被西共宣傳爲保衛具有深刻內容的資產階級民主革命的戰爭，客觀條件不允許無產階級革命。西共唯有認命第三國際，支持政府制止集體化（因爲害怕將引起崩潰，使中下階層反政府）的反社會革命立場。

蘇聯國家政治保安總局（OGPU）的西班牙站長奧爾洛夫（Alexander Orlov，1895～1973）執行第三國際的 7 月指示：必須徹底擊潰托派，使他們在群眾面前看來像是法西斯份子的秘密機構；正是他們挑起內戰，爲希特勒和弗朗哥效命；正是他們企圖分裂人民戰線。馬蒂（André Marty，1886～1956）和烏布利希（Walter Ulbricht，1893～1973）在戰場上獵殺托派，比打仗更加積極。

悲劇從卡達隆尼亞開始：1937 年 4 月，共和國財長內格林（Juan Negrin）派兵接管無政府派民兵控制的法、西邊境關卡，殺死 38 個民兵。5 月 3 日，CNT 及 POUM 的勞工不滿政府竊聽電話，在巴塞隆納掀起「內戰中的內戰」，和共產黨火拚。西共扮演可恥的角色，秘密警察半夜抓走一度受人尊重的「同志」。5 月 13 日西共要求解散 POUM 被拒，POUM 退出政府。5 月 17 日，內格林宣佈 POUM 爲非法，他不敢冒犯蘇聯和共產黨，但失去了 CNT 和卡巴列羅的支持。POUM 總部被改爲監獄，奧爾洛夫先把安德烈‧寧救出獄，再把他打死。特務捏造他攻擊托洛茨基的文章到處散

發，造成他越獄是德國間諜搞出來的假象。

# 5. 第三國際的解散

　　1939 年 8 月 23 日《德蘇互不侵犯條約》簽字，雙方暗中議定瓜分波蘭。9 月 1 日德軍入侵波蘭，9 月 17 日紅軍進入波蘭東部；9 月 28 日《德蘇友好條約》在莫斯科簽字，雙方協調瓜分波蘭。史大林更乘勢與波羅的海三小國簽訂互助條約（1939.9.28 ～ 10.10），紅軍進駐三國。11 月 30 日紅軍侵略芬蘭，12 月 2 日在 Karelia 半島上扶持庫西寧建立「人民政府」。12 月 14 日，國際聯盟開除蘇聯（1934 年加入）。

　　史大林和希特勒勾結，法共的 72 位國會議員中有 21 人宣佈退黨；知識份子同盟也在 8 月 29 日聲明譴責「當納粹在威脅波蘭及所有自由人民的獨立的時刻，蘇聯的領袖們卻和納粹接近。」包括學者居禮（F. Joliot-Curie，1900 ～ 1958，居禮夫人的女婿）及夫人（Irène Curie，1897 ～ 1956）、Paul Langevill（1872 ～ 1946，物理學者）等人都簽名；他們在納粹佔領期間都勇敢地投入地下反抗行列。法共黨員幾乎有 1/3 退黨，例如 Julien Benda，以及批評家 Paul Nizan（1900 ～ 1940），他後來戰死於敦克爾克戰役，死後仍被法共的托列士誣指為「警察的線民」。當然也有黨員始終效忠，例如作家 Louis Aragon（1897 ～ 1982）就曾經兩度因英勇作戰而獲勳章。法國政府以為「德蘇同盟」是

與法國為敵，宣佈法共為非法（1939.9.26），一直到1941年6月為止，法共的威信掃地，1940年1月20日退被剝奪議員資格。1940年7月10日，貝當元帥的維琪政府與納粹德國佔領軍簽訂和約，法國知識份子、共產黨開始地下反抗，打游擊。10月間，有300名活動家被維琪政府逮捕，連勃魯姆也在9月被捕。1941年6月德、蘇開戰，法共更積極活動，此時戴高樂（Charles de Gaulle，1890～1970）已在倫敦宣佈成立「自由法國」；7～12月間，至少5萬名地下軍被捕，慘遭槍斃或拷刑。

各國共產黨追隨共產國際的路線，宣稱戰爭不是反法西斯主義而是帝國主義的性質，並把拖延戰爭的責任推給了英、法兩國。如此荒謬的路線導致西歐共產主義的受難，德共許多人被關進集中營，只有義共堅持鬥爭法西斯主義和納粹主義的立場。1941年6月22日德軍入侵蘇聯，一切都改變了。「帝國主義」戰爭變成反法西斯主義的戰爭，第三國際再也不必下達指示，各國共產黨都自動自發地保衛祖國，但又不能不同時強調那個空泛的「保衛社會主義國（蘇聯）」的口號。

1943年6月8日，共產國際宣佈從6月10日起解散第三國際，並宣佈：

「在戰前早就可以日益清楚地看到：既然各國的內部和國際形勢已經變得更加複雜，要由某個國際中心來解決每個國家工人運動的各種問題，是會遇到不可克服的障礙的。」

「……過去25年來各種事件的過程和共產國際累積的

阿道夫・希特勒（Adolf Hitler）

經驗已明確地證明，共產國際第一次大會採用的團結工人的組織形式，符合於工人運動復興的初期的需要，卻已漸漸不能適應工人運動的增長，和每個國家內部增加著的複雜問題，而且證明這個組織形式甚至已經變成進而加強各國工人政黨的阻礙。希特勒匪幫引起的世界戰爭，更使各國內部情勢的差別尖銳化，在承受希特勒匪幫暴政的國家和愛好自由的團結在偉大的反希特勒聯盟之中的民眾之間，劃了深刻的界線。……」

「共產國際執委會主席鑒於上述考量，並估計各國的共產黨及其領導幹部的成長和政治上的成熟；同時也鑒於此次

戰爭中有若干支部提議解散國際勞工運動指導中心的共產國際的問題，更由於在世界戰爭的情況下，無法召開共產國際大會，乃由其本身提出下列建議，交由共產國際各支部批准……。」

從第一國際到第三國際，歷經 79 年（1864～1943），三個社會主義國際都同樣在民族戰爭的砲火下瓦解。

# 6. 托洛茨基建立第四國際

史大林的特務已經把托洛茨基的追隨者、秘書、他的兒子，還有在國內的父母、兄弟、前妻、兩個女婿都消滅。1938 年 9 月 3 日，托派在巴黎附近召開「第四國際」創立大會，GPU 特務斯波羅夫斯基也混進去會場。

托洛茨基在《資本主義的垂死痛苦和第四國際的任務》中宣稱，「下一個時期，一個從事鼓動、宣傳與組織的革命的當前時期的戰略任務，在於克服客觀形勢的成熟性與作為主體的無產階級及其先鋒隊的不成熟性（老一代的混亂失望，新一代的缺乏經驗）之間的矛盾。」我們必須幫助群眾在日常鬥爭中找到當前的要求與革命的社會主義政綱間的橋樑，這道橋樑應包括過渡要求的整個系統。「這個過渡辦法的實質，在於那些要求將愈來愈公開和堅決地打擊資產階級制度的基礎」，這個過渡綱領將取代以往的古典社會民主黨的最低綱領（即在資產階級社會體制內的改良），而為無產階級革命進行有系統地動員群眾。為了實現制定按實際情形

而規定工資與工時、工人管理生產、沒收特定資本家集團的財產的鬥爭，必然地要使工人由糾察隊→自衛團→工人民兵→無產階級武裝的過程中斷續成長；並且在沒收、專權的過程裡，無產階級的組織必須由工會→工廠委員會→蘇維埃的發展，產生一個與地方及中央政府對立的雙重政權（蘇維埃），最後，兩者的衝突與決戰將決定社會的命運。因此，以上的過渡要求可括約為一句話──「建立工農的政府」。

關於殖民地與半殖民地，其中心任務為土地革命，即消滅封建殘餘；與民族獨立，即推翻帝國主義的羈絆。而在召開國民議會（或制憲會議）口號的民主綱領高掛的大眾運動階段（例如印度、中國），工人必須用這個民主綱領來武裝自己，並聯合農民，組織工農蘇維埃，粉碎布爾喬亞──地主資產階級，以不斷革命的辯證來完成民主革命，並開啟社會主義革命的時代。在法西斯國家裡，民主主義的口號自某一個時期具有決定性的作用。但民主主義的公式（出版自由、組織工會的權利等等）絕對不可以變成「資產階級代理人拿來套在無產階級頭上的一條民主的絞索」。

蘇聯已經淪為一個墮落的工人國家，它將愈來愈官僚化而成為世界資產階級在工人國家中的一個機構，把國家推回到資本主義；或由工人階級摧毀官僚體制，開啟到社會主義之路。「而蘇聯革命新的高漲，將無疑地在反社會不平等和反政治壓迫的鬥爭旗幟下展開。」然而，今天在蘇聯所能做的，也只是準備的宣傳工作而已。「正如在法西斯國家一樣，將來大概要靠國外的事件來刺激並推動蘇聯工人的革命

起義。」

最後，要反對宗派主義與機會主義，開闢無產階級裡最備受凌虐的青年及婦女勞動者加入第四國際的行列，在第四國際的旗幟下團結所有被壓迫的工農勞苦大眾。具有以無產階級鬥爭及解放全世界一切被壓迫者爲經驗的先進工人們，貢獻出一面無疵的旗幟，即〈過渡綱領〉。

史大林不能再讓托洛茨基活下來，親自派一組人馬負責暗殺這個宿敵，反正國內的政治審判已經結束，再也不用拿托洛茨基當藉口來整肅異己了。

1940 年 5 月，托洛茨基在墨西哥逃過當地畫家西凱羅斯（David Siqueiros，1896～1974）人馬的攻擊。8 月 20 日，他被史大林的殺手傑克遜·莫爾納爾（Jacques Mornard）用冰斧砍中後腦，21 日下午 7 點 55 分去世。

1940 年 2 月 27 日，托洛茨基寫下第一份遺囑：「在我的革命榮譽上，沒有任何污點。我從來沒有和工人階級的敵人，不管是直接或間接的，在幕後達成協議或進行談判。

我誠摯地感謝在我生平最困難的時刻仍舊忠於我的那些朋友們，我不想一一列舉，因爲我不能叫他們所有人的名字。」

他深切地感激妻子說：

「命運帶給我幸福，不僅在我有幸成爲一個社會主義事業而奮鬥的戰士，而且有幸成爲她的丈夫。在我們將近四十年的共同生活中，她始終保持對我無限的愛意、寬宏大量和溫柔體貼。她暗中忍受著極大的痛苦，尤其在我們生活的最

後時期。但我也感到欣慰的是，畢竟她也曾經度過幸福的日子。

在我有意識的四十三年的歲月中，我始終是一個革命家；其中四十二年我是在馬克思主義的旗幟下戰鬥的。如果我必須從頭開始，我當然會力圖避免各種錯誤，但我生活的主要道路是不會改變的。我要作為一個無產階級革命家，一個馬克思主義者，一個辯證唯物主義者，也是一個不可調和的無神論者而戰死。青年時代我熱烈地信仰人類的共產主義之前途，至今更加堅強。

娜塔麗亞從院子裡走近窗子，她打開窗子，使屋子裡的空氣更加自由流通，往下一看，牆角下長滿細嫩的綠草，牆上蔚藍的天空和閃耀的陽光。人生真美好，但願下一代能排除所有的罪惡、壓迫和暴力，充分享受美好的生活。

我死後留下的所有遺產，我所有的版權（我的著作、文章等的收入），全歸我的妻子娜塔麗亞‧伊凡諾夫娜‧謝多娃所有。」

1940 年 3 月 3 日，托洛茨基又對遺囑作了補充：

「我了解，我的病情（還在上升的高血壓）是這樣的，很可能由於腦溢血而突然死亡，這還是我自己的設想，也是我所能希望的最好一種的結局。然而，我可能估計錯了（我不想去閱讀關於這個問題的專門書籍，醫生們自然是不會告訴我真實情況的）。假如這種硬化症一直拖下去，我有長期臥病危險的話（由於高血壓的關係，我現在反而感到精力旺盛，但這種情形不會持久的），那麼，我將保留自行決定死

亡時間的權利。這種「自殺」（假如在這場合是一個適當的用辭）從任何方面來說都不是失望或絕望的表現。」

# 7. 史大林元帥

　　1939 年 9 月 1 日希特勒閃擊入侵波蘭，9 月 17 至 25 日蘇聯紅軍向西推進 250 ～ 300 公里，按照德蘇秘密補充議定書的規定來到納雷夫河、維斯瓦河、桑河的邊界，佔領了波蘭東部的西烏克蘭及西俄羅斯。28 日德、蘇簽訂〈蘇德友好和邊界條約〉及〈秘密補充議定書〉，瓜分波蘭領土，並規定立陶陶宛領土劃歸蘇聯範圍，但「地圖上所標界線西南的立陶宛領土劃歸德國」。1941 年 1 月 10 日兩國再簽訂〈秘密議訂定書〉，德國宣佈放棄這部份土地，但蘇聯為此得支付德國 750 萬美元（約 3,150 萬德國馬克）。1939 年 11 月併入蘇聯的波蘭領土建 20 萬 km²，1,300 萬人口。

　　波軍總司令雷茲斯米格下令不准抵抗紅軍，約 30 萬波軍放下武器，一部份遣返，一部份遭蘇軍機拘留。1939 年 10 月 3 日貝利亞下令將波軍的憲兵、中高級軍官、下級軍官與士兵、德佔區出生的人員分類分營集中囚禁。1940 年月 5 日貝利亞建議史大林，對關押在戰俘營的 14,700 名的「波蘭軍官、官員、地主、警察、偵探、憲兵、移民和獄卒」，以及「被捕關押在烏克蘭、白俄羅斯西部監獄中的 11,000 名各種反革命間諜及破壞組織成員、前地主、工廠者、前波蘭跟官、官員和越境犯」，「不傳喚被捕者，不提起公訴、

不宣佈結束偵察的決定」，就予以槍決。

這就是卡廷森林（Karyn）慘案——斯摩稜斯克的科澤利斯克集中營——槍決 4,421 人，在哈爾科夫附近的舊別利斯克集中管槍決 3,820 人，在加里寧州的奧斯塔什科夫集中營槍決 6,331 人，在西烏克蘭及西白俄羅斯的其他集中營和監獄槍決 7,305 人（共 21,857 人）。

1943 年 4 月 13 日納粹德國對外宣佈在卡廷發現波蘭人的屍骨，蘇聯立即宣佈這是納粹德國幹的。1980 年戈巴契夫執政後，成立調查委員會，1991 年 4 月 13 日塔斯社正式承認此一慘案是當年 NKYD 所為，是「史大林主義的嚴重罪行之一」。1992 年 10 月俄羅斯總統葉利欽派特使將卡廷慘案的一批秘密文件複印轉交給波蘭總統華勒沙，波方立刻公佈了這份文件。

1939 年 11 月～ 1940 年 3 月蘇芬蘭戰爭結束，史大林一舉奪佔了芬蘭 41,000km² 土地，並強租漢科半島及附近島嶼 30 年。31 日蘇聯在取得的地區成立「卡累利阿—芬蘭共和園」。6 月 15 日，蘇軍佔領愛沙尼亞、拉脫維亞及立陶宛；28 日又佔領羅馬尼亞的比薩拉比亞及北布哥維納，8 月，這些「社會主義共和國」加入蘇聯。1941 年 5 月，史大林任蘇聯人民委員會主席，6 月 22 日德國軍突襲蘇聯，迅速佔領西部大片領土。

史大林根本無視英國的警告，尤其不相信軍情局（GRU）特工左爾格（Richard Sorge，1895 ～ 1944）這位德國人精確到德軍進攻的日子的情報。因為軍情局是托洛茨

基建立的。儘管他驚慌失措地「神隱」了一週，仍舊沉著應戰，8 月 8 日出任最高統帥，身兼聯共中央書記、蘇聯人民委員會主席、國防委員會主席，集黨、政、軍所有的最高領導職務於一身。16 日他口授〈紅軍最高統帥大本營 1941 年 8 月 16 日 270 號命令〉：凡在戰鬥中撕下肩章和投降者，即為最可惡的逃兵，其家屬成員因違背軍人誓詞，背叛祖國，應予逮捕，此類逃兵應就地槍決。凡陷入包圍者應戰鬥到底，衝出重圍回到我方。凡寧願屈膝投降者，應以一切手段予以消滅，對投降的紅軍戰士之家屬，應剝奪其享受之國家補貼和救濟，9 月 21 日日丹諾夫和朱可夫從列寧格勒報告說，德軍進攻時把老弱婦孺趕到前面，使蘇軍官兵不知所措，史大林口授命令：「我建議，不要心慈手軟，要狠狠地打擊敵人及其幫兇……照著德國人民及其代表，不論他們是什麼人，使勁打吧，掃射敵人，不管是自願的敵人還是被迫的敵人都一樣。」

美國以答應提供十億美元的無息貸款，11 月 8 日史大林在莫斯科馬雅可夫斯基地下鐵道車站舉行紀念十月革命 24 週年慶祝大會上報告。第二天仍照常舉行紅場的傳統閱兵和遊行。

7 月 3 日史大林號召「同志們！公民們！兄弟姊妹們！我們的陸海軍戰士們！」要為祖國而戰鬥到底。11 月 7 日呼籲全體軍民保衛光榮的祖國，消滅德國佔領者，「我們光榮的祖國，我們祖國的自由，我們祖國的獨立萬歲！在列寧的旗幟下向勝利前進！」

勝利莫斯科保衛戰（1941.9.30 ～ 1942.4.20）、史大林格勒保衛戰（1942.7.17 ～ 1943.2.2）和列寧格勒保衛戰（1941.9.8 ～ 1944.2）三大戰役，蘇聯軍民發揮了必死的抵抗，使德軍潰敗。然而史大林在 1943 年 1 月下令貝利亞將可能投效敵人的車臣人（38.7 萬）、印古什人（9.1 萬）流放中亞及西伯利亞，其他韃靼人、卡爾梅克人、巴爾卡爾人、卡拉恰依人、德意志人和朝鮮人也同樣的命運。直到 1953 年史大林去世後，赫魯曉夫當權，才在 1954 ～ 1956 年間取消這些少數民族身上的特別流刑登記。

1943 年秋至 1944 年冬，紅軍反攻奪回大部份失地，1944 年 4 月 8 日 Ivan Konev 元帥的部隊渡過普魯特河，進入羅馬尼亞。紅軍繼續挺進東歐，躍進入貝爾格勒，1945 年 2 月攻下布達佩斯，4 月下旬攻下維也納。陸軍也在 1943 年夏攻入西西里島，秋天進入義大利本土。1944 年 6 月 6 日美、英、加部隊登陸諾曼地，開闢了史大林期待已久的「第二戰場」。1945 年 4 月 25 日紅軍與美軍在易北河畔萊比錫附近的 Torgau 會師，5 月 2 日朱可夫元帥攻陷柏林前一天凌晨 4 點，史大林被叫醒，聽到朱可夫來電報告希特勒自殺、戈培爾建議停戰的消息。9 日蘇軍進入布拉格，第三帝國最終向盟軍投降，美固在 8 月 6 日及 9 日向廣島、長崎丟下原子彈，蘇軍迅速攻佔滿洲國和朝鮮，日本在 15 日宣佈無條件投降，結束第二次世界大戰。

德軍入侵，波羅的海三國人民及烏克蘭人、白俄羅斯人都歡迎德軍解放他們，可惜希特勒卻把他們當畜生奴役而功

敗垂成。

# 【附】台灣共產黨

上海建黨 1928 年 4 月 15 日，在中共代表彭榮（任弼時）的建議下，9 名台灣人在上海法租界羅伯神父街與霞飛路交叉的金神父家照相館二樓召開「台灣共產主義積極份子大會」（翁澤生家）。林木順、林日高、莊春火、洪朝宗、蔡孝乾等席成為中央委員，候補中委翁澤生、謝雪紅；書記林木順（1902～?，台中草屯人，台北師範學校退學）和謝阿女（1921～1970）都在 1925 年赴學習，謝入東方大學，林入中山大學，1927 年 11 月雙雙回上海，首先組織「上海台灣學生聯合會」，透過上海大學同學翁澤生（臺北人，唸過廈門集美中學）而吸收成員。1927 年 12 月他倆又分別潛至東京，接受渡邊政之輔的建黨綱領與指令，日共中全會以目前他們忙於選舉鬥爭，有關建黨的事，「就受中國共產黨的援助及指導。」1928 年 4 月 20 日通過建黨宣言。其中〈組織綱領〉規定台灣共產黨在相當時期內屬於共產國際支部日本共產黨的台灣民族支部；在〈政治綱領〉中，主張（1）打倒總督專制政治，打倒日本帝國主義；（2）台灣民眾獨立萬歲；（3）建設台灣共和國；（4）廢除壓制工農的惡法；（5）七小時勞動制，不勞動者不得食……（11）擁護蘇聯；（12）擁護中國革命；（13）反對新帝國主義戰爭。

台共成員留學前合影，台共領導
人謝雪紅（前排右二）與林木順
（後排右一）。

　　新生的台共，奉行共產國際——列寧的殖民地民解放路
線，痛批台灣人「反動大地主、大資本家」及被台灣總督府
控制的假自治，熱切地期待備受日本帝國主義、資本主義壓
迫與剝削的台灣勞工、農民在「建立」在工人群眾基礎上的
黨（台共）來領導，並聯合台灣資產階級的反帝份子組成聯
合陣線。把勞動階級領導的民族革命提升爲社會革命。因
此，「台灣的民族革命是以無產階級獨裁爲前提」。總之，
當時的台共就是要搞「台獨」。

　　在沒有實際運作的狀況下，一旦實踐起來勢必錯誤百
出，何況當時台灣的無產階級（工廠勞工）根本同農民的人
數不成比例。

　　1928 年 3 月 12 日、3 月 31 日及 4 月 25 日，上海的日
本警察陸續逮捕讀書會的人，但是日警還未警覺到他們和台
共的關係，把他們送回臺北地方法院審理，謝雪紅、黃和氣、
陳美玉等 3 人因證據不足而獲釋，其餘 6 人（江水得、張茂
良）等 6 人以「翁澤生及其妻謝玉葉，共謀擬以否認日本帝
國在台灣之統治權，促進台灣獨立，變更日本國體，且否認

私有財產制度，以期實現共產主義社會之目的，而組織上海台灣學生讀書會罪名」，在 1929 年 5 月分別判處 3 至 1 年有期徒刑不等。

剛成立的台共遭此打擊，潘欽信、謝玉葉不敢回台灣，蔡孝乾、洪朝宗逃亡中國，日共只能譴責這些知識份子「一旦遭受白色恐怖的打擊，就暴露出他們機會主義的面目」而「選擇逃跑……證明一個黨如果僅包含知識份子是多麼地脆弱」的廢話。

謝雪紅這位彰化人苦力的女兒，12 歲喪親，13 歲就當台中富商之子的小老婆，1907 年（16 歲）時逃家到台南的糖廠當女工，後來隨張樹敏到日本神戶賣大甲帽，1920 年生意失敗回台灣，在台中勝家裁縫機商會當外務員，1921 年加入台灣文化協會。1925 年之初她隨夫婿到上海，接觸中央，化名「謝飛英」進入上海大學社會系，4 個月以內結識了潘欽信、翁澤生、許乃昌、蔡孝乾等人，並由中共推薦去莫斯科學習。1928 年 6 月她在台灣獲釋後開始接觸台灣文化協會左派及台灣農民組合。

小學教師簡吉（1982～1951，鳳山人，台南師範學校講習科畢業，1926 年趙港組織「台灣農民組合」），1928 年 9 月謝雪促使台灣農組中委會決議支持「台灣共產黨」，並促使趙港、簡吉、簡娥、葉陶（作家楊逵之妻）先後加入台共。

1928 年 10 月 6 日，渡邊政之輔（1899～1928，工人出身的日共書記長）由福州搭船至基隆時被水警盤問，在押

解警署的途中拔槍打死水警後被包圍中被殺。另一位起草台共〈政治綱領〉佐野學（1892～1953，早稻田大學歷史講師）也在 1929 年 6 月被捕於上海，台共被切斷了同她母親日共的聯繫。

　　1928 年 11 月，謝雪紅奉日共指令，召開台灣島內的中央委員會（台北），只有她和林日高、莊春火三人出席，成立「島內中央」，按指令提升謝為中央委員，並決議開除因上海讀書會事件而放棄工作潛逃中國的蔡孝乾、洪朝宗、潘欽信、謝阿玉等 4 名「投機份子」，從此同他們結下了內部恩怨。接著謝雪紅和楊克培於 12 月 26 日在台北市太平町 2 丁目蔣渭水文化書局的對面開辦「國際書店」。

　　被台共全面滲透的台灣農民組合，卻遭到當局大檢舉（1929 年 2 月 12 日）——其藉口為擅發傳單，達反〈出版法規〉，抓走 59 人，拘押 300 多人，但卻拿不到農組和台共有關係的證據，只起訴 12 人，中常委黃國信判刑 10 個月後緩刑，簡吉服刑 10 個月……等等。

　　黨內鬥爭 1929 年 11 月，台共掌握了文協（吳拱照、莊守、王萬得等），將其納入台共的外圍組織。1930 年 4 月奉派至上海聯絡翁澤生的林日高，受盡翁的冷落斥責，7 月底返台宣佈脫黨（1931 年他被關 5 年，二戰後曾當過省參議員、板橋鎮長，參與 1947 年二二八起義後「自新」，1955 年被國民政府槍決）及莊春火宣佈退黨，只剩下謝雪紅一人獨撐。1930 年 10.27-29 召開黨中央擴大會議於台北松山庄上塔悠，決議由蘇新、王萬得負責臨時工會。

　　1930 年 12 月 20 日，由上海帶回台灣的農組中委陳德興帶回了共產國際東方局的指令，指斥台共陷入機會主義的錯誤，不向大眾宣揚黨的存在，也未大量吸收革命的勞動者及農民；未確立黨的機關及細胞；黨員欠缺積極性；黨與黨團工作不分等等。謝雪紅拒絕指令，認定那是「對台灣情況無知者的妄論，令人無法肯定其為第三國際東方局的指令，恐係翁澤生等人分裂主義的陰謀」。1931 年 1 月 27 日，王萬得等在台北召開「改革問盟」成立大會。

　　1931 年 4 月 16 日，潘欽信被中共逼趕回台灣，4 月 20 日在台北市成立「黨臨時大會準備委員會」。5 月 31 至 6 月 21 日，他們在王萬得養父家裡的淡水八里坌召開「第二屆臨時大會」，由潘「欽差」以上級指導下令清算黨內小資產階級的機會主義，決議解散「改革同盟」；開除謝雪紅、楊克煌、楊克培及林木順等 4 人；發行機關報。會後選出潘欽信、王萬得、蘇新為中常委，顏石吉、劉守鴻為中委、蕭來福 簡娥為候補中委，6 月 4 日決定由王萬得為書記長，組織部潘欽信，宣傳煽動部蘇新……等等；發行《赤旗》機關報，建立紅（赤）色工會，加強農民組合，徹底批鬥謝雪紅。

　　此外，黨的二次臨大會通過了比 1927 年上海綱領更加尖銳的新綱領（顯然受中共的影響），除了明確揭示工場、農村的武裝暴動戰術外，台灣革命現階段的任務為集中一切革命力量，推翻帝國主義統治，實現土地革命，消滅封建殘餘勢力，然後才能建立工農民主獨裁的蘇維埃政權。〈綱領〉宣稱，「唯有無產階級領導農民與一般勞苦大眾，才能完此

革命任務」。對「少數民族」則主張「國內民族一律平等」原則，幫助「蕃人」建立革命團體，領導他們。至此，台共已把階級鬥爭提升到同民族革命一致，排斥台灣民族資產階級（文協）加入統一戰線的可能性，全面否定了謝雪紅訴諸民族感情，企圖建立一個包括分所有階級成立聯合戰線的路線。

反謝雪紅的三大要角爲：王萬得（1903～1985，台北市人），總督府遞信部電信訓練所畢業（1919），在新營及淡水郵局工作，1927年至中國武漢加入中共，後轉爲台共，1930年與趙港、陳德興等籌立台共改革同盟，批鬥謝雪紅，1932年他被捕，判刑13年。1947年二二八後被國民政府通緝，潛往中國，歷任政協會員，台灣民主自治同盟顧問，後遭中共批鬥及下放。蘇新（1907～1981，台南佳里人），1924年被台南師範學校退學，唸過東京外語學校，1928年加入日共，1929年2月回羅東太平山當伐木工，暗中組織工運，再至基隆附近礦區與大舅子蕭來福（1907～1992，台南安平人，曾留學日本），1947年二二八後他潛至香港再赴中國，專心研究中醫學，逝於北京）。

1931年3月10日，在陸軍紀念日當天，當局實施全台首次防空演習，卻有人在台北市到處散佈〈反帝國主義戰爭〉宣傳單，3月15日，共產主義讀書會成員王日榮向當局自首，供出了共犯林式鎔，當局在林宅搜出多項證據文件，至此判明了改革同盟之結成與台共第二次臨時大會召房之實情。3月24日，當局首先在台北市逮捕農組幹部趙港，

4月9日在高雄逮捕陳德興，接著抓走台灣新文協的吳拱照，6月26日逮捕謝雪紅、楊克培力於國際書店。至9月底已有107人陸續被檢舉；1932年5月17日翁澤生被捕於上海共同租界；1933年3月引渡回台灣，林木順則音訊杳然。

1931年8月9日，文協領導王敏川、簡吉等決議成立「赤色救援會」。當局在9月4日於台南州發現一本《三字集》，遺忘在嘉義郡小梅庄水果商翁郡的店裡，循線於11月初逮到林水福。12月1日再抓陳結。日警在12月中逐次檢舉310人，其中王敏川、陳崑崙、顏錦華等45人被起訴，至此，台共及其外圍組織完全瓦解。

謝雪紅判刑13年，潘欽信15年，蘇新、王萬得各12年，簡吉10年，趙港12年……等，還有日本人吉松喜郎、津野助好、宮本和太郎等各判刑2年，陳結促入台共部分，陳崑崙（5年），王敏川（4年）。1932年2月農組大湖支部劉雙鼎等29人被捕，台灣共產黨三年多的活動成為歷史陳績。

1939年謝雪紅因肺結核獲交保，1945年後在台中市開酒家，組織「人民協會」以及「農民協會」力。1947年二二八後立刻組織「二七部隊」（因為是2月27日發生血案的），在台中宣佈成立「人民政府」（3.2），退入嘉義小梅山區，秋天時流亡香港，與廖文毅組成「台灣再解放同盟」，後來至中國成立「台灣民主自治同盟」。1958年中共展開反右派鬥爭時將她扣上「地方主義」大帽子。1966年文革後被紅衛兵揪鬥，將謝雪紅、楊克煌抄家，掃地出門，1968年紅衛兵下令她下跪認錯，王萬得趕來痛揍謝雪紅至

昏厥。1970 年 11 月 5 日，一代女傑逝世前留下遺言：「我不是右派；我仍然擁護共產黨，擁護社會主義；我一生也犯過錯誤。」她也私下交代楊克煌：「你們必須堅持戰鬥下去，最後的勝利是屬於台灣人的。」[4]

誤上賊船的台盟楊克培後來在日軍佔領下的定縣當傀儡縣長，終日抽烟片。他的堂弟楊克煌（1908～1978）曾參加二二八起義，終身陪謝雪紅流亡，當過台盟總部理事長兼秘書長等閒職。趙港於 1940 年病逝獄中，簡吉在 1951 年 3 月因組織台灣省工作委員會山地工委會而被國府當局槍決。

臨陣脫逃的蔡孝乾（1908～1982，彰化人，上海大學社會科學系），1928 年逃亡中國，1983 年由福建漳州至江西瑞金，任教列寧師範學校，1934 年 10 月隨紅軍北上至陝北（1935 年 10 月）後，任反帝聯盟（後改為抗日聯盟）主席，1938～1939 年為八路軍總部野戰政治部部長兼政工部部長，後調回延安，1945 年底至上海，1946 年 7 月回台灣，成為台灣省工作委員會兼書記；1947 為華東軍政委員會委員。1950 年 1 月被國民黨逮捕，尋機逃走，3 月又落網，叛變「自新」而使 1800 多人被捕。後來榮升國防部情報局研究少將銜副主任兼調查局副局長等要職，主要工作為辦理「匪諜」案。

# 第五章

## 冷戰時代

《臥倒並掩護》為美國 1951 年製作的官方宣傳影片,其目的為宣導冷戰期間可能發生的核子戰爭。

1946　3 邱吉爾「鐵幕」演講

　　　　7.12 中國國共內戰（～ 1949）

1947　10.5 共產和工人情報局成立

1948　6.28 共產情報局開除南斯拉夫

1949　1.25 蘇聯、東歐成立經濟互助委員會，對抗馬歇
　　　　爾計劃

　　　　10.1 中華人民共和國成立

1950　2.14 中蘇友好同盟條約

　　　　6.25 韓戰（～ 1953.7）

　　　　10 中國義勇軍介入韓戰

1951　12.7 中共發動三反五反運動

1952　11.2 南共改為南斯拉夫共產主義者聯盟

1953　3.5 史大林去世

　　　　6.17 柏林暴動

　　　　9.23 赫魯曉夫為蘇共中央第一書記

1954　625-29 周恩來《和平共處五項原則》

1955　5.14 華沙條約組織

1956　2.14 ～ 25 赫魯曉夫批判史大林

　　　　6.27 波蘭波茲南暴動

　　　　10.23 匈牙利暴動

1957　6.18 中國反右派鬥爭

　　　　11.16 毛澤東「東風壓倒西風」、「美國帝國主
　　　　義是紙老虎」、Đilas《新階級》

> 1958　1.1 歐洲共同市場（EEC）成立
>
> 　　　　5.23 中共決定推動三面紅旗、大躍進路線
>
> 　　　　8.23 金門砲戰
>
> 1959　1.1 古巴卡斯楚革命
>
> 　　　　7.2-8.16 中共廬山會議

# 1. 冷戰體制

　　冷戰冷戰（Cold War）本是希特勒對法國的一種神經戰，從 1495 ～ 1991 年間在美、蘇兩大國之間進行不動用熱武器，而訴諸經濟、政治、外交、文化、意識型態各領域的對抗與鬥爭。45 年間冷戰遍及全球，至今只是表面上的結束。史大林在 1945 年 4 月對南斯拉夫人吉拉斯表明：「這場戰爭不同於以往的戰爭，誰佔領了地盤，誰就能把他的那套社會主義制度推行到他的軍隊所能到達的地方去。此外，別無他途。」果然蘇軍解放東歐各國，紛紛建立史大林模式人民民主政權（只有南斯拉夫靠南共自己解放國家）。年輕的美國駐蘇臨時代辦凱楠（George F. Kennan，1904 ～ 2005），也在 1946 年 2 月 22 日向國務院發出 8,000 字的長電，指出蘇聯正瘋狂地致力一個信念，即跟美國的關係永不存在妥協。如果要保持蘇聯政權的安全，就必須破壞美國社會的內部和諧，毀掉美國人的傳統生活方式，打破美國的國際權威地位。3 月 5 日，已卸任的英國前首相邱吉爾在美國

富爾頓大學演講時，刻意借用戈培爾的「鐵幕」（the iron curtain）說：「從波羅的海的斯德丁（什切青）到亞得里亞海的的理雅斯特，一幅橫貫歐洲大陸的鐵幕已經降下了。」並指出在鐵幕後面的中、東歐各國，「無一不處在蘇聯的勢力範圍之內，⋯⋯受莫斯科日益增強的高壓控制。」因此，他號召英語民族聯合起來，英、美兩國建立特殊關係，共同應付「對基督教文明日益嚴重的挑釁和危險」。

凱楠又在 1947 年 6 月以 X 為筆名投稿《外交季刊》，建議美國必須擁有足夠的武力，對付蘇聯等國靈活且警惕運用對抗力量加以遏止。杜魯門總統，1947 年 3 月 12 日下午，他對參眾兩院聯席會議宣讀了一份特別諮文，聲稱土耳其和希臘的局勢影響到美國的戰略目標及安全，「無論是通過直接侵略或間接侵略，將極權主義政權強加給自由國家人民，都破壞了國際和平的基礎，從而也破壞了美國的安全。」杜魯門沒有挑明蘇聯，但要求國會批准美國提供土、希兩國 4 億美元的緊急援助，以抵制上述的局勢發展。他聲稱「當世界各國的自由人民都在期待我們的支持，以維護他們的自由時」，不能再舉棋不定，必須有決心扛下「偉大的歷史任務」。

為了防止蘇聯的擴張，美國推出歐洲復興計劃──馬歇爾計劃（Marshall Plan），由當時的國務卿馬歇爾將軍（George Marshall）所提出，從 1948 年至 1952 年 6 月，美國一共援助西歐 16 國 131.5 億美元。蘇聯也立刻推出莫洛托夫計劃，與波蘭、捷克斯洛伐克、匈牙利、羅馬尼亞、保

加利亞各國簽訂貿易協定。1947 年 10 月 5 日，蘇聯與東歐各國又成立「共產情報局」（Comminform），不啻恢復了第三國際的活動。

　　1949 年 4 月 4 日，十一個西方國家在華盛頓簽署〈北大西洋公約〉，成立北約軍事同盟（NATO），1955 年西德也加入。蘇聯和東歐也在 5 月 14 日成立「華沙公約組織」，揭開東西方對峙的序幕。

　　韓戰（1950 ～ 1953）使美國第七艦隊從 1950 年 6 月起巡弋台灣海峽，1954 年，美、英、法、澳、紐、泰、菲成立「東南亞條約組織」（SEATO），12 月美國與台灣另訂〈中美共同防禦條約〉。隨著印度支那戰爭的升高，艾森豪總統（1954.4.7）沮喪地指出：「你有一張豎立的骨牌，只要推倒第一張，就會一路很快地倒下去，一直到最後一張；如果失去了印度支那，就會使東南亞像骨牌那樣都倒下去。」（domino theory），美國全力扶植南韓、台灣、菲律賓、南越乃至伊朗的反共軍事獨裁政權，對於不聽話的「麻煩製造者」，凱楠又促使國安會在 1948 年 6.18 通過 10/2 指令，把隱蔽行動（covert action）交給中央情報局（CIA）去執行，「在執行過程中有關美國政府參與的問題，不得向未經授權者透露，一旦洩露出去，美國政府則可設法加以否認。」這些活動包括同活動有關的任何秘密行動：宣位、經濟戰、破壞和反破壞、爆破、顛覆敵對國家（包括支援地下抵抗運動、游擊隊和難民小組），支持自由世界受共產主義威脅的國家中滋生的反共力量，於是 CIA 花小錢推翻伊朗穆薩迪克

（1953）、瓜地馬拉阿本斯（1954），策動印尼軍人屠殺共
產黨並奪權（1958），在古巴進行顛覆（1960～1961），
在剛果借刀殺害盧蒙巴（1961）。

# 2. 蘇聯控制東歐

　　二戰前共產主義在東歐各國向來都不是主流勢力，其傳
統激進黨在形式上是平均地權甚於共產主義的，城市工人自
然傾向社會民主主義，除了阿爾巴尼亞和南斯拉夫的共產黨
領袖被人民公認為民族英雄外，其他各國的馬克思主義者都
流亡國外，尤其去蘇聯，沒有群眾追隨。狄托挖苦匈牙利人
拉科西說：「叼著煙斗在事後飛回祖國，就這樣解放了他們
的國家。」

　　克羅地亞人與塞爾維亞人混血的鎖匠狄托（Josip Broz
Tito，1892～1980）1914 年在東線被俄軍俘虜（1917），
1920 年加入南共，1923 及 1927 年兩度被捕，1935 年流亡
莫斯科，1936 年回國，翌年領導南共。他差點被打成托派，
幸運地逃過史大林的迫害。1941 年 6 月德軍入侵後，他領
導人民解放軍抗戰，1942 年英國人承認他的地位，1944 年
10 月同蘇軍共同作戰，20 日解放貝爾格勒。1945 年 3 月狄
托和 3 名流亡政府代表成立臨時政府，11 月贏得選舉，宣
佈建立南斯拉夫聯邦人民共和國。他起先忠實地仿效史大林
模式，把全國大企業及 90% 的零售業國有化，沒收私人企
業，進行土地改革、農業集體化和五年計劃。

狄托（Josip Broz Tito）

　　其他各國領導都想建立在人民民主制度下，無須經過無產階級民主專政的過渡，波蘭人哥穆爾卡（Władysław Gomułka，1905 ～ 1982，煉油工人出身，1934 ～ 1936 赴莫斯科國際列寧學校，學習後回國）宣稱「可以通過民主行使國家政權的方式來進行，波蘭可以而且正在走自己的發展道路。」捷克斯洛伐克的哥特瓦爾德（Klement Gottwald，1896 ～ 1953）也宣稱：「我們必須尋求自己的道路，自己的方法，自己的政策。總之，我們的制度是民族民主革命的，特殊的捷克斯洛伐克制度。」但是在史大林嚴格控制下，東歐各國黨把持內政、宣傳、司法部門，控制警察、軍

隊，動輒肆鎮壓反共人士予以迫害，尤其波蘭總統貝魯特更當過蘇聯的秘密警察、蘇聯特務，幫助波共追殺戰時的國內軍（AK）。

捷共大舉進入聯合政府（1948），迫貝納斯總統下台前，前總統之子，外長揚・馬薩利克陳屍窗外（1948.3.10），匈共的內政部長拉伊克一下子清除六萬文官及五萬警察，匈共總書記的猶太人拉柯西（Rákosi Mátyás，1892～1971）說：「我們的力量做到毫不費力地奪取政權，就像切香腸一樣，一刀一刀地分階段切割。」羅馬尼亞更妙，1945 年 2.27 蘇聯代表維辛斯基向米哈伊一世傳達旨意，兩個小時又五分鐘內迫 Rădescu 將軍內閣總辭，改由律師 P. Groza 在 3 月初組閣。

整肅民族主義者狄托不滿蘇軍不僅沒解放南斯拉夫，反而沿路搶劫，強姦婦女，史大林卻叫他要忍耐，史大林懷疑狄托是托派，又叫他併吞阿爾巴尼亞遭拒絕，引爆 1948 年蘇、南大衝突，迫他低頭。1948 年 6.28，南共被共產情報局開除，遭受老大哥及兄弟各國的經濟封鎖，1949 年 5 月各國「狄托份子」，包括阿爾巴尼亞副總理科奇佐治，匈牙利外長拉伊克，捷共書記斯蘭斯基，保共部長會議副主席 Kostov 等統統被揭發，只有哥穆爾卡逃過此劫。他們大多是猶太人。

狄托的威望是六國共和國及一個自治區的聯邦結合在他的身邊。根據民族自決原則，各共和國可以自願參加或退出聯邦。1949 年 11 月起南斯拉夫推行工人自主管理政策，

1950 年 6 月再進一步由工人委員會和管理委員會接管工廠和生產企業，但實際上仍由黨官僚控制一切。1952 年 11 月南共改稱「南斯拉夫共產主義者同盟」，放棄蘇聯模式，狄托接受美援，1951-55 年共獲得 12.5 億美金援助，他對外倡議不結盟中立路線。

　　批判史大林 1953 年 3 月 5 日，一代天驕史大林元帥去世（74 歲），中央書記處書記赫魯曉夫（N.Khrushchev，1894 ～ 1971，生於烏克蘭邊界的礦工之子）乘內務部長貝利亞去東柏林處理暴動的空檔，聯合國防部長布加寧及 11 名元帥，6 月 25 日在蘇聯部長會議主席團擴大會議上，荷

赫魯曉夫（N.Khrushchev）

槍實彈逮捕貝利亞。1955 年 2 月部長會議主席馬林科夫被逼下台，赫魯曉夫一人獨大。

1956 年 2 月 25 日，赫魯曉夫在蘇共「二十大」閉幕時，突然發表長達 4 個小時的〈關於史大林崇拜及其結果〉，病批史大林破壞了集體領導，搞個人崇拜；用「人民公敵」來打擊異己；滿足了史大林韌性、粗暴、專橫、病態的猜忌，這份秘密報告被以色列特中轉交給美國政府披露，震撼了世界。

貝魯特在莫斯科聽完秘密報告後，很快心臟病發猝死。1956 年 6 月波蘭波茲南爆發罷工，包括 4000 名統一工人黨（PZPR）黨員在內，高呼「打倒秘密警察！」「俄國佬滾蛋！」慘遭保安警察打死 35 人。8 月 4 日，戈慕爾卡恢復黨籍，10 月 17 日蘇軍包圍華沙；18 日戈慕爾卡重新掌權，趕走俄、波混血的國防部長 Rokossovsky。

10 月 23 日，布達佩斯工人、學生示威，第二天市民加入，與匈共展開流血抗爭，憤怒的婦女把吊起來的秘密警察活活打死，群眾推倒史大林銅像，知識份子成立紀念詩人 Petőfi 的「裴多菲俱樂部」，要求拉科西下台，20 個師蘇軍出動鎮壓，最後由卡達爾出面，11 月 6 日結束 13 天的動亂。10 月 24 日早晨，匈共宣布納吉（Nagy Imre，1896 ～ 1958，鉗工出身）為總理。他先前主政，2 年多後他又被扣上右傾偏離主義而下台。紅軍逮捕逃入南斯拉夫大使館的納吉（1958 年 6 月處死），卡達爾粉墨登場，一切都是一場夢幻。33 年後，1896 年 6 月 16 日，數十萬民眾納吉等人的

遷葬儀式。但是筆者在 2011 年 5 月到布達佩斯，朋友問我「他是誰」，納吉的「肖像」被放在公園的一個小小的角落。

# 3. 戰後亞洲共產主義運動

日本推動 15 年侵略戰爭（1931 ～ 1945），激發了亞洲各國的共產主義運動。在中國則有毛澤東領導，「暫時」同國民黨的二次國共合作抗日戰爭（1936 ～ 1945）；越南則有胡志明領導的獨立戰爭。日本占領下的東南亞，軍情當局刻意扶植反英、反法、反荷勢力，但這是極為矛盾的局面，日本一方面以解放者姿態擊敗歐洲白人，卻又加緊壓榨東南亞的資源，使東南亞人民對日本人由極度歡迎跌入絕望的谷底。

緬共緬甸人翁山（Aung Sun，1915 ～ 1947，留學英法博士的律師），由日軍扶植成立「緬甸獨立軍」（1941 年），1943 年隨日軍打回國，卻發現日本的陰謀，1944 年憤而與緬共德欽梭（Thakin So，1905 年生，領導）結成「緬甸反法西斯人民自由聯盟」，1945 年 3 月 27 日發動抗日武裝總起義。戰後，1946 年 2 月緬共拒絕向英國人交出武器，要求完全獨立，1947 年 4 月翁山組閣，6 月 10 日宣佈緬甸獨立。1947 年 7 月 19 日愛國黨唆使的人開吉普車闖入政府大廈，用亂槍打死翁山及四名部長。英國在 10 月才承認緬甸獨立，但仍保留軍事控制權，要求補償財產損失 3,700 萬英鎊。

白旗派德欽丹東反對吳努政府對英國過多妥協退讓。

1948 年 3 月他開始反對政府，發動石油工人罷工，在中部杉馬那地區召開 20 萬人參加的農民大會，要求土地改革。28 日吳努政府宣佈緬共為非法組織，下令抓人。1958 年吳努溫（Ne Win）發動政變奪權，個人獨裁統治 26 年。

德欽梭的紅旗派也反對政府，加上克倫族、克欽族等民族的反抗，緬甸陷入混亂。1970 年 11 月 11 日德欽梭被捕，1973 年 9 月被判死刑未執行。1981 年政府授予他一級國家榮譽稱號。

菲共菲共於 1942 年 3 月領導「抗日人民軍」（虎克，Hukbalahap）展開抗日的游擊戰，1946 年 7 月 4 日（美國獨立日）美國扶植菲律賓「獨立」，菲共 L. Taruc 於 1954 年先與政府達成秘密停火協議，不久又重返叢林打游擊，CIA 協助 Magsaysay 於 1950 ～ 1954 年間幾乎消滅菲共游擊隊。1969 年，菲律賓大學政治系教授，毛澤東派的西松（José M. Sison，1939 年生）把人民軍改為「新人民軍」（New People's Army），對馬可仕政府展開武裝鬥爭，他於 1986 年出獄，流亡荷蘭。

馬共馬來亞共產黨（1928 年成立），由 Loi Tak（越南籍華人）領導，接受英軍的訓練。1945 年 9 月英軍重返馬來亞，1948 年 2 月成立馬來亞聯邦，仍控制這個國家。反對成立聯邦的馬共發動多方罷工，暗殺一些英國種植園主。1948 年，萊特被懷疑過去當過英國返日本的間諜而捲款潛逃，24 歲的福建福清人華僑陳平（1924 生）成為總書記，繼續綁架、暗殺橡膠、錫礦園主和商人，1949 年 2 月

建立馬來亞人民解放軍，英國當局於 1950 年宣佈戒嚴，由
H. Briggs 負責剿共，把 1/10 人民關進「新村」，每年耗盡
1 億英鎊戰費。1957 年 8 月馬來西亞聯邦獨立，陳平也在
1955 年聖誕節走出叢林，與 Tunku A. Rabaman 談判，要求
馬共參加政府被拒，只好退至泰、馬邊界的叢林，建立解放
軍（MNLA），馬來人慕薩阿曼為主席，印度人巴連為副。
1957 年 8 月 13 日馬來聯邦成立，馬共游擊隊在 1960 年備
受泰、馬兩國部隊的追剿而告失敗。1989 年馬共與泰國協
調而與馬國政府三方共同簽署協定，馬共自動解散，陳平後
來病逝泰國。

　　北韓朝鮮在 1945 年日本投降後，美國與蘇聯接收軍之
以北緯 38 度線分別占領南北朝鮮，美國扶植李承晚，蘇聯
則扶植史大林欽點的金日成（Kim Il-Sung，1912 ～ 1994）
這位流亡中國東北，1932 年在吉林省安圖縣建立抗日游擊
隊（1934 年改為朝鮮人民革命軍），1936 年建立祖國光復
會的領袖，他於 1945 年 10 月在平壤建立北朝鮮共產黨，
1948 年 9 月建立朝鮮民主主義人民共和國，1950 年 6 月 25
日侵略南朝鮮（～ 1953.7.27），使中共捲入韓戰。1957 年
全日成發動整肅黨內蘇聯派及延安派數千人，建立金日成王
朝，三代統治至今（金日成死後由長子金正日、孫子金正恩
連續治國）。金日成標榜主體思想（追求政治的自主、經濟
的自立、國防的自衛），1957 年發動「千里馬運動」，號
召國人以跨上千里馬的氣勢奔馳，為國家經濟的自立而奮。
但是金日成開始個人獨裁及製造個人崇拜，影響至今。

李承晚（Rhee Syng-Man） 金日成（Kim Il-Sung）

　　日共 1945 年 12 月，日共「四大」後重新出發，由德田球一（Tokuda Kyuichi，1894～1953）領導，但日共受美國佔領當局（GHQ）的壓迫，只能將任務擺在「建立佔領下的人民政權」，以將民主主義革命轉向社會主義革命，而在 1950 年 1 月備受共產情報局的批鬥，其理論「與列寧主義毫無共同之處」的「反民主、反社會主義的理論」。12 日，日共中央發表《對「關於日本的形勢」的感想》認為共產情報局的批評沒有考慮日本的具體狀況，因此無法接受。德田等被扣上「感想派」帽子；接受批評的宮本顯治、春日庄次郎等被稱為「國際派」。

　　1950 年朝戰後，日共遭受 GHQ 的清洗，反德田派成立全國統一委員會。10 月，德田派突然提出武力革命和武裝

戰鬥爭方針。1951 年 10 月日共「五全協」通過〈五一年綱領〉，放棄和平路線走上武鬥，在各地丟火焰瓶，**襲擊警署**，1953 年 10 月德田客死北京，1955 年 7 月，分裂的日共雙方共同召開「六全協」，1958 年「七大」決議廢除 1951 年綱領，選出野坂參三爲黨主席，宮本顯治爲總書記。

　　1966 年日共決定與中共分裂，1976 年「十三大」上，日共修改黨綱、黨章，將馬列主義的提法改爲「科學社會主義」，改「無產階級專政」的提法爲「工人階級政權」。1982 年宮本繼任中委會主席，1992 年蘇聯解體後大量解密檔案顯示，宮本在史大林時代向共產國際告密，導致許多同志被蘇聯內務部逮捕，宮本被日共開除。

# 4. 中華人民共和國

　　中華人民共和國領軍「抗日八年」的蔣介石，卻放任他手下的特務官僚毫無忌憚地「接收」敵僞財產，搞得五子登科（大家搶佔黃金（條子）、車子、房子、日本女子和票子），淪陷區一片烏煙瘴氣，民怨四起。一年半後台灣爆發 1947 年二二八起義。史大林以爲毛澤東是另一個狄托，寧可支持蔣介石，以符合美國人的構想。日本投降前（1945.8.15）前，8.14，蔣介石電邀毛澤東去重慶談判，史大林更警告中共說：「中國應該走向和平發展道路，毛應該去重慶……如果打內戰，中華民族將有毀滅的危險。」老毛十分惱火的說：「我不相信人民爲了翻身搞鬥爭，民族就會滅亡？」後來毛在

1958 年 7.22 對蘇聯大使 P. Yudin 抱怨說：「1945 年 8 月的形勢，史大林在緊要關頭，不讓我們革命，反對我們革命。」1962 年 9 月 24 日，毛在八屆十中全會上指出：「當時我們沒有聽從，革命勝利了。」

總之，蔣介石太輕敵了，馬歇爾奔走國共和談成為泡影，1947 年 1 月 8 日黯然離開中國。（8.1）。10 月 10 日中央發出《中國人民解放軍宣言》，提出「打倒蔣介石，解放全中國」口號。1949 年 10 月 1 日，毛澤東在北京天安門廣場宣佈「中華人民共和國中央人民政府成立了！」蘇聯在 24 小時內，第一個承認中國新政府。

2 個月後，第一次出國的土包子毛主席，為慶祝史大林七十歲壽誕去莫斯科朝聖。70 歲的老大哥面對 56 歲的中國領袖，不禁嘆道：「偉大，真偉大！你對中國人民的貢獻很大，是中國人民的好兒子。」毛卻說：「不！我是長期受打擊的人，有話無處說……」他的囁嚅自語立刻被史大林打斷，老大哥又說：「勝利者是不受審的，不能譴責勝利者，這是一般的公理。」

然而老大哥故意冷落毛，把他丟在冷冰冰的別墅裡大發牢騷：「你們把我叫來莫斯科，什麼事也不辦，我是幹什麼來的？難道我來這裡就是為了天天吃飯、拉屎、睡覺的嗎？」

1950 年 2 月 14 日雙方終於簽訂〈中蘇友好同盟條約〉，毛在 17 日打道回國，儘管滿腹牢騷，總算帶回三億美元的有息貸款；但被迫承認老大哥繼續控制旅順、大連（直到中、

日簽訂條約的結果而定）

　　6 月北韓發動朝鮮戰爭，毛澤東擔心美國可能侵略中國，發動抗美援朝戰爭，中國付出超過 40 萬人的傷亡，加上毛的兒子毛岸英的一條命，也被聯合國扣上「侵略」罪責。

　　毛在建國後宣佈對人民實施民主，對反對派實行專政（獨裁）。他早在 1949 年 6 月寫的〈論人民民主專政〉文章中挑明：「中國人民在幾十年中積累起來的一切經驗，都叫我們實行人民民主專政，或曰人民民主獨裁，總之是一樣，就是奪反動派的發言權，只讓人民有發言權。」24 個政黨組成的新政府，實際上由中共一黨包辦。毛首先沒收國民黨留下的 2,858 個企業及 129 萬職工，使國營企業的比重佔 41.3%，這才奠定了人民民主專政的經濟基礎。毛發動人民公審，1952 年底已處決 100 至 200 萬個地主，把土匪、惡霸、流氓、特務、反動會道門一掃殆盡。

　　這一過程分為針對黨幹部腐化的「三反」、針對資產階級的「五反」，反貪污、反浪費、反官僚主義鬥爭，1951 年 12 月，反對行賄、反對偷漏稅、反對盜竊國家資財、反對偷工減料和反對盜竊國家經濟情報鬥爭，1952 年又有數十萬人頭落地。知識份子則更早在 1950 年開始學習階級鬥爭，1951 年 12 月文藝界被要求學習整風運動，克服當前的「思想界限不清」、「脫離政治、脫離群眾」等傾向。

　　毛澤東式冒進為了急趕工業化和農業集體化，向社會主義過渡，1953 年 9 月 24 日，人民政府宣佈「過渡期總路線」，即要在一個相當長的時期內，「逐步實現國家的社會主義工

業化，並逐步實視國家對農業，對手工業和對資本主義工商業的社會主義改造」。這完全模仿史大林模式的計劃指令，由上而下的中央集權。但中共只掌控農業，蘇聯式專家操控了工業發展的決定權，周恩來、陳雲、李富春、李先念、薄一波等打過仗的新經濟官僚的地位迅速竄升。

## 5. 毛澤東思想

（1）關於新民主主義統一戰線，武裝鬥爭和黨的領導為三大法寶，由無產階級領導，以工農聯盟為基礎的，反帝國主義封建主義和官僚資本主義的新民主主義革命理論，以農村包圍城市，最後取得全國勝利。（2）關於社會主義革命和社會主義建設：社會主義工業化和社會主義改造並重，以人民民主專政為綱，必資平均區分和正確處理敵我矛盾和人民內部矛盾。在人民內部要實行「團結—批評—團結」；在黨與民主黨派關係上實行「長期共存，互相監督」；在科學文化工作中實行「百花齊放，百家爭鳴」；在經濟工作實行對全國各城鄉各階層統籌安排和兼顧國家、集體、個人三者利益。（3）關於革命軍隊的建設和軍事戰略：軍隊是屬於人民的，為人民服務，以人民軍隊為骨幹，依靠廣大人民群眾建立農村根據地，進行人民戰爭。（4）關於政策和策略：在戰略上藐視敵人，在戰術上重視敵人；利用矛盾，爭取多數，反對少數，各個擊敗；（5）關於思想政治工作和文化工作，整頓黨風、學風，實行百花齊放，百家爭鳴，發動文

化大革命；（6）關於黨的建設：理論與實踐相結合，和人民群眾緊密結合在一起，批評與自我批評的三大作風。[1]

# 6. 胡志明領導越南獨立戰爭

兩千年來備受中國殖民統治，1862 年又淪爲法國殖民地的越南，終於在 1945 年 9 月 2 日胡志明宣佈獨立，憤怒的民族主義者阮愛國（Hồ Chí Minh，1890 ～ 1969）唸過順化法與學校，當過一陣子鄉下小學教師，上船當廚師最終流浪到巴黎，參加法共創黨。

1924 年 1 月留學莫斯科東方大學而受列寧理念的洗滌的「愛國心」，翌年阮愛國隨鮑羅廷到中國廣州當翻譯，暗中成立「越南革命青年會」。1927 年蔣介石「清共」後，胡也逃回莫斯科。歷經泰國、香港，最終促成「印度支那共產黨」。1931 年，胡在香港被英國殖民當局逮捕，後來幾經轉折而於 1934 ～ 1938 年待在莫斯科，1938 年至延安，1940 年 2 月，「陳先生」在昆明會見了憤怒的越南青年范文同、武元甲等。1941 年胡潛回北越，5 月建立「越南獨立同盟」。1942 年 8 月，阮愛國化名「胡志明」潛赴中國廣西被民兵逮捕，一直輾轉關押過 30 幾個監獄桂林，最終是中國軍閥馮玉祥等迫蔣介石下令放人（1943.9.16），坐牢 13 個月後，胡志明於 1944 年制止武元甲急燥地想擴建武裝

---

1　引自《科學社會主義百科全書》p.328-329，知識出版社，1994 年。

胡志明（Hồ Chí Minh）

基地，堅持先祖織越南解放宣傳隊，向人民宣傳民族解放與社會主義，而不是憑血氣之勇作無謂的拼鬥。

1945 年 8 月 25 日胡志明進入河內時，誰也不認識這位「阿伯」。9 月 2 日，胡在巴亭廣場莊嚴地宣佈《獨立宣言》。然而英、美、蘇早在 7 月 26 日的波茲坦會議上決定戰將北韓 16 度以南交由英國，以託交給中國接收，最後再將印度支那半島交還給法國繼續統治，一切都令胡志明失望又無奈。

不論胡志明如何在巴亭宣佈仿法國 1789 年的獨立宣言，一切都化爲幻影，必須忍受法國人及中國人的接收事實，更慘的是法共在 Thorez 把他當作「內心的托洛茨基主義」，

胡在 1951 年 2 月將黨改爲「越南勞動黨」，3 月，胡在創黨大會上勉勵全黨要「團結全民，爲國效勞」，並引用了中國孟子「富貴不能淫，貧賤不能移，威武不能屈」精神，要求全黨同志不怕任何兇悍的敵人，樂意爲人民作牛馬，即魯迅所說的：「橫眉冷對千夫指，俯首甘爲孺子牛」的精神，黨的任務就是要「引導全民走向抗戰勝利，建國成功」！胡號召全民「一面抗戰，一面建國」，一名戰驕傲地向美國記者說：「爲祖國獨立而犧牲一己生命，是我們這一代的義務！」

1954 年 5 月 7 日，武元甲領導在奠邊府全殲法軍主力，4 至 7 月，英、美、法、蘇、中、越、高（棉）、寮召開日內瓦會議，范文同忍辱簽約，以談判代替戰爭，先鞏固陣地，發展力量，被迫暫時以北緯 17 度爲界的南北越分割狀態。

1953 年 1 月勞動黨總書記長征強調，抗法戰爭以來一直忽視農民的利益。目前已進入總反攻階段，必須先動員農民，首先展開反封建鬥爭，減輕佃租，再推行土地改革。中國人幫助北越人訓練幹部，下鄉宣傳土改，結果失控，地主被批鬥，他們的妻子遭強暴，濫用權力，公報私仇成風，密告、逮捕和集中營成了人民對黨產生畏懼與離心的現象。1956 年 10 月胡志明流淚向人民道歉，制止了土改，換下長征，自己出任黨總書記（～ 1960），范文同則在 1955 ～1968 年爲總理。

1959 年 1 月黨的二屆十五中全會才達成協議，準備在南方建立武裝根據地，「把南方從帝國主義和封建主義的統治下解放出來，實現民族獨立和耕者有其田的目標，完成南

方人民的民族主義革命，建立一個和平統一、民主和富強的越南。」

黨告誡南方同志，要把武裝鬥爭限制在自衛、武裝宣傳和「除奸」上面，超越這些範圍，就可能導致「長期的武裝鬥爭」這一不利的局面。1959 年 5 月 5 日越南中央軍委會決議開闢通往南方的「胡志明小徑」，至年底，南部中區有 505 個鄉村、西區有 300 個鄉村響應起義，游擊隊增為 10,000 人。1960 年一年內游擊隊在南越打死 3,300 名政府或軍方人士，破壞 240 座橋樑。阮志清等大談暴力革命。9 月 5-10 日勞動黨決議：「南方革命的直接任務是實現全國團結，對侵略性和好戰的美帝做堅決的鬥爭，推翻美帝走狗吳廷艷集團的獨裁統治……實現祖國的重新統一。」勞動黨「三大」後決定祖國統一路線，恢復由阮志清、范雄負責的南方局。12 月 20 日「南方民族解放陣線」（NLFSV）在平隆省秘密建立，一年半後改為「越南人民革命黨」，被美國人蔑視為「越共」（Viet Cong）。1961 年 2 月南方游擊隊成立「南越解放軍」。1962 年「南解」以阮友壽律師為中委會主席，記者阮友孝為總書記。

澳洲記者 Wilfred Burchett 採訪越共政治工作幹部黎平[2]，他回答說：首先由老解放區來的老兵，向新解放區甚至是從敵佔區來的（包括南越軍開小差的士兵）灌輸政治教育。他解釋說：「政治教育必須是逐步的，需要有一個過

---

2　貝卻敵，辛元譯《越南烽火》，香港南粵出版社，1972。

程。」基本內容是一樣，但是方式方法不同，「首先要啓發戰士的民族覺悟。這種民族覺悟，必須具有階級分析的內容。」他說：「我們越提高戰士的政治覺悟，我們就越是能夠強調階級立場。」

由於新戰士多數是農民，因此一般的政治課程要求比較淺顯通俗易懂，並且採用問題的形式，「我們爲什麼而戰？我們爲誰而戰？」我們戰鬥，是因爲我們受壓迫、受剝削，因爲我們要過一種莊嚴的人生，因爲我們要擺脫外國的壓迫者和本國的封建壓迫者；我們必須爲反對壓迫和剝削、反對壓迫者和剝削者而鬥爭。誰將因爲我們的鬥爭獲得最後勝利而受益？是工人、農民和一切被壓迫者，一切被踐踏在地上的人！

澳洲記者問他，要啓發戰士的階級覺悟，第一件要做的工作是什麼？黎平回答說，是訴苦。政治指導員首先引導新戰士回憶他個人的苦難過程，然後幫助他們把個人所受的苦難上升到理論，新戰士通過自己的歷練，逐步體會到「這是共同遭受的民族仇恨、階級仇恨，從而接受了的眞理」。成爲一個新戰士覺悟的起點，就是懂得「獨立」和「解放」──從外國侵略者、從西貢統治者的壓迫解放出來，即從民族壓迫和階級壓迫之下解放出來！

# 7. 美國的反共狂潮

1919 年白色恐怖美國一直不承認 1917 年建立的蘇維埃

政權，眼看列寧鼓吹俄羅斯帝國境內所有被壓迫民族實行民族自決，十月革命後立刻簽署〈俄國各民族人民權利宣言〉，美國總統威爾遜 1918 年 1 月發表〈十四點和平綱領〉，提出民族自決應成為一條政治原則，以對抗列寧的觀點。

1918 年 3 月英、英、法出兵佔領北俄莫曼斯克等地，7 月美國繼日本後出兵西伯利亞（～ 1920.4）。

1919 年美國發生超過 400 萬勞工的大罷工，這年 4 月一枚郵包炸彈寄給西雅圖市長，另一枚寄給喬治亞州的政客，郵包拆開時，炸斷了女僕的雙手。郵局截獲 34 個給摩根、約翰・洛克斐勒及其他財閥的郵包，發現全是炸彈。6 月八個城市同時發生爆炸案，其中一枚把司法部長帕爾默家的窗戶炸爛。至少有 28 州通過反煽動叛亂法案，逮捕 1,400 人，其中 300 人宣判有罪。帕爾默嚇得炮製出剝奪激進外僑正當受審程序權利的惡法。

司法部特聘人員兼律師胡佛（Edgar Hoover，1895 ～ 1972）成為反共急先鋒。他是政府印刷局長的兒子，舅舅和外祖父是瑞士移民的駐美領事。1913 年 18 歲的胡佛念喬治亞華盛頓大學法學院夜校，由表哥介紹進入國會圖書館整理卡片，1917 年再進入司法部整理 48 萬德僑的個人檔案。24 歲的胡佛奉命收集「革命和極端激進團體」情報，很快就建立 50 萬人的卡片及六萬人的檔案，成為司法查部（BOI）的紅人。

胡佛鎖定紐約州水牛城的西班牙無政府主義團體「El Ariete」、紐澤西州帕特森的義大利人無政府主義團體「I'Era

Nuova」，以及俄國工人聯合會（UORW）等三大目標。勞工部長波斯特簽發了驅逐令，1919 年 11 月 7 日（十月革命三週年紀念日）12 個城市的警察共逮捕 600 名 UORW 成員，紐約也連續兩天連特 1,100 多人，胡佛指控 50 歲的「紅色星后」愛瑪‧戈德曼和他的愛人亞歷山大‧伯格曼（記者）影響 18 年前刺死麥金利總統的兇手。12 月 21 日胡佛和調查局長弗林親自把戈德曼及其他 247 人押上軍艦、驅逐到蘇俄去。1920 年 1 月為止又有 23 個城市的 10,000 人被捕，移民局也發出 6,328 份緊逐外僑的逮捕令。胡佛藉美國人的恐共、反共情緒，硬把所謂「對美國政府持不信任態度或教唆使用武力或暴力推翻美國政府的僑民」一律驅逐出境。胡佛認定美國共產黨就是遵循俄共的暴力革命路線，觸犯此法令，應立刻予以驅逐。

　　六萬美共中 90% 是外僑，而勞工黨的一萬人大多數在外國出生。1914 年 1 月 24 日至少有 3,000 人在公共場所甚至在睡夢中被抓走。胡佛還得意地把沒收來的列寧和托洛茨基的照片、紅旗等戰利品分贈給來訪的記者和議員們。1933 年胡佛成為新成立的聯邦調查局（FBI）局長，獨霸 48 年，至死方休，歷任美國總統對他又愛又恨。

　　唯恐天下不亂的反共狂人胡佛，1947 年 4 月在眾議院聽證會上指出：美國有 74,000 名共產黨員，每個人又有十個同情者，他更引用一段令人聽得心驚膽戰的數據說：「1917 年共產黨推翻俄國政府時，每 2,227 個俄國人中只有一個共產黨，而現在的美國每 1,814 人中就有一個共產黨！」

　　1947 年 3 月 12 日杜魯門總統發佈行政命令，開始實施忠誠計劃來搜查政府機關內的共產黨人，規定「有合理證據認為當事人的信仰不忠誠」時，應開除其聯邦僱員資格。但是監督此計劃的審查委員無所適從，找到有利罪證，於是改為支持一種對那些「可能不忠誠或可能對安全構成嚴重危險」的人的審查方法。

　　早在 1948 年國會通過〈史密斯法案〉，規定圖謀教唆或倡導暴力推翻政府為犯罪。1949 年尤金‧丹尼斯及其他 18 名美共被判違反史密斯法案罪行，首席大法官支持原判（1951），指斥美共正在形成一個「紀律嚴謹，組織嚴密的陰謀集團」，「一觸即發的國際態勢」和「我們同蘇聯之間無法預測的關係」云云。

　　1950 年 2 月 9 日，威斯康辛州選出的參議員麥卡錫（Joseph R. McCathy，1908 ～ 1957）在西維吉尼亞州惠林市的演講時，對群眾揮舞著一張紙，揚言他手握一份 205 名滲入國務院的共產黨黑名單。接著他砲轟國務卿知道誰是共產黨，但是這些人仍在草擬外交政策，他誓言要把他們一個一個揪出來。

　　經他這麼一鬧，美國右派媒體《芝加哥論壇報》、《華盛頓時代先驅報》等大肆渲染，科學文化協調處處長韓森、中國問題專家 Lattimore、哈佛大學天文台長夏布雷等紛被點名。

　　赫斯特報系大肆為麥卡錫造勢，麥卡錫通過巧妙的自我宣傳，蓄意造謠生事。6 月 1 日共和黨的緬因州參議員瑪格

列特・史密斯（53 歲）在國會宣讀良心宣言，呼籲她自己的黨人不要爲了自私的目的，用極權主義的手段來迫害異己，製造恐怖和無知。只有六人連署支持她，麥卡錫狂妄地蔑稱他們爲「白雪公主和七個小矮人」。

　　1950 年 11 月選舉，民主黨在參議院失去五席，在眾議院也失去 28 席。尼克森進入參議院，麥卡錫簡直如虎添翼。所有批評麥卡錫的民主黨候選人紛紛落選，麥卡錫如日中天，不可一世。1952 年 11 月共和黨的艾森豪、尼克森入主白宮，共和黨在參、眾兩院也佔多數。非美活動委員會的新委員長韋爾第則是 FBI 的特工。

麥卡錫（Joseph R. McCathy）

　　麥卡錫大權在握，盤據政府業務委員會，下設三個小委員會，分別由蒙特、威廉斯和他自己擔綱。25 歲的科恩成為首席調查官，27 歲的羅伯·甘迺迪為助理調查官。科恩是猶太人，民主黨紐約州有力人士之子，哥倫比亞大學畢業，21 歲就當律師。後來他在紐約州的聯邦檢察局工作，擔任指控羅森堡夫婦的檢察官，並且控告拉鐵摩爾作偽證。此人在 1986 年死於愛滋病。

　　一位漫畫家在《華盛頓郵報》上刊出一幅諷刺漫畫：十隻濺滿泥漿的水桶，搖搖晃晃地支撐著一隻大圓桶泥漿，桶上寫著「麥卡錫主義」。

　　麥卡錫狂妄至極，1954 年 4 月去了一趟西歐 80 天的調查旅行後，宣稱國務院設在西歐的海外圖書館裡，有三萬多冊共產黨或其同路人寫的書，連馬克吐溫的小說也列入黑名單。不但國務院開始焚書，地方和各大學的圖書館也開始焚毀禁書，令艾森豪十分惱火。

　　1953 年麥卡錫又粗暴地反對艾森豪任命查爾斯·波倫為駐蘇大使，雞蛋裡挑骨頭地指斥那個人曾經在雅爾達會議上擔任過羅斯福的譯員，也許就是個賣國賊。3 月麥卡錫宣佈已和希臘船主們談到一項協議，停止在蘇聯及其他共產國家港口進行貿易。

　　麥卡錫終究擋不住軍方的反控，電視廣播（1954 年 3.9 ～ 4.22）又被胡佛一腳踢開。他頓失靠山，垂頭喪氣之餘還不忘困獸猶鬥，還宣稱：「我想告訴政府的 200 萬雇員，他們有責任向我提供信息。」他終於中箭，8 月 24 日摩門教

長老的共和黨猶他州參議員瓦托金斯主持的聽證會上列舉麥卡錫的 13 大罪狀，同時麥卡錫派的共和黨參、眾議員也紛紛落選。11 月 16 日眼看自己就快要被彈劾了，麥卡錫遁入醫院動手肘的手術。

　　12 月參議院以 67 對 22 票通過譴責麥卡錫。這一年民主黨大勝，標示著麥卡錫反共狂潮的結束。1957 年 5 月他在酗酒及狂亂中結束 48 歲的生命。這個政治小丑被 FBI 胡佛耍的團團轉，扮演了歐洲中世紀異端裁判庭的審判長，把美國社會搞得烏煙瘴氣，反映了 1950 年代美國人恐共的集體歇斯底里。好萊塢則由迪士尼作用監視演藝圈，小演員雷根為 FBI 效勞，喜劇泰斗卓別林、科學家愛因斯坦飽受 FBI

卓別林（Chaplin）

愛因斯坦（Einstein）

的迫害。

FBI 阻止愛因斯坦加入曼哈頓原子彈計劃，以防他提供蘇聯任何有關原子彈的情報。愛因斯坦在 1949 年不無懊悔地說過：「我選擇美國，因為我聽說這個國家有充分的自由。我把美國當作一個自由的國度，實際上是犯了一個錯誤，而窮我一生，也就無法彌補這個錯誤。」然而 30 年來 FBI 有關愛因斯坦的紀錄，就長達數千頁。

## 8. 毛澤東的不斷鬥爭

1954 年 9 月全國人代會通過《中華人民共和國憲法》，規定共和國主席統率全國武裝力量。毛又在 1955 年 9 月把五大野戰軍分別駐在全國六大軍區，老師和士兵們吃大鍋飯，形同軍閥割據的現象打破，一舉把朱德、彭德懷、林彪等十人升為十大元帥，解除了他們的兵權，取消五大野戰軍的編制，統歸國防部指揮。毛一個人獨攬黨、政、軍大權。唯一自認可能接班的東北王高崗（1905～1954）太傾向蘇聯，又聯合中共中央組織部長饒漱石（1903～1975），爭取彭德懷、林彪，企圖改組黨和政府，重新分配權力。毛不動聲色地把大權交給劉少奇，1954 年 2 月高崗在七屆四中全會上被批鬥，當場舉槍自殺未遂，8 月在獄中服毒身亡。

好為人師又一輩子以不斷鬥爭中國知識份子的毛主席，在 1951 年 5.20 就批判孫瑜導演的《武訓傳》歌頌乞丐，對封建統治表的奴顏婢膝醜行，就是汙衊了寧民革命鬥爭，汙

巇了中國歷史，汙衊中國民族的「反動宣傳」。1953 年 9 月毛對老朋友梁漱溟反對總路線，認為運動不該因為重點轉移到城市而忽略了佔中國人口大多數的農民，而痛斥「蔣介石是用槍桿子殺人，梁漱溟是用筆桿子殺人，偽裝得很妙，殺人不見血，是用筆殺人。」

作家胡風（1902 ～ 1985）在 1954 年寫了〈關於幾年來文藝實踐情況的報告〉，認為提倡共產主義世界世界觀，提倡工農兵合、思想改造、民族形式和為政治服務是「放在作家和讀者頭上的五把刀子」。胡風及 78 名友人立刻被扣上「資產階級唯心論」、反人民、反黨思想」罪名撤職坐牢或勞改，胡風關進秦城監獄十年，1965 年 11 月才改判 14 年，1979 年出獄。

1955 年 10 月毛澤東問大家如何使資本家這隻「貓」吃辣椒？劉少奇說叫人抓住貓，把辣椒塞進牠嘴裡，用一根筷子把辣椒灌下去，毛說那樣太暴力、太不民主了，必須勸貓自動自願吃下去；周恩來說，我可以讓貓挨餓，然後再用一片肉包裹辣椒，讓那隻餓壞了的貓整個吞下去，毛又搖頭說不可用欺騙的辦法。最後他的答案最簡單，用辣椒去擦貓的屁股，讓貓燙得舔掉它，而且還會很高興。這些肥貓紛紛向陳雲表態，自動要求愈快國有化愈好，1956 年底私營工業 88,000 多戶中的 99%、私營商業 240 餘萬戶的 82%，都實現社會主義化了。

1956 年 2 月赫魯曉夫批判史大林，令毛澤東十分警惕。9 月 15 日黨召開停辦 11 年的「八大」，鄧小平做修改黨章

的報告時，悄悄地把「毛澤東思想」刪掉，毛主席暫不吭聲，事先只建議增設四個副主席（劉少奇、周恩來、朱德、陳雲），鄧小平升爲黨的總書記，毛已實際退居二線了。

4 月 28 日毛號召「藝術問題上百花齊放，學術問題上百家爭鳴」，黨外人士以爲春天來了，紛紛表態，首先有一批專業科學家和工程師要求不懂業務的幹部少一點干預，少花一些時間討論政治，少一些蘇聯的學術統治，多接觸一些西方的著作。

4 至 5 月間中共號召黨外人士批評中共，幫助中共整風。《光明日報》總編輯儲安平批評中共是黨天下，紅色資本家章乃器主張別把毛澤東神格化，不要以黨代政。張奚若教授（他建議國號改爲「中華人民共國」）指出，官僚主義、主觀主義、宗派主義三大主義的根源是「居功自大、知識水平低」，又批評政府工作的「四大偏差」爲「好大喜功、急功近利、鄙視既往、迷信將來」。

誠如留英的社會學家費孝通 1957 年寫的〈知識份子的早春天地〉所述：「從知識份子方面來講，他們對百家爭鳴是熱心的，心裡熱，嘴卻還很緊，最好是別人先爭，自己聽，要自己出頭，那還得瞧瞧，等一等再說，不爲天下先。」怕的是圈套，「蒐集那些思想情況，等又來個運動時可以好好整一整。……面子是很現實的東西，戴上一個『落後份子』的帽子，就會被打入冷宮」，誰不想明哲保身，不吃眼前虧呢？

這批政治白癡果然中了毛澤東引蛇出洞、誘敵深入的權

謀。1957 年 5 月 17 日毛寫了〈事情正在起變化〉，6 月 8 日中共中央在黨內發佈〈關於組織力量準備反擊右派份子進攻的指示〉，7 月 1 日《人民日報》向民盟的《文匯報》開刀祭旗，指出《文匯報》執行民盟「反共反人民反社會主義的方針，向無產階級進行了猖狂的進攻」，其方針是「整垮共產黨，造成天下大亂，以便取而代之」。中共擺明是先讓他們這些「魑魅魍魎、牛鬼蛇神『大鳴大放』，讓毒草大長特長，使人民看見，大吃一驚，原來世界上還有這些東西，以便動手殲滅這些醜類。」

　　至 1959 年共有 5,727,877 人被打為右派，毛毫無誠信可言，神州大陸一片沈寂，只剩下他一個人的聲音。


## 9. 土法煉鋼

　　大躍進與人民公社第一個五年計畫（一五）完成，但農民更加勒緊褲帶。1957 年中國糧食和植物油的人均產量只有 209 公斤，是 1928 年的一半，毛澤東欣賞湖南黨委書記提出的「人民公社」構想，幾個月後全國湧現 26,000 多個公社（佔全國總農戶 99% 以上），大家吃大鍋飯，勞動不計酬，吃飯不要錢。

　　毛澤東又批評一些人患了右傾的毛病，「像蝸牛一樣爬得很慢」。1957 年 11 月《人民日報》重提去年「多、快、好、省」的口號。1958 年起毛主席一直到各地開會批評「反冒進論」，鼓吹「大躍進」，5 月的八屆二中全會上毛主席

宣佈〈鼓足幹勁，力爭上游，多快多省地建設社會主義總路線〉。5 月底中央指示把 1958 年鋼鐵產量提高到 800 至 850 萬噸，6 月 17 日毛說：「乾脆一點吧，翻一翻，何必拖拖拉拉呢？搞 1,100 萬噸。」全國 9,000 萬人掀起「土法煉鋼」運動，卻只煉出 1,108 萬噸，其中 1/3 成為廢鐵，難怪被赫魯曉夫嘲笑不已。

1958 年起各地浮報生產數量：小麥畝產 7,320 斤，早稻畝產 13 萬餘斤，有人每小時可翻譯八萬字……，搞得中央造出糧食生產可突破 5,200 億斤的荒謬結論．所謂「人有多大膽，地有多大產」、「不怕做不到，就怕想不到」，共產風、瞎指揮風、強迫命令風、浮誇風和幹部特殊風等「五風」嚴重浮濫起來。

1959 年的糧產（17,000 萬噸）降至 1954 年的水準以下，人口卻比 1951 年增加一倍；死亡率達 40%（1960），1958 至 1961 年間死去 1,600 萬人。黨中央開始猛踩煞車，毛也自嘲：「同現在流行的一些高調比起來，我在這裡唱的是低調。」

國防部長彭德懷（1898 ～ 1974）期待建立蘇聯式的現代化部隊，毛澤東仍懷過去打蔣介石時期的游擊戰，要削減軍費、發展核武，不依靠老大哥。1959 年 6 月彭德懷訪問東歐時，在蘇聯聽到老大哥對人民公社的憂慮，他回國時，蘇聯突然取消提供中國原子彈原料的承諾。他從西北、青海一直到故鄉湖南都看到了滿目瘡痍。

7 月毛澤東召開廬山會議時，對湖南省委書記周小舟和

自己的秘書田家英說：「不要有壓力……不敢胡話無非是六怕：怕警告、怕降級、怕沒面子、怕開除黨籍、怕殺頭、怕離婚，岳飛就是殺頭才出名的嘛，王熙鳳說，捨得一身剮，敢把皇帝拉下馬，言者無罪嘛，轉告大家，也不要那麼沈重。」

　　毛澤東在政治局擴大會議上挑明整個形勢是「成績偉大，問題不少，前途光明」，明示大家要肯定他三面紅旗政策的正確。不料彭德懷在西北組會上放砲，又在 7 月 14 日寫信給毛，毛公開〈意見書〉，23 日起開始發飆：「過去責任在別人，現在該說我，實在有一大堆事沒有管。始作俑者，其無後乎！我無後乎！一個兒子打死了，一個兒子發瘋了，大辦鋼鐵，從此闖下大禍，幾千萬人上陣，始作俑者，應該絕子絕孫！」最後他宣佈：「同志們，自己的責任都要分析一下，有屎拉出來，有屁放出來，肚子就舒服多了」

　　26 日晚上老戰友彭德懷和毛對幹，毛怒斥：「你這個人歷來有野心，你要用你的面目改變黨，改造世界……我六十六歲，你六十一歲，我快死了，許多同志有恐慌感，難對付你。」周、劉、朱都落井下石同聲譴責彭老總。8 月 2 日下午毛突然宣佈召開八屆八中全會說：「現在廬山會議不是反右的問題，因為右傾機會主義在向著黨、向著黨的領導機關進行最猖狂進攻，向著人民事業、向著六億人民的**轟轟烈烈**的社會主義進攻。」3 ～ 10 日全黨批鬥彭德懷、黃克誠（總參謀長）、張聞天（外交部第一副部長）、周小舟等，大特務康生大扣「裡通外國」、「軍事俱樂部」、「篡軍、

篡黨的陰謀由來已久」等莫須有罪名，林彪乘勢升爲國防部長，大搞毛澤東個人崇拜的造神運動。解放軍有 17,217 人中箭落馬，各地又揪出右派，至 1962 年共有 265 萬幹部受難（當時全黨有 2,600 萬人）。

中國又恢復左傾狂飆，大搞「開門紅，月月紅，紅到底」，但 1960 年財政赤字 20 億元，全國人口比上年減少 1,000 多萬人，12 月 30 日毛主席終於承認「第一是吃飯，第二是市場，第三是建設」。1961 年起對國民經濟實行「調整、鞏固、充實提高」八字方針。5-6 月間鄧子恢的「包產到戶」成行，鄧小平 1962 年 7 月喊出：「不管白貓黑貓，能抓到老鼠的就是好貓。」他從 3 月就未往上報，擅自提出農業政策在南方和北方應該分別掌握。毛追究說：「究竟是哪一個皇帝的聖旨？」

中國回過頭來大辦農業生產，壓縮基本建設。1962 年 1 月 11 日至 2 月 7 日，毛在七千人大會上自我批評：「凡是中央犯的錯誤，直接的歸我負責，間接的我也有分，因爲我是黨主席。」閉幕時他突然提出警告：「蘇聯的黨和國家的領導現在被修正主義篡奪了……蘇聯的壞人壞事，蘇聯的修正主義者，我們應當看作反面教材，從他們那裡吸取教訓。」

8 月 9 日的北戴河中央工作會議上，毛砲轟中央書記王稼祥在外交上主張應將和平運動的意義講夠，不要只講民族解放運動，不講和平運動；對外援助要「實事求是，量力而爲」，卻被毛扣上「三和一少」大帽子，即對帝國主義和氣一點，對反動派和氣一點，對修正主義和氣一點，對亞非拉

人民鬥爭支援少一點，這正是「修正主義路線」。包產到戶就是資產階級領導，「過去講一片光明，現在又說是一片黑暗。」

## 10. 中蘇共開始矛盾對立

　　毛澤東十分不滿赫魯曉夫批判史大林，更擔心自己也挨批鬥，4月25日在〈論十大關係〉中認為史大林的歷史地位是三分錯誤、七分成績的「三七開」。眼看匈牙利人民起義，大殺共產黨人及特務，10月30日晚間毛立刻電告正在莫斯科的劉少奇，因為匈牙利形勢變成「反革命運動」，所以蘇軍不可再袖手旁觀，否則匈牙利會落入敵人手中，劉少奇、鄧小平立刻勸老大哥不出軍，促使蘇軍11月4日佔領匈牙利。毛在1956年11月15日就指出：「我看有兩把刀子，一把是列寧，一把是史大林。現在史大林這把刀子，赫魯曉夫這些人丟掉了，於是，狄托、匈牙利，一些人就拿起這把刀子殺蘇聯，大反所謂史大林主義⋯⋯帝國主義也拿起這把刀子殺人，美國國務卿杜勒斯就拿起來耍一陣子。」毛強調：「這把刀子，我們中國沒有丟掉。我們是：第一，保護史大林；第二，批評史大林。」

　　1957年8月蘇聯發射第一枚洲際飛彈，10月4日又發射第一顆人造衛星，幾乎讓美國人嚇破膽。赫魯曉夫自信滿滿地認定，社會主義國家不僅在工業生產的步調上，也在產量上超過資本主義國家的時刻已經到來（1958.6.4對保加利

亞黨七屆大會上的講話）

　　11月2日毛澤東率團至莫斯科參加十月革命四十週年紀念以及12國共產黨及工人黨大會，赫魯曉夫不再認為世界大戰是不可避免的，開始闡揚列寧有關兩種制度「和平共存」（peaceful coexistence）的理論，並認為冷戰是介於帝國主義戰爭和兩大社會制度和平競賽之間的一個階段。由於有了氫彈加上第三世界的獨立、反帝力量方興未艾，赫魯曉夫以為美國人氣數已盡，利用飛彈可以使西方尊敬蘇聯，甚至可能（有助於）通過裁軍來確保全球和平。

　　這才激起了毛澤東繼續宣佈無產階級暴力革命的回應。毛澤東在18日的講話震撼了全球，他認為目前形勢的特點是「東風壓倒西風，也就是說，社會主義的力量對於帝國主義的力量佔了壓倒性的優勢。」毛洋洋得意地列舉了從打敗希特勒、中國革命、朝鮮戰爭、越戰……到蘇聯發射人造衛星等十件事例為證，再說：「歸根究底，我們要爭取15年和平，到那個時候，我們就天下無敵了，沒有人敢同我們打仗，世界就可以得到永久和平了。」他又重申1946年的觀點，即帝國主義和一切反動派都是紙老虎，共產黨不應該害怕戰爭，毛說：「現在要打，中國只有手榴彈，沒有原子彈，但是蘇聯有，要設想一下，如果爆發戰爭要死多少人？全世界27億人口，可能損失三分之一，再多一點，可能損失一半……」毛說：「極而言之，死掉一半，還有一半人，帝國主義打平了，全世界社會主義化了，再過多少年，又會有27億，一定還要多。」

　　這段話背後動機，是毛要把蘇聯推到第一線上和美國打得兩敗俱傷，中國乘機坐大；完全破壞了赫魯曉夫的和平共存計畫。蘇聯人也認為，〈再論無產階級專政的歷史經驗〉是中共破壞蘇共的威信，把自己打扮成「革命傳統的維護者」，目的在把中共置於國際共產主義運動的領導地位，把毛澤東描繪成「各國人民的領袖和導師。」

　　1957 年 5 月 24 日台北發生反美暴動，抗議劉自然被美國情報員格殺卻送回琉球，最後不了了之。《人民日報》立刻在幾天內號召台灣人民起義，把美帝趕出台灣。6 月 28 日杜勒斯在關於一個中國政策上的演說中，重申不承認中共、不和中國貿易往來、反對中共進入聯合國。毛更加厭惡赫魯曉夫要和美國和平共存那一套。

　　赫魯曉夫不避諱地嘲笑毛澤東搞土法煉鋼、人民公社、大躍進運動，還要在五年內趕上英國，再稍長一點時間趕上美國，這是荒謬地夢想中國有能力把列寧的黨遠遠拋在後面，並超過蘇聯人民自十月革命以來所取得的全部進展。他還說，有一次問國家計委副主席札夏季科考察中國煉鋼的結果時，副主席回答說一切都是亂糟糟的，還說他要找那個工廠的廠長時，出來的卻是個獸醫。札夏季科問周恩來：「周同志，我們在蘇聯培養的，從我們學校畢業的那些工程師都到哪裡去了？」他得到的答案是：他們都在農村勞動，去「錘鍊無產階級思想意識。」[3]

---

3　《最後的遺言─秘魯曉夫回憶錄》續集，P418-422，東方，1997 年版。

　　他還說，中國在毛的領導下，愛怎麼解釋馬列主義就怎麼解釋。他們不是堅持科學的經濟規律，而是根據口號辦事。

　　1958 年 4 月 18 日蘇聯國防部長馬利諾夫斯基寫信給中國國防部長彭德懷，建議在 1958-1962 年間由中、蘇兩國共建一座在海岸線的長波號電台，所需經費 1.1 億盧布，其中 7,000 萬由蘇方承擔，建成後共同享用，蘇聯人意在聯格太平洋艦隊，毛卻堅持錢由中國出，建成後中方擁有所有權。毛澤東對於蘇聯大使尤金的一再進逼十分懊惱，7 月 22 日說：「如果要合營，索性一切都合管，索性我們把全部海岸線都交給你們，我們去搞游擊隊好了，看來你們是想控制我們……」毛愈講愈氣，翻舊帳說過去史大林一系列大國沙文主義作法，例如控制旅順、大連，在中國東北和新疆搞勢力範圍，搞合營企業；他把中國人看作是第二個狄托；搞父子黨，搞貓鼠黨，在緊要關頭不讓中國人革命等等。

　　毛大聲宣佈：「你們搞你們的，我們搞我們的。」「這些話很不好聽，你們可以說我是民族主義，又出現了第二個狄托。如果你們這樣說，我就可以說，你們把俄國的民族主義擴大到中國的海岸。」毛還叫尤金照本宣科把他的話傳給赫老大，「不要代為粉飾，好讓他們聽了舒服，他批評了史大林，現在又揭史大林的東西。」

　　7 月 31 日赫魯曉夫去北京，8 月 3 日離開。他和毛澤東大部份時間在一個游泳池旁躺著曬太陽，赫魯曉夫首先為無線電台風波道歉，再說，蘇聯海軍希望能在中國沿海港口為

潛水艇加油，並讓反上人員上岸休假。毛斬釘截鐵地拒絕，絕不讓老大哥侵犯主權。「好吧！」赫老大委婉表示：「那麼也許你會以一種互惠的安排，我們有權使用你們的太平洋港口，作為交換條件，你們可以在蘇聯的北冰洋沿岸建立潛艇基地。你看怎麼樣？」毛更加不同意，因為「每個國家的武裝部隊只應駐紮在自己本國領土上，而不該駐紮到任何別的國家中去。」

「那好，我們就不要再堅持原來的建議了，我們就用現有的設施湊合好了，用我們自己在遠東的港口作為太平洋潛艇艦隊的基地。」一切沒有結果可言。

1958 年 8 月 23 日 17 時 30 分中國突然從福建砲擊金門兩萬顆大砲，毛沒料到美國的反應如此迅速：美國履行條約，八二三後十天左右，美國在台海集結七艘航空母艦、三艘重巡洋艦、40 艘驅逐艦；美國空軍巡邏隊和海軍陸戰隊也分別進駐台灣及菲律賓。8 月 29 日已有 50 艘美國軍艦、500 多架戰機在台海或正駛向台灣途中。

9 月 5 日周恩來對來訪的蘇聯外長葛羅米柯解釋說，中國希望通過對這些島嶼的攻擊，讓美國人「被釘在」台灣，就像他們在中東和近東地區「難以脫身」那樣。同時，中國還希望激起蔣介石與杜勒斯之間「更尖銳的矛盾」，因為蔣介石堅持「對我們採取更主動的措施，而美國不敢捲進來。」發動戰爭的目的是為了告訴美國人，中華人民共和國是強大和勇敢的，並不懼怕美國。不過，「我們不準備登陸這些沿海島嶼，特別不準備在台灣登陸，那是未來的事情。」

10月2日毛對各國共產黨外交官笑說：「你們看，沒有杜勒斯的話，我們的日子就難過得多。我們一直是把他看成是自己的同志。」「應該儘可能長時間把美國人像小偷那樣栓在台灣和沿海島嶼的防務中……。」

3日毛澤東在中共政治局會談上說，讓金門、馬祖留在蔣介石手裡，可以作為對抗美國人的一個手段。反之，我們就少了一個對付美、蔣的憑藉。事實上形成「兩個中國」。6日毛以彭德懷的名我發表〈告台灣同胞書〉，一面分化美、蔣關係說，蔣介石一再確認台灣不是美國的領土。世界上只有一個中國，國、共鬥爭已經30年，但本質上不是兩者之間的鬥爭，而是與「美國帝國主義者」這個「共同敵人之間」的鬥爭。毛宣稱他要和「台灣的朋友們」談判，但又不忘威脅說：「再打三十年，也不是什麼了不起的。」他宣稱打金門就是「幫助蔣介石守好台灣」，因為蔣如果失去了金門，而在台灣落實搞「台獨」，這才是他最不樂見的。他藉砲打金門，逼蔣介石和中國形成反美、反對兩個中國、反對台獨的「共同戰線」。

中共釋出善意，最終是單日打、雙日不打金門。21日杜勒斯來台，23日與蔣介石的聯合公報上，蔣介石第一次承認不以武力反攻大陸：「中華民國政府認為恢復大陸人民之自由乃其神聖使命，並相信此一使命之主要途徑，為實行孫中山先生之三民主義，而非憑藉武力。」換句話說，蔣介石已放棄反攻大陸，卻仍舊以中共威脅台灣人民，繼續厲行反共戒嚴體制，繼續強化那虛構的反攻大陸神話。

　　1959 年 3 月 10 日拉薩的西藏人發生反漢人示威，解放軍在 20 日開始鎮壓。十四世達賴喇嘛流亡印度，31 日得到印度政府的庇護。6 月 20 日蘇共通知中共，暫時停止 1957 年 10 月供應中國原子彈樣品及原子彈技術的密約。他們的理由是美、蘇正在日內瓦談判禁止核試爆的談判，蘇聯幫助中國發展核武，「有可能嚴重地破壞社會主義國家為爭取和平、緩和國際緊張局勢所作的努力」。

　　解放軍逼近中印邊界，企圖阻塞西藏游擊隊和難民進出，8 月 25 日引發邊界衝突，打死一名印度士兵和打傷一人。9 月 10 日塔斯社聲明這次事件「令人遺憾」，還指出蘇聯維持與中、印的友好關係。但西方國家的某些政治集團和新聞界企圖阻撓國際緊張情勢的緩和，並在赫魯曉夫訪美前夕，「使局勢複雜化」。

　　北京的忿怒可想而知，憎恨蘇聯公開暴露了中、蘇間的分歧，「不問是非曲直」。蘇聯在 9 月 13 日給予印度第三個五年計劃 37,500 萬美元以上的經援，表明了蘇聯站在印度的一邊。15 至 27 日赫魯曉夫回國後，公開譴責中、印衝突是可悲的和愚蠢的，令他遺憾和心痛。

　　他一直認定是中國挑起這場衝突，企圖把蘇聯拖下水。30 日赫老大去北京，中國外長陳毅（元帥）大罵赫魯曉夫，拐彎抹角責備說：「你們怎麼能發表這樣的聲明？」「你們不知道尼赫魯不過是美國帝國主義的代理人嗎？」

　　中國人更懷疑蘇聯對台灣問題的態度出賣了他們。赫魯曉夫說：「按照目前情勢看，台灣問題是一個刺激國際局勢

的因素。」他建議制定一條共同路線，創造一切條件緩和緊張局勢，根絕戰爭。他還列舉十月革命後成立遠東共和國的例子，說列寧都作過臨時性的讓步和犧牲，暗示中國可以考慮暫時讓台灣獨立，他希望中國放棄對台動武，中國人當然不接受。10 月 31 日赫魯曉夫在蘇聯最高蘇維埃會談的講話中，一面承認蘇聯既如以往地理解和支援中國把台灣問題當作內政的立場和政策，但要避免提到「以武力解放台灣」。他又含蓄地把毛澤東比為不肯在 1918 年簽訂 Brest-Litovsk 條約（對德和約）的托洛茨基，暗示毛「這樣做迎合了德國帝國主義者的胃口」。

## 11. 中蘇決裂

　　中蘇決裂 1960 年 2 月 4 日中國代表康生、伍修權和劉曉（駐蘇大使）以視察員身分出使莫斯科的華沙條約各國代表會談。與會各國同意美國艾森豪將訪問蘇聯，蘇、美關係將進一步朝向友好與合作的方向發展。康生沒有被允許發言，卻痛批美帝，反對裁軍，宣稱「以中國人民為敵的美國帝國主義，在國際關係上一直對我國採取排斥的態度」，中國不承認沒有中國正式參加的裁軍協議，公然打了赫魯曉夫一記耳光。赫魯曉夫在大會結束時，形容毛主席是「一位上了年紀的、充滿怪念頭的人，倒像一雙老式的鞋子，樣子剛好足以擺在角落裡供人觀賞。」

　　1960 年 4 月，中國藉列寧 90 歲誕辰連續發表了〈列寧

主義萬歲〉、〈沿著列寧偉大的道路前進、〈在列寧的革命旗幟下團結起來〉三篇文章，表面上批判南斯拉夫爲「現代修正主義」，實際上指桑罵槐地批判蘇共在帝國主義問題、戰爭與和平問題、無產階級革命和無產階級專政等問題上的觀點的歧異和回答。文章強調，經驗證明帝國主義終會放棄和平而轉向戰爭，美帝不可能改變的；中國人強調，「和平共處」的正確辦法是兩種策略的結合，即「揭穿帝國主義的和平欺騙」和「準備在帝國主義發動戰爭的時候，用正義戰爭來結束帝國主義的不正義戰爭」。

在6月羅馬尼亞首都布加勒斯特（Bucharest）的羅共「三大」及各國共產黨二次大會上，蘇聯人向各國代表散發長達80頁的《情況介紹》，譴責中國人。25至26日赫魯曉夫痛斥中共是「瘋子」、「要發動戰爭」，在中、印邊界問題上是「純粹的民族主義」，中共對蘇聯採取「托洛茨基方式」。他更痛斥毛澤東已成了「極左派極端教條主義者、眞正的左傾修正主義者」。中共叫彭眞發出一封措詞強硬的書面聲明，譴責赫魯曉夫「極端粗暴地把自己的意志強加於人」，把中、蘇黨的關係看作父子黨的關係。

7月25日蘇聯通知中國28日以後必須撤離蘇聯專家（1,390人），一個月後又撕毀12個協定及200多項合作計劃，中、蘇裂痕持續擴大。9月10日中共中央對蘇共提出答覆，並建議回到馬列主義立場及〈莫斯科宣言〉的原則來談判。11月11至25日慶祝十月革命43周年的81國共產黨大會將舉行。11月5日蘇共又向各國代表發出127頁、

六萬多字攻擊中共的長信。鄧小平立刻嚴厲地回敬說：「以『少數服從多數』這樣一條組織原則爲名，使自己凌駕於各國黨之上，蘇聯共產黨中央委員會依據的是什麼樣的超級黨章？各國共產黨和工人黨在什麼時間、什麼地點通過了這樣的黨章？」

最後雙方互相妥協，卻各自心中懷恨，簡直像兩個小孩子吵架後，各自宣稱自己勝利那樣。

1962 年 4 至 5 月間中共痛斥蘇聯駐新疆領事館在伊犁和塔城策動六萬名少數民族攜帶牲畜出走蘇聯，企圖「分離」新疆。10 月赫魯曉夫在古巴危機中撤走飛彈向美國示好，使中國又找到攻擊蘇聯的藉口。

12 月起中共中央連續發表七篇文章痛批「蘇修」，文章一再堅持團結、反對分裂，反對中共的才是搞修正主義的分裂主義者。儘管老大哥一再呼籲停止論爭，但是中共在 1963 年 6 月 14 日終於發出〈關於國際共產主義運動總路線的建議〉來答覆蘇共 3 月 30 日的來信，列舉 25 條問題，主張現階段國際共產主義運動的總路線應是全世界無產階級聯合起來，全世界無產階級同被壓迫人民、被壓迫民族聯合起來，反對帝國主義和各國反動派，把蘇共批得體無完膚。7 月 31 日中國激烈反對 25 日美、蘇部份禁止核試爆的條約，蘇聯人十分憤怒，8 月 21 日痛斥中國領導人「即使坐在自己的原子彈上面，是不是會感到更加放心一些呢？」30 日《人民日報》痛批蘇聯允許台灣當局在三國條約上簽字，「這是一個鐵證，證明了蘇聯領導人迎合了美國帝國主義策劃的

『兩個中國』的陰謀，不惜出賣盟國，出賣社會主義陣營和世界各國人民的利益。」

7 至 8 月間蘇聯連續刊出 286 篇文章攻擊中共，中共則從 9 月 6 日至 1964 年 7 月 14 日，在《人民日報》連續刊出九篇文章（九評），反駁赫魯曉夫集團打著全面建設共產主義的幌子，為復辟資本主義開闢道路，那是一種「美國生活方式的共產主義」、「向魔鬼貸款的共產主義」；中、蘇論戰自此白熱化。

毛澤東一再提醒反修，1963 年月 9 日他在杭州批示浙江省委辦公廳的〈一批幹部參加勞動的材料〉指出：幹部不聞不問，有些人甚至敵我不分，互相勾結，被敵人腐蝕侵襲，分化瓦解，拉出來打進去，「那就不要很多時間，少則幾年，十幾年，多則幾十年，就不可避免地要出現全國性的反革命復辟，馬列主義的黨就一定會變成修正主義的黨，變成法西斯黨，整個中國就要改變顏色了。」

1964 年 10 月 14 日赫魯曉夫被布里茲涅夫拉下台，16 日中國成功試爆第一顆原子彈。中國人認為這是「雙喜臨門」，還列舉赫老 12 大罪狀，證明他罪有應得。11 月 7 日十月革命 47 周年紀念會上，馬利諾夫斯基（Rodion Malinovsky）元帥告訴賀龍：「我們趕走了赫魯曉夫，你們也要趕走毛澤東！」周恩來向蘇共抗議，第二天蘇共向中共代表團道歉。

中國開始宣傳蘇修反動派搞新疆分裂活動，1965 年 3 月留蘇中國學生在莫斯科示威，抗議美軍登陸越南峴港，一

人被捕；北京的中國人在蘇聯大使館前抗議大叫：「蘇聯人滾回去！」1966 年 3 月底蘇共「13 大」上布里茲涅夫公開痛斥中共「背離馬列主義路線」，搞民族主義、沙文主義和霸權。

# 12. 越戰

越戰 CIA 策動從法國回來的寮國軍人 Phoumi Nosavan 於 1959 年發動政變，囚禁老撾愛國陣線（Pather Lea）的蘇發努旺親王，不料獄卒放他逃走進入北野山區打游擊。1960 年 8 月年輕的傘兵上尉 Kong Le 把富米趕下台，要求蘇發努旺掌權。CIA 立刻派帕森斯去寮國，強迫富馬支持富米失敗。由於得不到美援，親王轉向蘇聯求援，12 月富米選在美國總統大選期間進攻萬象，親王逃入柬埔寨，不久和蘇發努旺會合；Kong Le 也投奔巴特寮。

麥拉瑪拉（Robert McNamara）這位柏克萊和哈佛出身的電腦金童，擔任過福特汽車總裁的管理專家，和哈佛金童邦迪（McGeorge Bundy），MIT 的羅斯托教授（Rostow），都堅持不惜一切反擊共產主義運動。

5 月 5 日寮國各派停火，6 月 12 日三派同意在蘇黎世會談；1962 年 6 月三方勉強湊成一個聯合政府，又很快分裂。

1962 年將美軍顧問團人數增加十倍，達到 4,000 人，包括綠扁帽部隊。2 月已有 12,000 名美軍進駐南越。吳庭艷乘勢擴充 20.5 萬正規軍、10 萬民兵、8.5 萬保安警察及 10 萬

的「共和青年」。

　　史丹福大學經濟學教授 E. Staley 和泰勒在南越建立
1950 年代英國人對付馬來亞共產黨（華人為主）的「戰略
村」（Strategic halmet）。這個計畫把越共活動地區列為戰
略村，最外一道竹子或木頭長釘埋成的長線，只留 1-2 個崗
哨為出入口。第二道是鐵絲網，在這兩道防線之間佈滿釘刺
和地雷。最後第三道是土牆，佈滿碉堡和瞭望塔，被趕進
16,332 個戰略村的 1,000 萬南越人民必須全家拍照，按指紋
存檔；十歲以上的人必須持有黃色通行證，出入村落還得在
崗哨換綠證。

　　1963 年 5 月 8 日吳庭艷下令，禁止佔人口 95% 的佛教
徒在慶祝佛祖誕辰 2687 年當天懸掛佛教旗幡，只能掛國旗。
而在 4 月天主教徒慶祝他哥哥榮任順化大主教時，卻可以高
懸天主教旗幟。順化市民示威，九人當場被裝甲部隊打死，
6 月 3 日又有 120 名佛教青年在示威中受傷。11 日上午 66
歲的廣德和尚在西貢街頭引火自焚，身邊圍繞 1,000 名信徒
個個雙手合十口宣佛號。

　　全球輿論嘩然，「西貢女星」陳麗香卻幸災樂禍地對記
者揚言，每當這些「所謂聖人」在大搞「燒烤表演」時，她
都要為他們拍手叫好，阿啄仔的國務院遠東事務助理 Roger
Hilsman 下令西貢方面的人和吳家兄弟協商，叫後者採取一
些措施，抵銷陳麗香所指控的佛教徒是「反民族主義者」、
「受共產黨的利用和控制，意在煽動叛亂和中立主義」所
造成的負面影響，吳庭艷不為所動。25 日吳總統更揚言，

不論美國改派十個洛奇（Henry C. Lodge, Jr.，當過波士頓市長）來西貢當大使，「我也不會讓自己或我的國家變得奴顏婢膝，即使他們向這個宮殿開砲也不行！」

1963 年 11 月 2 日楊文明、阮慶發動政變（背後當然是阿啄仔的策動，加上甘迺迪總統的同意），吳氏兄弟迅速由地道逃入西貢對岸的提岸市。他臨走前致電楊文明，表示自己準備下台，楊文明則保證他的安全。吳說他會去提岸華人區的聖方濟沙勿略（San Francis Xavier）教堂等候。楊文明派一輛裝甲運兵車去接他們，在路上槍斃了吳氏兄弟。

20 天後甘迺迪在達拉斯被暗殺。

1964 年 8 月，美國藉口兩艘驅逐艦在北越東京灣公海上遭到北越魚雷攻擊，詹森總統得到國會授權（《東京灣決議案》），隨即增派 15 萬美軍到南越。1965 年 3 月起美機開始轟炸北越，持續 3 年多。

越戰越南化 1968 年 5 月越、美在巴黎開始談判。

1969 年 2 月胡志明逝世。1969 年 1 月尼克森終於登上美國總統的寶座，他期待美國光榮地退出越南，但不可把南越交給北越的共產黨去統治。他交給季辛吉的任務是照會河內，北越的回覆依舊不變：美軍無條件撤離，推翻西貢的阮文紹政府。

武元甲以小規模攻擊和地下活動的「拖延戰」來頓挫南越的美、越軍。美國 CIA 的科爾比制訂「鳳凰計劃」（Phoenix program），1969 ～ 1971 年地方民兵和正規軍都配備了 M-16 步槍，阮文紹恢復選舉，推行土地改革，並在

1970 年間吸引 79,000 名游擊隊投降。西貢政府得意地宣佈，有 91% 的村子已經「安全」了。在各省市地方都有「鳳凰計畫」的辦公室，有一個美國顧問。他們把六吋的木釘插入被捕者的每個耳孔裡，敲進腦袋直到他們被活活刑求至死。一年後，1970 年底，至少有幾萬南越人民無辜地被刑求至死。

CIA 的分析專家布勞費勃在《反暴動》中總結說：「結果，農民被丟下不管，村子裡沒有任何組織爲他們說話。在農民的眼中，政府還是高高在上，專橫且荒唐的。」阮文招責備阿啄仔沒有眞正切斷共產黨在村子裡的根就開始撤走。

季辛吉在 1972 年 10 月 18 日從巴黎飛抵西貢，他勸阮文紹和北越和解，因爲十天前這個狗頭軍師已經和黎德壽談判突破，在部份地區停火，以換取美軍全部撤離和交換戰俘，再由一個「全國和解委員會」來組織選舉或制定將來某個時候政治解決的方案。這種「體面」的和平，將使 15 萬北越軍留在南方或邊界上的一些地方。

1973 年 1 月 23 日季辛吉和黎德壽在中午 12 點草簽了〈關於在越南結束戰爭、恢復和平的協定〉。四天後美國國務卿和越南民主共和國外交部長春水在巴黎正式簽署〈越南和平協定〉，南越、越共也參加簽字。內容爲：（1）遵守 1954 年日內瓦停戰協議；（2）1973 年 1 月 27 日起 24 點開始無限期停火（西貢時間爲 28 日上午 9 點）；（3）停火後 60 天內釋放所有美國戰俘；（4）停戰後 60 天內美軍完全撤離；（5）60 天內南越的所有外國基地解體；（6）成立

季辛吉（Kissinger）

民族和解一致全國委員會，在 90 天內簽署，爲民主選舉鋪路。

　　文進勇選擇了離西貢 40 哩的福隆省，12 月 26 日下令砲擊。1975 年 1 月 5 日兩個師攻進福隆，第二天攻下福隆省。3 月 1 日三個師攻打邦美蜀，其他部隊攻擊百里居附近。12 日北越軍奪取邦美蜀。

　　西貢市內人心慌亂，阮高祺則蠢蠢欲動。3 月 8 日至 4 月 3 日順化—峴港戰役開打，越共軍節節進逼西貢。南越的 12 個省已告解放，3 月 26 日順化飄起紅旗，29 日峴港又告解放。

　　阮文紹仍舊有 66 萬人的部隊，輕武器的彈藥還可以維持兩年。停火後他的兵力以 4：1 的優勢勝過北越，然而 1975 年 1 月河內一下子擴增一倍兵力。峴港一役，35,000 名北越軍一下子擊垮了十萬以上的南越軍，後者投降交出武器，他們只堅守 32 個小時，而長官們老早就開溜了。

　　4 月初文進勇調集 18 個師進攻西貢。21 日阮文紹逃到台灣，帶走家人及 2 至 3 噸的黃金，副總統阮高祺也開溜，丟下末代總統楊文明。4 月 30 日 7 點 35 分最後一批美軍撤離西貢。11 點一輛北越坦克闖進總統府的大門。楊文明下無條件投降。5 月 1 日文進勇進入西貢，這一天正好是他的生日。

　　1976 年 6 月 24 日至 7 月 3 日在河內召開第六次越南國會，宣告南、北越統一。7 月 1 日成立越南社會主義共和國，改西貢為胡志明市。胡志明以民族共產主義擊潰法、美兩大帝國主義，完成民族獨立。麥拉瑪拉事後懊悔地指出：「我們用自己的經驗模式來看待越南人民和領袖，錯估了他們渴望並決心為自由而戰鬥的意志，美國低估了民族主義的力量，它們可以鼓勵人民為他們的信仰去戰鬥，並付出代價。」[4]

　　老撾與柬埔寨的解放 1970 年 3 月龍諾推翻施亞努後，波布（Pol Pot 1925 ～ 1998，留學法國的教師）領導的柬埔

---

4　《回顧越戰的悲劇與教訓》，名揚文化，1996 / McNamara, In Retrospect: the Tradegy and Lesson of Vietnam（1995）。

寨共產黨發展民族統一戰線，5月9日北京公推施亞努為王國民族團結政府主席和國家元首，1972年4月17日人民武裝力量解放金邊，12月14日改國號為「民主柬埔寨」。

老撾人民革命黨於1955年3月22日成立，由凱山‧豐威漢（Kaysone Phomvihane，1902～1992）領導。1957年11月2日人民革命黨與萬象政府組成以富馬親王領導的聯合政府。但1958年美國支持右派年發動政變，1960年5月蘇發努旺越獄後，開始反美鬥爭。8月9日軍人推翻親美政權，富馬再組成中立派政府。9月美國人支持右派富米‧諾薩萬及文翁‧占巴塞在Savannakhét成立右派政府，向萬象發動進攻，迫使八九政變力量擴至川壙，與中立力量、老撾愛國陣線形成鼎足三立之勢。1961年春中立派和愛國陣線反攻，奪回全國60%土地及一半人口。1963年4月19日右派再發動政變，挾持富馬改組政府，進攻解放區。

1975年5月11日萬象軍隊起義，20日人民解放軍進入萬象。12月2日老撾人民民主共和國宣告成立，蘇發努旺為國家主席，凱山‧豐威漢為總理，結束15年的印支抗美戰爭。

# 13. 拉丁美洲的馬克思主義運動

馬克思生前對拉丁美洲的看法，似乎繼承了黑格爾的觀點：這是一片空白區域，這裡的發生過的事件只不過是歐洲的重復或蒼白的映象而止。一批來自歐洲的移民，尤其

義大利人，把馬克思思想帶進拉丁美洲，尤其是阿根廷的胡安・B. 胡斯托（Juan B. Justo，1862 ～ 1928）於 1895 年完成了首部《資本論》班牙文譯本 還協助創立了阿根廷社會黨 不過他卻受到伯恩斯坦、饒勒斯及英國人斯賓塞（H. Spencer）的啓蒙，把馬克思看成是一個進化論者。20 拉美的馬克思主義反映了歐洲配馬克思主義的運動、分裂及演變。在胡斯托等人的領導下，社會民主主被適應了議會程序，其創建的理論和實踐一直延續到現在[5]。

「秘魯的葛蘭西」馬里亞特吉（José Carlos Mariátegui，1895 ～ 1930）自幼出貧寒，7 歲時左腿受傷致殘，14 歲當報社印刷廠學徒，17 歲成爲記者，1919 年 10 月旅居歐洲（～ 1923），帶同社會主義思想，並仰慕大利哲學大師克羅齊（B. Croce），1920 年創刊《阿毛烏塔（Amauta，教師）》月刊，1928 年 10 月創建秘魯社會黨（1930 年 5 月改爲秘魯共產黨，1929 年 5 月創建秘魯總工會。

他的代表作《關於秘魯實際的七篇論文》，主張秘魯是一個半封建、半殖民地社會，因爲處在帝國主義時代不可能獨立地發展資本主義；資產階級十分弱小，缺乏反封建精神，資產價出民主革命只能由無產階級來完成；秘魯革命是世界革命的一部分，它是包括民族民主革命全部內容的社會主義革命，他的貢獻是將共產國際的本土問題（indigenous

---

5　Ronaldo Munck，〈馬克思主義在拉美〉引自 Darly Glazer 及 David Walker，Twentieth-Century Marxism：A Global Introduction（2007），王立勝譯《20 世紀的馬克思主義》，P.253-254，鳳凰出版傳媒集團，2014。

馬里亞特吉（José Carlos Mariátegui）

question）落實到拉美土地上，設想在秘魯建立一個印地安美洲社會主義。由於秘魯缺乏龐大的工業無產階級，馬里亞特吉自然地把自黨放在備受的印地安人土著群聚及農民的身上。占秘魯 4/5 人口的土著，備受殘酷的階級和種族壓迫蘊藏著巨大的革命力量，從要注意他們的土地問題，並利用印地安傳統中的積極因素來建設秘魯的社會主義。要保存和發展古代遺留下來的印地安村社，以利用印地安人的合作習慣，在現代的條件下將他們引向社會主義。

當然他的思想與共產國際「官方」馬克思主義者格格不入，被國際派斥爲「民粹分子」，直到 1959 年古巴革命及

1979 年尼加拉瓜革命中他的思想終於有機地表達了（雖然並不是總被認可）。

## 14. 美國扼殺拉美革命

　　1929 年在拉美共產黨大會上，把複雜的本土問題簡化為「民主問題」、刻意奉行共產國際的指令而貶低了馬里亞特吉的地位，共產國際「階級對抗」的第三階段（1929～1935）於 1932 年在薩爾瓦多導致災難勝性的農民暴動，1933 年在古巴引發了裝糖工人的蘇維埃運動。桑地諾在尼加拉瓜領導反抗美國占領的鬥爭（1926-34），卻被共產國際認為「這場鬥爭以桑地諾的屈服和變節到反革命一方」而告終。

　　1930 年 5 月，由 8 萬人組的民眾群體在薩爾瓦多市中心發動示威遊行，反對工資與生活水準惡化。次年，滿懷理想主義的地主和崇拜英國工黨的 Arturo Araujo 贏得總統大位，他天真地宣佈共產黨特獲准參加 1931 年 12 月的市政選舉。武裝力量將他趕下台，並推出右翼的 Maximiliano H. Martínez 取而代之。農民奮起反抗，1932 年 1 月末，瓜地馬拉和薩爾瓦多西北部一連串的火山爆發，大批印地安人翻山越嶺，一路殺到城鎮，在 Argusin F. Mart（一位執著的共產主義者，曾在尼加拉瓜與桑地諾並肩作戰）率領下，農民殺死一些地主，馬丁內斯的部隊屠殺 1～2 萬薩爾瓦多人，在「十四大家族」（Las Catorce）的支持下，軍人們直到 20

世紀 70 年代仍把持政權。

政府的「行刑隊」不放人，不斷殺人，1980 年大主教 Oscar Arnulfo Romero 被殺害，結束了通過解放神學救贖的政治改革。政府濫殺反對者，扣上「共產主之分子」帽子，反對派轉入地下，成立紀念 1932 年起義領袖為名的「法拉本多・馬蒂民族解放陣線」（Farabundo Marti National Liberation front，FMLN）。1980 年末，有 4 名美國婦女——三名修女和一名信徒—被殘殺。但美國雷根政府支持阿爾杜特。儘管他重新分配土地」，但多法取代寡頭組織，反對派在汽車保險杠上貼著「薩爾瓦多是說英語的越南」。持續十年的「剿匪」戰鬥，導致 7.5 萬人喪生。1983 年 3 月，保守派民族主文共和聯盟的 Alfredo Cristiani 險勝，這位花花公子總統在當選數個月後，又有 6 名耶穌會傳道士被殺。

1992 年初政府與馬蒂民族解放陣線黨簽訂了和平與改革的歷史性妥協。12 月，解放陣線解散其游擊隊，轉為合法的國內第二大政治勢力。2009 年，解放陣線黨 Mauricio Funes 以 51.3% 的得票率當選總統。

尼加拉瓜從 1912 年被美國「保護」至 1933 年，美軍駐留至 1925 年。1926 年 12 月，自由黨的 Juan B. Sacasa 在東海岸成立立憲政府，美國為支持尼國保守政府，派海軍陸戰隊入侵尼國，以制止由塞西哥扶植的布爾什維克政權，迫薩卡沙特軍把武器丟進大海。1927 年 4 月，美軍進逼首都馬納瓜附近，迫保守、自由兩黨繳械，尼國政客、軍頭紛紛投入阿啄仔的懷抱，只有打游擊的桑地諾（Augusto César

Sandino，1895 ～ 1934）不肯交出武器投降。

　　這位地主和採咖啡豆女工的私生子，9 歲時隨負債的生母坐牢，11 歲才由生父接回家，備受大媽的歧視與冷落。他小學畢業後就隨父或栽種咖啡及做生意。1920 年因爲母親被羞辱，開槍打傷一個年輕人而逃亡。1921 年流浪到宏都拉斯當糖廠技工，1922 年至瓜地馬拉，在聯合果品公司當技士，1923 年又流浪到墨西哥的坦皮科石油公司做工，1926 年他回家，在北部山區 Nueva Segovia 省的美商 San Albino 金礦當助理會計，1926 年 10 月組織一支 29 人的游擊隊，11 月 2 日他被政府軍擊敗，把人馬拉回齊波提山上。蒙卡達厭惡這位要「爲工人與富人鬥爭的必要性」論調的「共產黨」。12 月 23 日美國軍入侵後，桑地諾在一名妓的協助下找到 30 支步槍及 7000 號子彈，重返山區。1927 年 5 月，蒙達卡與美國特使史汀生達成停戰協議，拿 Jinotegag 省的省長與一大筆錢招降桑地諾，被拒，從此展開 7 年的抗美激擊戰。9 月 2 日他把 800 人的游擊隊改稱「尼加拉瓜國家主義防衛軍」，用紅、黑兩色軍旗，中間印著「自由或死亡」，開始以游擊戰打得政府軍與美軍疲於奔命。

　　1929 年蒙卡達就任號統，在美國協助下成立國民警衛隊。1931 ～ 1933，2 年間，除了首都附近，桑地諾幾乎控制了大平洋沿岸地區，宣布要奪取政權。1933 年 1 月美軍撤離，2 月 23 日桑地諾解除武裝，回北部山區組織農業合作社，1934 年 2 月 21 日夜晚，他在出席薩卡沙總統的晚宴後，被總統的姻親之子蘇慕薩（A. Somoza，1896 ～ 1956）

這個國家警備隊指揮官下令逮捕，押至軍營附近的飛機場附近空地打死。美國大使列恩親自趕來，6 月 21 日，蘇慕薩宣佈剿匪勝利，諾科河三角洲一帶的老弱婦孺無一倖免。1936 年 5 月蘇慕薩發動政變趕走薩卡沙，1937 年自任總統，20 年後終被暗殺身亡，然而他的家族一直獨裁統治尼加拉瓜到 1979 年 7 月，才被桑地諾游擊解放陣線推翻。

瓜地馬拉從 1821 年宣佈獨立以來，政權落入保守派手裡，持續獨裁統治，1931 年 Jorge Ubico 將軍專權，立刻剿滅新生的共產黨，由一支國民警衛隊維持秩序，1940 年 10 月他被罷工和抗議轟下台，由國立軍事學院教官 J. 阿本斯等三人的革命員會專權，12 月，Arévalo 在民主力量支持下當選總統，1945 年 3 月總算禁止軍人干政，共產黨也在 1949 年再度重建。1951 年 3 月 Jacobo Abenz Guzmán 繼任總統，次年 6 月推動土地改革，徵收大莊園及美資聯合果品公司閒置土化與出租地，分配 150 萬英畝土地給 10 萬戶農民，但卻激怒了果品公司的美國頭家杜勒斯及其弟弟 Allen Dulles，公司的關人員譴責阿本斯對共產主義態度過「軟」，並造謠說如果瓜地馬拉淪陷了，可能會導致蘇聯接管巴拿馬運河，中美洲的其他地區也可能會如此，並斥責阿本斯是蘇聯人的「走狗」。

1953 年 8 月，約翰・福斯特・杜勒斯國務卿在美洲國家組織（OAS）譴責瓜地馬拉是東半球大國團（蘇聯）的代理，阿本斯開始嚴厲打擊國內反對勢力，並轉向東歐尋求武器。於是 CIA（杜勒斯的弟弟，Allen 局長）扶植瓜地馬拉

叛徒 Carlos Castillo Armas 上校的幾百人在宏都拉斯邊境集結，CIA 提供幾架軍機及架設無線電台，在飛機的轟炸下，阿本期誤判大部隊正在逼近首都，他膽怯地投降了，叛軍幾乎未遭抵抗進入瓜地馬拉市。新政府立刻清了共產主義分子及積極的民族主義者，退還聯合果品公司被徵收的土地，還乖乖地同美國簽訂 1955 年的共同防禦協定。1957 年「反共救星」阿馬斯被刺死，1960 年 11 月 13 日，馬塔爾諾羅斯的一批軍人嘩變失敗，在利馬和索薩領導下退入洪都拉斯交界的密林，成立第一支游擊隊「十一月十三日革命運動」。1962 年 4 月，勞動黨也組建「十二月二十日縱隊」，年底，瓜地馬拉各支游擊隊聯合建立「起義軍」。但是政府軍持續「剿匪」（1966 ～ 1970），1980 年三支游擊隊成立「三聯游擊隊」，1982 年與「起義人民革命組織」成立「瓜地馬拉全國革命聯盟」，還是被軍方殘酷鎮壓。直至 1996 年全國先鋒黨的阿爾蘇當選總統，12 月，政府與全國革命聯盟簽署《永久和平協定》，才戰結束 36 年的內戰。

# 15. 古巴革命

　　古巴人在 18 世紀 70 年代起發動獨立戰爭，美國藉口支持古巴獨立而對西班牙宣戰，派兵登陸古巴。古巴獨立後卻淪為美國的禁臠，1901 年古巴憲法規定美國有權出兵干涉古巴的內政。1903 年 2 月美國永久租借關達那摩（Guantanamo）海軍基地。1906 年古巴動亂，美國又出

兵佔領這裡三年。1920 年代美國資本控制了古巴的糖業。
1933 ～ 1940 年美國支持陸軍下士巴蒂斯塔（Fulgencio
Batista，1901 ～ 1973）實際控制古巴，1940 年他當選為總
統，四年後落選，1952 年他東山再起，更加獨裁。

　　一般古巴人每年只有四個月有工作，其餘八個月閒蕩失
業，鄉下沒有電燈和自來水，瘧疾、黃熱病、傷寒、肺結核、
梅毒是窮人的朋友。70 萬失業者流浪海外，哈瓦那則充斥
著美國黑手黨投資的賭場、酒吧。1953 年 7 月 26 日，年輕
的律師卡斯特羅（Fidel Castro Ruz，1926 ～ 2010），這位
奧連特省大地主的兒子率領 100 多人攻擊聖地牙哥的蒙卡達

卡斯特羅（Fidel Castro Ruz）

（Moncada）兵營失敗，20多人犧牲，卡斯特羅在法庭上宣讀〈歷史將宣判我無罪〉，宣稱自己是為爭取全古巴人民的自由、榮譽而戰，他被判刑15年，1955年巴蒂斯塔連任才放他出來，迫他流亡墨西哥。

在墨西哥城，他巧遇來自阿根廷的格瓦拉（Che Guevara，1928～1967）醫師。格瓦拉具有愛爾蘭血統，是富裕工程師的兒子，念醫學院時就騎摩托車遍歷了智利、秘魯、哥倫比亞和委內瑞拉各國（1951～1952），畢業後又浪跡中南美洲，體驗了「北方巨人」美國帝國主義在拉美的暴虐，以及印地安人、黑人的苦難。他發誓要消滅美帝，從醫生轉變為革命戰士。1954年他在瓜地馬拉目睹了阿本斯被CIA推翻的一幕，9月逃入墨西哥。

卡斯特羅募得兩萬美元向美國人買下一艘遊艇，事先他召集40名戰士及20名墨西哥人建立「七二六運動」，接受一名打過西班牙內戰的老兵的游擊戰訓練。1956年11月25日他們80人搭上「格拉馬號」，12月5日登陸奧連特，被古巴政府軍追擊，只剩下12個人，最後潛入馬埃斯特拉山（Sierra Maestra）。他們在山區建立電台、學校、軍械廠，並爭取國際輿論的同情。1957年2月美國《紐約時報》記者馬修採訪卡斯特羅，宣佈他還活著的消息。

巴蒂斯塔的飛機、大砲無法炸平游擊隊的基地，當地農民、印地安人都支持游擊隊。1958年5月起政府軍連戰連敗，丟下一輛坦克及20門迫擊砲。8月起游擊隊下山，12月打通奧運特省及聖地牙哥。1959年1月1日巴蒂斯塔逃

格瓦拉（Che Guevara）　　　　　勞爾（Raúl Castro Ruz）

亡美國，第二天一群大鬍子進入哈瓦那。

　　卡斯特羅的弟弟勞爾（Raúl Castro Ruz，1931 ～）和格瓦拉是人所盡知的共產黨人，卡斯特羅一開始還對美國充滿幻想，1959 年 5 月訪美時宣稱古巴革命不是紅色極權的，是綠橄欖色的、人道主義的。然而他推行土地改革，使一批資產階級部長們紛紛辭職抗議。

　　格瓦拉接受成為古巴第一個榮譽公民而歸化，出任國家銀行總裁，卡斯特羅把共產黨人安排進入政府部門，又頒佈石油法與礦業法，廢除一切租讓地，和美國漸行漸遠，他還沒收聯合水果公司的 36,000 公頃土地及糖業資本，並且拒絕立刻補償，堅持要分 20 年分期兌現。

　　1960 年 2 月 30 日蘇聯第一副總理米高揚在哈瓦那和古

巴政府簽約，蘇聯向古巴購買 500 萬噸的糖，並給予古巴一億美金的貸款。十天後卡斯特羅開始威脅要沒收美國人的資產。7 月 26 日艾森豪政府把古巴進口糖削減 90% 以示報復；5 月 8 日蘇聯和古巴建交。

美國不能坐視大鬍子在 7 月 26 日宣佈：「我們保證把安地斯山變成西半球的馬埃斯特拉山。」1959 年 6 月派游擊隊進入多明尼加失敗；1960 年又有游擊隊進入宏都拉斯和多明尼加。1961 年 1 月 3 日卡斯特隆要求美國駐哈瓦那大使館的人員由 300 人降爲 11 人後，美國宣佈和古巴斷交。

CIA 在 4 月 25 日雇用一批古巴流亡份子登陸豬玀灣（Bay of Pigs），發動「冥王星行動」，結果被古巴人擊敗，1,214 人被俘。美國有史以來最年輕的總統甘迺迪恨透了 CIA 對他誇大成功的可能性，11 月 CIA 局長杜勒斯下台。

CIA 自此至少有八次企圖暗殺卡斯特羅的行動，甚至透過芝加哥黑手黨頭頭詹卡納（Sam Giancana），聯絡佛羅里達的黑手黨去行刺大鬍子。

1961 年 7 月「七二六運動」、「三一三」及共產黨（人民社會黨）合併爲「古巴社會主義革命黨」由卡斯特羅兄弟分別出任第一及第二書記，格瓦拉則辭去一切職務，去過非洲，1967 年 10 月在玻利維亞打游擊，被 CIA 的傭兵生擒，死於雲深不知處。

危機 13 天卡斯特羅在 1961 年 12 月公開宣佈自己是馬列主義者。蘇聯 KGB 的特務 Alexeyev 於 1961 年，他爲古巴建立了「情報總局」（DGI）。1962 年 8 月 CIA 向甘迺

迪報告，在古巴境內的蘇聯駐軍已達 5,000 人，仍有繼續增加的趨勢；每天都有重型的營建機器和電子設施卸貨的跡象。美國的 U-2 偵察機 9 月初發現蘇聯商船載運 42 枚核子飛彈駛出黑海，不久 CIA 判定這批飛彈將運往古巴。

10 月 14 日 U-2 偵察機的報告已指出一枚蘇製飛彈在 San Cristobal 上岸，另外還發現一座發射台及供應後來更多飛彈使用的儲備設施。

甘迺迪在 1961 年 6 月和赫魯曉夫在維也納碰頭後，不顧蘇聯領導人的威脅，強化了美國確保德國的決心，使赫魯曉夫對進出西柏林的通道「不便」阻攔。然而，眼看東德難

甘迺迪總統（John F. Kennedy）

民大量逃入西柏林，8 月 13 日起東柏林圍牆開始築起。

　　KGB 頭子謝列平（Alexander N. Schelepin）建議赫魯曉夫在世界各地製造有利於分散美國及其衛星國的注意力和兵力的形勢，把美國人套牢在對德和約及西柏林問題上面；而在亞洲、中南美挑起一連串的反美活動，包括支援尼加拉瓜、薩爾瓦多、英屬肯亞和葡屬內亞。他還建議應該加強欺騙行動的力量，誇大蘇聯的核武威力，使西方陣營相信蘇聯地面部隊已經擁有配備了核武的新型坦克，海軍有「北極星」式飛彈的核子潛艇。

　　赫魯曉夫在古巴部署飛彈，甘迺迪在 1962 年 10 月 22 日宣佈美國以海、空兩路「隔離檢疫」，不准再有核武運至古巴。10 月 22、24 日蘇聯領袖寫信給甘迺迪，還泰然自若地虛張聲勢。27 日在古巴的蘇聯防空部隊擊落一架 U-2 偵察機，飛行員 Rudolf Anderson 少校喪命。28 日當美國電視重播甘迺迪在 22 日的演講前兩個小時，莫斯科當地時間下午 6 點赫魯曉夫妥協了，蘇聯把所有的飛彈全部撤出古巴，出賣了卡斯特羅。

　　1963 年 4 月卡斯特羅訪問莫斯科，獲頒列寧勳章，並且從 KGB 那裡得到培訓古巴情報總局（DGI）人員的禮物。1967 年以後，蘇聯人對大鬍子失去了耐心，全力指揮親近更名為古巴共產黨的親蘇派（Anibal Escalante 領導），最終那個「叛徒」被趕出古巴，流亡布拉格，1968 年 1 月他終究被古共中央判處 15 年徒刑。老大哥惱羞成怒，警告大鬍子停止批評蘇聯，不得未經與莫斯科諮商就企圖發動革命，

否則將切斷對古巴的所有經濟援助。

布里茲涅夫下令蘇聯艦隊封鎖古巴，石油進口停頓下來，蘇聯人更發動拉美及東歐各國共產黨批鬥卡斯特羅。大鬍子卻在華沙公約組織聯軍鎮壓，1968 年布拉格之春後的兩天（8 月 23 日），公開譴責捷克領導人「走向反革命局勢，走向資本主義，走向帝國主義的懷抱」，並支持新發表的「布里茲涅夫主義」。不過老大哥真正的意圖是控制古巴的情報總局，要求古巴增派 130～140 名情報員到駐外使館，取代外交部駐外人員，還不停供經費卡斯特羅另立的「民族解放局」。1973 年初，古巴陸軍每個單位都有蘇聯軍官「坐鎮」。古巴淪為蘇聯的附庸衛星國，1978 年空運部隊到非洲作戰，並且在拉丁美洲配合蘇聯所規劃的活動。

# 16. 獵殺格拉瓦

阿根廷人格瓦拉醫生在 1956 年 12 月隨卡斯特羅打回古巴，1959 年 1 月 1 日革命勝利，他成為古巴公民及銀行總裁；但仍滿懷解放拉丁美洲的游擊戰信念，在哈瓦那秘密訓練來自秘魯、尼加拉瓜、委內瑞拉、阿根廷各國的游擊隊，他在《游擊戰爭》（1960），中揭示：「並不一定要等待一切革命條件成熟，起義中心可以創造這些條件。」

1965 年 1 月他去非洲，4 月在剛果大戰沖伯的白人傭兵，發現自己已被 CIA 列入暗殺名單了，後來他又在中非的 Lake Tanganyika 西岸被 CIA 的部隊擊潰。1966 年 3 月他

秘密進入布拉格，11 月 4 日再踏上玻利維亞首都拉巴斯的機場。

格瓦拉早在 1964 年 10 月就在哈瓦那接見來自東德的塔瑪拉（Haydee Tamara Burke），派她以阿根廷大地主的女兒蘇拉的假身分，掛名記者混進拉巴斯。她不久立刻俘虜了玻國新聞及情報處長洛佩斯，安排在一家週刊上班兼教高官子女德文。塔瑪拉再搭上內政兼司法部長阿赫德斯，又到內政部廣播局主持節目。塔瑪拉和大學生馬丁內斯結婚，取得玻國國籍。

格瓦拉的 17 名老部下潛入玻利維亞，聯絡玻共中委因蒂和他弟弟 CoCo，CoCo 的大哥是廣播局長安東尼奧。1966 年 8 月初 CoCo 買了一處叫做 Calamina 的農莊，一共 48 人（17 個古巴人，3 個秘魯人，27 個玻利維亞人及 4 名準備淘汰者，加上塔瑪拉）接受格瓦拉的幾個星期訓練。

3 月 20 日格瓦拉下令拔營，不料塔瑪拉帶法國人德佈雷（Debray，1940～）開吉普車入山時沒把車子藏好。四天後車子被軍隊找到，並搜出一個裝滿通訊錄的背包，一切都曝光了，玻國政府大作文章。22 日格瓦拉打響第一槍，立刻引起 CIA 的注意。

CIA 已花 100 多萬美金把巴里恩托斯將軍（R. Barrientos）扶上臺。CIA 不相信格瓦拉還活著，不過還是找了當年入侵古巴失敗的古巴傭兵羅德里奎斯（F. Rodriques）去拉巴斯。CIA 更提供玻國 2,000 精兵的裝備，由打過韓戰及越戰的老手謝爾頓及另一名黑人米契爾代為訓練。4 月 20

日玻國軍隊抓到德布雷及一個從阿根廷來的英國記者喬治魯斯等人。另一個阿根廷人招供，憑印象由官方畫出 20 多個人頭像，並供稱「雷蒙」就是格瓦拉。

游擊隊很快被政府軍打敗，政府軍許諾給農民羅哈斯 3,000 美金及移民美國的條件，出賣了收容在家的古巴人華金等人，使他們在渡口被軍隊伏擊，塔瑪拉也陣亡。那個農民卻只得到一幢房子和一塊土地，三年後被人打死。

格瓦拉只帶 17 人爬山越嶺，其他的紛紛陣亡了。10 月 7 日他第一個衝出去，18 日凌晨 6 點他走到格蘭德河上方三道峽谷交叉口。太陽一上升，軍隊立刻從四面八方衝下來。羅德里奎斯從電報上收到：「教皇已累壞了！」證實了格瓦拉已被捕。他立刻打電報給 CIA 拉巴斯站長 John Tilton，再轉回 CIA 總部，由赫姆斯把電報送到白宮去。

格瓦拉由兩名士兵攙扶，一面抽敵人軍官給他的煙草，接受衛生兵的清洗和包紮傷口。奧多萬將軍下令處決所有俘虜，不留一個活口。他看過格瓦拉後匆匆離開，Tilton 在格蘭德城內等待消息。正午士兵朝格瓦拉的肚子連開九槍，其他走散的人也紛紛被捕，只剩 5 個人逃走。

# 17. 拉美的困境

發展與依賴理論拉美各種關於發達與不發達的理論，都以「依賴」（dependercy）為概念的核心，從德國人 A. Frank（1929 年生）、埃及人阿明（Samir Amin，1931 年生）、

巴西人多斯桑多斯等都認爲不發達國家的社會、經濟發展，受制於先進國榨取了其剩餘，造成邊緣（periphery）國家依頓於中心國家的基礎，不發達國家只有走社會主義道路，擺脫對世界資本主義體系的依附的同時，在國內進行社會政治改革。

1960 年代的解放神學（Theology of Liberation）深受古巴革命的影響，一些天主教神父主張站在被壓迫大眾一邊，反對壓迫（尤其各國主義），動員窮人，協助土地改革，參加農村識字運動，例如 Camilo Torres 神父參加哥倫比亞游擊隊而陣亡，梵諦岡教廷則視解放神學「不適當地提及用了許多馬克思主義的概念」，造成離經叛道的現象是不能容忍的。總之，解放神學對拉美解放運動有不可忽視的影響。

## 18. 歐洲共產主義

二次大戰後，法共佔選票的 26%，成爲第一大黨，1945 年 11 月至 1947 年 5 月多列士和四名黨員參加政府，掌管了軍備、工業、經濟及勞動四個部。芬蘭共產黨得到 23.5% 選票，擔任內政、社會、供應等部長。義大利共產黨第一次選舉時獲得 19% 選票，陶里亞蒂擔任司法部長。東歐各國共產黨最初也是想走和平演變過渡到社會主義的道路，甚至要根據自己國家的歷史、民族、社會和文化實況，按照自己的方式邁向社會主義。

然而史大林 1947 年授意成立共產黨情報局，西歐共產

黨不得再和非共黨合作，日丹諾夫強烈譴責法、義共的戰鬥性不夠強，還對和非共產黨人的合作抱有幻想。隨著東西冷戰體制的形成，歐洲各國共產黨重新被納入共產情報局的控制，誰敢提出反蘇聯、獨立自主的社會主義道路呢？

1956 年赫魯曉夫在蘇共「20 大」批判史大林，引發歐洲各國黨重新思索「要走不同於俄國共產黨人所走過的道路」。匈牙利事件更加刺激了歐洲共產黨人。12 月陶里亞蒂在義共「八大」上提出「結構改革論」（structural reform）及「多中心論」（polycentism），他歡迎批判史大林有助於加強各黨獨立自主的要求，因為蘇聯模式不可能也不應當成為各國必須接受的唯一模式；在共產主義運動內部應當建立多中心體制。他強調不存在唯一的中心，各黨在共同思想和共同鬥爭的基礎上完全獨立自主，不是要建立各個地區中心。「結構改革戰略」即在憲法範圍內，在和平民主中通過爭取結構改革和建立勞動階級民主政府，逐步邁向社會主義。陶里亞蒂的「多元中心論」引發了馬克思主義「長女」——法共的大肆抨擊，斥為修正主義路線。

別忘了義共領導葛蘭西的文化霸權觀點及他對於運動戰與陣地戰的分析，尤其必須建立以工農聯盟為基礎，團結廣大市民勞動階級和知識份子的統一民主陣線的前瞻性描述。

1968 年 8 月蘇聯及華沙條約集團用軍事武力碾碎了「布拉格之春」，西歐 17 國共產黨表態支持「布拉格之春」，聯合聲討蘇聯及東歐集團。

1972 年當選為義共總書記的貝林格（Erico Berlinguer，

1922～1984）在 1973 年智利阿葉德左派政權被推翻後，提出「歷史性妥協」（historical compromise）策略。這個撒丁尼亞島北部薩沙里市的貴族、律師、社會黨議員之子，15歲就受父親影響參加反法西斯鬥爭，曾學過法律而中輟，1943 年加入義共，1944 年 1 至 6 月坐牢，戰後擔任黨的青年運動工作，1949～1956 年爲共青聯盟總書記，1958 年爲黨中委，1968 年起爲國會議員。他總結智利的教訓，認爲單靠左翼力量，即使獲得 51% 選票和議席也無法順利執政；擴大工人階級的社會、政治聯盟具有決定意義；儘管無產階級是促進社會改造的動力，但他們在人民及勞動者中是少數，人數眾多的中等階級和其他人民階層在爭取變革的鬥爭中起決定性作用；爲了避免重蹈智利的覆轍，要通過民主程序，努力爭取天主教民主黨等中間政黨站到徹底的民主立場上來，以實現信仰共產主義、社會主義的人民力量和信仰天主教的人民力量及其他有民主傾向的力量的合作和團結。1975 年義共「14 大」確立「歷史性妥協」爲黨的戰略。

西班牙共產黨領導卡里略（Santiago Camillo，1915～2012）生於冶金工人家庭，1928 年參加社會主義青年聯盟，1936 年入黨，1939 年流亡國外，1960 年當選爲總書記，1976 年秘密回國。法共總書記馬歇（George Marchais，1920～1997）是礦工之子，16 歲起當工人，1942 年被徵去納粹德國做工，次年逃回國，1947 年加入法共，歷任工會領導，1972 年當選爲總書記，主張以和平民主手段建立「具有法國色彩的社會主義社會」。

　　貝林格先後和卡里略與馬歇會議，1976 年 6 月 29 日歐洲 29 個共產黨籍工人黨出席東柏林會議時，貝林格和卡里略提出歐洲共產主義（Eurocommunism）主張。1977 年 3 月 2 至 3 日義、法、西三黨共同發表〈馬德里宣言〉，重申歷史性妥協，希望多黨社會、尊重民主，呼籲東西方和解並尊重人權，更主張建立一個擺脫蘇聯控制的獨立歐洲。4 月 9 日西班牙政府宣佈解除對西共長達 38 年的禁令，使其合法化，不久卡里略發表《歐共主義與國家》，反對一個中心的霸權主義領導，仍堅持工人階級具有不可替代的領導作用，但允許反對黨的存在並陳述其意見，贊成自由地組成多數派與少數派及其有可能的民主的轉換。由於各國國情不同，西歐工業發達國家的暴力革命道路已行不通了，社會民主黨的改良道路也不可取，當前只有走一條「獨特的民主道路」（第三條道路），才能實現從資本主義走向社會主義的轉變：這要通過議會鬥爭和群眾鬥爭，對資本主義社會進行政治、經濟和社會的長期民主製革，逐步過渡到社會主義。

　　1980 年代初世界上有 18 個共產黨堅定不移地奉行歐共主義理論，即西歐 20 個國家 24 個共產黨中的 14 個，包括法、義、西、英、比、瑞士、瑞典（左翼）、荷蘭、希臘（國內派）、聖馬利諾、芬蘭、挪威社會主義左翼黨、丹麥社會主義人民黨和冰島統一社會黨，此外還有日本共產黨、澳洲共產黨、墨西哥統一社會黨和委內瑞拉「爭取社會主義運動」。遍及四大洲，共有 330 萬黨員，約佔資本主義世界共產黨員總數 75%，各黨都摒棄暴力革命（完全是 SPD 修正主義的翻版），

反對列寧主義和蘇聯經驗，反對有「領導權」和「領導中心」將社會主義國家模式強加給別的黨。

義共從來沒有認真地和天主教民主黨討論如何結盟來實現什麼問題[6]。1975 年 6 月義共終於在地方及地區選舉上贏得 33.4% 選票，幾乎追上天主教民主黨的 35.3%；共產黨—社會黨同盟接管六個地區地方政府、30 個省和 29 座城市，那不勒斯、羅馬、都靈、佛羅倫斯和波洛尼亞市都「染紅」了。1976 年 6 月義共再獲得 34.4% 選票，社會黨得票不到 10% 敗選，堅決反共的克拉克西領導社會黨。由於社會黨堅持共產黨必須參加組閣，否則不肯合作，因此天主教民主黨與三個中間小黨同盟，由安得列奧蒂單獨組閣，社、共及社民黨都棄權。但老義共 Pietro Ingrao 成為下議院第一位共產黨人主席。

1978 年 3 月 6 日新政府得到議會（包括共產黨）的支持，不料紅色旅綁架了前總理莫洛，並殺害他的五名警衛，義共捍衛法律與秩序，發動大規模反恐怖主義示威。66 天後莫洛被撕票，棄屍在義共和天主教民主黨總部附近的汽車裡。年底歷史性妥協宣告幻滅，義共從此一蹶不起，1979 年起選票逐年遞減，就要被邊緣化了。1980 年 11 月南部一場地震後，謠言四起，貝林格宣佈放棄歷史性妥協，轉而支持「民主替代」，即建立一個以義共為核心和主要動力，包括社會

---

6　D. Sasson "One Hundred Years of Socialism" 中譯本《歐洲社會主義百年史》p.662，社科文獻。

黨在內的左翼民主力量的聯盟，以取代天主教民主黨為主的政府。此後十年社會黨與天主教民主黨勾結分贓，淘空了公共部門的財產。

1981 年至 1983 年 6 月法、義、西三國共產黨在選舉中慘敗，社會則大勝且執政。1982 ～ 1985 年西共分裂為三：卡塔隆尼亞共產主義者黨、西班牙人民共產黨及卡里略的革命馬克思主義黨（後改為西班牙勞工黨）。西共黨員 1980 年代從 24 萬人降到剩下八萬人；義共 1977 年有 181 萬黨員，20 世紀最後十年只剩 80 萬人左右；法共只剩下 20 萬人。法共 1986 年選舉只獲不到 10% 選票，義共也在 1985 年丟掉了羅馬、米蘭、那不勒斯、熱內亞、威尼斯五城，1987 年選舉只獲得 26.6% 選票。

1991 年 1 月義共宣佈放棄共產黨稱號，改建左翼民主黨。卡里略指出，歐洲的巨變說明了共產主義運動已消亡。他帶西班牙勞工黨加入西班牙工人社會黨。早在獨裁者弗朗哥死前（1975.11），1974 年 6 月西共就和西班牙社會主義人民黨（PSP）、自由人士和左翼小黨組成「民主同盟」，綱領為要求政治及工會活動自由，要求烏茲卡迪、加利西亞和卡塔隆尼亞自治，實行政教分離。社會主義者黨拒絕加入，他們認定這是共產黨的陣線，轉而和基督教民主黨、社民黨等成立「民主派會合平台」（Plataforma de Convergencia Democrática）。

1976 年 7 月蘇亞雷斯（Soares）執政後修改憲法，1977 年 4 月西共合法化。一旦專制政權投降，共產黨的吸引力就

降低了，社會主義工人黨自認是「馬克思主義和民主」的階級政黨，主張在工人階級領導下建立政府，建立無產階級社會，以自我管理取代國家機器。6月選舉前，西共閉口不提國有化，但蘇亞雷斯的中間民主同盟獲得34.4%選票，共產黨只有9.4%。蘇亞雷斯要的是一個無法選贏的共產黨盟友和一個中間派政黨，而他自己永遠執政[7]。卡里略則要分享政權，只能以具有廣泛基礎的聯盟政府作為掩護，1979年選舉共產黨仍令人失望，只有10.8%選票。

　　1977年獲勝的是岡薩雷斯（F. Gonzalez Marquez，1942～）的社會主義工人黨，為了爭取中間選民而不得不右傾，不得不和共產黨近行鬥爭。他和蘇亞雷斯談判，同意保留君主政體，共產黨只能同意。9月岡薩雷斯派在黨大會控制一切，左翼被邊緣化，黨也不再自稱是馬克思主義的黨了。相對地，西共在1978年4月「九大」上正式宣佈放棄列寧主義，宣稱是非教條的「馬克思主義政黨」。蘇亞雷斯的黨已告四分五裂。1982年共產黨只得到26.5%選票，社會主義工人黨成為最大黨，卡里略備受黨內親蘇派攻擊，1982年又敗選（只獲4席）。他安排Gerado Iglesias接班，但後者卻主張全面整頓黨組織，以適應歐共主義戰略和西班牙的民主新形勢。1985年卡里略發現自己已失勢，1991年2月重新加入他在1930年代難開的社會主義工人黨。岡薩雷斯代表大多數人民的期望：現代化、進步、對未來充滿希望和現實主

---

7　Sasson，p.709

義，1986 年及 1989 年他都連任，1996 年才敗選；民主聯合黨、巴斯克民主主義黨和加那利聯合陣線支持保守的人民黨阿里納爾組閣。

西共內部矛盾衝突在蘇東劇變後更加嚴重：1991 年西共「十三大」上，總書記 Julio Anguita 為首堅持黨的獨特性以及保持聯合左翼「政治和社會運動」性質的「主流派」，同主張徹底埋葬老西共，將聯合左翼建立一個「新左翼」政黨的「取消派」針鋒相對。儘管主流派佔上峯，但後者仍有許多捍衛者仍留在聯合左翼內，另立「新左翼民主黨」（PDNL）繼續與主流派對抗。然而，他們在十年內的歷次選舉中每況愈下，從 2000 年的 5.4% 選票（5 席）到 2008 年只剩 3.8%。新左翼民主黨也在 1997 年脫離聯合左翼，2000 年加入工人社會黨。此後再怎麼掙扎，西共只能聯合左翼力圖再出發，仍抱持「21 世紀的社會主義」，就是過渡到共產主義的一種民主過程云云。

賽浦路斯 2008 年 2 月，Dimitris Christofias 當選南部賽浦路斯及歐盟國家的第一位共產黨籍總統。賽共於 1926 年 8 月成立，1944 年 4 月與賽浦路斯勞動人民進步黨兩黨合併為「賽浦路斯勞動人民進步黨」，展開反帝、反殖民主義和反法西斯主義侵鬥爭勝利，爭取到自治地位。然而希臘裔一再主張與希臘合併，不惜展開恐怖主義活動；土耳其裔則要求自治以自保。1960 年 8 月，賽浦路斯脫離大英帝國而獨立，內戰立刻爆發。1974 年 7 月 20 日土耳其出兵進駐賽國北部，建立「北賽土耳其共和國」。勞動人民進步黨則號召

希臘裔反對土耳其佔領，並主張爲了避免分裂和對抗土耳其擴張主義的計劃，解決方式爲聯邦制。1976 年新一屆議會選舉中，勞動人民進步黨獲得 9 席，1981 年升至 12 席。1988 年 2 月再聯合小資產階級政黨，阻止極右勢力，使無黨派人士瓦西里烏當選總統。2001 年勞動人民進步黨獲得 35% 的支持率，成爲第一大黨。2003 年首次入閣，2008 年總書記赫里斯托菲亞斯當選南賽總統（～ 2013），接著由民主大會黨（DISY）的 Nikos Anastasiadis 當選總統。

# 第六章

# 動亂年代

1969 年 4 月的紐約反越戰遊行。

1960　4.19 南韓學生革命

　　　7.16 蘇聯通知中國停止技術援助

1961　Sartre《辯證理性批判》

1962　10.22 ～ 11.20 古巴飛彈危機

1963　3.9 ～ 64.7 中蘇論爭

　　　11.1 南越吳廷艷死於政變

1964　8.2【北越】北部灣事件

　　　10.15 赫魯曉夫下台，布里茲涅夫主政 18 年

　　　Fanon "The Wretched Earth"

1965　2.7 美國全面介入越戰

　　　9.30 印尼九三〇政變

　　　11.10 姚文元批判吳晗《海瑞罷官》

1966　8.1 ～ 12 中共發動無產階級文化大革命

1967　格拉瓦死於玻利維亞

1968　5.3 巴黎五月學生革命（～ 6.6）

　　　7.28PFLP-GC 劫持以色列班機

　　　8.20 蘇聯東歐五國扼殺布拉格之春

　　　11.1 中共開除劉少奇

1969　中蘇珍寶島衝突事件

　　　3.19 菲共建立新人民軍（NPA）

　　　9.3 胡志明逝世

1970　9.4 阿葉德當選智利總統，1973 年被軍人推翻

　　　12.13 波蘭格但斯克等地罷工

　　　　　12.20 蓋萊克任統一工人黨第一書記

1971　7.9 季辛吉祕訪北京

　　　　9.13 林彪死亡

　　　　10.25 中國進入聯合國

1972　1.30 北愛爾蘭 IRA 恐攻行動激化

　　　　6.17 水門事件

1973　1.27《越南和平協定》簽字

　　　　4.12 鄧小平復出

1974　國際石油危機

　　　　4 月葡萄牙政變

　　　　8.15 南韓朴正熙被暗殺

1975　4.26 南越解放勢力進攻西貢

1976　1.8 周恩來去世

　　　　6 月南北越統一

　　　　9.9 毛澤東去世

　　　　10.6 中共粉碎江青四人幫

1977　1.7 捷克反體制派《七七憲章》

　　　　3.2 西、義共《馬德西宣言》

　　　　10.13 西德紅軍事件

　　　　卡里略《歐洲共產主義與國家》

1978　3.16 義大利赤軍派綁架前總理 Moro（5.9 撕票）

　　　　4.27 阿富汗政變

　　　　11 月～ 79 年 2 月伊朗革命

| 1979 | 1.1 中美建交 |
|------|------------|
| | 1.2 越南侵略柬埔寨 |
| | 2.7 中國侵略越南 |
| | 7.9 桑定陣線推翻尼加拉瓜蘇慕薩 |
| | 8.27 IRA 炸死蒙巴頓 |
| | 10.27 朴正熙遇刺 |
| | 法國直接行動成立 |
| | 11.4 伊朗學生劫持美國大使館人質 |
| | 12.27 蘇軍侵入阿富汗 |

# 1. 布里茲涅夫體制

　　赫魯曉夫下台赫魯曉夫的確想把蘇聯的政治經濟搞好，1958 年他推動開墾處女地，但大規模拓荒卻嚴重破壞了原有的生態平衡：1960 年的「黑風暴」使新墾區受害 400 萬公頃以上，1963 年哈薩克又有 2,000 萬公頃耕地受害；中亞有 4,500 萬公頃土地受大風侵蝕。1962 年乾旱夏季，僅在巴夫洛達州就有 150 萬公頃土地被風刮走。赫老大警醒了，1961 年 1 月在中央全會上痛批各地方領導人弄虛作假，「非常輕率地提出很高的保證」，罵他們是「敗家子」。

　　不過他在推動核爆、火箭、人造衛星、載人太空船各方面的確令人刮目相看。

　　史大林死後，猶太作家愛倫堡（Elijah G. Ehrenberg，

1891～1967）大喊：「解凍！」1954年在《旗幟》發表小說《解凍》第一部（～1956），引起熱烈響應。小說中人們看慣了壞事多、好事少，壞事往往成爲慣例，好事卻成爲例外。蘇聯知識界似乎「解凍」有望。

　　1964年4月17日赫魯曉夫70歲生日，蘇維埃最高主席團主席布里茲涅夫（Leonid Brezhnev，1906～1982）代表全黨和最高蘇維埃歌頌他，並說赫老大「才度過了自己一生的一半歲月」，希望他起碼再活70年。兩人熱淚盈眶緊抱。10月11日赫魯曉夫由米高揚陪同去黑海度假。12日晚布里茲涅夫電請赫魯曉夫迅速回莫斯科，主持討論農業問題

布里茲涅夫（Leonid Brezhnev）

的中央會議。

布里茲涅夫念過冶金學校，歷任技術科學院院長、烏克蘭戰線政委、哈薩克第一書記，1960 年升為最高蘇維埃主席團主席，三年後升為中委會第二書記。他的靠山是黨理論大師蘇斯洛夫、KGB 主席謝列平、國防部長馬利諾夫斯基等人。

13 日早晨赫魯曉夫、米高揚回到克里姆林宮，會議中主席團成員砲轟他破壞集體領導的原則，把個人意見強加於他人，在幹部問題上專斷獨行，不能自我克制，作風粗暴，自我標榜和吹噓。只有米高揚力挺他，其他人一致要求他「自動退休」，赫魯曉夫不同意，會後回家獨自沈思兩個多小時，再打電話給米高揚表示：「一切都聽從自然吧！」還說：「難道誰能設想，我們能向史大林說，我們不要他，並建議他辭職嗎？那我們會死無葬身之地，現在一切都不同了，恐懼消失了，談話可以站在平等的基礎上，不要忘記，所有這一切都是我的功績。」

14 日中午蘇共中央主席團決議「鑒於赫魯曉夫同志破壞列寧主義的集體領導原則而出現的錯誤和不正確的行為……鑒於他年邁和健康惡化」，解除黨第一書記等職務。從此老人每個月領 500 盧布養老金，1971 年 9 月 11 日享年 78 歲去世。

布里茲涅夫成為黨中央第一書記，柯西金為部長會議主席。1965 年 12 月波德戈爾內被選為蘇聯最高蘇維埃主席，形成「鐵三角」的權力最高峰。

　　1966 年 3 月「23 大」決議將第一書記改為總書記、中央主席團改為中央政治局。大會前夕，已有 200 多名高級軍官上書要求為史大林恢復名譽，1969 年史大林 90 歲冥誕時，克里姆林宮紅牆下的史大林墓前豎起了他的半身像以示紀念。

# 2. 印尼九三○政變

　　1950 年 8 月印尼才掙脫荷蘭 300 年的殖民統治而獨立。

　　1948 年 7 月 21 日印尼副總統哈達（Hatta）與美國人霍金斯、柯契蘭等在茉莉芬（Midiun）的沙冷岸密謀，由美方提供 6,500 美元準備消滅赤色份子。8 月初梭羅的野牛隊暗殺左派的第四師長范達爾多開始，9 月 18 日梭羅（M. Soro，1901-1948）與右派部隊火拼於茉莉芬，政府軍暗助右派部隊，10 月 1 日梭羅戰死。國防部長兼宣傳部長的共產黨人沙弗丁被捕，12 月遇害。此外又有一萬名共產黨員遇害，25,000 多人坐牢。

　　印尼總統蘇卡諾（Sukarno，1901 ～ 1970）不肯親美反共，不加入結盟國家陣營，1955 年冬召開萬隆亞非國際會議，周恩來提出《和平五原則》出盡風頭。

　　印尼共產黨吸收中小學教員及農業部官員，1962 年 7 月擁有「農民陣線」（BTI）570 萬人（佔全體農民的 1/4）、中央職工會（SOBI）330 萬人，青年及婦女組織 150 萬人。艾地建議蘇卡諾在海、陸、空、警四大部隊外，另設

蘇卡諾（Sukarno）

第五支，即武裝的工農民兵。蘇卡諾不敢得罪掌軍權的雅尼（Yani，美國參謀學校畢業），因為軍人佔內閣的 1/4，並控制雅加達、西爪哇等 24 個省。只有空軍支持艾地的構想，1965 年 7 月起，他們在雅加達市郊的哈林（Halin）基地吸收一批印共青年接受軍事訓練。

1965 年 8 月初蘇卡諾突然病倒，政變謠言四起。CIA特務從 9 月起到處撒錢給印尼軍人，準備 10 月 5 日建軍節那天搞政變。9 月 21 日陸軍將領在軍法學校密商，內定由國防部長納蘇蒂安為總理，陸軍總司令雅尼為第一副總理。這次會議的錄音帶被蘇卡諾拿到手，一部份少壯官軍準備先

發制人，連絡艾地，要求共產黨發動群眾支持他們。艾地太高估自己，誇大了人民鬥爭的成就，輕視反動派的實力。8月17日印尼共產黨下令1,000多人組成一支民兵，交由陸軍的進步軍官指揮。

9月30日翁東中校、拉蒂夫上校（駐雅加達守備區第一旅旅長）、蘇帕佐准將（加里曼丹陸軍戰略後備軍第四戰鬥團司令）、蘇約諾空軍少校（哈林基地守備司令）等少壯軍官和共產黨開會，上午10點翁東指揮從哈林基地起義。一共一個師兵力，代號「達卡里」，晚上10點迅速包圍七名將領的住宅。他們當場打死雅尼等三人，再把另外兩名將領及納蘇蒂安的副官（誤以為是他本人）押到哈林基地處決。納蘇蒂安逃入花園，再翻牆躲進伊拉克大使館避難。

10月1日凌晨叛軍攻佔獨立廣場、電台和電信局，7點20分透過廣播向全國宣佈這次的行動，並譴責CIA策動「將領委員會」的陰謀，強調自己是純粹針對軍部內貪污、對總統的罪惡企圖不滿的內部清洗運動。然而他們靜待蘇卡諾的決定，使行動合法化。蘇卡諾坐在哈林基地內，既不表態也不干涉。下午當他聽到蘇哈托已經行動了，立刻拒絕在革命委員會名單上簽字；還宣佈由他自己親自指揮軍隊，任命普托諾托為代理陸軍總司令。

蘇哈托（Suharto，1921～2008）則按兵不動，靜待納蘇蒂安逃走後才公開譴責翁東，並迅速集結各地軍頭，自封「陸軍臨時首腦」，下令傘兵及裝甲部隊火速開向雅加達。上午9點至下午2點蘇哈托先招降了守在獨立廣場的兩個營

士兵，他們的指揮當時都在哈林基地。16 點這兩營士兵投降。19 點蘇哈托兵不刃血地「收復」電台，強迫「九三〇運動」部隊退回哈林基地，再宣佈雅加達戒嚴。

蘇卡諾在 20 點 30 分回到茂物行宮。2 日凌晨右派只犧牲一人就輕取了哈林基地。6 日六名遇害將領的屍體被發現，蘇哈托展開白色恐怖，屠殺左派。艾地也在 11 月 22 日於梭羅附近被捕遇害。

1966 年 3 月蘇哈托逼蘇卡諾交出政權，不過到 1971 年才正式成為總統印尼總統，「連任」到 1993 年為止。他以槍桿子出政權，第一家庭把全印尼的財富納入自己的口袋。1998 年東南亞金融風暴後他才被人民轟下台，蘇卡諾的女兒梅嘉娃蒂成為總統（2001 ～ 2004）。

# 3. 中國無產階級文化大革命

1966 年 5 月至 1976 年 10 月，是一場由領導者錯誤發動，被反革命集團立用，給黨、國家和各民族人民帶來嚴重災難的內亂，使黨、國家和人民遭到新中國成立以來最嚴重的挫折和損失。

「苦主」當然是偉大的毛主席，之前他力圖抵禦帝國主義「和平演變」的圖謀，消除官僚主義和特權等現象，防止國內資本主義復辟。然而到了 1960 年代中期，在「以階級鬥爭為綱」的指導思想支配下，毛澤東對當時國內階級鬥爭形勢及黨和國家的政治狀況做出嚴重的錯誤估計，甚至認為

「中央出現修正主義」，整個國家面臨資本主義復辟的現實危險，因此只有實行「文化大革命」，公開地、全面地、自下而上地發動群眾來揭發上述陰謀面，才能把被「走資本主義當權派」篡奪的權力重新奪回來[1]。

「革命無罪，造反有理」，毛在 1949 年 12 月於延安舉辦的慶祝史大林六十歲壽辰大會上早已指出：「馬克思主義的道理雖有千萬條，但其根本無非『造反有理』之一言，數千年來都是認為壓迫有理，剝削有理，造反無理。自從馬克思主義出現以來，才把這些陳舊的判決推翻，這是大功勞，這個道理是無產階級透過自己的鬥爭中才得到，並由馬克思下了結論的。由於根據這個道理，才要反抗，才要鬥爭，才要實現社會主義。」說穿了，毛要奪回被劉少奇和鄧小平奪走的大權，向當權派「造反」。

1963 年 5 月 10 日，毛對浙江省委辦公廳轉發的〈一批幹部參加勞動的材料〉中指出：「階級鬥爭、生產鬥爭和科學實驗，是建設社會主義強國的三項偉大革命運動，是使共產黨人免除官僚主義，避免修正主義和教條主義，永遠立於不敗之地的確實保證。……不然的話，讓地、富、反、壞、牛鬼蛇神一齊跑了出來，而我們的幹部則不聞不問，有許多人甚至敵我不分，互相勾結，被敵人腐蝕侵襲，分化瓦解，……少則十幾年，多則幾十年，就不可避免地要出現全國性的反革命復辟，馬列主義的黨就一定會變成修正主義的黨，

---

1　徐春光主編《馬克思主義大辭典》p.1022-23，長江出版傳媒，2010 年 5 月。

變成法西斯黨，整個中國就要改變顏色了。」

這一「黨變修，國變色」成為他貫徹發動文化大革命的基調。

1965 年 11 月，毛將上海人姚文元（1932 ～ 2005）十度易稿（由毛欽定）的〈評新編歷史劇海瑞「罷官」〉的文章刊登在上海《文匯報》上，點名北京副市長吳晗早先寫的歷史劇是「退田」、「平冤」，硬和 1962 年的「翻案風」、「單幹風」混為一談，硬拗說作者要恢復地主富農的罪惡統治，代表國內外敵人「同無產階級專專政對抗」。北京方面根本不肯刊出篇文章。

1966 年 3 月 28 日，毛怒斥：「為什麼吳晗寫那麼多反動文章，中宣部都不打招呼？而發表姚文元的文章偏偏要向中宣部打招呼？難道中央的決議不算數嗎？中宣部是閻王殿，要打倒閻王，解放小鬼！」又說：「我歷來主張，凡中央機關做壞事，我就號召地方造反，向中央進攻。各地要多出些孫悟空，大鬧天宮。」

1966 年〈五・一六通知〉掀開長達十年的無產階級文化大革命運動的序幕。5 月，毛指定陳伯達、江青（毛夫人）、康生、張春橋、姚文元等組成文革小組。5 月底，一篇〈橫掃一切牛鬼蛇神〉的社論狂叫：「一個勢如暴風驟雨的無產階級文化大革命高潮已在我國興起了！」《人民日報》又在另一篇社論中號召人民要「永遠高舉毛澤東思想的偉大紅旗，橫掃一切牛鬼蛇神，把無產階級文化大革命進行到底！」6 月毛宣佈：「要放手，不怕亂，放手發動群眾，

要大搞，這樣把牛鬼蛇神揭露出來。」清華大學附中早在 5
月 29 日就出現紅衛兵，揚言要「造反」（敢想，敢說，敢
做，敢鬧），要「掄大棒顯神通，施法力，把舊世界打個天
翻地覆，打個人仰馬翻，打個落花流水，打得亂亂的，愈亂
愈好」。毛主席親自在天安門接見數百萬紅衛兵。11 月 18
日國防部長林彪號召紅衛兵「大破一切剝削階級的舊思想、
舊文化、舊風俗、舊習慣」。老文人老舍、蕭軍等慘遭紅衛
兵揪鬥，「紅五類」瘋狂揪鬥「黑五類」（地，右，富，反，
壞），滿門抄斬；全國女性基本不准穿紅色內褲。

　　紅衛兵被毛利用來鬥爭劉少奇、鄧小平，林彪更藉文革
整肅他的前輩九大元帥及軍中將領，1969 年 4 月在「九大」
上成為「毛澤東同志的親密戰友和接班人」，國家主席劉少
奇被鬥垮下放而亡。

　　1966 年 1 月 6 日上海造反派（王洪文，1934～1992，
吉林人）率領奪取上海市黨政大權。2 月 11 日及 16 日，周
恩來在北京中南海懷仁堂召開中央碰頭會上，譚震林、陳
毅、葉劍英、李富春、李先念、徐向前、聶榮臻等痛批文革
的錯誤做法（二月逆流），但是各地造反派在武漢、河北及
各地，大鬧要奪權，大搞文攻武衛，全面內戰」，最終被中
央下令制止。毛眼看造反派搞過頭，1968 年底決定收縮，
年底將數百萬青年下放到農村，1970 年底，大約有 5400 萬
人下放，基本上結束文革第一階段。

　　毛開始不耐煩林彪的越權，尤其要毛當國家主席（1970
年），還說：「孫權勸曹操當皇帝，曹操說，孫權是要把他

放在火爐上烤，我勸你們不要把我當曹操，你們也不要做孫權。」毛更不爽的是林彪叫陳伯達（1904～1989，福建惠安人，留學莫斯科中山大學，1930 年回國任教中央黨校和馬列學院，當毛的祕書，寫《中國四大家族》、《人民公敵蔣介石》而聞名的《紅旗》總編輯）和吳法憲義連登造火速整理出一份馬、恩、列、毛、林彪論「天才」的語錄摘要，加上林彪的四大金剛（黃永勝、吳法憲、李作鵬、邱會作）等的鼓吹，1970 年 8 月 31 日（九屆二中全會，8.25-9.6），毛寫《我的一點意見》點名批判陳伯達，要大家不要上號稱懂得馬列而實際上不懂馬列的人的當，他講到廬山會議時，指出廬山是炸不平的，地球還是照樣轉，……我在十幾年以前就不當了嘛，豈不是十幾年來都不代表人民了嗎？我說誰想代表人民，你去當嘛，我是不幹。你把廬山炸平了，我也不幹，你有啥辦法呀？」

林彪之子林立果狂妄地以日本山本五十六的聯合艦隊司令自居。1971 年 9 月 13 日林彪一夥搭機逃走，在蒙古國古溫都爾摔死。24 日四大金剛落網。10 月 25 日聯合國把「中華民國」趕出去，11 月 25 日中國代表團首次出席聯合國大會。1973 年 4 月鄧小平復出擔任副總理。8 月的「十大」王洪文、康生、張春橋進入權力核心，上海造反工人王洪文（1934～1992）竟然被毛指定將接班。

1974 年毛主席已開始對江青不耐煩，7 月在中南海批評：「她算上海幫，你們（江、王、張、姚）要注意呢。不要搞成四人小宗派呢！」從此「四人幫」封號風靡全中國。四人

幫 4 月底從上海挑出 88 個副部長人選，10 月又弄出 21 個部長備選名單。1975 年 1 月鄧小平升任中共中央軍委副主席兼解放軍總參謀長，張春橋爲政治部主任。8-10 日的十屆二中全會上，鄧更成爲黨副主席。四人幫持續藉故揪鬥鄧小平。

1976 年 1 月 8 日周恩來總理去世，四人幫不准人民爲周開追悼會。20 日鄧小平自動請辭中央日常工作的責任。28 日毛提名 54 歲的華國鋒任國務院總理。4 月 5 日人民自動在天安門廣場悼念周恩來，被公安及衛戍部隊鎮壓。毛澤東把鄧小平趕出去，叫「你辦事，我放心」的華國鋒主政。7 月 28 日唐山大地震，9 月 9 日毛澤東去世。

華國鋒頓失靠山，只好找李先念和葉劍英。9 月 25 日葉劍英建議：「先動手，後開口。」10 月 6 日上午華國鋒通知召開政治局常委會，19:20 大內高手汪東興早已部署待命。20:00 王洪文首先走進懷仁堂，立刻被捕，還說：「沒想到有這樣快！」張春橋第二個被捕，姚文元不久被架走，八三四一部隊去中南海抓了江青。21：05 行動結束。

華國鋒靠汪東興支持，但終究鬥不過老帥葉劍英等人，1979 年 7 月鄧小平又復出，1978 年 12 月中共第十一屆三中全會全面糾正十年文革的錯誤，鄧小平成爲中國新強人。

四人幫則在 1980 年 11 月下旬開始接受審訊，1981 年起訴他們「迫害其他共產黨領導人和試圖篡黨奪權」，江青、張春橋都判死刑，緩期兩年執行；王洪文無期徒刑，1992 年病死於獄中；姚文元 20 年有期徒刑，在祖籍浙江了卻餘

生。江青住院，後來遭軟禁，1991 年又入院，5 月 14 日在院內上吊自殺。

## 4. 波蘭改革的破產

1956 年波蘭暴動和平收場，哥穆爾卡一上台就釋放7,000 名政治犯，逮捕前公安部門負責人，並和天主教會和解，允許農民解散集體農莊。盧布林的天主教大學和《標誌》（Znak）、《大眾週刊》（Tygodnik）都正面批判黨的政策，期待哥穆爾卡通過黨，在現存體制內逐漸改革的知識份子，不到一年內就失望。

經濟學者 Oscar Langer 教授主張中央計畫和分散管理的結合，在中央計畫領導下，以工人自治和部份地方合作社（農村）自治為基礎。他抱怨說，教條式的壓制性統治正在扼殺波蘭的經濟思想。哥穆爾卡支持他，立刻遭守舊派抵制。這批教條主義者批評他背叛共產主義，具有狄托主義的傾向；而那些「修正主義派」又要求絕對民主，充分自由化，嫌改革步調太慢了。哥穆爾卡在 1957 年 5 月的二屆九中全會上全面批判修正主義派目前是黨內主要的思想上的危險。

他又查封了大學生聯合會的刊物《直言》（Po Prostu），更是雪上加霜，許多教授和知識份子紛紛退黨表示不滿。哥穆爾卡卻在 10 月發動一場毛澤東式的反右派鬥爭，向黨內修正主義派、騙子、貪污受賄份子、道德敗壞份子等宣戰，至 1958 年 5 月共開除佔 130 萬黨員 13% 的「壞

份子」，立即失去知識份子的心。表面上在 12 月成立「工人自治代表會」，卻完全由黨官僚控制，工人逐漸不再相信他的改革決心。

1964 年夏天華沙大學經濟系講師庫隆（Jacek Kuroń）和莫澤萊夫斯基（Karol Modzelewski）聯名寫了長達 90 頁的〈致黨的公開信〉，公開批評中央政治官僚壟斷資源分配，在軍警特的支持下，扼殺工人民主主義，並以組織、行政、警察力量控制社會生活即意識型態。一小撮官僚結黨營私、亂下計畫和指令，造成資源浪費和產品的惡劣。

這兩位魯莽的小子在 11 月被開除黨籍並予逮捕，遭控倡言推翻政府，1965 年 7 月 19 日分別被判刑三年及三年六個月徒刑。哥穆爾卡又反過來清洗黨內的猶太人，這是來自蘇聯的壓力，不准波蘭猶太人為以色列入侵中東、大敗阿拉伯聯軍而喝采。華沙大學師生公開要求釋放被捕的兩人，將他們的公開信和更早的研究報告公諸於世。

哥穆爾卡的夫人也是猶太人，他卻一意孤行，把猶太人教授哈斯、巴多夫等人扣上託派帽子。1967 年 11 月下旬起，華沙大學劇場連續演出 1832 年民族詩人密茨凱維奇（Adam Mickiewicz）的創作〈先人祭〉，當台上的演員唸著「波蘭歷史是在監獄中發展起來的」、「莫斯科派來的人個個是傻白瓜、是特務」、「我們波蘭人竟為了幾個盧布而出賣靈魂」時，台下觀眾也跟著朗誦，並熱烈歡呼。

1968 年 1 月哥穆爾卡下令禁演此劇。3 月 18 日華沙大學學生到密茨凱維奇墓前抗議，要求戲劇演出自由，遭警察

驅散。19 日哥穆爾卡在文化宮接見知識份子時譴責「猶太復國主義」，痛斥 3 月示威的帶頭者是猶太高官的子弟。罷課和抗議都遭當局粗暴地鎮壓，政治局委員奧哈布及兩名部長憤而辭職抗議；又有 34 名學生、六名教授（包括科瓦科夫斯基）被校方開除和解聘。戰前 350 萬猶太人被納粹屠殺，戰後只剩下三萬人，又有 2/3 被清洗或趕走。鄰國捷克「布拉格之春」遭蘇聯摧毀後，1968 年至 1969 年間，各地大學生和知識份子紛紛以「參加秘密組織」、「散佈反政府刊物」等罪名判刑六個月至三年不等的徒刑。

## 5. 布拉格之春

　　1956 年 4 月 23 日捷克斯洛伐克作家協會開會，55 歲的詩人塞弗爾特要求平反一些作家及公民，包括斯洛伐克詩人諾沃麥斯基。其他作家也紛紛痛批史大林—哥特瓦爾德時期壓制與侮辱作家的行徑，全體呼籲「作家是民族的良心」。28 日薩波托斯基總統國譴責塞弗爾特和赫魯賓是「煽動者」，黨強迫作家協會承認黨是「偉大革命變化的鼓勵者和組織者」，並感謝黨的「正確和英明的建議」。

　　有些作家發行地下刊物《五月》，許多人在家裡偷看禁書。學生也在 5 月要求廢除 1953 年由蘇聯專家制訂的教育法案。諾沃提尼大怒，6 月 11 日在捷共黨大會上痛斥：「關於階級利益調和與妥協的改良主義幻想……為資產階級和反社會主義宣傳要求自由的呼聲。」

杜布切克（Alexander Dubček）

　　1960 年 7 月 1 日國會通過新憲法，宣佈社會主義已經
取得了勝利，準備向共產主義過渡。11 日改國號為「社會
主義共和國」。慶祝大典讓被關了九年的胡薩克獲得大赦。
1953 年獲釋的斯沃博達將軍也自 1954 年起擔任國民議會議
員。7 月 1 日 39 歲的杜布切克被選入捷共中委會，擔任黨
中央書記處的書記。杜布切克（Alexander Dubček，1921 ～
1992）是斯洛伐克人，他的父母由美國回來，1925 年舉家
遷居蘇聯。他在吉爾吉斯唸完中學後當汽車工人，1938 年
回國，1955-1958 年奉派留學莫斯科高級黨校。

　　1968 年 1 月，捷共總書記諾沃提尼被趕下台，掛名總
統杜布切克升為黨的第一書記。4 月 1 日，杜布切克在中央
全會上做了〈行動綱領〉報告，內容主要是捷克要走向社會
主義的道路，一掃過去革命專政蛻變成官僚主義、踐踏民主
及人權、破壞法制、濫用職權等現象所帶來的工資長期原地
徘徊、生活水平停滯不前、基礎建設落後、損害人的能力、
智力、積極性的弊害。黨的任務是發展社會主義，但不是把
自己當作「管家婆」；黨的使命在於激發人的社會主義主動

精神，指明社會主義的前途和現實的可能性，並通過系統的宣傳工作和自身的模範行為，把全體勞動人民吸引在自己的周圍。要尊重黨外人士，保障他們的權利和自由。

黨要改變過去以命令包辦一切，走出個人崇拜的陰影，以法律手段確實保障憲法所賦予每個公民的基本自由（尤其有遷徙和移民國外的自由）。在經濟方面，實現企業和企業組合的自主權；企業要由市場需求來決定其經營方針，和政府的行政行為脫鉤；在勞動力配置上也要從行政行為轉為市場行為。最後，在文化方面要反對用行政方法和官僚主義干預文藝創作，實現文化工作者的「文化藝術自治」。

總之，要走捷克斯洛伐克自己的社會主義道路，這根本就是民族社會主義，令蘇聯老大哥和東歐各國心驚膽顫。一週後《真理報》開始斷章取義地痛批〈行動綱領〉，警告捷共不要搞成「修正主義」。東德的反應最激烈，簡直就要吞噬這個新政權了。

5月初，杜布切克率團訪問蘇聯，備受老大哥的批評，回國後，不得不答覆國人的疑惑說：「我們的蘇聯朋友以諒解的心情，接受我們的解釋。我們說明本身努力的方向，是要進一步發展社會民主主義，並加強共產黨的領導力量，蘇聯朋友表示信心，認為已獲壓倒多數的捷國人民支持的捷國共產黨，定能順利達成本身的目的。」但他也透露了老大哥的憂慮，「以免我國的民主化過程，有被濫用而變成反社會主義之虞。」

5月8日，布里茲涅夫召集保、匈、東德各國小兄弟到

莫斯科開會，只有匈牙利人卡達爾反對制裁捷克。

6月，華沙條約軍展開聯合軍事演習，27日瓦楚利克等70名科學家、藝術家、作家連署《兩千字宣言》，痛批黨及政府說：「共產黨在戰後贏得了人們很大的信任，但這種信任逐漸被官職取代，當它取得了一切官職之後，其他一切就喪失殆盡了。」於是黨不成黨，「領導上的錯誤路線，使黨從一個政黨和思想上的聯盟變成了一個權力組織，使得它對那些利慾薰心的自私自利者以及膽小鬼、居心叵測的人具有很大的吸引力。」黨政合一，黨決定了政府的狀況，整個社會「對公共事務失去了興趣，人人只關心自己和金錢。」

7月中旬蘇軍在演習後還賴在捷克不走，繼續向捷克施加壓力。7月29日，蘇捷雙方在捷、蘇、匈三國交界蒂薩河的切爾納小鎮僅有的一家電影院裡開會4天。老大哥譴責小老弟背叛國際社會主義事業，為帝國主義服務，新聞自由正在威脅共產黨的作用……云云。8月1日雙方共同樣發表一個簡短的公報，杜布切克回到布拉格向記者表示，大家可以安心睡覺了。11日，蘇軍又沿著捷克邊界演習。

一份根本沒有捷共中央主席團成員出席的〈捷共中央主席團和捷克斯洛伐克社會主義共和國宣言〉，居然由蘇聯人代為起草，宣稱「為了祖國社會主義的未來」，要求蘇聯和其他兄弟國共同出兵，「我們的盟友答應我們的要求」。17日蘇聯國安委員會（KGB）的高級專家飛抵布拉格，立刻在大使館內坐鎮，聯絡捷克安全部的親蘇派——捷克特務頭子沙爾戈維奇（副部長），1958年擔任斯洛伐克中央黨校

校長，不久調升國安部（上校）。18 日五國領導至莫斯科開會。19 日蘇共中央批准了 20 日塔斯社的發表聲明正文，聲稱：「應捷共中央主席團和捷國政府的要求，蘇聯和其他社會主義國家鑒於社會主義制度面臨的威脅，給予捷國以刻不容緩的幫助。」

1968 年 8 月 20 日午夜 11 點五國大軍兵分八路殺進捷克，完全沒遇到任何抵抗。其中蘇軍 16 個師約 17 萬人，波軍三個師四萬人，保軍一個師約五千人，匈軍兩個師 15,000 人，東德軍兩個師 15,000 人，共計 25 萬人。11 點一過，契爾弗年科通知斯沃博達說華沙條約軍隊已進入捷克，總統立刻趕往黨中央大廈。切爾尼克被一通電話叫出去，回來後告訴大家說，國防部長楚卡來電，蘇聯和華沙條約部隊已進入捷克境內，他在辦公室裡被兩名蘇聯軍官扣押，只准打電話給總理。

捷克只有四個坦克師、八個機械化步兵師、一個傘兵旅約 14 萬 5 千人，500 架戰機、四萬空軍，根本無法立即動員，根本也不堪一擊。主席團只有決議號召人民「保持平靜」，不作任何抵抗。21 日凌晨 2 點杜布切克下令散會，各自回崗位堅守。切爾尼克回到政府大廈，迅速被傘兵俘擄。21 日凌晨 4 點入侵軍攻佔捷共中央大廈，立刻用槍逮捕杜布切克、斯姆爾科夫斯基、切爾尼克、克里格爾、什帕切克、西蒙（布拉格市委第一書記）等「俘虜」。上午 9 點杜布切克等六人被蘇軍抓走，什帕切克和西蒙獲釋。

22 日凌晨契爾弗年科帶著畢拉克、英德拉（內定為總

理）、柯爾特這三個人到總統府，要脅斯沃博達批准新內閣名單。不料 72 歲的老軍人一口拒絕，叫那三個叛徒滾蛋。契爾弗年科向老總統施壓力，老人仍堅持杜布切克和捷克的合法政府必須復職。

21 日上午杜布切克等六人被蘇軍坦克押送到機場，不久帶上手銬上飛機到斯洛伐克的特里‧杜比軍用機場後，再用汽車送到斯利亞奇礦泉療養地的一處倉庫囚禁。22 日他們又被蘇聯軍機送到烏克蘭的利沃夫，立刻關進監獄。

20 日深夜捷克人民聽到了廣播後才知道亡國了。各地居民湧上街頭包圍蘇軍坦克和部隊，高喊「杜布切克！」21 日一整天市民高懸「列寧，快醒過來，布里茲涅夫瘋了！」「美國在越南，我們這裡有蘇聯！」凌晨 6 點杜布切克廣播叫大家「照常去上班」，電台廣播員叫大家「保持平靜」。

8 點 15 分布拉格電台廣播總統的講話：「我以我在擔任這項職務時所承擔的全部責任，迫切地要求你們保持理智和完全的鎮靜。為了祖國的利益，不要採取任何輕率的行動……。」接著蘇軍攻佔電台。

布里茲涅夫全盤皆輸，全世界輿論一致譴責他，連毛澤東也不例外。毛澤東在 1966 年發動文化大革命，就是要防止走蘇聯修正主義走資派。23 日《人民日報》刊出〈蘇聯現代修正主義的總破產〉，痛批這是蘇修和美帝爭奪東歐的矛盾極度尖銳化的結果，是美、蘇勾結妄圖重新瓜分世界引起的結果。24 日《人民日報》更把蘇聯列為「墮落的社會帝國主義和社會法西斯」。

　　23 日斯沃博達和副總理胡薩克、國防部長楚卡、司法部長庫切拉一起飛往莫斯科，下午 1 點左右由布里茲涅夫、柯西金等人接機。老總統在會談中堅持，在杜布切克、切爾尼克、斯姆爾科夫斯基、克里格爾等四人未獲自由以前，他拒談任何問題。這一天，杜布切克等人也在下午被押抵莫斯科的一幢別墅。8 月 25～27 日凌晨，蘇、捷雙方簽訂公報，一切只能聽命於莫斯科的條件行事。10 月 21 日匈牙利軍隊首先撤走，11 月初波、保、東德軍也撤走了。10 月 28 日的國慶日當天，市民高喊「俄國人滾回去！」「打倒布里茲涅夫！」「馬薩里克萬歲！」「我們要自由！」大示威。

　　1969 年 1 月 1 日捷克斯洛伐克改由兩個聯邦的社會主義共和國組成。8 日布拉格大學物理系一年級學生揚・帕拉赫自焚，三天後去世。16 日斯姆爾科夫斯基以「辦事不力」被趕下台，不久又被開除黨籍。

　　4 月 17 日胡薩克成為捷共中央第一書記。杜布切克當了半年的聯邦議會主席，10 月外放土耳其當大使。1970 年 6 月他又被召回，撤銷一切職務，6 月 25 日被開除出黨。切爾尼克也在 1970 年 6 月被解除總理職務，並開除出黨。胡薩克開始反動統治捷克斯洛伐克到 1989 年。


# 6. 造反派學生風暴

　　巴黎五月風暴 1960 年代以來，西歐呈現富裕社會，年輕人備受呵護，充滿自信，時尚，流行文化、性解放充斥。

沙特（J. Sartre）

父母小心翼翼地防堵孩子們接受共產主義、無政府主義和社
會主義的「赤化」，努力賺錢供他們過著比他們年輕時代更
加美好的生活。

　　沙　特（J. Sartre，1905 ～ 1980）、 列 裴 伏 爾（H.
Lefebvre，1901 ～ 1994）、弗洛姆（Fromm）、哈貝馬斯
（Habermas）、結構主義等風靡新思想界，各種傾向解放壓
制人的體制、解放枝資本主義工業化扭曲和異化的人生、採
取批判和造反的思想、追求社會各階層分享民主制的烏托邦
開始盛行。英美國家全面反共、滅共，反叛者回過頭來找尋
共產主義為什麼令資本家、資產階級那麼痛恨的本源。馬克
思仍然很迷人，歐洲和日本的學生一向有著紅（共產主義）
與黑（無政府主義）的傳統。

　　歐洲到處有托洛茨基派政黨，儘管人數少且各自爲政，他們一貫的策略是「打進去」，在更大的左翼組織（政黨、工會、學生社團）內工作，試圖控制或促使他們朝向托派方向。托洛茨基的「不斷革命論」被史大林官僚主義擊敗，但第四國際繼續在 1957 年宣稱「殖民地革命」是世界革命的重要因素。1961 年他們確立「殖民地革命在下一階段將繼續成爲第四國際的主要活動」。1968 年五月學運後，托派再把戰略中心由殖民地革命轉向資本主義國家的無產階級革命，把主力放在青年學生，提出「學生先鋒主義論」；在策略上停止「打進去」手段[2]，而以獨立政黨參選，在德、義、美等國取得一定程度的選票。

　　1960 年代盧森堡、盧卡奇、葛蘭西及新馬克思（青年馬克思主義）又重獲重視，尤其《1844 年手稿》和《德意志意識型態》問世。「異化」、「人道主義」解放了向來被列寧史大林主義束縛的一代。

　　正逢 1960 年代美國學生運動高漲，爭取「學生權力」（Student Power）呼聲響徹雲霄之際，要求奪回學生應有的權力（不止是權利 right），向被資本家、官僚、財團控制的大學當局挑戰，要求由學生參與行政決策，甚至選舉校長。相對地，教師則爲了取得穩定的研究工作，淪爲把學問當作商品賤賣給當局、研究中心的異化勞動產物，教師太清

---

2　"entry sui generis" 是希臘人帕布洛（Michel Pablo, 1911~96, 本名 M. Raptis）的策略。

楚這個趨勢，你不幹，後面排隊要向當局跪拜的大有人在。

毛澤東的紅衛兵高呼「革命無罪，造反有理」，立刻風靡歐美、日本的學生，1960 年代世界各地（台灣除外）學生人人爭相要打亂舊世界。格瓦拉雖敗猶榮，學生爭相穿著印有他肖像的 T-shirt。他的名言「革命的任務就是創造革命」成為流行口號。胡志明（Uncle Ho）也成為歐洲學生心目中的反帝英雄。馬克思、毛澤東和馬庫塞成為英雄。沙特 1961 年為參加阿爾及利亞反殖民戰爭的美洲黑人 Franz Fanon（1925 ～ 1961）的《地球上受苦的人們》（The Wretched of the World）的序文中說，反殖民革命的暴力是「重新創造自身者……射殺一名歐洲人有一石二島的效果，既摧毀壓迫者，又同時粉碎被他壓迫的人；留下一個死者和一個自由人；倖存者首度感到自己腳下的國家土地。」

由於美國陷入越戰泥沼，引發學生反戰風潮，歐洲的學生也響應反越戰，到美國大使館前示威。

在西德有「德國社局主義學聯」（SDS），其左派受法蘭克福學派影響，杜切克（Rudi Dutschck，1940 ～ 1979）生於東德，1961 年至西柏林自由大學，他指出：「我們反對的不是制度中的小錯誤，更多的是總體性地反對獨裁國家的全部生活方式……，系統地、監督性地、有節制地與國家機器對抗，促使代議民主制的真面目──階級性、統治性和權力的獨裁性暴露出來。」他認為革命就是一個自我教育的過程，靠覺悟，即個人的認和文化水準，而非由經濟條件所決定。列寧的革命先鋒隊在落後的亞細亞的特殊情況下，形

成了當代蘇聯社會主義官僚制的特點。因此，西方的社會主義運動絕不能走這樣的道路。」[3]

1968 年 2 月 17 日 SDS 發動反越戰國際大會。來自法國南部的德國猶太裔科恩‧邊迪（Daniel Cohen-Bendit，1945～）更加激動。杜切克聲稱要通過觸及整個體制的「長征」來擴大學運的基礎。來自比利時的托派理論家曼德爾（E. Mandel，1923～1995）認為若不動員工人階級，西歐革命將不可能實現。柏林市議會撤銷遊行示威禁令後，12,000 人手牽著手高呼「Ho, Ho, Ho Chi Minh！」和「Che, Ch, Guevara！」口號。

1968 年 4 月 11 日杜切克被油漆工人巴赫曼（23 歲）連開三槍，兩槍中頭部一槍中胸部。這個事件立刻引爆五天的巷戰，有兩名學生衣警察打死，400 人受傷。14 日西柏林大學學生高舉李卜克內西和盧森堡肖像示威，來自歐洲其他國家的學生也加入，兩萬人揮舞著紅旗。法國學生高呼「Ho, Ho, Ho Chi Minh！」義大利學生回應「Che, Ch, Guevara！」

3 月 22 日 1968 年 3 月 18 日拂曉前兩小時，一群學生越過巴黎塞納河右岸，用小包炸藥炸爛了英國曼哈頓銀行巴黎分行和世界航空公司巴黎辦事處的玻璃窗，兩天後他們又炸了美國快遞公司的玻璃窗。22 日凌晨警察逮捕六名反越戰學生，其中一名是巴黎第十大學南岱爾（Nanterrel）的學

---

3　David Coute, "Sixty-Eight, The tear of Barricades"（1988）

生朗格拉德‧科恩‧邊迪率領攻佔南岱爾大學行政大樓，仿效古巴的「七二六運動」，宣佈成立三二二運動」（Le Mouvement du 22 Mars）。

南岱爾校區位處巴黎市西郊，俯視阿拉伯和葡萄牙移民的貧民區。11,000 名學生擠在狹窄的教室和演講廳裡，經常不滿而和校方當局爭吵不休。校方驅逐科恩‧邊迪，引發一連串的爆炸事件。

法國大學生全國聯盟（UNEF，全學聯）分為托派「革命大學生聯合會」（FER）和革共青（JCR），毛派的「馬列主義共產主義青年聯盟（UJCml）則由巴黎高師 Althusser 的學生 Robert Linhart 領導。法共把造反派學生及義大利派開除，這些麻煩製造者 4 月 2 日在巴黎另立「革命共產主義青年團」（JCR），由富裕的猶太牙醫之子、索爾邦大學歷史系學生克禮文（Alain Krivine）領導。他們堅信在法國要創建一個領導革命的先鋒隊。他們的戰術是在工廠和街道引起衝突，在國會外角力，用暴力奪取政權。「至於這個奪取過程是否要流血，這個問題不是由無產階級來決定，而要看資產階級怎樣」，無論如何，無產階級必須準備武裝鬥爭。革共青比革學聯溫和多了，南岱爾派以最不妥協的布爾什維克主義和最嚴格的理論純潔性自豪，堅持以自己為中心，以「造反者」自居，經常攜帶武器，準備大搞特搞。

至於毛派一開始就走進工廠，「為人民服務」，放棄學業去勞動，視法共為修正主義派的法共（修）。還有一個「馬列法共」（PCMLF）的親毛派法共開除者們，1967 年

12 月底建立組織，創刊《新人道報》。1966 年秋天革共青和卡斯特羅派、統一社會黨（PSU，社會黨左派）成立一個反越戰的「全國越南委員會」（CVN），吸引了中學生（因為他們反抗嚴格的紀律和老舊的課程、填鴨式的教學），進而發展出「中學生行動委員會」（CAL），和法共的「共青聯」（MFC）別苗頭。至於教師的「高等教育全國工會」（SNESup）也支持學生，由 29 歲的巴黎大學教師、總書記阿蘭‧熱斯馬爾領導，和索瓦熱奧、科恩‧邊迪被稱為學校的「三大馬車」。

五月 5 月 2 日南岱爾分校校長宣布無限期停課，並通知科恩‧邊迪等 8 人去索爾邦大學本部接受委員會的訊問，5 月 3 日巴黎大學校長 J. Roche 要求警察出動，驅趕學生而引發反擊（17 時至 22 時），200 多學生被捕。

當晚學生憤而於布里瓦—聖米歇爾架起拒馬，在街頭引火，融化路面的柏油，以便拾起鋪路石當武器。這一天警察共抓走 547 人，教育部決定無限期關閉索爾邦大學。21 點阿蘭‧熱斯馬爾下令全面罷課，5 月 6 日生上街示威，翌日教育部長悍然拒絕學生所提出的放人，撤走警察，重開索爾邦的要求，因為他已奉到戴高樂總統的指示，即「先維持秩序，然後才能討論」。5 月 8 日，學生成立「五‧三行動委員會」，號召占領校園。

8 日戴高樂總統斬釘截鐵地要求恢復秩序，五名諾貝爾獎得主雅各布、莫里亞克等人向總統發電報，要求赦免學生並重新開放大學。沙特、西蒙波娃等發表聲明，號召所有勞

工及知識份子「在道義上和物質上支持大學生和教師發起的鬥爭運動」。

9 日斯特拉斯堡、南特、雷恩各大學被學生佔領。當晚在互助會會議廳，由革共青召開國際學生共鬥討論會，各國學生出席高唱〈國際歌〉。會場內高掛標語：「從暴動走向革命。」曼德爾主張學生的鬥爭「必須發展到工人階級加入，實現一場社會革命的總鬥爭中去」。全學聯開始和總工會（CGT）及民主勞聯接觸。

10 日 21 點 15 分，第一座拒馬在拉丁區的勒戈夫街築成，升上三色旗，當晚至少有 60 個拒馬，展開了「拒馬之夜」。午夜 2 點 1 分警察開始攻擊，20 分鐘後警察迅速拆除第一個拒馬，受傷者大量湧進巴黎高師，共青聯和德國 SDS 並肩抗戰。電台迅速廣播，成千上萬青年及工人趕赴拉丁區參加鬥爭。5 點 30 分科恩‧邊迪廣播叫大家解散。

12 日政府釋放被捕學生。13 日（週一）80 萬人大遊行，法共的馬歇、社民黨左翼聯盟的密特朗都參加。警察撤出索爾邦後，學生立刻佔領校園，插上紅、黑旗，掛上托洛茨基、列寧、毛澤東、格瓦拉的肖像。

14 日南特的南方飛機製造廠，克雷翁及弗蘭的雷諾汽車廠；接著是巴黎市郊的比揚古廠和所有雷諾公司的工廠都罷工了。法國有 5,000 萬人，失業人口達 50 萬人，工資是西歐工業國最低，外勞超過 300 萬人。5 月 13 日就有 1,000 多萬罷工。24 日農民上街要求提高收購價並降低稅收。

15 日魯昂的雷諾汽車廠大罷工，4,000 多名學生佔領巴

337 — 第六章 動亂年代

黎的 Odéon 劇院，高掛「幻想掌握政權」大標語。16 日深夜龐畢度總理決定動員警察總隊預備隊。18 日廣播電視公司員工拒絕服從官員而罷工。

5 月 18 日，戴高樂匆匆羅馬尼亞返國。

24 日 20 點戴高樂廣播宣佈他決定提出公民投票法案，通過它，他請求給予國家，首先賦予國家元首改革的委託，否則他威脅說他不幹了。

成千上萬學生不約而同地掏出防毒手帕，三個音節一組有節奏地高呼：「永別了，戴高樂！永別了，戴高樂！」熱斯馬爾請警察局開放一條通往巴士底的通道，遭到拒絕。巴黎大學的「壞蛋們」開始用帶來的電鋸鋸倒一些路樹，然後攻擊兩個派出所。警察用催淚彈為掩護，迅速反擊。23 點警察推倒所有剛完成的路障。熱斯馬爾高呼：「去交易所，去交易所！」一小隊人闖進布龍里亞宮，象徵性地點火。警察故意開放示威者沿著塞納河右岸走，龐畢度要利用「學生暴徒」來嚇壞有錢人的住宅區，他的計謀果然奏效，16 區的有錢人驚慌失措。等到保安隊、憲兵隊趕到時，示威者先撤退到歌劇院，再向拉丁區撤退，取道和平街，穿過旺多姆廣場。右岸的示威者湧入博沃廣場，各部、各議員、各顯要紛紛打電話叫部隊準備開槍。

脫離交易所的人馬來到拉丁區，又築起了路障，警察的戰術是先丟手榴彈。在第五區的街道，到處有人砸破木櫥窗搶劫商店，焚燒汽車。在邦戴翁廣場，人群包圍第五警察分局縱火。巷戰一直持續到第二天凌晨 6 點。

　　25 日市民嚇壞了，共產黨更加振振有詞地斥責「左派」。凌晨 3 點富歇透過無線電講話：「這種來自巴黎底層的盜賊是真正的狂人，藏匿在學生後面利用他們的昏亂瘋狂鬧事，造成極大的損害，我懇求巴黎市民們唾棄這種破壞學生名聲的盜賊。」內政部長的分化策略奏效，市民不再支持學生了。

　　龐畢度在勞動部召集工會頭頭們一個一個交談，滿足了他們的要求─提高工資，刪除地域性的最低工資和農業最低保證工資，密特朗則想混水摸魚，政客們動作頻頻。各地罷工紛紛平息下去。5 月 30 日，戴高樂於 16 點 30 分向全國廣播說，他不會引退，不準備更換總理，而是要解散國會，建議舉行公民投票。6 月 12 日政府宣布禁止遊行示威，解散 11 個學生團體，16 日警察「光復」校園，工廠陸續復工。

　　1969 年 4 月 27 日的公投，有 52% 反對，28 日戴高樂宣佈下野，1970 年 11 月去世。

　　左派在 1968 年 8 月蘇聯及東歐軍隊入侵布拉格後，聲名狼藉更加孤立。統一社會黨的總書記米歇爾・羅卡爾、共產黨的杜克洛、托派共青聯的克文禮互爭不下，結果分散票源，1969 年 6 月把龐畢度送上總統寶座（佔 43% 選票）。

　　克禮文向 72 歲的史大林忠實信徒法共杜克洛（J. Duclos）挑戰，他必須通過選舉法規定，必須有 100 名民選官員（例如市長、議員）聯名推薦。法共嘲笑說：「如果克禮文找不到 100 名贊助者，那麼內政部長馬西連（Marcellin）會提供他。」不料共青聯從一大批擔任公職的人派出 100 人

支持克禮文，到 5 月 13 日已有 231 人支持他了。克禮文的招數是呼籲民選公職爲了公民自由權利而支持他參選登記，他們儘可不同意他的政見，將來不投票支持他。托派青年說服他們的父兄及長輩的民選公職人員支持克禮文。沙特等人全力支持克禮文，10 日在《世界報》發表聲明，雷諾汽車的比揚古廠的行動委員會也一樣。

克禮文的政見只有「選舉不能解決任何問題！只有一個辦法──發展直接鬥爭！」法國政府退得替他印製 3,000 份競選傳單，並提供他 100 分鐘的電視時間及同樣多的廣播時間。他畢竟還有 239,000 多票（佔 1.05%），雖敗猶榮。

巴黎五月革命幸虧沒有倒在血泊中，只是不光榮地退場，學生畢竟沒有什麼遠見和戰略，一場反教育體制的臨時起義延續近一個月，嚇壞了大人，終究推翻了戴高樂十年的統治。法國共和黨和總工會扮演可恥的角色，但托派也不成氣候，大人們的爭權奪利陰謀出賣了青年。

## 7. 日本學生「全共鬥」

日本共產黨旗下的學生，於 1948 年 9 月 22 日成立「日本學生自總連合」（全學連），但其中不聽話老是鬧事的統統被日共扣「托洛茨基派」帽子開除。（1952）宮本顯治復出後，（1953）1955 痛批叛徒過去的極左冒險主義路線，全學連只能號召反美軍進駐、反沖繩核武機地化運動。

1958 年 5 月 28 日起的全學連「11 大」上，日共系和全

學連槓上。6月1日雙方大打出手後，香川健一等72人被日共開除。12月10日他們另立「共產主義者同盟」（Bund，共產同），立刻和日本托派結盟。日本托洛茨基聯盟於1957年12月改稱「日本革命的共產主義同盟」（革共同），由東大理科中退生笠原登一（1930～，筆名太田龍）、雙目失明的黑田寬一（1927～）和大屋史郎（筆名西京司）等領導，1958年起一再四分五裂，1965年2月再分裂爲太田龍的「第四國際布爾什維克列寧派」和西京司的「第四國際多數派」，與黑田的「革馬派」（1963.4）以及本多延嘉的「中核派」（1963.2）唱對台。

Bund自稱爲「眞正的前衛」，主張世界革命和無產階級專政，否定議會路線，堅持暴力革命，他們吸收了革共同的塩川嘉信、保田幸一等，1959年6月再趕走革共同分子，由東大學生島成郎爲書記長，擁有500人，控制全學連，擁立東北大學的唐牛健太郎爲委員長。日共痛批Bund爲「托派」、「帝國主義的爪牙」。

1960年代安保鬥爭日本被納入美國的反共冷戰體制，在安保條約下享受美國的核武傘保護。1958年11月岸信介首相向國會提出新安保法，不但加強美軍繼續使用日本的基地，也同時增加日本的兵力。全學連在6月加入1959年3月成立的「阻止安保改訂國民會議」，10月30日Bund主導發動全國95校、35萬學生同盟罷課。27日學生及工人三面包圍國會，法政大學500名學生闖進國會，另一隊東大學生在國會屋頂豎起了紅旗。

　　當夜及第二天，全學連副委員長加藤昇、東大學連書記永見曉嗣等五人被捕。社會黨及工聯的「總評」對學生闖入國會表示遺憾，和全學連劃清界線；日共中央更指斥這是托派挑撥的行動。

　　由於岸信介總理於 1960 年 1 月 19 日在華盛頓發表安保條約，引發學生在 4 月 26 日發動 25 萬罷課，在國會正門前靜坐，5 月 20 日午夜自民黨在動用警力架走社會黨議員，以 12 分鐘強行通過新的安保條約，6 月 15 日，1500 名全學連闖入國會，遭警察毆打，17 點 15 分左右又有 80 多人被右派的維新行動隊暴徒打傷，17 點 40 分集結在國會南門的 1,500 多名學生闖入國會，19 點突然有一輛卡車撞傷數十人，輾死東大文科女學生樺美智子。第二天凌晨警察驅散並逮捕學生，政府在電視上聲明：「這次全學連的暴行，不外是想用暴力革命來破壞民主的議會政治，和推翻現存社會秩序的國際共產主義的預謀，正在掀起有計畫的行動。」

　　19 日零時新安保條約通過，23 日換文後岸信介黯然宣佈內閣總辭。

　　全學連完成了「壯烈的零」行動（生田浩二語）後，從此四分五裂。革共同中間核心派的本多延一指出：「Bund 是黑田寬一哲學、宇野弘藏經濟學與對馬忠行蘇聯論的混合體，把極左的戰術方針帶入革命的左派運動，然而其本身卻陷入不統一的模糊狀態。」

　　Bund 在 1960 年 2 月開除抵制羽田鬥爭的革共同關西派執委，又在 3 月的「15 大」上藉口共產黨派及革共同關西

派未繳納盟費而將他們的代表停權。7月4日全學連「16大」上，反主流派攻擊 Bund 領導的安保鬥爭不過是「半途而廢」的奇妙的勝利，除非布爾喬亞死亡之外，沒有眞正的勝利可言。

至於托派也在 1963 年 4 月分裂成主張優先建立革命政黨、重視意識型態和組織的「革命的馬克思主義派」（革馬派），以及重視大眾鬥爭的「中間核心派」（中核派—前進派）。黑田寬一批判中核派放棄反史大林主張，一味追求街頭暴力和游擊戰，那是一種盲動的過度消耗實力。

托派再度四分五裂：栗原派另立「第四國際日本布爾什維克列寧派」（BL 派），主張發揚切格瓦拉的游擊戰術，把暴力轉爲內戰，促使民眾起義，在叛亂和罷工後建立「日本社會主義共和國」；大屋史郎的「第四國際多數派」主張資本主義的危機永遠不斷，在資本主義崩潰前要發動激烈鬥爭以點燃世界革命的烽火。

1966 年 12 月 17 日以中核派和社學同、社青同解放派出發，進入「三派全學運時代」，共有 35 校、71 個自治會的 1,800 人參加，以共產同一社學同的齋藤克彥爲委員長，中核派的秋山勝行爲書記長，吸收了 ML 派及社青同國際派（第四國際派）加盟。

1967 年 2 月明治大學學生停止抗爭學費漲價，齋藤下台，改由秋山當家。10 月 8 日全學連發動阻止佐藤榮作首相訪問南越，從四面八方包圍羽田機場，佐藤 10 點 30 分已飛走。學生奪取一輛警車，並倒車推走其他警車，號召學生

衝向機場。11 點 25 分京大學生山崎博昭遇害消息傳開，警方咬定是兩名奪警車的日本大學學生倒車時輾死他們的，最後不起訴處分。山崎之死並未引起日本社會的廣泛同情和共鳴。

為阻止佐藤榮作訪美（1967 年 11 月 12 日），1968 年 1 月中核派主導阻止一向越南作戰的美國航空母艦 Enterprise 號進入佐世保港未成，仍不斷地去外務省、首相官邸、美國大使館及橫須賀美軍基地抗議。2.26，中核派及反戰青年加入反對蓋成田機場而逕行收購三里塚土地的居民聯合抗爭。

4 月 28 日「沖繩日」當天，中核派 2,000 人攻佔東京火車站，引燃枕木；「越平連」攻擊銀座的警署；Bund 派學生向首相官邸丟汽油彈。當局事先以〈防破法〉第 40 條，抓走當天沒參加活動的五名中核派及 Bund 幹部，引起各派共同聲明「總決起！」

10 月 8 日全學運和越平連的 3,000 人阻止美軍燃料車、佔領新宿車站，有 150 人被捕。21 日國際反戰日當天，Bund 社學同攻擊防衛廳，革馬派、構造改革派（日共）、解放派到國會抗爭，ML 派、中核派、第四國際派在新宿展開鬥爭。Bund 主張反戰鬥爭是攻擊日本的軍事及外交路線；解放派、革馬派、構改派堅持反戰、反政府鬥爭；中核派、ML 派、第四國際派主張反越戰必須以實力阻止美軍運油車，三派全學連開始分裂。

攻佔新宿的學生開始縱火、推倒警備車，秋山等 769 人被捕。1984 年 12 月最高法院判決中核派的吉羽忠等兩人三

年徒刑，ML 派的久富可美等六人二至三年徒刑（緩刑），其他 14 人被起訴，三人逃亡外，其餘則服刑或緩刑。

1969 年 10 月 21 日反戰日，中核派等各左派學生又突襲 21 個派出所，1,222 人被捕。當時中核派 800 人在高田馬場車站築拒馬、丟汽油彈和警方對峙兩小時；ML 派及市民也向新宿的警察展開城市游擊戰。社學同、全共鬥等 300 人在兩國、東日本橋、反帝學評、舊構改派在東京八重洲站，革馬派在戶塚二丁目對派出所丟汽油彈。在北海道則有 13,000 人在飛彈基地示威，東北、靜岡、名古屋、大阪各地也有反戰示威。

1968 年 6 月 15 日在東京日比谷室外音樂堂的「反越戰青年總決起」大會上，中核派和革馬派、解放派大打出手，三派全學連瓦解。7 月中核派全學連另立山頭，反中核派（社學同、ML 派、社青同解放派、第四國際派）則成立「反帝全學連」（藤本敏夫）。然而社學同又和解放派分裂，解放派在隔年 7 月另立一個全學連，自此，一年七個月的三派全學連分裂成民青系（共產黨）、中核派、革馬派、解放派的「四派全學連」。

日本的大學學費不斷上漲，引發學生的憤懣，加上校方壓制學生自治管理學生會館及宿舍，問題叢生。1964 年已有慶應大學學生反對學費上漲抗爭，1965 年又有早大學費、學館鬥爭，1966 年明治大學反對學費上漲鬥爭、中央大學學館鬥爭、法政大學廢除處分學生鬥爭。

1968 年 1 月日本大學爆發理工學部教授 A 錢逃稅事件，

國稅局查出日大有 20 億元的使用不明問題。3 月經濟學部的會計課長富澤廣突然失蹤，理工學部的會計主任渡邊晴子自殺，引起學生更大的憤怒。5 月 20 日各學部學生集結抗議，23 日他們在神田三崎町的經濟學部一號館前展開 2,000 名學生的「偉大的二百米示威」，和右派學生對峙。6 月 21 日右派打傷了 200 多名示威學生，引發經濟、法學、文理及全校大罷課，學生築起拒馬、佔據校舍，要求全體校董退陣，答應他們和校方團體交涉。校方不予理會，9 月大學取得東京地方法院的「排除占有假處分」，叫警察入校拆取各學部的拒馬，憤怒的學生再佔領經濟、法學兩部校舍。9 月 30 日日大全共鬥在兩國講堂召開三萬人與校方的團體交涉，歷經十個小時而獲勝，全體校董被逼退。第二天，佐藤首相在內閣會議上不許集團暴力交涉，把大學問題政治化。日大當局以此為藉口，立刻撤回大眾交涉議定，再度引警察暴力為靠山。

10 月 5 日當局下令逮捕全共鬥議長秋田明太等八人，警察逐漸「光復」各校。21 日的國際反戰示威，學生在防衛廳、國會各地示威，政府決定將他們以騷亂罪移送法辦。11 月 7 日 5,000 名學生及反戰青年在首相官邸展開沖繩鬥爭。24 日勞、農、學聯合，8,000 名抗爭者阻止波音飛機降落，展開粉碎三里塚（成田）機場總決起大會。

東大全共鬥學生在 1969 年 1 月 18 日攻佔安田講堂，掀起全共鬥的鬥爭新高潮。東大「青醫連」反對醫生登錄制及實習制，再三與醫學部長、東大醫院院長交涉失敗。2 月 19

日青醫連學生與春日醫局長及數名醫局員工互相嗆聲，校方認定學生施用暴力，引發學生反彈。3 月 11 日醫學部突然開除四名學生並處分 13 人。28 日東大醫學部學生阻止畢業典禮的進行，29 日展開無限期罷課抗爭。6 月 15 日醫全學鬥、醫學連學生佔據鐘台，兩天後校方叫警察進來驅離學生。18 日，東大連合全共鬥成立，20 日展開全校統一罷課抗爭。7 月 5 日再成立全學共鬥會議。

10 月 1 日大河內校長下台，11 月 22 日召開「東大、日大鬥爭勝利全國學生總決起大會」。12 月 29 日他們決定阻止入學考試。

1969 年 1 月 18 ～ 19 日學生攻佔安田講堂，但醫學部圖書館、工學部陳列館與法學部研究室卻被 8,500 名警力強制解除封鎖。當安田講堂攻防戰之際，物理研究所博士班三年級的東大全共鬥議長山本義隆，在其他學生掩護下潛出重重包圍的警網，展開 270 天的地下生活。

這位 1941 年生於大阪的學生，堅持做一名有良知的科學研究者，主張「自我否定」，而後成為自覺的人。青醫連學生反抗在資本主義體制下，大多數國民未能享受公正的醫療待遇，人命在體制內被錢勢多寡來區隔，這種體制還有什麼「人類的平等」及「民主憲法」可言？他們堅持不入醫局、不參加國家考試、不承認國家的認可，選擇當人民的醫生。

山本義隆在 1969 年 2 月 10 日寫文章指出：「日本對越南問題無動於衷，並不表示從此就可以守住日本的和平；光是期望研究室不變成戰場，並不能保住『大學自治』或『研

究自由』，唯一保住的，只是研究者的自私主義罷了。因此，為了反擊專制，我們絕不惜把研究室闢為戰場。事實上，我們要守護的目標只有一個，那就是：知性的誠實。」他呼籲：「批判體制，由自己開始批判。先否定東大，再否定東大教授，最後否定自己是東大學生，這就是我們的運動。」

他在〈恢復知性的攻擊〉文章中指出：「大學生被置於侍奉資本主義的教育行政機構所設計的校園內，經過這段時期的隔離，一旦進入社會即淪為構成權力結構的小齒輪，學生要拒絕這種體制強加賦予的命運，唯有建立自我教育及保障自治活動的屏障，揮別過去，否定過去被塑造出來的自我，否定心中盤據的東京帝大意識，以徹底批判的原理為基礎，檢驗自己日常的存在，努力建立普通的認識。從這樣的認識，自我否定以往寄生於社會、與勞動階級對立的心態，以實踐社會的變革。」

東大全共鬥學生高呼：「東大解體！」因為「東京帝國主義大學已淪落到為了侍奉剝削人民的大資本家、官僚的生產與控制而做學問的地步」，「我們否定這樣的帝國主義大學」。他們自稱為「狂人」，自認為自己是尼采所講的全面否定既有價值，否定一切曖昧的妥協，企圖轉換所有價值的狂人。他們狂呼中國紅衛兵「革命萬歲」、「造反有理」的口號。

1 月 18 日清晨 5 點 30 分鎮暴警察反撲，22 日「光復」安田講堂。

2 月 21 日在日比谷公園召開「東大鬥爭・全國學園鬥

爭勝利工學市民連帶集會」，20點45分山本義隆突然現身，群眾用肉體凝成的人牆擋住警察部隊，讓戴著白色頭盔的山本上台演講，然後再保護他安全地離開現場。「二一二」後，「一個妖怪出沒於全日本——『全共鬥』這個妖怪，強烈地震撼著在權力與秩序中死氣沉沉的知識份子，迫使他們動搖和恐懼。」

3月19日東大開學。23日日立大學第二次聯考，東京14所大學「全共鬥」號召高中畢業生拒絕聯考。3日12,000名學生、市民展開反對三里塚成為軍用機場大會。

4月28日全共鬥在銀座、御茶之水、新橋展開沖繩鬥爭，與鎮暴警察大打出手。5月21日慶祝日大鬥爭一週年全學總決起集會，4,000名理工部學生衝進校內示威。6月15日東京362個團體召開反戰、反安保、沖繩鬥爭勝利統一集會，七萬人從日比谷走向東大示威。7月16日早稻田大學粉碎大學法鬥爭，8,000人走向國會示威。

9月5日革馬派以外全國43,000名學生集結，成立「全國全共鬥連合結成大會」，當晚電視報導山本義隆被捕的消息。10月10日十萬人參加阻止佐藤首相訪美大鬥爭。21日國際反戰日示威中，各地學生展開游擊戰，攻擊四個警署、17個派出所，有1,508人被捕（東京就有1,121人）。11月16日阻止佐藤訪美，在蒲田車站有2,000人被捕。

全共鬥已耗盡精力，安田講堂事件有767人被捕，616人被起訴，他們全體拒絕出庭。一審判處133人四年徒刑，直到1977年6月仍有安田講堂B群15人被判刑兩年徒刑。

日大鬥爭則有 1,608 人被捕，167 人被起訴。1977 年 7 月秋田明大等五人被判處一年兩個月徒刑，緩刑五年。

1970 年 6 月安保鬥爭再起，一直持續到年底，但已是強弩之末了。山本義隆後來在一所有名的補習班教物理。秋田明大回故鄉的汽車廠當修理工，後來失語症發。書記長田村正敏回北海道當農夫。中核派等學生 1,600 多人全部被退學。

整個安保鬥爭，全學連、全共鬥終究被體制壓倒，日本大企業不採用學運份子，更是雪上加霜。日本學生面臨比美國、歐洲更加嚴苛的社會，最終是玩夠了，回去學校，趕快畢業找頭路，又消失在日本資本主義的人海中，茫然混過一生。只有左派教授免於迫害，仍舊在校園內高唱馬克思主義的革命歌曲。

1969 年 5 月「共產主義者同盟」關西派宣稱要及早成立軍事組織，拿起手槍和炸彈，大搞世界革命。8 月 8 日 400 多人結成「赤軍派」，推舉京都大學學生塩見孝二為長。9 月底赤軍派開始攻擊京、阪各地派出所。11 月 5 日在大菩薩峠集結訓練時，有 53 人被捕。1970 年 3 月 31 日九名赤軍包括一名高中生在內，用炸藥、手槍及武士刀劫持一架從羽田機場飛福岡的日航「淀號」（Yodo）班機去北韓平壤（4 月 3 日），在金浦機場降落後先釋放人質。

1971 年 7 月 15 日赤軍和京濱安保共鬥的永田洋子結成連合赤軍。但由於內鬥與殺害同志，赤軍連無法在日本立足，而轉向海外發展。

　　1971 年 2 月 28 日重信房子以正常手續，手持日本國護照由羽田機場出發，邁向 30 年的革命之旅。重信房子（Shigenobu Fusako，1945～）生於東京，高商畢業後在醬油公司上班，後來考進明治大學夜間部的歷史系。她在大二時就參加學生運動，1969 年加入和 Bund 分裂的關西派所組成的赤軍派。1971 年他和奧平剛士假結婚後，雙雙投奔黎巴嫩的「巴勒斯坦解放人民陣線」（PFLP）。從此，在 PFLP 的支持下，重信房子召集日本人同志建立「日本赤軍連」，和巴勒斯坦解放共同奮鬥，指向世界同時革命的目標。

　　1972 年 5 月 30 日 22 點 30 分從巴黎出發的法航班機在以色列的特拉維夫盧德機場徐徐降落。三名赤軍從行李箱拿出蘇聯製狙擊槍和幾顆手榴彈，向候機室內的人亂射。26 歲的奧平剛士（京大學生）把自己的頭貼近手榴彈，衝向以色列警察引爆自殺。安田安之（24 歲，京大學生）的動作慢了些，炸了自己的胸膛後死去。岡本公三（24 歲，鹿兒島大學學生）則棄械投降。

　　這次事件一共打死 24 人，打傷 18 人，岡本被以色列法庭判處無期徒刑。日本赤軍名展天下。1973 年 7 月 20 日 16 點 40 分丸岡修和四名巴解（PFLP）劫持一架從巴黎飛日本的日航班機，當飛機飛經阿姆斯特丹上空時，他們宣佈劫機，扣押 145 名人質，並宣佈這是「結合日本和巴勒斯坦革命的世界革命戰爭」。

　　三天內，飛機在阿拉伯聯合大公國的杜拜機場、敘利亞的大馬士革機場加油後，飛抵利比亞的邊卡吉機場。丸岡修

一下機，立刻釋放全部人質，引爆日航飛機，卻誤炸死一名還在機內的巴游女戰士。他們向利比亞當局投降，很快獲釋。

1974 年 1 月 31 日 11 點 45 分，和光春生（曾是慶應大學文學部自治會副委員長）以及全共鬥時代的活動家山田義昭，夥同兩名巴游，在新加坡島西南的荷蘭殼牌（Shell）石油煉油廠引爆油庫，並宣稱這是「和越南革命戰爭的共鬥」。2 月 6 日 10 點五名 PFLP 攻占日本駐科威特大使館，要求日本政府交出和光等人，迫日本政府屈服，並派一架班機把這兩次事件的九名恐怖份子送到南葉門。

從此，日本赤軍連就和劫機、爆炸、綁架人質的行動分不開了。1974 年 7 月山田義昭在巴黎被捕，和光春生、奧平純三及西村純在 9 月 13 日攻佔荷蘭海牙的法國大使館，扣押十名人質，迫法國政府放人。1975 年 3 月 5 日西村純、戶平和夫在斯德哥爾摩的黎巴嫩大使館附近被捕，引渡回日本。8 月 4 日五名赤軍又攻佔馬來西亞吉隆坡的美國大使館，迫日本政府釋放西村、戶平等人，從吉隆坡飛往利比亞。2001 年 4 月 1 日重信房子宣佈解散赤軍連，她在 2000 年 11 月 8 日已被捕，引渡回日本。

# 8. 拉丁美洲的紅色政權

智利的悲情 1970 年 11 月 3 日智利社會黨領袖阿萊德（Salvador Allender Gossens，1908 ～ 1973）宣誓就任總

統。他是醫生，歷任衛生部長、參議院議長，1952 年起一再參選總統失敗。他獲得共產黨支持，僅有 36.3% 得票率，1952 年起他一再參選總統失敗，愈挫愈勇，最後由參眾兩院投票，以 153 對 35 票裁定當選。

CIA 在他當選前已提供數千萬美金，並以海報將阿葉德抹黑為反民主的大魔頭；還有蘇聯坦克出現在匈牙利布達佩斯街頭、古巴人民面對卡斯特羅的行刑隊等畫面，意在恫嚇智利選民別投給共產黨。

尼克森總統十分不安，他無法如過去的美國政府事先阻止卡斯特羅上台，而南美洲卻又出現另一個古巴。一個義大利企業家警告美國總統：「如果阿葉德當選，再加上卡斯特羅，你在拉丁美洲就會有一塊紅色的三明治，到頭來拉丁美洲就會一片通紅！」尼克森的國安特助（後來的國務卿）季辛吉更指出阿葉德具有強烈的反美傾向和馬克思主義，一定會跟蘇聯、古巴建交，可能會沒收美國人資產。不過他並非無懈可擊，因為他不是絕對多數執政。

從 1970 年 11 月到 1973 年 9 月 CIA 花了 800 萬美元搞垮阿萊德。眼看阿葉德上任立刻為格瓦拉立銅像，和古巴建交；銀行國有化（1971），銅礦、硝石國有化，沒收美國資產，美國不再提供零件，智利報廢的機械堆積如山，民生用品暴漲，民怨四起。阿葉德在國會只是弱勢，他的執政黨加上友黨，在參議院 50 席中才佔 27 席，眾議院 150 席中才佔 57 席。在野黨在 20 個月內連續發動 21 次彈劾部長、省長，迫阿葉德七次改組內閣，反對黨控制了最高法院及全國廣播

網的 2/3，電視網的 1/2；他們發行的報紙是左派的 2.5 倍，並有美國為靠山。

美國貸款、融資一律停止，更在國際市場上故意搗亂智利出口的銅砂價格，1972 年它的出口產值由 6.5 億美元跌至 4 億美元，智利的通貨膨脹率高達 350%。4 月的修憲鬥爭上，兩名左派激進黨部長退出政府、社會黨主張勞動陣線，反對勞工和資產階級妥協或聯合；共產黨堅持人民陣線，聯合反對黨裡的進步力量，從而孤立和打擊反對派。在野黨乘政府與反對黨反目而發動示威、罷工。5 月共產黨下令不准參加康普西翁示威，強調他們不支持政府的示威。阿葉德急躁地在一年內徵收 1,100 多個大莊園去搞集體農莊，惹火了中小農場主。分配到土地的貧農卻苦無農具和資金。1973 年農業生產暴跌 13%，政府被迫耗盡 88,000 萬美元外匯（1970～1972）進口糧食。主婦排隊買不到牛肉、糖和豬肉，怨聲載道。儘管政府免費提供 300 萬兒童及孕婦每天半公升的牛奶，提高最低工資的 50%，卻只能靠舉債和通貨膨脹（1973 年 8 至 9 月間暴漲至 508.1%）來苦撐。1972 年 8 月21 日商人罷市抗議政府將成立一個地區性的公共卡車公司；16 日工程師、銀行員、加油站員工、律師、計程車司機、公車司機、醫生都開始罷工，持續一年，他們的生活費從哪裡來？

阿葉德不肯交出三軍統帥權，1970 年 11 月解散鎮暴部隊，由軍人接管銅礦、鋼鐵、電信、核能、運輸及流通各部門，促使軍人由中立及專業轉為積極參與國有化運動。施奈

德的繼承人陸軍總司令普拉茨（內政部長）制止了反動軍人的蠢動，1973 年 6 月他挫敗了一次軍事陰謀，8 月成為國防部長，他的妻子卻率領一群官太太們大鬧，迫他下台，由聖地牙哥衛戍司令皮諾切特（Pinochet，1915 ～ 2006）取而代之。

4 月底罷工示威已無法控制，弗雷和另一名基民黨人分別當選為參、眾兩院議長，CIA 的策略奏效。5 月 22 日私營公車主罷工，要求提高票價，解決零件短缺問題，政府則沒收了所有的公車。6 月 5 日銅礦罷工進入第 48 天，迫政府停止銅砂外銷，切斷了外匯的主要來源。21 日共產黨支持政府的反罷工行動。

1973 年 9 月 6 日一群來自各地的婦女代表們要求能會在一週內解除總統的權利，否則她們將敲響軍營的大門，請阿兵哥出來。10 日軍隊迅速向聖地牙哥集結。11 日凌晨 6 點阿葉德被電話吵醒，通知說他的故鄉瓦爾帕萊索的海軍已經叛變了。他下令國防部長萊特列爾通知陸軍司令皮諾切特，卻找不到人。

上午 7 點 30 分阿葉德帶著 27 名私人侍衛、23 挺自動步槍、兩挺機關槍和三門火箭筒進入總法席（拉莫內達宮）。十分鐘後他第一次向人民廣播；8 點 15 分他第二次廣播後，身邊的電話響起，空軍侍從武官傳話說：「我奉命通知您，總統先生，由三軍總司令和警察首長組成的軍事委員會要求您辭職。空軍參謀長馮·朔文將軍已為您準備一架可以飛往任何國家的飛機了。」阿萊德回答說：「你轉告馮·朔文將

軍，說智利總統絕不逃跑，他知道如何履行一個戰士的職責！」

8 點 30 分剛成立兩個小時的「軍政府」由皮諾切特代表像阿葉德發出最後通牒。阿葉德傲然向全國廣播：「我決心用一切手段抵抗到底，甚至不惜犧牲自己的生命，以便留下一個教訓，使那些只會使用武力而沒有道理的人遭臭萬年！」

10 點 30 分政變部隊開始進攻總統府，阿葉德手持衝鋒槍抵抗，一個小時後皮諾切特再發出最後通牒，半個小時後阿葉德葬身火海。CIA 付給殺手 3,500 美元，再收回武器。

皮諾切特的特務在 1974 ～ 83 年間，將 25 萬人關進監獄或集中營，1990 年 3 將軍才交出軍權。

沒有人去追究 CIA 背後的尼克森和季辛吉，尤其後者至今仍在資本主義世界春風得意，毫不知恥地寫了許多「巨著」。1974 年 8 月 8 日尼克森因為水門事件東窗事發，承認自己下令 CIA 以國家安全名義妨害司法，自動辭職。

尼加拉瓜 1979 年 7 月 19 日桑定民族解放陣線（Frente Sandinista de Liberación Nacional，FSLN）的武裝部隊開進馬納瓜，在拉丁美洲成為另一個紅色政權。

蘇慕薩家族控制尼加拉瓜，1959 年 9 月老蘇慕薩遭青年詩人刺死，長子路易士以國會議長身份繼任總統，次子則成為國防軍總司令。1963 年路易士病死，才由他父親的秘書史奇（René Schick）繼任。史奇的繼任者是副總統蓋瑞（Lorenzo Guerrero），1967 年 小 蘇 慕 薩（Anastasio

Somoza，1925～1980）當選總統，開始修改憲法，一直連任下去。這個家族控制了全國可耕地的 1/3 和全國經濟的 60%，完全效忠美國。美國人根本瞧不起蘇慕薩，但是羅斯福說：「他是狗養的，卻是我們的人。」（He's a son of bitch，but he's ours）[4]

1961 年 7 月 23 日 豐塞卡（Carlos Fansaca，1936～1976）和博爾赫（Tomás Borge）及馬約爾加（Silvio Mayorga）三個人在宏都拉斯建立了 FSLN 紀念桑地諾。他們是大學生，1957 年豐塞卡去莫斯科、東德半年，回國後曾經坐牢。1958、1960 年兩度流亡。1960 年 7 月 23 日四名示威學生被政府軍打死，激發了學生運動，馬約爾加就在當時加入 FSLN。

豐塞卡和古巴人關係深厚，他否定社會黨認為軍事行動時機尚未成熟的想法；認為選舉不過是毫無意義的「偽善的鬧劇」，堅持「人民武裝起義」。

豐塞卡在 1963 年 6 月發動 60 名學生游擊隊從宏都拉斯打進尼國北部山區的 Raiti 村，10 月潰敗，只有幾個人逃回宏都拉斯。1970 年代起 FSLN 分裂成三個意識形態對立的派系：（1）民眾長期游擊作戰（Guerra Popular Prolongada，GPP），屬於毛澤東派和格瓦拉派，主張農民長期消耗對抗；（2）馬列主義的「無產階級傾向」派（Tendencia Proletaria, TP），主張城市游擊戰，走入貧民窟，向窮人證明鬥爭及

---

4　"Time"，Nov.15, 1948。

組織是唯一解決剝削問題的可能方法；（3）主張「第三條道路」的溫和改革派（Los Terceristas），不標榜馬克思主義，吸收相當多的民主人士參加。

1962 年 12 月 FSLN 在馬達加爾巴省（Matagalpa）的龐加扇（Pancasan）建立游擊基地，1967 年夏天被政府軍攻破，馬約爾加陣亡。逃入城市的人也紛紛被捕，在街頭槍決示眾。博爾赫和奧蒂加兄弟逃入古巴受訓，豐塞卡也一直流亡海外（～ 1975）。FSLN 受毛澤東《論持久戰》（1935）的影響，沉潛五年，在北部及東北部山區省份逐漸立足，再向城市及學生擴大外圍組織。

1972 年 12 月 25 日尼國大地震，首都馬拉瓜夷爲平地，聯合國的救災物資（六億美元）被蘇慕薩一幫人侵吞，連血漿也賣到美國去，引起人民憤懣，有利於 FSLN 的發展。1974 年聖誕節 FSLN 突襲美國大使館外交官的晚宴，扣押 30 名政府官員，迫政府交付 100 萬美金的贖金，釋放奧蒂加（Daniel Ortega Saavedra， 1945 ～）等 14 人，並且在電台公佈他們的理念。1975 年蘇慕薩下令戒嚴，打死豐塞卡，博爾赫再度坐牢。1977 年游擊隊退入大西洋岸的叢林內喘息。

留學智利及東德的富裕子弟維洛克（J. Wheelock）用依賴理論分析尼加拉瓜，批判少數把農民當作革命的賭注是十分不智的；他主張在工人階級中建立一個前衛黨，以武裝工會的破壞行動及團體自我防衛來代替游擊戰。他更強調一個理性的、公道的、追求全體和平幸福的暴力，被豐塞卡痛批

為假馬克思主義、呆板的教條主義。

奧蒂加的弟弟溫貝托（Humberto Ortega，1947～）則認為農民及無產階級都無法成為有用的群眾基礎，只有由小資產階級和城市中產階級所形成的「第三社會力量」，才能提供所需的群眾支持。他的「第三派」卻已經成為最激進的了，批評前兩派的持久戰，主張決定性的時刻即將來臨，獨裁政權使社會矛盾加速對立；加上國際情勢對 FSLN 有利，因此當前的任務是尋找一個既能奪取政權，又能打倒地方及國際反動勢力結合的策略。1977 年 5 月 4 日「第三派」主張發展一個沒有左派高調的最低綱領，鼓動溫和的反對勢力採取激進手段，但以建立一個馬列主義的社會主義社會為最高目標。

眼看美國可能放棄蘇慕薩，FSLN 轉而支持查莫洛（Pedro J. Chamoro，1924～1978）及民主解放聯盟。蘇慕薩在 1977 年考慮釋放政治犯來緩和民怨，這將對革命造成不利形勢。第三派立刻提出「廣泛反蘇慕薩同盟」策略，下山找城市的不滿中產階級、專家、中小企業主、學生及青年，建立「第三社會力量」，但避口不談馬列主義。1977 年初奧蒂加兄弟終於成功地爭取資產階級反對派成立一個小團體，再形成 12 人小組的臨時政府。

1979 年 1 月 10 日在紀念查莫洛遇害一周年的示威中，政府軍打死數十人。2 月 28 日美國卡特（Jimmy Carter，1924～）政府停止援助蘇慕薩，5 月起美洲各國陸續跟尼加拉瓜斷交，並在 6 月 16 日承認 FSLN 是等同於政府的交戰

團體。1979 年 3 月起 FSLN 開始武裝起義，7 月 17 日蘇慕薩逃到美國邁阿密，8 月 21 日 FSLN 公佈新憲法。

戰爭使尼加拉瓜死去 3.5 萬人，8 ～ 10 萬人受傷，在 250 萬人口中有 100 萬靠救濟過日子（1979.8 估計）；外債 16.45 億美元。FSLN 提出政治多元化、混合經濟和外交不結盟三個建國原則。1980 年國務委員會成立，47 名委員代表 29 個政黨、工會、行會和其他團體，FSLN 佔 29 人，有三名天主教神父為部長。1983 年通過政黨法，1984 年 11 月大選，七個政黨參加，FSLN 得到 66.9% 選票，奧蒂加和拉米雷斯（Sergio Ramirez）當選正、副總統。

新政府犯了嚴重的錯誤，早在 1981 年底 FSLN 就強迫西北部鄰接宏都拉斯的 20 萬米斯基托人（Miskito）集體遷居，並逮捕其領袖。此外，對天主教會勢力的低估，造成不可挽回的錯誤。由於大量資金用來補貼價格（水、電、公共工程）和社會福利（免費醫療和教育），又無法推動土地改革；對私營企業（佔國民經濟的 60%）又和平共存，造成左也不是、右也不是的經濟混亂局面。

FSLN 執政十年，有八年繼續在內戰。1981 年美國雷根總統上台後，藉口尼加拉瓜接受蘇聯、古巴軍援，以及支持薩爾瓦多游擊隊，取消上屆卡特政府所承諾的一切援助，削減從尼國進口糖的 90%；同時派兵在尼國領海領空演習。雷根政府撥款數億美元支持反 FSLN 的叛軍，其中以前蘇慕薩國民警備隊組成的「尼加拉瓜民主陣線」和零上校的「革命民主聯盟」，從 1982 年起開始反叛。曠日持久的內戰使

尼國更是雪上加霜，1988 年 3 月爲止，造成五萬人傷亡，36 億美元的損失，政府被迫把 40-50% 的預算用在軍隊上面。外債增至 67 億美元，通貨膨漲高達 7,778.4%，人心動亂。奧蒂加在 1989 年 2 月 18 日宣佈 1900 年 11 月的大選提前到 2 月舉行。他還赦免 1,894 名前國民警備隊成員，但是一切都太遲了。

1990 年 2 月大選，查莫洛的遺孀由全國反對派聯盟支持，獲得 55.2% 選票，FSLN 只得 40.8%，奧蒂加只好交出政權。2006 年 11 月 5 日奧蒂加又當選總統，2011 ～ 2016 年仍舊連任，其夫人 Rosario Murillo 當選副總統（2016）。


# 9. 左派游擊隊

格拉瓦的《游擊戰》成爲拉美左派游擊隊的聖經，1962 年 11 月，在古巴支持下，祕魯托洛茨基分子 Hugo Blanco 發動恐怖攻擊，不久紛紛慘敗被捕。在巴西東北部，古巴支持 Francisco Julião 的「農民聯盟」起義。委內瑞拉親古巴的「左翼革命運動」加入委內瑞拉共產黨，成立「民族解放武裝部隊」，在首都加拉卡斯及農村到處恐攻活動。

阿根廷托派工人革命黨的「工人革命人民革命軍」於 1992 年 4 月暗殺飛雅特汽車公司在阿國的負責人薩盧斯特羅，又暗殺了桑切斯將軍。30 日再暗殺海軍少將基哈達。5 月，他們綁架福特汽車公司執行長未遂，12 月，埃索石油公司付 1200 萬美元贖回先前遭他們綁架的經理，1973 年 2

月，人民革命軍在科多瓦搶劫軍火工廠時襲擊了政府軍。翌年1月，70多名游擊隊襲擊阿蘇爾兵營，俘擄數名高級軍官，1975年12月23日他們又攻擊蒙特金戈洛的兵軍和工廠，同時又攻擊警察局。第二年有兩名領袖被捕，許多人開始流亡國外。

1968年2月從巴西共產黨分裂出來的「民族解放運動」，由 Carlos Marigbella（1911～1969）領導，18個月後即1969年9月，他們和「十八革命運動」聯手綁架美國大使培爾德布瑞克而聲名大噪，11月，馬里格拉在聖保羅遭請警方伏擊而喪命，留下《城市游擊戰手冊》。他鼓吹「一個革命者的天職就是搞革命」，「一個組織要誕生，需要開展武裝鬥爭。……與警察及民共相比，游擊戰士是站捍衛公正的事業──人民的事業，而前者是站在人民公敵那一邊」。

另一個「革命大眾先鋒」於1968年10月針對巴西及美國目標大搞爆炸及攻擊活動，在聖保羅暗殺了美國海車上校；1969年綁架日本領事以交換5名同志。6月又綁架西德大使，交換40名囚犯。儘管不久拉馬被殺，但他們還是綁架了瑞士大使，交換70名囚犯。1971年底組織瓦解，巴西左翼組織也漸消聲匿跡。

1960年代末，哥倫比亞出現了「哥倫比亞解放軍」（1966）及「四一九運動」，解放軍和「民族解放軍」（ELN）從1970年代開始綁架勒贖活動，哥國首都波哥大被譽為「世界綁架之都」。1978年拉普拉塔和解放軍的貝特曼創

立「四一九運動」，最初只搞綁架、搶劫，1978 年起攻擊政府及美國石油公司，1929 年 1 月綁架尼加拉瓜大使及德克薩斯石油公司的職員。1980 年 2 月他們佔領多明尼加大便館，兩個月後獲得 100 萬美元贖金後而逃亡古巴。

薩爾瓦多的「法拉邦多·馬蒂人民解放軍」從 1978 年起大暗殺、綁架，攻擊美國企業，1977 年 11 月綁架南非大使。1971 年成立的「人民革命軍」，也從 1973 年起攻擊政府及企業。瓜地馬拉的恐怖組織於 1967 年被美國支持的政府軍清剿，轉而向城市發展。1968 年他們伏擊美大使曼恩，幾天後撕票。1970 年 3 月他們綁架了美國勞務參贊，幾天後又殺害西德大使，1978 年後他們再度活動起來。

祕魯的「圖帕克阿馬魯革命運動」（MRTA）由國會議之子坎博斯創立，1936 年起開始搶劫銀行，攻擊政府和美國的外交官，1970 年他們綁架了美國國際開發署的官員米特里昂，要求釋放 150 人。他們領袖被捕後，米特里昂於 8 月被暗殺。1971 年他們綁架英國大使 8 個月，1972 年這個組織終究被祕魯安全部隊破獲 200 個藏身處，逮捕 2600 人，打死 42 人而從此一蹶不振。

委內瑞拉「革命運動左派運動」，及一部份共產黨人於 1961 年組織了「民族解放武裝力量」，起而攻擊美國企業，以報復美國對 1962 年古巴危機的襲擊。1963 年 8 月，他們綁架了美國軍事代表團副團民切諾特上校，但他後來平安獲釋。不久，共產黨被政府招降而切斷恐怖組織的聯絡網。此後，在布拉諾及卡內羅的領導下轉入農村打游擊，委內瑞拉

政府壓迫古巴中止對民族解放武裝的支持。

　　美國軍方及 CIA 於 1975 年 11 月啓動「兀鷹行動」（Operenion Coader）發動巴西、阿根廷、智利、烏拉圭、巴拉圭及玻利維亞六國，針對共產黨、左派、工會份子、農民領導人及知識份子、學生，用綁架、暗殺、刑求不遺餘力，至少殺害 5 萬人，3 萬人失蹤，40 萬人被囚禁。[5]

　　祕魯共產黨於 1964 年分裂後，1970 年由三次訪問中國，目睹文化大革命的哲學教授帶學生在最窮苦的山區立足，他主張通過暴力革命奪，沿著馬利亞吉特的光輝道路前進，成立「光輝之路」（Sendero Luminos／SL）。SL 以 5 人爲一組，估計有 2 萬人，大多是女性，個個參加艱苦的勞動與不斷地學習討論，白天勞動，夜間出沒活動。1980 年 5 月 17 日，SL 首次攻擊阿亞庫喬附近村落的投票所，隨時攻擊警察、地主、商店，到處破壞軍事目標及輸電設備，分發土地給印地安人。1988 年，古茲曼被捅，開始展開恐怖行動，後來古茲曼在獄中佈道，宣佈放棄恐怖行動。

　　1996 年 12 月 17 日，圖帕克阿瑪魯恐怖份子佔領日本大使館，劫持 490 名人質，這一天正逢大使館慶祝日本平成天皇命名紀念日及翌年天皇 63 歲生日，共有 800 多人應邀參加。20:14，一群蒙面人支持 AK47 衝鋒槍，從炸塌的大使館花園圍牆外闖進來，迅速制伏守衛，15 分鐘內劫持 600

---

5　引自呂正理《共產世界大歷史：一部有關共產主義及共產黨兩百年的興衰史》，P.36，遠流出版，2020 年。

多人到使館內，日裔祕魯總統藤森拒絕妥協，儘量拖延時間，國際紅十字會代表與 MRTA 談判，為人質送食物、藥物。MRTA 陸續釋放老弱人質，留下祕魯高官及拉美、亞洲外交官及日本國人。12 月 28 日 MRTA 又釋放來西亞、多明尼加大使在內的 29 人。藤森準備挖地道救人，利用印加帝國的查文德萬塔文化遺址做模型，訓練特勤隊，模擬進攻，再派人挖掘通往大使館官邸主樓的 5 條地道。

1997 年 4 月 22 日下午 3 點，恐怖份子放下槍在室內踢足球，藤森下令進攻。15:27 五名 MRTA 被炸死，200 名突擊隊從地道裡鑽出來，一下子打死 3 人，15 分鐘後再打死 6 人。整個營救行動只花 38 分鐘，72 名人質除祕魯最高法院法官的阿庫尼亞心臟病發，送醫途中猝死外，其餘 71 人安然無恙。

## 10. 印度支那赤色陣營內訌

1975 年 4 月 17 日柬埔寨共產黨（赤棉，Khmer Rouge）進入金邊，此後三年八個月又 20 天波布對人民展開大屠殺，兩千多年歷史毀於一旦，貨幣、市場、學校、宗教、書籍、私有財產、個人行動自由全部遭取締。民主柬埔寨政府試圖改變歷史，視家庭生活、個人主義和人們對封建制度根深蒂固的偏愛，和封建體制本身都是阻礙革命的絆腳石。4 月 17 日後一週，超過 200 萬人被趕進農村。內戰已死去 50 萬人，這次連住院病人都被趕下床，沿途都是死人

或被遺棄的病人、小孩和老人。此後六個月，那些被趕出城市的「新人」或「4 月 17 日人」全力耕種稻米及其他作物。1976 年 3 月的國民議會選舉，棉共包辦全部議席。波布（東部大區橡膠工人代表）、英薩利（Ieng Sary）、英薩利的妻子 Ieng Thirith、符寧、喬森潘等進入政府，9 月開始第一個五年計畫。

Pol Pot（1925～1998）本名 Sar Salogh，生於金邊北方 Prek Sbauv 村的富農家庭。他的堂姐 Meak 是王室舞蹈團員，後來成為大王子 Sisowath Monivong 的王妃（1927），生下 Kusarak 王子，以後貴為王后。1948 年他念技術學校建築科，1949 年以獎學金赴巴黎留學三年，沒得到學位，1953 年進入叢林打游擊，翌年回金邊從事地下工作，1963-1967 年又回叢林。1970-1975 年他是棉共中央軍委主席。

他的「S-21 中心」任意挑選犯人拷打及處死，三年多內到底死了多少人？波布不斷清黨，喬密和嫩順被控叛變，各階層的人一直被清除，包括所謂「罪惡的細菌」的中產階級、曾為龍諾打仗的士兵、在越南主導時期參加柬共的人，以及和外國有關係的人，知識份子更慘，連一般戴眼鏡的人都不放過。

南越湄公河流域（舊交趾支那）18 世紀被越南奪走，但一直有不少高棉少數民族世代居住在那裡。法國人在 19 世紀末殖民印支以來，又把柬埔寨的四塊地方劃歸越南。1951 年胡志明將印支共產黨改為越南勞動黨，另外分出柬埔寨人民革命黨和老撾人民革命黨。另一支純粹高棉人的柬

埔寨共產黨（Pof Kampuchea）則由當時仍名不見經傳的波布領導。

　　1973 年以後北越切斷對赤棉的援助。1975 年 6 月波布率團至河內，雙方無法達成邊界問題的共識。1976 年 4 月雙方同意會面討論簽訂友好條約問題，卻沒有談妥。1977年 12 月 21 日民主柬埔寨指控過去兩年內越南「從事犯罪行為，企圖透過一小撮自甘為越南特務的叛逆力量，發動政變來粉碎民主的柬埔寨。」

　　早在 9 月中國結束四人幫亂政後，波布率團至北京，中國人不支持他對越南發動戰爭，但仍答應提供軍事援助。1978 年 12 月 25 日河內發動十萬正規軍進攻柬埔寨，不到兩週，1979 年 1 月 7 日攻陷金邊。在此之前反波布的韓山林（Heung Samrin）為首的人民革命委員會已組成柬埔寨民族救國統一戰線，獲得蘇聯及其衛星國的承認。波布又回叢林打游擊。但聯合國安理會在美國主導下，決議譴責越南入侵柬埔寨。美國國務院發言人 1 月 3 日詭辯說：雖然美國對柬埔寨政府的「人權記錄非常不以為然」，但「基於原則，我們不認為第三國對該國政府片面干預是對的」。一週後韓山林政權宣佈完全廢除波布、英薩利這幫反動份子的獨裁、法西斯、搞種族屠殺的政權，成立柬埔寨人民共和國。

　　1 月 7 日蘇聯塔斯社痛批波布政權是「反動的獨裁幫派」。一週後中國人則針鋒相對，強調「越南侵略者」受到蘇聯社會帝國主義的協助和教唆，中國簡直站在「美帝」一邊了。波布 5 日派人聯絡施亞努，要求他代表柬埔寨去聯合

國陳情，施亞努立刻答應。11 月在紐約聯合國安理會上，施亞努呼籲安理會決議要求越南撤軍，並停止所有國際機構對越南的援助。越南代表則反唇譴責波布的暴政將國家變成人間煉獄。蘇聯大使 Oleg Troyanovsky 指控波布政權大搞「公開的種族屠殺」，要建設毛澤東式的社會。15 日七個不結盟國家草擬一項決議文，呼籲停火。投票時英、美、法支持中國，蘇聯和捷克斯洛伐克投反對票，此決議遭到封殺。

2 月 16 日越南總理范文同訪問金邊，與越南扶植的柬埔寨新政府簽訂 25 年的和平友好互助條約。17 日拂曉人民解放軍進攻越南，18 日蘇聯譴責中國入侵越南，充分暴露「北京在東南亞實施爭霸政策的真實本質」抨擊中國領導人「企圖把全世界扯進戰爭的深淵」。3 月後中國以達成「懲越」目的退兵，又保留伏筆說，一旦越南再搞「武裝挑釁和越界」，中方「保留再予反擊的自衛能力」。

1981-1982 年施亞努（背後有中國壓力）、前總理宋雙（Son Sam）及波布三方勢力結盟，反對越南扶植的傀儡政權。

1981 年 9 月柬共宣佈解散，該黨已改行資本主義思想。Leng Thirith 解釋說，民主柬埔寨已完全改變，她的丈夫英薩利補充說，柬埔寨在「很多代」內不會實行社會主義。赤棉此舉討好了民主柬埔寨聯合政府（CGDK），波布和英薩利都入閣，控制了外交事務，並擁有最精良的部隊，施亞努仍在北京，宋雙很快就失去有限的自由，此後十年三派各懷

鬼胎。

越南人為人民共和國培訓三萬人的軍隊，至 1988 年大約有五千名柬埔寨人到蘇聯及古巴受訓。1989 年蘇聯及東歐巨變，越南也在 9 月撤出最後一批部隊。1990 年 7 月美國國務卿貝克宣佈美國不再支持 CGDK 於聯合國的代表席位。1991 年 10 月四派聯合組成最高全國委員會（SNC），11 月施亞努短暫回到金邊。聯合國部隊與維和人員進駐柬埔寨。1993 年 7 月選舉雖遭赤棉抵制，仍和平完成，施亞努的大兒子拉那烈領導的王室黨（Funcinpec）領先人民黨七個席次；一個反共、反越的政黨佔剩餘 11 席中的十席。人民黨的洪森（Hun Sen）勉強與王室黨結為聯合政府，恢復君主制，71 歲的施亞努在 1955 年放棄王位後重新登基。赤棉被宣佈為非法組織，1996 年英薩利向政府投降。波布 1997 年 6 月重掌大權，殺了宋雙及其子女。波布眾叛親離，很快被抓並受審，判處終身監禁，1998 年 4 月死於獄中。

## 11. 共產主義在非洲的興衰

二戰後非洲和亞洲的獨立過程中，民族革命蓬展，共產主義也是那些後殖民領袖（postcolonial leader）的選項之一，阿爾及利亞的民族解放陣線（FLN）、老牌的蘇丹共產黨（SCP）、幾內亞佛得角非洲獨立黨（PAIGC）的卡布拉爾（Amilcar Cabral，1924～73）等都扮演傳播馬克斯主義的重要地位。然而，共產黨員在非洲極為少數，唯一勉強較大

的只有南非共產黨這個多元族裔的政黨（SACP, 1921 年成立），後來他們同黑人的非洲國民大會結盟，但 20 世紀 90 年代已被邊緣化了。

　　迦納英屬黃金海岸於 1957 年改爲迦納獨立後，恩克魯瑪（Kwame Nkrumah，1909 ～ 1972）總統大肆爲自己造神運動，大搞個人獨裁，被拱爲「主宰命運的偉人、非洲之星、崇高的奉獻者」。1962 年他險遭行刺，就向蘇聯求助，KGB 立刻協助他建立一支「總統特屬禁衛團」，以及佈建攻反顛覆情報網，捷克、東德、波蘭、古巴人接踵而至，中國也派情報官和教官到來。1966 年 2 月 24 日，恩克魯瑪在北京，準備前往河內調解越戰，軍隊和警察發動政變，逮捕11 名 KGB 當場槍斃。從前追隨他的青年們高舉「恩克魯瑪我們的救世主！」大牌，此後他流亡幾內亞，1992 年客死於羅馬尼亞，從此軍人獨裁統治迦納。

　　1960 年 6 月掙脫比利時殖民的剛果，卻是各民族爭奪權力的血腥戰場，卡薩武布（Kasavubu）領導的 Bakango人聯盟（ABake）、沖伯（M. Tshombe）的加丹加巴倫達人部落聯盟（Condakata 黨）等與巴特拉拉族的盧蒙巴（P. Lumumba，1925 ～ 1961）總理各自爲政。利奧波維爾的士兵反抗滯留的比利時軍官指揮而嘩變，比利時報紙故意渲染剛果士兵輪姦白人婦女，又指控盧蒙巴計劃邀請蘇聯軍隊來鎮暴。7 月 10 日，比利時傘兵攻占一些據點，11 日比利時人慫恿因此可以想想沖伯在加丹加宣佈獨立，又策動A. Kalonji 宣佈「開賽礦業共和國」獨立。盧蒙巴向聯合國

求援，1960 年 7 月 15 日，聯合國祕書長 Dag Hammarskjöld 率軍進入剛果，取代了在加丹加的比利時部隊，然而盧蒙巴身邊不乏共產黨友人，比共響應莫斯科的號召，提供他「技術顧問」，蘇聯大使 Yakovlev 空運武器、飛機、汽車及大批特務到剛果。

不料 9 月 5 日卡薩武布罷免了盧蒙巴，次日總理也宣佈解除總統職務，9 月 14 日，陸軍參謀長莫布杜上校（J. Mobutu）宣佈暫時接管政權，盧蒙巴被聯合國部隊及剛果國民軍「保護」起來，11 月 27 日逃出首都，2 天後被比利時直升機偵察到行蹤，被軍隊押回首都的兵營囚禁。

盧蒙巴在逃亡路上丟失了一隻公事包，CIA 一向忌憚民族獨立運動，8 月 18 日美國總統艾森豪在國安會議上表示，不論盧蒙巴有沒有左傾，但至少是個典型的民族主義者。阿啄仔擔心的是蘇聯支持第三世界的民族獨立運動，暗中把共產主意塞進去。CIA 站長 Larry Devlin 來電說，美國大使館和情報站都認為，剛果正經歷一場十分「典型的共產主義者接管政府的努力過程」。8 月 26 日，CIA 局長杜勒斯下令「把他搞下台是當務之急，是首要目標」。莫布杜發動政變後，限令蘇聯外交官在 48 小時內離境。

CIA 把那隻公事包大肆加工，塞進一些偽造文件，但有兩份是真的，包括盧蒙巴要求蘇聯提供部隊、武器、飛機、汽車及其他補給品的一封信；加上中國總經理周恩來的來信，表示中國願意提供 100 萬英鎊給盧蒙巴政府。

1961 年 1 月初，莫布杜把盧蒙巴、Okiti 及 N. Mpalo 等

三人送交伊麗莎白維爾的沖伯，35 歲的盧蒙巴被割下耳朵送給卡隆吉，三個人的屍體被丟進煉鋼廠的硫酸桶裡毀屍滅跡。

蘇聯在莫斯科開辦「盧蒙巴人民友誼大學」，培訓第三世界的恐怖分子，其中以委內瑞拉的「豺狼卡洛斯」，即 Ilich Ramirez Sanchez（1969 年生）最有名。莫布杜在1965 推翻卡薩武布，改國名為剛果民主共和國（1964～1971），1971 年再改為 Zaïre，從此個人獨裁統治，1997 年5 月被 L. Kabila 推翻而流亡摩洛哥，此後這個可難的國家陷入內戰至 2002 年。

剛果共和國剛果共和國以剛果河與薩伊爾為界，二次大戰時當地人堅決支持法國抵抗法西斯，1960 年獲得法國支持而獨立，由天主教神父 Fulbert Youlou 擔任總理，主張經濟自由化，排斥社會主義，但是政府腐敗無能，壓制工會，16 年 8 月被推翻。Alphonse Massamba-Débat 對內實行一黨專政，對外接受蘇聯及中國的援助，又邀請古巴派人訓練軍隊。1968 年 7 月 31 日，軍官 M. Ngouabi 推翻馬桑巴代巴，1969 年 1 自任總統，12 月改「全國革命運動」為「剛果勞動黨」，改國名為剛果人民共和國，1977 年 3 月恩古瓦比刺身亡，11 名軍人組成勞動黨軍事委員會，政權幾經換手，1997 年由 Denis S. Nguesso 專權，維持社會主義一黨專政至21 世紀 20 年代。

葡萄牙本土面積才 9 萬 2212 平方公里，在非洲卻有206 萬平方公里的殖民地。幾內亞比紹的獨立運動領袖卡布

拉爾（Amilcar Cabral，1924～1973）唸過里斯本高等工藝學校（1954），1956年回故鄉當農業普查員，1956年領導PAIGC，1963年1月23日，獨立黨打響第一槍，1968～1969年，游擊隊切斷葡軍的北方運輸線，歷經十多年奮戰，游擊隊控制全境2/3土地及1/2人口。1973年1月20日，白人潛入黨內部，暗殺了卡布拉爾，葡萄牙人對卡布拉爾的游擊隊（他們前往中國、古巴、蘇聯、幾內亞乃至賽內加爾和迦納受訓）清剿不遺餘力。1973年9月佩雷拉宣佈建國，卡布拉爾的弟路易斯當選為國務委員會主席。1975年佛得角獨立，1980年11月與幾內亞比紹聯合，Louis下令屠殺在獨立戰爭期間幫助葡萄牙政府的「叛徒」幾千人，又推動極左經濟政策，將全過企業收歸國有，卻遭遇大饑荒，1980年被João B. Vieira推翻。

卡布拉爾雖死，但他卻影響了葡萄牙幾內亞總督的陸軍副參謀長Spinola，在1970年強人薩拉查死後，1974年4月發動政變（不流血的康乃馨革命），放棄海外殖民地。1974年9月斯匹諾拉下台，卻在1975年3月企圖發動政變失敗，左翼軍人組成了武裝部隊最高革命委員會，推行廣泛的國有化運動及土地改革。11月25日，極左翼軍人發動政變未遂，葡萄牙共產黨被趕出政府，直至1987年社會民主黨執政，政局才日趨穩定。蘇亞雷斯（Soares de Resende）從1994年活躍以來，1986～1996年間擔任第二共和國總統。

埃及在1967年以色列發動「六日戰爭」後占領西奈半島（以軍又佔領約旦河西岸地區及敘利亞的戈蘭高地），納

瑟邀請蘇聯軍援及訓練軍隊，五千多蘇聯顧問入駐，埃及幾乎淪為蘇聯的衛星國。1970 年納瑟死後，沙達持特將軍繼任總統，首先與「穆斯林兄弟會」和解，又將親蘇的副總統 Ali Sabry 解職，1972 年又將所有蘇聯顧問驅逐出境。1982 年沙達持遇刺身亡，穆巴拉克（Mubarak）又與蘇聯恢復邦交，尋求在美蘇之間保持平衡。

1969 年尼麥里（J. M. Nimeiry）及一群具有社會主義思想軍官推翻蘇丹民選總統，開始國有化及土地改革，但同共產黨漸行漸遠。1971 年 7 月，蘇丹共產黨策動政變，逮捕尼邁里，新當權派立刻號召另一批流亡英國的共產黨人回國。7 月 12 日，載著流亡人士回國的飛機，被利比亞強人格達費（Ghadaffi）攔截，命令飛機在利比亞的 Tripoli 降落，逮捕其中兩人。當天下午尼邁里獲釋，他立刻吊死政變者，包括共產黨總書記 A. Mahgoub 及工會領袖 Abdullah。然而格達費自己卻轉向中國購資武器被拒，1976 年與蘇聯簽約購買 120 億美元的軍火，蘇聯派一萬多專家到利比亞，格達費又引進古巴人協助訓練軍隊。但終究不肯受蘇聯及古巴控制。

蘇聯人在北非鎩羽而歸，但又把目標鎖定索馬利亞。索國於 1960 年獨立後，蘇聯人在 18 個月已在其首都 Mogadishu 及其他城市建立據點。由於西方國家拒絕提供武器給索馬利亞，蘇聯反而受惠。1964 年 10 月，軍人政變成功，新強人 Siad Barre 將軍相當聽蘇聯的話，KGB 協助賽德建一個國家安局，1972 年由他女婿蘇萊曼上校主持，此

人身兼陸軍情報首長。此外，KGB 又培訓一支「勝利先鋒」
（Gulwadayasha）的青年民兵，專事檢舉告發異議人士。媒
體、教育也受蘇聯老師灌輸共產主義意識形態，受過訓練的
老師們則下鄉去游牧民族那裡「傳教」，1974 年索馬利亞
與蘇聯簽訂友好合作條約。

　　然而索馬利亞與與衣索匹亞互爭 Ogaden——該地區在
衣索比亞境內，居民大多數是索馬利亞人，雙方兵戎相見
（1977）。歐加登發現石油，兩國衝突更加升高。蘇聯痛斥
索馬利亞與利比亞犯了「沙文主義及擴張主義」錯誤。塞德
怒而宣佈與蘇聯廢止友好合作條約，又驅逐蘇聯顧問。1978
年初兩萬古巴部隊支援衣索匹亞擊敗索馬利亞軍，迫後者
撤出歐加登。1991 年 1 月塞德被聯合大會武裝推翻，此後
索馬利亞又陷入內戰，原英屬地區與前義大利屬地區分裂
（1991），自立為索馬利蘭共和國。

　　阿比西亞尼帝國（1270 ～ 1941）及衣索匹亞帝國（1941
～ 1974）都是基教的所羅門王朝統治，1936 ～ 1941 年曾被
義大利占領，海爾·塞拉西一世流亡英國，1941 年 5 月由
英軍助其復國，1974 年 9 月，前國防部長安多如為首的「臨
時軍事行政委員會」宣佈廢黜並囚禁海爾·塞拉西一世，翌
年成立共和國。1976 年 8 月，衣索匹亞共產黨成立，另一
個人民革命黨雖然也信奉馬克思主義，卻互別苗頭。

　　1977 年 2 月，Derg 內訌 Bantu 等人遇害，蘇聯及古巴
立刻支持 Mengistu Haile Mariam 政府。門格斯圖 15 歲就當
小兵，爭取「德爾格」的大多數普通士兵及士官代表，1974

年 12 月衣索匹亞迎來社會主義，1975 年起推行國有化（包括工商企業、土地）。1976 年 4 月 1 他宣佈：馬克思列寧主義是衣索匹的主流意識形態；1977 年 5 月同蘇聯簽訂《友好互助合作原則宣言》。1978 年他在蘇聯及古巴支援下擊敗索馬利亞，奪回歐加登，同時重新控制了厄立特里亞。

對內，門格斯圖發動一場「紅色恐怖」，假借貧民組織殘酷打擊軍隊以外的反對派，將其屍體貼上「反對派分子」標籤，或拋屍於首都郊外的萬人坑，從此門格斯圖逐漸腐化，使用前皇帝（早已被處決）的汽車和進口防炸汽車，難怪一名支持者慨歎：「人們本來指望我們搞一場革命來實現公平，可現在，他已經變成了新皇帝。」[6]

到 1985 年中期，衣索匹亞必須支付蘇聯提供的武器 35 億英鎊（年利 2%，分十年償付），只好拼命增加咖啡出口賺取外匯來償付。1989 年 9 月，提格瑞人民解放陣線（Tegray PLF）與衣索匹亞人民民主運動等組織組成衣索比亞人民革命民主陣線。1991 年 5 月 19 日他們發動攻勢，21 日迫門格斯圖辭總統職，5 月 21 日逃抵津巴布韋的 Harare，獲得政治庇護，蘇聯在非洲大陸唯一的衛星國家就此不復存在。過渡政府承認厄立特里亞為主權國家，1993 年 4 月 23-25 日的公開報票同意獨立（4 月 27 日～ 5 月 24 日獨立）。

葡萄牙殖民地安哥拉在 1956 年已有馬沙多領導的安哥拉人民解放運動（MPLA，「人運」）。1958 年另有從巴剛

---

6　Martin Meredith, "The State of Africa", P. 248（2005）。

果族為主北安哥拉人民聯盟（1954 年成立）改組的「安哥拉人民聯盟」（UPA），由 H. Roberto 為主席，薩文比（J. Savmbi，1934 ～ 2002）為總書記。1961 年各地起義慘敗，1963 年 3 月，兩大組織聯合組成「安哥拉民族解放陣線」（Frente Nacional de Libertação de Angola，FNLA），由羅伯托領導，4 月在利奧坡德推爾（金沙薩）宣佈成立安哥拉流亡革命政府，8 月建立安哥拉民族解放軍。12 月，MPLA「一大」後，醫生詩人內圖（Neto，1922 ～ 1979）為主席。1963 年 MPLA 建立安哥拉人民解放軍。

蘇聯經援 MPLA，又訓練解放軍打游擊，古巴出兵 15000 人到安哥拉參戰。1975 年 1 月在肯亞總統肯雅塔安排主持下，三大領袖內圖、羅伯托和薩文比在蒙巴薩舉行和解會議，15 日三方代表與葡萄牙簽署《阿沃爾協定》，30 日或立過渡政府，下設 12 個部長，3 派及葡萄牙各占三人，不料 3 月間 MPLA 與 FNLA 火拼於盧安達，8 月 10 日卡賓達人宣佈獨立；7 日，FNLA 與 UNITA（不滿羅伯托貪腐的薩文比另立）「安哥拉徹底獨立全國聯盟」退出過渡政府，MPLA 在古巴和蘇聯支持下擊敗其他兩派而執政。葡、英、美傭兵助力 FNLA，南非軍助 UNITA，古巴軍助 MPLA。11 月 11 日葡萄牙宣佈「將權力交給安哥拉人民」，內圖片面宣佈成立安哥拉人民共和國；其他兩派則在卡莫納成立「安哥拉民主共和國」政府。1976 年 MPLA 在古巴支持下擊退反對勢力，2 月葡萄牙承認人民共和國，10 月內圖與蘇聯簽訂友好合作條約，政府開始土地、企業、銀行等國有化

政策，太過倉促反而導致經濟停滯和社會動盪。1979 年內圖死後，多斯桑托斯繼任 MPLA—勞動黨主席、總統兼總司令。

1974 年 7 月，CIA 恢復對 FNLA 提供秘密資金，1975 年 3 月 CIA 拿 30 萬美元，叫羅伯托在盧安達辦一家電視台和一份報紙，7 月，美國 Ford 總統授權季辛吉展開一次大規模行動，從此美元不斷支援 FNLA 及 UNITA。南非政府擔心在蘇聯支持下，安哥拉可能成為支援西南非人民組織（SWAPO）游擊隊攻擊南非控制下的西南非；於是南非人和羅伯托、薩文比密議，同意為他們練兵，冒充傭兵從西南非侵入安哥拉。

薩文比留學里斯本、瑞士及洛桑各大學，獲得尚比亞政府支持。1976 年 MPLA 在古巴軍協助下，擊潰 FNLA 及 UNITA，薩文化逃入東部山區。1984 年 2 月，在美間斡旋下，安哥拉與南非簽訂「脫離軍事接觸協議」，FNLA 向政府投降，美國雷根政府繼續支持薩文比亞這位「民主鬥士」薩文比控制了中部及南部大片土地，揮師北上，佔據隆達省的鑽石礦區（產量占安哥拉的 3/4）。

隨著南非（1985 ～ 86）、古巴（1986）陸續撤軍，並不再支持薩文比，1990 年蘇聯對安哥拉失去了興趣，MPLA 正式放棄馬列主義，將國有企業私有化，薩文比則冷酷獨裁，靠祕密警察鎮壓異己，以石油資源自肥，他有恃無恐地不斷挑戰政府，1991 年 5 月 31 日，多斯桑托斯與薩文比在里斯本附近的比薩斯正式簽署和平協議，結束 16 年內戰。

1992 年大選，薩文比大敗，內戰再起。1994 年 11 月薩文比失去萬博，回老家拜倫多後同意談判，《盧薩卡和平協定》簽署後，薩文比仍一再拖延復員，拒絕交出鑽石礦區，至 1997 年他在過去 5 年的鑽石收益高達 20 億美元，1997 年 4 月 UNIT 議員全體就職，但又在 1998 年造反，11 月內戰再起，1998 年 12 月，失去耐心地多斯桑托斯宣佈戰爭是唯一的選擇，下令圍剿薩文比，2002 年 2 月薩文比在尚比亞邊境一帶的盧武阿被打死，幾天後 UNITA 求和，3 月底結束 27 年內戰，多斯桑托斯及其親信貪汙舞弊。

1962 年 6 月，海外三個解放組織成立「莫桑比克解放陣線」，（FRELIMO），9 月在坦尚尼亞的達萊撒蘭宣佈要徹底消滅葡萄牙殖民統治及一切帝國主義殘餘勢力，爭取早日實現民族獨立，建一個現代化國家，大會選舉留美人數學教授蒙德拉那（E. Mondlane，1920～1969）為主席。

然而班圖人之間彼此宿怨太深，解放陣線在坦尚尼亞總部吸收的是渡河而來的馬孔德人和尼揚扎人，但他們拒絕合作，總書記馬本達等人又在開羅另立「莫桑比克非洲民族同盟」。1963 年的解放陣線挑一批人去阿爾及利亞和埃及受訓，1964 年 9 月展開游擊戰，1969 年 2 月蒙德拉納在拆郵包時被炸死，由農民出身馬謝爾（Samora Machel，1933～1986）總司令及西曼戈、多斯桑托斯等三人主席團領導。馬謝爾聯合詩人桑托斯擊敗西曼戈。解放陣線背後由蘇聯支持打游擊，1974 年 9 月葡萄牙承認莫桑比克獨立，1975 年 6 月建國，馬謝爾堅持以馬列主義為意識形態的藍圖，1977

年 2 月 FRELIMO 改爲「莫桑比克解放陣線黨」，將農場及商業收歸國有，推行農業集體化，肅清天主教及傳統酋長勢力。

莫桑比克支持南非及羅得西亞黑人反對白人，羅得西亞反過來支持反莫國政府的「莫桑比克全國抵抗運動」（RENAMO）。羅得西亞獨立改爲津巴布韋後，仍繼續支持 RENAMO，直到 1984 年爲止。1986 年 10 月，馬謝爾總統死於空難，副總統 J. Chissano 繼任，1992 年 10 月與 RENAMO 在羅馬簽署和平協議，結束 16 年內戰。1989 年，黨放棄馬列主義，實行黨民主制，1990 年 1 月放棄一黨專政，莫解陣持續執政。

# 12. 鄧小平體制

鄧小平倚重的中央高級黨校副校長胡耀邦（1915～1989，共青團出身的湖南人）於 1977 年底升爲中央組織部長，開始平凡，然而「小鄧」不容魏京生等的「要民主還是要新的獨裁？」（1979 年 2 月）下令鎮壓民主熱潮。1979 年 3 月 30 日鄧提出堅持四個基本原則：必須堅持社會主義道路；必須堅持無產階級專政；必須堅持共產黨的領導；必須堅持馬列主義、毛澤東思想。1979 年 7 月 15 日，國務院決定在廣東的深圳、汕頭、珠海及福建的廈門 4 地建立經濟特區。1985 年 5 月又開放大連、上海、寧波等 14 個沿海城市，至 1987 年則開放了海南島特區。

　　1982 年 9 月黨「十二大」後，民主潮流又死灰復燃，鄧小平則在 1981 年提出「思想戰線上不能搞精神污染」，痛批有些人用「他們不健康思想，不健康作品，不健康表演來污染人們的靈魂。」其危險足以禍國殃民，下令「一抓到底」。1985 年 5 月 23 ～ 6 月 6 日，鄧小平決定裁 400 萬正規軍的 1/4，使軍費用在戰車、飛機等武器的更新與現代化上面。

　　然而改革開放仍舊權力、思想鬥爭暗濤洶湧，老幹部陳雲（1905 ～ 94）全力反對（他最堅持的是「鳥籠子經濟」：搞經濟是對的，但必須在計劃的指導下搞活。這就像鳥一樣，捏在手裡會死，但讓牠飛，但只能讓牠在合適的籠子裡飛。」）他提醒鄧小平必須高度集權以防當前潛在的危險可能導致經濟危機（1980）。而對鄧小平更加警惕的是，「開放必然進來許多烏七八糟的東西，一結合起來是一種不可忽視的、對我們社會主義四個現代化的衝擊。你們注意看一些香港的議論，一些外國資產階級的議論，大都是要求我們搞自由化，包括說我們沒人權。」（1986 年 9 月）。

　　中國共產黨打天下，1950 年初國家級幹部才 27 萬人，1988 年膨脹 2,900 萬人。不論如何「四化」（革命化、年輕化、知識化、專門化），1988 年也只能勸退 310 萬老幹，改由 20 萬的新血替換。但是，中共無法把「太子黨」壓下去，放任達官顯要的子弟大搞特權、大搞官倒。這些太子黨的威風及一手遮天的本領，例如鄧小平傷殘的大兒子鄧樸方和王樹聲大將的兒子王魯光搞「康華公司」（1984）從南韓

進口幾千噸冷軋鋼板，再和薄一波的兒子薄永熙的中國汽車工業公司合夥，轉賣給長春、湖北的汽車廠。鄧為平息民怒，1989 年初才由國家工商總局接管清算「康華」，共查出逃套匯 5,000 萬美金、逃漏稅 1,218 萬元。

十二屆六中全會中，鄧小平對胡耀邦說：「我全下，辭去一切職務，不再當軍委主席。你半下，接我那個軍委主席職務，把總會記讓給年輕人當。趙紫陽也半退，當國家主席，把總理讓給年輕人當。這樣，可以帶動一批老人退下來，有利於幹部年輕化。」元老們十分惶恐，害怕自己和子女的特權會喪失，佈署反攻。

然而，知識份子卻天真地以為改革開放的春天到來，北大經濟學教授屬以寧和另一位改革派的李洪林都主張改革體制，走上民主化與所有制。1986 年 12 月 5 日，安徽省合肥的學生抗議省委操縱選舉，12 月 9 日學生走上街頭；武漢、昆明、深圳、上海、廣州、北京的學生響應，高呼改革、自由。

老軍人王震、彭真（人大委員長）、薄一波（中顧委）、余秋里（副總理兼政治部主任）、楊尚昆（中央軍委副主席）和胡喬木，鄧力群等「七老」向鄧小平告狀，怒斥胡耀邦姑息學潮。鄧小平大怒，12 月 30 日立刻召集胡耀邦、趙紫陽、萬里、胡啓立（書記處書記）、李鵬（副總理兼教委主任）、何東昌（教委副主任）。鄧小平說：

「學生鬧事，大事出不了，……關起來的地方，都是那裡領導態度不堅決，旗幟不鮮明，這不是一兩個地方問題，

也不是一兩年的問題，是幾年來反資產階級自由化不堅決的結果。

我看方勵之的講話，根本不像一個共產黨員的講話，這樣的人留在黨內幹什麼？……王若望猖狂的很，我早就說過要開除出黨，爲什麼沒有辦？……我們不是把魏京生抓起來了嗎？中國名譽就壞了嗎？抓了就不放，並沒有影響中國的形象。」

他再度強調：

「波蘭領導人當時頭腦清醒，態度堅決，面對團結工聯和教會勢力勾結，並得到西方世界支持的形勢，他們用軍事管制控制了局面，證明了沒有專政手段不行。專政手段不僅要講，必要時還要使用，但要慎重，抓人要盡量少。……要下決心，我們如果後退，以後麻煩會更多。」（1978 年 1 月 6 日中共中央《第一號文件》）

王震在中央黨校大禮堂（12 月 31 日下午）大聲咆哮：「你們有三百萬學生，我有三百萬解放軍，我要砍他們的一袋腦袋」公安部抓學生，放風聲說：「誰敢到天安門廣場，來一個抓一個。」

1987 年 1 月 2 日，胡耀邦自動請辭，1 月 16 日中共中央正式公佈這則消息。胡耀邦不守紀律，擅自發言，「許多時候未經中央授權卻自稱代表中央，」違抗鄧皇帝的旨意，何況他更得罪那批根本不願退休的老人們。」

趙紫陽（1919 年生，河南滑縣人）匆匆接替胡耀邦。他出身共青團，從地方基層幹起，1960 年才升爲廣東省的

省委書記，1971 年至內蒙古，75 年擔任四川省委第一書記，推行「雙包」而聲名大噪。他擔任總書記後，要收拾殘局，向老鄧表示，左派再搞反資運動下去，他根本無法工作。1987 年 1 月 28 日，中共中央政治局擴大會議上，才把「反自由化」限制在黨內；尤其在言論控制方面，北京市委副書記徐惟誠被調走。中宣部長王忍之被痛斥，才制止了「反右」。7 月 20 日，北戴河會議上，吳祖光、王若水等異端份子被勸退黨，蘇紹智被撤職，總算左右雙方都妥協了。

1987 年 12 月 25 日，中共「十三大」開幕。趙紫陽作《沿著有中國特色的社會主義道路前進》工作報告。事先，鄧小平警告他們「民主要少講，民主化的提法不要再提了，反正現在做不到。」

十三大鄧小平、陳雲、李先念退出政治局常委會，鄧留任中央軍委主席，陳雲為中顧委主任。李先念為國家主席（1983～1988 年後來改為政協主席），即「半退」。80 歲以上的元老，只有楊尚昆進入政治局，1988 年 4 月出任國家主席。中央軍委副主席。老人仍舊垂簾聽政，不肯交出權力。

趙紫陽為總書記、李鵬為國務院代總理（1988）、喬石為中央辦公廳主任、胡啟立為中央書記處書記、姚依林（1988）為副總理；萬里為人大常委長，江澤民當時是上海市委書記。

1989 年中國又興起要求民主開放改革運動，4 月 15 日，胡耀邦去世，4 月 19 日學生聚集天安門，派代表到新華門

遞呈請願書給李鵬，被武警趕走，此後學生越發「不理性」，趙紫陽卻在 4 月 30 日擅自對人民及學生發言，意在安撫學潮。5 月 16 日小鄧小平與來訪的戈巴契夫握手。17 日，百萬北京市民大遊行，總政治部主任楊白冰（楊尚昆之弟）調動三十八軍入北京，集結郊外，1989 年 6 月 4 日凌晨，十萬大軍分七路進城，凌晨三點，台灣來的歌手侯德建和三十八軍的季新國團團長赫某談判，帶回消息是「戒嚴部隊同意我們和平撤離，讓出廣場的東南角。」但戒嚴部隊已經亂打、亂開槍，用坦克車、機關槍掃射手無寸鐵的學生與市民。這場血腥暴力事件，台灣的電視以衛星全程轉播，全世界都看到了。

6 月 9 日，鄧小平終於露面，接見戒嚴部隊軍級以上將領。1989 年 6 月 23 ～ 24 日，中共十三屆四中全會後，趙紫陽下台，江澤民成為中共中央總書記。1990 年 3 月 20 ～ 4 月 4 日，全國人代三次大會通過接受鄧小平辭去中央軍委主席職務，選舉江澤民為中央軍委主席。1997 年 2 月鄧小平去世。7 月 1 日，中國收回香港主權，人民解放軍開始駐港。9 月 12-18 日的中共「十五大」上，江澤民作了《高舉鄧小平理論偉大旗幟，把建設有中國特色社會主義事業全面推向二十一世紀》報告。

2001 年 12 月 11 日，中國加入世界貿易組織，2002 年 11 月 8 至 14 日，中共「十六大」後選舉胡錦濤為中央委員會總書記，2003 年 5 月的十屆人大上，胡錦濤成為國家主席，江澤民為國家中央軍委主席，溫家寶為國務院總理。

2005 年 3 月 5 ～ 14 日，十屆全國人大三次會議（～ 2005）通過反台獨的《反分裂國家法》，2012 年 11 月 8 至 14 日的中共「十八大」後，15 日選舉習近平爲總書記、軍委主席。2017 年「十九大」後，習近平連任總書記，2018 年爲國家主席。

## 13. 蘇聯入侵阿富汗

1979 年 12 月 27 日深夜蘇軍切斷喀布爾的通訊，KGB 部隊迅速挺進，攻佔市內各政府部門、電台和機場，只用三個小時就控制了局面。阿富汗面積 625,000km²，人口 2,681 萬，人種十分複雜，有 30 多個民族：普什圖人（Pushtus）占 40%，塔吉克人占 20%（300 萬），烏茲別克人占 9%，其他還有蒙古人後裔的哈扎拉人，以及艾馬克人、俾路支人、土庫曼人、吉爾吉斯人、猶太人和錫克族等等；98% 的人信奉伊斯蘭教（遜尼派占 90%，極少信什葉派）。

19 世紀英、俄爭霸阿富汗，1929 年阿富汗才眞正獨立。1933 年 11 月穆罕默德納迪爾夏遇刺身亡，他兒子查希爾繼位，直到 1953 年親政前，由堂兄達烏德執政。1950 年代塔拉基和塔吉克人卡爾邁勒（B. Karmal，1929 ～ 1996）領導「人民民主黨」，後者是軍官之子的大學法律系畢業生。爲了對抗卡爾邁勒，塔拉基拉攏留學美國哥倫比亞大學專攻教育的馬克思主義者阿明（H. Amin，1927 ～ 1979）。1967 年 6 月人民民主黨分裂爲塔拉基的「人民派」

（Khalq），和富家子弟、少壯軍人支持卡爾邁勒的「戰旗派」
（Parcham）。蘇聯培養出 800 名軍官支持戰旗派。1973 年
7 月達烏德乘國王去歐洲養病，發動政變自封為總統。他受
伊朗王巴勒維的壓力，清除人民民主黨人。1977 年 11 月一
名部長被暗殺，升高了反共行動。1978 年 2 月達烏德逮捕
已經再握手的塔拉基和卡爾邁勒，軟禁阿明。4 月 27 日達
烏德被左派叛軍打死。

　　KGB 報告蘇共領導說，卡爾邁勒比較理智、守規律、
親蘇聯又能溝通。然而主意識形態的蘇斯洛夫卻挑中了塔拉
基為阿富汗的總統兼總理，組成一個「革命軍事委員會」，
再由對軍方有影響力的阿明當副總理；發動政變的卡迪爾上
校（A. Khadir）為國防部長，卡爾邁勒派駐捷克斯洛伐克大
使。

　　阿明全面清洗戰旗派，塔拉基也一頭栽進蘇聯的懷抱
裡，年 12 月簽訂 20 年的友好同盟條約。蘇聯專家、顧問湧
入喀布爾，更在阿軍總部內設置「阿蘇聯合作戰指揮部」，
直接控制十多萬阿軍。蘇聯空軍基地、阿姆河大橋及直通蘇
聯的公路網一一出現。1,500 名留蘇學生帶回各種共產主義
宣傳品。卡迪爾在 8 月下旬被塔拉基逮捕，阿明在 1979 年
3 月迫塔拉基交出總理位置，四個月後他再兼任國防部長。

　　9 月塔拉基去古巴哈瓦那後途經莫斯科，蘇共總書記布
里茲涅夫暗示他，在必要時除掉阿明。阿明派在塔拉基身邊
的副官塔隆少校向主子報告，9 月 14 日阿明先解除內政、
邊境事務、郵電及情報等四名塔拉基派部長的兵權。蘇聯大

使普扎諾夫以電話通知阿明到總統府開會。阿明一進入人民宮立刻遭到伏擊，他逃回國防部，不到一個小時就反攻，蘇聯大使逃之夭夭。阿明處決了塔拉基，16 日宣稱總統因長期罹病已辭世；他趕走了 3,000 名蘇聯人，揚言要和美國改善關係。

KGB 主席安德洛波夫建議由 KGB 第八局的特種部隊去除掉阿明，蘇共和軍方卻堅持大張旗鼓出兵，不顧安德洛波夫警告，可能為此被貼上「侵略」的標籤。由塔吉克人、烏茲別克人為主的蘇軍，1979 年 12 月 28 日跨過邊界，KGB 部隊亂槍打死了阿明。1980 年 1 月 5 日卡爾邁勒由 KGB 人員護送回國當總統，人民鄙視他為叛徒走狗，叫他「狗」（Sag）。

蘇軍一腳栽進阿富汗十年，至 1986 年已付出 200 億美金的戰費，卻只控制 20% 的土地。1986 年 5 月蘇聯 KGB 訓練的國家情報局長納吉布拉醫生（Najibullah，1947～1990）取而代之。

CIA 首先向阿富汗游擊隊提供衛星照片，通過巴基斯坦情報部門交給他們游擊隊三三兩兩、化整為零，蘇軍的重武器、坦克在山區無用武之地。美國 1980～1987 年間援助游擊隊 18 億美元，透過巴基斯坦人訓練游擊隊。賓拉登也率領阿拉伯各國義勇軍支援；1985 年雷根政府緊急援助沙烏地阿拉伯 400 枚「毒刺」飛彈，這種飛彈可以站著肩扛發射，每枚造價五萬美元，射程為 5.6 公里，又有紅外線追蹤飛機噴出熱氣，幾乎百發百中。1986～1987 年間蘇聯損失 300

多架飛機，平均每天一架，折合 25 億美金，再加上訓練飛行員的 20 億美元。中國製的 107 毫米火箭筒和埃及火箭筒，也同樣使游擊隊如虎添翼。1987 年游擊隊打下 462 架蘇聯戰機和直升機。

戈巴契夫上台後，1988 年 3 月蘇軍開始撤離阿富汗，1989 年 2 月 15 日蘇軍完全撤離，游擊隊攻進喀布爾，納吉布拉逃入聯合國辦事處。蘇軍和 KGB 明目張膽進佔阿富汗而慘敗，CIA 大獲全勝，不料卻養肥了賓拉登，2001 年 9 月 11 美國紐約世貿中心被聖戰士的劫持班機自殺攻擊，震醒了世人。

# 14. 波蘭團結工聯

1920 元 7 月 1 日，波蘭政府宣佈凍結工資，並把「議價商店」的肉類價格提高 40-60%，引爆各地工人罷工。在此之前，1976 年 9 月 23 日庫隆、歷史學者 Adam Michmi 等成立「保衛工人委員會」（KOR），異議份子成立「流動大學」（flying University），向市民、工人講授波蘭亡國血淚史、社會學、國際政治、經濟和文藝，喚醒波蘭人的民族意識。政府對他們睜一隻眼閉一隻眼，警察甚至為他們把風站崗，偶而驅散群眾，抓幾個人又立刻放人。地下大學又轉到另一個地點（通常是工人的住宅裡）開課。工人的歷史認識就在這樣苦難的環境下鍛鍊出來。

庫隆等人在 1977 年 4 月又進出黑牢，9 月 KOR 改組為

「社會自衛委員會」（KSS，一般仍稱作 KOR），發刊《工人》雜誌，他們呼籲讀者，為了維護你們的利益，必須建立起自己的獨立組織，天主教會也公開支持 KOR 和工人，呼籲政府擴大並保障全體公民的自由。教會一向扮演政府與反對勢力的居中調停角色，警告雙方別太過火而引起蘇聯坦克入侵國土。若望保祿二世當選為教宗的第二年回到故鄉訪問，沿途人民夾道歡迎，政府無可奈何。

1980 年 8 月 4 日，格旦斯克列寧造船廠成為風暴的中心。瓦文薩（Lech Wałęsa，1943 年生）正在流動大學聽波蘭歷史課程，聽到罷工消息立刻趕到列寧造船廠，他推開人群，一拳把經理打得幾乎跳出圍線，立刻成為英雄。他進入工廠和廠方談判，並要求後者公開整個談判過程讓工人知道。

8 月 17 日格旦斯克、格丁尼亞和索波特蘭三聯城的 21 個廠際工人成立「廠際罷工委員會」（MSK），向廠方提出 19 點要求。主要內容為要求黨及政府同意建立獨立於黨和雇主的自由工會；保證 1970 年及 1976 年罷工被開革者的工作權，恢復因政治問題而被開除的學生、政治犯的權利，提高工資等等。

這天上午 9 點，在列寧造船廠二號門前的廣場，用鮮花和國旗裝飾起來的大門上聳立著巨大的木製十字架，右邊有教宗若望保祿二世的畫像。神父出面帶領大家跪下來作彌撒，〈天祐波蘭〉的歌聲響徹雲霄。儘管華勒沙自行宣佈罷工結束，但是年輕工人卻高呼「團結！團結！」

　　KSS、波蘭作家聯盟（ZLP）、教會都站在廠際罷工委員會這邊，工人成為主人，左翼天主教會人士和知識份子支援工人，為他們設計談判的每一個細節。波蘭危機震撼了世界，7月底蓋瑞克飛去克里米亞向老大哥布里茲涅夫報告。8月15日蘇聯塔斯社宣佈華沙公約組織的軍隊正在波羅的海沿岸舉行軍事演習。21日美國國務院要求波蘭當局儘快釋放異議份子；前一天，庫隆、米赫尼克等人又被捕。

　　暑假過後，學生宣佈把1980年評價為「還在繼續的、波蘭人民共和國歷史上最深刻的社會政治危機」。學生的態度是：「我們向正在為社會主義理想——自由和正義——而進行不妥協鬥爭的工人階級致敬！」

　　儘管華勒沙自以為是總司令而露出獨攬大權的傾向，但這場運動還是民主的，相當有秩序的。黨中央順著維辛斯基大主教在26日的呼籲，一再呼籲人民注意別再重蹈18世紀末被瓜分亡國的歷史教訓。31日黨和廠際罷工委員會達成協議，簽署〈格斯克憲章〉，罷工者承認黨的領導地位和國際聯盟的現行秩序，政府也同意成立一個「真正獨立自主的工會」（NSZZ）。9月1日，在1939年希特勒入侵的同一天，工人開始復工。

　　蓋瑞克「因病」缺席，改由主管軍隊、警察和宗教事務的卡尼亞為黨的第一書記。

　　兩權對決緊接著是15個月的兩權對決時期：知識份子由教會月刊《聯誼》的主編馬佐維斯基領軍，包括歷史學副教授蓋雷梅克、政治學者齊文斯基、經濟學者科瓦利克副教

授、社會學女學者雅德維嘉‧斯塔尼什基博士等人都趕到格旦斯克助陣。

18 位 MSK 的領導人每天開會五個小時，再回自己的地盤活動。9 月 17 日全國 31 個城市勞工代表 250 人集結在格旦斯克，宣佈成立一個全國性的「團結工聯」（Solidarmosc）。KOR 宣佈功成身退而解散，加入團結工聯的顧問團。

華勒沙一直和別人爭吵，告訴大家，目前的處境有如一堵支撐整個房子的牆，如果每個人都從上面偷走一塊磚頭，整個屋頂就會塌下來，會砸在大家的頭上。他反對向政府登記註冊為代表全波蘭唯一的工會組織，17 日並傲慢地宣佈：「在我去見維辛斯基大主教前，政府中央工會理事會已經召開一次全會，並建議由我負責。因此，我有機會得到你們討論的這種統一。但是，我不要這樣，我不要統一！」他簡直自封是政府與工聯之間唯一的中間買辦，不可一世。

黨控制的各種工會土崩瓦解，各種工會成員紛紛退出中央評議會。9 月 24 日團結工聯第一次向華沙省法院申請登記，政府仍舊負隅頑抗。進入 11 月團結工聯已達成基本共識。10 日最高法院同意工聯按照自己的章程登記。12 月 10 日政府被迫承認擁有 900 萬成員的團結工聯。

卡尼亞從 5 月起就備受反動派攻擊，說他未能制止「托洛茨基派、猶太復國主義、民族主義和教權主義等歪道邪說的蔓延」。老大哥也在 6 月 5 日寫信告誡他正在「一個接一個」的立場上投降，「對讓步和妥協的政策不加限制」。在

蘇聯的壓力下，1981 年 10 月 16 日 -18 日的波蘭統一工人黨九屆四中全會上，卡尼亞辭職，雅魯澤爾斯基將軍（W. Jaruzelski，1923 ～ 2014）接任。一面改組政府，控制危局；也不忘警告「破壞份子」。自由派記者出身的拉科夫斯基（M. Rakowski）副總理出任特別委員會主席，負責對工人、農民及學生三方面展開談判。將軍呼籲「90 天政治停戰」，讓他收拾殘局和展開新計劃。

華勒沙自以為是工聯的代表，雅魯澤爾斯基也把他當作唯一談判的對手，並私下表示，以後政府有任何重大決議，都會事先向他打招呼，使這個大鬍子更加得意忘形。

到底是專家（知識份子）領導，還是工人自主？一到關鍵時刻，就立刻暴露雙方的差異與矛盾。工人、學生一再零星地示威、罷工、罷課，政府刻意誣蔑指控 KOR 的庫隆等為「猶太人陰謀份子」，9 月 23 日華沙電台廣播了普洛寧斯基和庫隆對外國記者的談話，庫隆宣稱：「我們必須不惜任何代價進行鬥爭，包括絞死共產黨人，放火燒掉黨的總部……。」連三歲小孩都知道，這是黨故意斷章取義的拙劣栽贓手法。

團結工聯內部至少分裂為左派民主主義力量、民族主義勢力和民粹派（populist）。左派民主主義派以《網》為代表，包括米列夫斯基、斯塔尼斯基女士等，主張建立一個自主管理網，由學者和勞工共同設計一個未來的社會藍圖，即「自主管理」。他們要求的不止是經濟權力，進而要求政治權力。

執政黨樂得看到《網》和華勒沙之間的矛盾，通令各單

位全力圍剿他們，以免他們的思想將獲得一般馬列主義者知識水平尚低的勞動階級，甚至一般黨員的支持。黨也深知，華勒沙和庫隆等人只把工聯自我限制在作爲對黨的壓力機構的戰略。

1981年9至10月，團結工聯召開第一次全國代表大會，提出建立「自治共和國」。勞動者的自主管理是經濟經營的基礎，……在工業生產上採取自主管理與民主方式；在政治領域上承認多元主義，容許不同政見及派別的存在；設立國會第二院，由勞動者評議會、工會及其他社會組織選舉議員，用以監督國會和政府活動；釋放政治犯，司法獨立，完全終止對文化、藝術的審查，限制安全單位（祕密警察）的活動範圍；廢除教育部門的思想偏見，以及在波蘭歷史上與蘇聯關係的禁忌。

華勒沙以略多的票數險勝，當選團結工聯的主席，蘇聯塔斯社譴責這次大會爲「一場反社會主義和反蘇聯的鬧劇」。

12月13日波蘭國務委員會主席雅布翁斯基根據憲法第33條第二款，宣佈波蘭進入戰時狀態。由15名將軍及五名上校組成「救國軍事委員會」。

雅魯澤爾斯基戴起了他的墨鏡，宣佈「我們的祖國已處於深淵的邊緣」，他繼續指控：「無休止的衝突、爭執和仇恨的氣氛造成了心理上的破壞，並敗壞著寬容的傳統。」他把一切歸咎給團結工聯，宣稱「我們無權聽任所預言的示威，有可能成爲點燃全國熊熊烈火的火星。人民自衛的本能

必須發揮作用。在冒險份子把祖國推向兄弟互相殘殺的深淵之際，必須先捆住他們的手腳。」

將軍宣佈已經拘捕了華勒沙等團結工聯和反對派組織領導人，以及在 1970 年代對導致國家深刻危機具有責任的前黨政的主要領導人，包括前中央第一書記卡尼亞和前部長會議主席雅羅謝維奇。全國大約有 5,000 人一夕之間突然被捕。

華勒沙被請去華沙軟禁起來，副總理拉科夫斯基趕來慰問他。第二天格旦斯克工人不理華勒沙太太的傳話：「我已經和萊赫通過電話，他請你們不要做出魯莽的決定！」工人當場大吼：「工會不是華勒沙一個人的！我們必須按照自己的章程行動！」

12 月 16 至 17 日格旦斯克爆發街頭暴動，西里西亞的礦工炸毀一個礦場。23 日格旦斯克的婦女們用雨傘和手提袋抵擋坦克車。華沙大學校長塞姆納維茨反對軍隊駐校，被趕出校園；格旦斯克大學校長也遭到同樣的命運。名導演庫茲（Kutz）在吃過早餐後被捕，另一個導演瓦茲達（A. Wajda）和其他參加團結工聯的文藝人士也紛紛去坐牢。4,000 名被捕的知識份子，只有 15 人希望拿護照流亡，條件是剝奪國籍；其餘的寧可坐牢。23 名法官抗議軍事法庭而辭職，其中 18 人支持工聯。

戒嚴寒冬下的波蘭，到處的牆壁上都寫著：「冬天是他們的，但春天將是我們的。」

人人咒罵「烏鴉」（WORNA），這個字和「救國委員會」的縮寫「WORN」同音。人人唱一首改編的二次大戰

期間的戰歌：「在這可怕的 13 日，烏鴉鑽出了紅色的黨。」

有創意的年輕人把電視、收音機的零件掛在胸前，一到晚上 7 點半的新聞時間，許多市民出門散步，拒看電視，著名的演藝人員都從鏡頭上消失，或拒絕演出。

漏網的工聯成員，在 1982 年 4 月 22 日暗中成立「團結工聯臨時協調委員會」（TKK），由布亞克（Z. Byjak）領導，5 月 3 日發動紀念舊憲法日大示威，慘遭鎮壓。在戒嚴五個月後的 5 月 13 日全波蘭各大城市市民一齊鳴車喇叭一分鐘，工廠罷工 15 分鐘。5,000 人走上華沙街頭示威，高呼「釋放華勒沙！」「團結！」。

華勒沙不願看到急進派勢力抬頭，自稱「為了挽救工聯，將耗盡其餘力量並喪失對公眾的影響力」，事實上是想考驗自己是否還有影響力。11 月 8 日他以「下士」身份寫信給雅魯澤爾斯基將軍說：「我似乎感覺到，仔細考慮一下我們的問題，以取得某種諒解的時刻已到了。我們認為我們的處境和選擇已經花了足夠多的時間，我建議我們能夠見面，就我們大家共同都關心的問題進行一次嚴肅的討論，我相信，我們雙方都懷有良好的願望，我們能達成一項協議。」

第二天報紙刊登了這封信的全文。軍委會派基什查克去見華勒沙。事後內務部長下令格旦斯克軍區司令釋放華勒沙。原先預定 11 日大決戰的行動，卻因華勒沙獲釋，以及布里茲涅夫去世這兩個重大消息打住了。華勒沙在 13 日重獲自由，他在 16 日的記者會上重申必須避免暴力流血。

西方國家制裁波蘭戒嚴 11 天後，1981 年 12 月 24 日美

國總統雷根宣佈對波蘭實施經濟制裁。西方各國也紛紛跟進，中止延付債務談判，取消原先承諾給波蘭的貸款。歐洲共同市場停止以低於國際市價 15% 的優惠向波蘭出口食品；西方的技術轉移也幾乎停擺：外匯短缺造成工業原料、半成品、零件停止進口。1982 年波蘭工業產值損失 40%。美國停止供應飼料，使波蘭的家禽和雞蛋減產 70% 及 16% 左右；牛油、脂油、肉類幾乎沒進口。美國碼頭工人抵制裝卸波蘭商品，直到 1982 年 4 月為止。波蘭損失 3,000 萬美元以上，從 1980-1982 年，波蘭國民經濟損失 125 億美元。

到 1985 年底波蘭積欠西方的外債高達 293 億美元，等於每年出口總額的 4.5 倍。波蘭物價上漲，百業蕭條，產生信心危機。兩年內有 80 萬人退黨，黨員減少 1/4，尤其基層黨員紛紛加入工聯。

解嚴前後華勒沙又回到造船廠工作，由秘密警察跟在屁股後面「保護」。1983 年 7 月 21 日波蘭政府宣佈停止戒嚴令，23 日釋放三年以下有期徒刑犯人，有 686 名工聯成員獲釋，但另有七人及五名 KOR 的人未獲釋，歷時 19 個月的軍事戒嚴終告結束。10 月 5 日諾貝爾獎金委員會宣佈華勒沙獲和平獎，弄得政府灰頭土臉。他的妻子代替他去奧斯陸領獎。

雅魯澤爾斯基在 10 月 15 日的九屆三中全會閉幕詞上指出：「戰時狀態取消了，但是敵人的顛覆性宣傳、多層次的活動一刻也沒有減弱，它沒有放棄我們在 12 月 13 日粉碎的妄想……保持不穩定狀態，實行抵制和散播小道消息，紀念

日的鬧事和社會煽動，……由此產生了對所謂『第二階段』的希望，希望當局挺不住西方的壓力，變得疲憊、發呆，被各種花言巧語迷惑。」11 月 22 日他辭去國防部長，專任國防會議主席。

　　TKK 在 1983 年初檢討團結工聯的三大目標——解除戒嚴、釋放政治犯、恢復工聯的地位並未達成，政府仍不讓步，反而更加倒施逆行，唯有放棄前提，積極成立國民大眾的自主社會組織，使戒嚴體制空洞化。希隆斯克地下工聯的領袖約瑟夫·畢尼歐爾指出：「在軍事獨裁下改變體制已經不可能，即使停止戰爭狀態（戒嚴），也無法使權力機構和社會取得妥協。」他批評 1982 年 11 月 11 日停止罷工，因為 TKK 還期待政府可能停戰，一切都落空。

　　新的戰略總結一年來的成敗，TKK 提出四個戰線，即拒絕戰線、經濟鬥爭、形成獨立的社會意識和準備總罷工。

# 第七章

# 蘇聯東歐變天

1989 年 11 月 4 日的東柏林。

1980　5.14 狄托去世

　　　5.18 南韓光州事件

　　　9.17 波蘭團結工聯成立

　　　11.20 中共審判四人幫

1981　5【法】密特朗當選總統

　　　12.13 波蘭開始戒嚴

1982　9.1 中共「十二大」廢除黨主席制

　　　12.13 布里茲涅夫歿

1983　【菲】阿奎諾在機場被暗殺

　　　卡里略《歐洲共產主義與國家》

1984　10.31 印度總理英迪拉・甘地遇刺身亡

1985　3.11 戈巴契夫為蘇共中央總書記

1986　4【蘇】車諾比核電廠爆炸

1987　7.1 蘇聯改為總統制

　　　11 月戈巴契夫《改革與新思維》

1988　2.4 蘇聯恢復布哈林名譽

　　　6.13 恢復季諾維也夫等 33 人名譽

1989　1.11 匈牙利政黨自由化

　　　2.6 ～ 4.5 波蘭舉行圓桌會議

　　　2.15 蘇軍全部撤離阿富汗

　　　3.8 中共宣布拉薩戒嚴

　　　4.9 蘇聯鎮壓格魯西亞獨立運動

　　　4.15 中共總書記胡耀邦歿

5.15 戈巴契夫訪中

6.4 天安門事件，中共鎮壓民運

6.13 ～ 19 匈牙利圓桌會議

6.24 趙紫陽下台，江澤民繼任總書記

7.6 卡達爾去世

8.24 波蘭團結工聯馬佐維茨基組閣

10.18 東德昂內克下台

11.9 柏林圍牆開始拆除

11.19 羅馬尼亞動亂

11.25 齊奧塞斯庫夫婦被處死

12.29 哈維爾當選捷克斯洛伐克總統

1990 1.27 ～ 30 波蘭統一工人黨改為

波蘭共和國社民黨

1.30 ～ 2.2 保共改為民主社會主義黨

3.14 戈巴契夫當選蘇聯總統

3.25 ～ 4.8 匈牙利民主論壇等選勝

5.27 葉利欽當選俄聯邦最高蘇維埃主席

7.2 ～ 13 蘇共「二十八」大

8.2 伊拉克侵略科威特

10.3 兩德統一為德意志聯邦共和國

1991 1.17 ～ 28 海灣戰爭

6.25 克羅地亞及斯洛文尼亞宣布獨立

8.19 蘇聯流產政變

8.24 戈巴契夫辭黨中央總書記，並建議蘇共中央
自動解散

8.24 烏克蘭宣布獨立，此後蘇聯各共和國紛紛宣
布獨立

10.15 波斯尼亞—黑塞哥維那宣布獨立

11.20 馬其頓宣布獨立

12.18 俄、烏、白俄羅斯成立獨聯體

12.25 蘇聯解體

1992　3〜4月 波黑內戰始

4.17 塞爾維亞與黑山組成南斯拉夫聯邦共和國，
南斯拉夫解體

1993　1.1 捷克與斯洛伐克分離

1994　12.11 俄軍攻車臣

1996　8.31 車臣戰爭結束

1997　2.19 鄧小平去世

7.1 中國收回香港主權

12.17〜20 美英攻擊伊拉克

1999　2.12 波、捷、匈加入歐盟

3.24 Kosovo 戰爭（2008.2.17　Kosovo 獨立）

2001　9.11 紐約世貿大樓被飛機衝撞

# 1. 蘇聯的轉型失敗

1967 年 11 月，布里茲涅夫宣佈蘇聯已建成「發達社會

主義社會」，並由此產生「新的歷史性人類共同體──蘇聯人」了；他因此獲頒「卡爾・馬克思獎」，成為「卓越的馬克思主義理論家」。1977 年布里茲涅夫集黨、政、軍、特大權於一身，被捧為「黨和各民族的人民」、「蘇聯人的忠實兒子」、「我們全體人民的領袖」，敢唱反調的前朝遺老，包括 KGB 主席謝列平等紛紛下台，改由總書記身邊的「第聶伯羅彼特羅夫斯克幫」、「摩爾多瓦幫」的老部下契爾年科，茨維貢等擠進黨中央高位，18 年內，中央領導人只換下 12 人，除了死亡及正常調動外。

1981 年「26 大」時，政治局委員平均年齡為 70 歲，書記處成員為 68 歲；核心成員平均年齡為 75 歲。「特權階層」（Nomenklatura）自有別墅、醫療、專車，享受外國進口名牌汽車、服飾、巧克力，大約有 5070 萬人，加上他們的眷屬達 300 萬人，佔全體人口的 1%。

官官相護、代代相傳，例如史大林的兒子瓦西里 25 歲就當將軍，二戰後榮升莫斯科軍區司令；葛羅米柯的兒子派駐華盛頓及柏林使館參贊，後來成為一竅不通的科學院非洲研究所所長；布里茲涅夫的兒子是外貿部副部長，女婿丘爾巴諾夫 34 歲時被總書記 41 歲又離過幾次婚的女兒加琳娜看中，1971 年從小小的 KGB 上尉，十年後晉升為內務部第一副部長（將軍銜）。1980 年「黑魚子走私案」涉及黨和海軍 300 多人，烏茲別克第一書記拉希多夫走私，虛報棉花產量以騙取 20 多億盧布。1982 年莫斯科馬戲團出國時，夾帶100 萬美元的鑽石及 50 萬磅的珠寶，涉及布里茲涅夫的女

兒。

更嚴重的是異議份子不斷遭受逮捕、開除或關進精神病院，或趕出國，索忍尼辛、沙卡洛夫等無一倖免。

## 2. 戈巴契夫的新思維和改革

1982 年 11 月 10 日布里茲涅夫死後，68 歲的 KGB 主席安德洛波夫繼任 15 個月就去世。1984 年 2 月 73 歲的契爾弗年科（Konstantin Chermenko，1911 ～ 1985）也只當權 14 個月就死了。兩年內蘇聯成了老人殯儀館，留下老人政

戈巴契夫（M. S. Gorbachev）

治的爛攤子。3 月 11 日葛羅米科（Andrei Gromyko，1909
～ 1989）一語定乾坤，戈巴契夫（M. S. Gorbachev，1931
～ 2022）出任新的黨總書記。

　　戈巴契夫出生於塔斯夫羅波爾邊區的農家，母親是烏克
蘭人，莫斯科大學法律系畢業（1955），1952 年入黨從基
層幹起，1971 年進入中央委員會，1978 年主管農業，1984
年再躍升為黨內第二把交椅。他是蘇共第一個 1930 年代出
生的戰後領導人物，其他領導都是 1917 年前出生的。戈巴
契夫在念大學時已被 KGB 吸收，後來在高加索某度假地巧
遇安德洛波夫以及黨內第二號人物的理論大師蘇斯洛夫，從
此青雲直上。

　　戈巴契夫首先展開一場反酗酒運動，卻告慘敗。1980
年蘇聯 2.6 億人口中有 4,000 萬人酗酒。5 月 17 日提高酒
精飲料售價，只准 21 歲以上成人喝酒，規定正式宴會不准
喝酒，任何黨組織不准喝酒。然而酒類一向佔國民收入的
12%，反而導致私釀、假酒氾濫，有一則笑話說，一個盛怒
的酒鬼揚言：「我要去克里姆林宮幹掉那個婊子養的！」一
個小時後他沮喪地回到酒店門口，人們問他：「那邊發生了
什麼事？」他回答說：「你們該去看看那邊排隊的隊伍有多
長！」

　　黨內大換血是戈巴契夫的大手筆：1985 年 7 月格魯吉
亞黨第一書記謝瓦納茲（E. Shevardnadze）進入政治局，葉
利欽和伊科夫升為黨中央書記，至 1986 年 3 月，戈巴契夫
一口氣換掉七名最高蘇維埃主席團副主席的 6 人，六名部長

會議副主席、八名中央部長，五個加盟共和國的長中央第一
書記被撤換或調職。

1985 年 4 月 23 日戈巴契夫在蘇共全會上，提出「加速」
經濟發展戰略是以「全面完善社會主義」的綱領任務為依
據，同時取消了「向共產主義過渡」的提法。他說：「只要
把經濟集約化和加速科技進步置於我們整個工作的中心，改
革管理和計畫工作以及結構政策和投資政策，普遍提高組織
性和紀律性，根本改進工作作風」，就有可能完成這個任務。

1986 年 2 月 25 日至 3 月 6 日蘇共「27 大」，戈巴契夫
在政治報告上進一步大膽地指出，經濟改革不能侷限於局部
的改革，必須進行根本的「改革」（Perestroika）。「27 大」
肯定人民自治，強調公開討論；在經濟上指向 2000 年達成
目前一倍的成長，並在國家管理下大幅放寬市場經濟，兩者
結合運作。1987 年 1 月他繼續強調「發展中的社會主義」
就是不輕鬆的、有時是極其費力的新與舊的鬥爭，這就是克
服停滯時期，代之以加速運動和上升到進步的更高階段。

1987 年 1 月戈巴契夫在黨中央全會上強調「民主化」
和「公開性」。6 月地方蘇維埃開始選舉，企業領導人也公
開推選了。戈巴契夫支持民間的市民團體和人權組織。他主
張資訊、情報公開化（Glasnost），例如電影《齊瓦哥醫生》
解禁，作品、創作、電影也可以重新批判社會與體制，黨的
《真理報》一下子減少 30 萬份。1988 年起布哈林、李可夫、
圖哈切夫斯基等陸續恢復名譽，只有托洛茨基還未恢復他的
歷史地位。

　　11 月戈巴契夫發表《改革與新思維》一書，闡述蘇聯改革的起源、實質、內容與前景，將民主化作為政改的核心和目標，把「公開性」作為實現民主化的途徑。他堅持黨政分工，1988 年起對政府部門重疊機構進行裁併，強化人民自治，充分恢復蘇維埃作為政治權力機關和強大的社會民主主義因素的體現者的作用。

　　在經濟改革方面，1986 年 6 月通過〈國營企業法〉，開放企業活動完全獨立運作，自負盈虧；又公佈〈個人勞動法〉（1986.5），准許個人經營者參加；1988 年 3 月又公佈〈合作社法〉，把一年來 14,000 個單位的新興飲食、商店、消費生產等納入正軌，對集體農場也開始承包制，准許個人保有自留地，在承包外可進行市場自由交易。

　　對外，戈巴契夫與美國總統雷根達成 15 年內分三階段全面廢除核武協議。1986 年 7 月他在 Vladivostok 重申和中國改善關係，從外蒙和阿富汗撤軍。

　　以往靠壓榨東歐的貿易行不通了，蘇聯被迫引進西方資本。1989 年政府赤字高達 1,200 億盧布，一般消費品的黑市價格比公定價高出 2 至 4 倍。然而橫阻在戈巴契夫面前的巨大黨、政、KGB 特權階級卻不容他開放改革，蘇共反動派議員約 500 人（佔全體的 1/3）集結在拉脫維亞選出的阿爾庫斯尼斯（Viktor Alksnis）空軍上尉身邊，他們發誓要擊沉這艘「改革」船隻。1989 年 3 月蘇聯第一次民主選舉，各主要城市市長都是改革派；前莫斯科市黨第一書記、政治局候補委員葉利欽（Boris Yelsin，1931 ～ 2007）更以最高票

當選。波羅的海三國的人民戰線也擊敗黨中央的候選人。
5 月第一次人民代表大會上，葉利欽等人卻落選。7 月葉利
欽和人權鬥士沙卡洛夫、愛沙尼亞人帕里姆等五人組成急進
派，領導 300 名議員展開急進改革運動。

「社會大眾的惰性、冷淡和依賴性遠遠超出了我們的想
像。」雅科夫列夫大嘆現實是如此，蘇聯至今經濟仍過度軍
事化，改革沒有完全動搖軍需工業的地位。沙卡洛夫的夫人
邦納引用丈夫的話說：「我們不是從地基，而是從屋頂開始
建造我們的新房子。」

哈薩克斯坦暴動點燃了蘇聯瓦解的第一個警訊。1986
年 12 月戈巴契夫把在哈薩克共和國掌權 22 年的第一書記庫
納耶夫換下來，改由當地中央委員會選出的楚瓦什人柯爾賓
擔任。庫納耶夫是俄羅斯人，卻在當地有廣大的人脈，哈薩
克人拒絕柯爾賓這個外來者。12 月 17 日哈薩克人走上首都
阿拉木圖（Alamty）的街頭抗議，與警察發生流血衝突，七
名警察死亡，示威者死傷無法估計。戈巴契夫原想整頓腐敗
官僚，卻刺傷了民族感情。

1987 年 7 月，二戰期間被史大林扣上「通敵（德人）」
罪而集體遷徙克里米亞的韃靼人（約 20 ～ 30 萬）也在紅場
示威，要求重返故鄉。8 月間波羅的海三國人民抗議 1940
年代被併入蘇聯；11 月 18 日拉脫維亞人要求獨立。

1988 年 1 月阿塞拜疆共和國（伊斯蘭教徒佔多數）
Nagorno-karabakh 州的基督教徒亞美尼亞人要求回歸亞美尼
亞，引爆兩族的流血衝突，兩國無法解決爭端，蘇聯最高會

議否決該州人民的意願，事態惡化，蘇聯出動治安部隊鎮壓。2月亞美尼亞首府 Yerevan 發生群眾示威，阿塞拜疆工業中心 Sumagari 發生動亂，有 26 名亞美尼亞人和六名阿塞拜疆人喪生，戈巴契夫只好將納哥諾一卡拉巴克收歸中央直接治理。12 月 8 日 Spitak 地震，數千人喪生，戈巴契夫到災區。湊巧卡拉巴克委員會的亞美尼亞青年被捕。1990 年 1 月又有 60 個亞美尼亞人在巴庫遇害，蘇軍出動追捕阿塞拜疆人，造成 83 人喪生。

　　史大林的故鄉格魯吉亞境內的 Abkhaz 自治共和國內的伊斯蘭教徒（佔 17%），也在 1989 年 3 月要求獨立，引起當地格魯吉亞人（佔 43%）反目，4 月展開示威。格魯吉亞共和國的格裔（佔 544 萬人中的 68.8%）也不滿蘇聯在 1978 年刪除母語的新憲法，引爆示威抗爭。4 月十萬格魯吉亞人在梯比利斯示威，要求獨立。4 月 8-9 日深夜蘇軍遭民眾擲石頭攻擊，用帶有毒化劑、會造成神經系統癱瘓的瓦斯槍反擊，造成 20 人死亡，138 人住院，後來還有 700 人陸續住院。戈巴契夫和格魯吉亞人謝瓦納茲從古巴兼程趕回莫斯科，事後格魯吉亞黨負責人 Patiashuill 遭撤職。

　　烏茲別克也發生民族示威，4 月 11 日塔什幹的民族主義者集會被坦克部隊驅散。西伯利亞講土耳其語的 Yakutia 及南邊屬土耳其族的塔吉克人和哈薩克人也爆發種族衝突，毗鄰羅馬尼亞的摩爾多瓦也有數千人示威，反對俄羅斯化。

　　12 月 7 日立陶宛出現憲政危機：當地最高蘇維埃在這一天宣佈廢除憲法第六條。蘇維埃社會主義共和國聯邦各加

盟國憲法都照抄聯邦憲法，尤其第六條是保證執政黨永遠爲持領導的地位。

兩週後立陶宛共產黨在特別黨代會上，通過脫離蘇共，要獨立運作。蘇聯歷次修憲，包括 1977 年訂定的《布里茲涅夫憲法》，在文字上都保障加盟國有權退盟。不料立陶宛人玩眞的，戈巴契夫在 1990 年 1 月到維爾扭斯訪問三天，無法說服立陶宛共產黨收回成命，無功而返。接著是東歐變天，更嚴重打擊了蘇維埃帝國。

# 3. 波蘭團結工聯執政

法國大革命 200 年那年，1989 年後半期東歐共產主義衛星政權之聚然跨合。1986 年 6 月 29 日波蘭統一工人黨「十大」上，黨承認黨國領導人所犯的錯誤導致社會動盪，爲那些由帝國主義力量支持和煽動的國內社會主義敵人的積極活動，打開了方便大門。9 月政府突然釋放布亞克等政治犯，進一步釋出善意。1987 年 10 月 25 日團結工聯的全國執行委員會（KKW）又選華勒沙爲主席。

波蘭的外債至 1988 年已達 395 億美元（相當於 GNP 的 40%）。1987 年 1 月美國宣佈布亞克和米赫尼克兩人獲得羅伯‧甘迺迪人權獎。愛德華‧甘迺迪參議員放話，除非波蘭當局放寬對異議份子的壓制，否則美國不會急著和華沙建立關係。波蘭當局立刻再將布亞克丟進黑牢。

1988 年 6 月 13 至 14 日雅魯澤爾斯基首度提出召開全

國圓桌會議，黨首先把十名老頑固調開，重新啓用拉科夫斯基。6 月 19 日的地方選舉上，開放一席給包括黨外人士在內的三個候選人，但投票率只有 56%。7 月 11 日戈巴契夫訪問波蘭，14 日後對雅魯澤爾斯基共同宣言：無條件承認各國在建設社會主義時，有其「不同的歷史條件」，也不可能對其他國家作絕對眞理的主張。他的談話無異爲波蘭的改革助一臂之力。

8 月第二波工潮再起，軍人出身的內務部長基什查克（C. Kiszczak）於 25 日廣播，同意在不帶任何先決條件下，政府將和各方舉行圓桌會議。31 日華勒沙被召至華沙後，開始到各地去滅火，呼籲停止罷工，靜待圓桌會議的展開。他一再強調必須和當局共體時艱，參加體制內改革，使工聯合法化。12 月 18 日華勒沙成立 128 人的公民委員會及 15 人的影子內閣，並宣佈除非當局承認團結工聯，否則絕不談判。反對他的人也另立工聯全國行動組織，強烈懷疑華勒沙等人爲了妥協犧牲了工人的權利。

1989 年 2 月 6 日至 4 月 5 日波蘭圓桌會議終於在波蘭部長會議大廈所在的華沙宮隆重開幕，共 57 人出席，基什查克代表政府，華勒沙率領 24 名工聯代表出席。最終敲定工會多元化、經濟改革、兩院制議會、自由選舉、設總統職等改革方案。工聯保證遵守憲法、不成爲政黨、不破壞社會安全、不接受西方的援助。4 月 17 日被禁七年的團結工聯再出發。修憲後增設 100 席的參議院，執政聯盟穩獲 460 席下議院的 2/3 席位，只開放 160 席自由競選。

　　執政聯盟以為工聯尚未站穩腳步，把原定 10 月舉行的大選提早到 6 月。6 月 14 日大選，工聯在第一輪時攻佔下院全部的 160 席，以及上院的 92 席。執政聯盟 35 人只有兩個當選。第二輪按比例分配，執政聯盟的空缺 294 席，工聯競選一席；在參議院各方競選八席，工聯至少禮讓執政聯盟 294 席。波共在下議院只有 173 席（工聯 160 席），共產黨淪為在野黨了。

　　米赫尼克寫了〈他們的總統，我們的總理〉，呼籲選民認清「現在需要的是一種新的、能夠得到所有主要政治力量贊同的格局，新的、但要保證連續性，這一個格局可以是這樣一種協議，總統將由波蘭統一工人黨的候選人中選出；而總理和組閣的使命，則委任給團結工聯的候選人。」7 月雅魯澤爾斯基當選總統，在 537 張票中，他以 270 票贊成、233 票反對、34 票棄權，只比半數多出一票當選·工聯 18 人棄權，11 人投票，只有一票支持將軍。

　　華勒沙公開表示願意讓統一工人黨保有國防和內務兩個部長，但他拒絕組閣，8 月由工聯顧問馬佐維茨基（Tadeusz Mazowiecki，1927 ～ 2013）組閣。學者、文化人組成「專家內閣」。1990 年 1 月通過《政黨法》草案，禁止政黨在軍、警部門內進行活動，禁止現役軍人參加任何政黨，保持中立，撤銷軍中的政治部門。

　　統一工人黨終於在 1990 年 1 月 27-29 日的第 11 次大會後宣佈解散，改為波蘭共和國社會民主黨，由克瓦希涅夫斯基（Aleksander Kwaśniewski，1954 ～）為最高委員會主席，

米萊爾（Leszek Miller，1946～）爲總書記。這個違背了羅莎·盧森堡及其他先驅者的理念，完全屈服在史大林陰影下的波蘭共產黨，終於瓦解了。

團結工聯也呈現分裂的局面，一批反對和政府大和解的人，另立「團結 80」，華勒沙的光芒逐漸被馬佐維耶茨基等知識份子蓋過，開始不耐煩，批評他們的改革步調太慢了。4 月 19 日團結工聯格旦斯克大會上，華勒沙宣稱不該讓馬佐維耶茨基等人在 1980 年成爲顧問。他再度當選工聯的主席，但是支持者清一色是大企業的高齡男性勞工，中小企業的勞工、青年男工都在工聯的圈外，團結工聯不再是社會的主體勢力了，他們更不滿專家代表工人進入國會。

11 月華勒沙擊敗馬佐維耶茨基以及從加拿大回來的大富翁提明斯基（Stanislaw Tymiński），當選總統。波蘭一共有大小 29 個政黨進入國會，工聯各派系仍佔多數，然而工人總統無力打開經濟困境，1993 年裁減政府員工，又引發教師及交通、運輸、醫療保健員工的罷工。

1993 年 9 月大選，舊共產黨勢力的民主左翼聯盟（SLD）和農民黨聯合獲得 303 席，舊工聯勢力才 90 席，喪失主導地位。波蘭經濟改革獲得美國、西歐的支持，然而民營化使國營企業的員工面臨裁員、失業危機，市場經濟的轉型更是困難重重。華勒沙黯然下台，重返工廠做工了。

# 4. 匈牙利的新時代

卡達爾只能靠老大哥蘇聯撐腰，1962 年 8 月匈共開除拉科西等 19 人，指控他們必須為「個人崇拜時期對工人運動活動家的非法審訊」負責。11 月卡達爾開放技術部門給黨外人士，限制秘密警察的權力，緩和言論和新聞檢查。由涅爾什（Nyers Rezsö，1923-）主持國家經濟委員會，把一些大企業交給專家（副部長）直接管理，改訂價格，並將基本工資改由工會與政府協議，企業自負盈虧。但蘇聯批判匈牙利的改革「違背了社會主義計畫經濟原則，助長了資本主義的傾向」。黨內反動派乘勢攻擊經改是「小資產階級的狂熱」，「損害工人階級的利益」，甚至是搞「民族沙文主義」。

1973 年國際石油危機衝擊下，匈牙利外貿損失佔當年國民總收入的 75%。蘇聯又把原料、燃料價格提高 52%（尤其石油上漲 130% 以上），匈牙利幾乎破產了。

保守派乘勢反撲，1974 年 3 月涅爾什和主管文化的阿策爾被趕出政治局，負責農業和經濟計劃的費赫爾和艾塔里兩個副總理也下台。匈牙利開始放棄自由化走回頭路了。1980 年卡達爾才又局部開放企業自產自包，把釀酒、製糖、菸草、煤炭、玻璃、築路、罐頭、農機、啤酒等 20 多個托拉斯改為中小企業經營，1983 年再把切爾佩鋼鐵聯合托拉斯取消。然而物價無法抑制，靠借外債補貼人民，根本無濟於事。1985 年外債由 1979 年的 50 億美元增加為 100 億美元，財政赤字超過預計的兩倍（460 億福林），外債突破 180 億

美元。

1985 年戈巴契夫成為蘇共總書記，吹起一陣「改革」清風。兩年後的 4 月，戈巴契夫在布達佩斯鼓勵「每個黨都有根據社會主義建設共同規律制定本國政治方針的權利」。1987 年 5 月格羅斯總理上台，9 月開始徵收 20-60% 的所得稅和提高物價 25%，以促進生產和消費。但是人民生活水準更低，佔 1/4 人口的 230 萬領養老金的退休員幾乎餓死。難怪英國《經濟學人》批評說：「如果匈牙利從過去 20 年吸取了什麼有關改革的經驗與教訓的話，那就是理論和實際之間的差距像多瑙河一樣寬。」

知識份子開始騷動，當局睜一隻眼閉一隻眼，放任《薩蒂風光》、尤日福圓形劇場和一個偏僻小鎮的洛基泰萊克三股民運勢力的活動。1987 年 9 月 27 日愛國人民陣線總書記波日高伊也參加 150 名知識份子的集會。他們認為匈牙利已陷入「自己歷史上的一次嚴重危機」，主張探索自立和革新之道，成立「論壇」（Forum）、自由出版刊物。

波日高伊（Pozsgay Imre，1933 ～）是馬克思主義哲學家、歷史學家，歷任宣傳部副部長、文化部長、國務部長。他反對卡達爾死抱馬列主義的領導原則，指出：「匈牙利應該建立一套新的組織原則，哪裡團結堅如磐石，哪裡就不會有進步，而只是政權的奴隸；哪裡的團結是創造性的，那個地方的討論就會成為改革的手段。」

卡達爾在 1988 年初已申請退休，政治局改選格羅斯（Grósz Karoly，1930 ～）為總書記，卡達爾為黨主席。涅

爾什、內梅特、波日高伊也進入政治局。11月內梅特成為總理，1989年初卡達爾病情惡化，5月11日黨中央全會決定免除他的一切職務。6月25日涅爾什成為黨主席，政治局擴大為21人，改為政治執行委員會。涅爾什、格羅斯、內梅特和波日高伊等四人為中央主席團成員。7月6日卡達爾去世，結束舊時代。

40歲的內梅特（Nemeth Miklós，1948～）留學美國哈佛大學，回母校卡爾馬克思經濟大學任教，1987年升為經濟政策部長。他和涅爾什、波日高伊形成老中青三人組。

「匈牙利民主戰士聯盟」、「歷史公正委員會」（納吉及其他受難者的家屬）、洛基泰萊克會議成立的「民主論壇」、「新三月陣線」、「公開性俱樂部」等各種民運團體紛紛在1988年11月2日以前湧現。死硬派也由退休的警察中校、前駐華沙大使等成立「明尼赫・費倫茨協會」，要捍衛黨國和社會主義秩序。格羅斯無法阻擋這股人數不多卻聲勢浩大的「妄圖復辟資本主義的反革命勢力」。1989年1月國會通過修憲，准許公民享有組黨的自由，並要求政府最遲在8月1日以前提出政黨法草案。

1月24日國會的黨外議員成立「黨外派」。26日國會通過納吉等人重新舉行國葬。2月20至21日匈共通過放棄憲法第三條「社會主義工人黨是社會的指導力量」，成為東歐民主改革的先聲。3月15日的獨立日上，民主派大示威，高呼「拉科西、卡達爾、民主派是一丘之貉」，「我們不放棄1956年的目標！」4月12日格羅斯又當選黨的總書記，

波日高伊和改革派在 15 日與黨外人士會談，6 月 13 日執政黨和九個反對派、工會、愛國人民陣線展開長達 100 天的對話。16 日納吉等國葬，等於宣告了格羅斯的政治死亡。23-24 日格羅斯實際上被架空，波日高伊被選為總統候選人。

　　7 月 1 日三邊圓桌會議開始，涅爾什 8 月從莫斯科回來，宣佈未來的社工黨是一個革新的黨，它既要吸收社會民主黨的傳統，又要吸收共產黨的傳統，合二為一。在 6 月第二輪的三邊會議上，反對派要求清查黨產，按金額分配給各黨。在反對壓力下，黨退出了軍隊和內務部門；9 月 1 日再退出行政機關，但仍堅持控制一般企業。18 日三邊會議敲定修改憲法、政黨法、選舉法及修改刑法等草案，交付國會討論．

　　10 月 7-10 日匈牙利社會主義工人黨召開「14 大」，1,276 名代表中，改革派佔 600 人。改革聯盟宣稱黨已完成歷史任務，必須和過去徹底決裂，堅決和「花崗岩腦袋的保守份子」分手，建立「清一色的改革派」的黨，作為黨的合法繼承者。涅爾什主張新的黨要根據歐洲左派的價值觀和民主社會主義的要求，進行組織建設，在政治上通過競選爭取執政權。7 日大會通過改黨名為「匈牙利社會黨」，並宣佈：「迄今的社會主義概念和史大林主義制度已經耗盡一切社會、經濟、政治和道德上的潛力，已不適應趕上世界發展的步伐了。這樣，作為國家黨的匈牙利社會主義工人黨的歷史已經結束了。」

　　涅爾什重新當選為黨主席，他解釋說，社會黨既不是共產黨，也不是社會民主黨，而是兩者合為一體。格羅斯黯然

下野，原來的 72 萬黨員，只有 5.5 萬人加入社會黨。格羅斯另外召開「14 大」，匈共從此分裂。

10 月 18 日國會通過修憲案，把人民共和國改爲共和國，規定「共和國是中立、民主的法制國家，同時體現資產階級民主與民主社會主義的價值」，改爲總統制國家。23 日，在 1956 年事件的科蘇特廣場宣佈建國。

早在 5 月 2 日，匈牙利撤掉奧匈邊界 350 公里的鐵絲網，使東德人順利越境湧入奧地利，向維也納的西德大使館要求政治庇護，超過 20 萬難民滯留在匈牙利。9 月 10 日匈牙利開放邊境，讓東德難民通過。18 日東德的昂內克下台。

10 月 19 日匈牙利有 52 個政黨開放登記。1990 年 3 月 10 日蘇、匈外長協議，蘇軍將在 1991 年 6 月 30 日前全部撤離匈牙利。3 月 25 日匈牙利首次大選，民主論壇派最高票，但未過半數。30 日民主論壇派和獨立小農黨、基民黨聯合第二輪參選。舊匈共只獲得 4% 選票，不能進入國會。涅爾什的黨（佔 8.55%）承認失敗，寧可作爲「建設性的反對黨」。波日高伊在第一輪選敗，內梅特以個人身份參選當選。

民主論壇派主席安道爾（Antall József，1932 ～ 1993），厄特沃什大學博士，專攻法律、經濟、民俗、藝術史及人類學。1964 年起在博物館工作，1984 年當館長。5 月 3 日的「博士國會」召開，386 名議員中，受過大學教育的有 323 人，八名科學院士，178 名博士，大學教授和中學教師佔 100 人，法律人士 47 人，工程師 40 人；只有三名

工人和兩名軍人。作家協會主席根茨・阿爾帕當選為國會主席，安道爾組閣。8 月 3 日根茨被國會選為總統。

至於社會黨，也在 1990 年 5 月召開「二大」，涅爾什下台，改由前外長霍恩（Horn Gyula，1953-2013）為主席。內梅特在 1991 年出任歐洲復興開發銀行的副總裁，常駐倫敦；波日高伊則在大學教書。

匈牙利的休克療法也告失敗，1994 年社會黨的 Gyula Horn 執政，1998 年再由 Fidesz 改革運動的 Orban Vitto 執政。

# 5. 柏林圍牆倒塌

東德的社會主義統一黨（SED）一向是蘇聯老大哥的模範生，1961 年 8 月 13 日烏布利希築起柏林圍牆；至 1989 年 10 月為止，這座「烏布利希長城」高 3.5 至 4.2 米，全長 170 公里。他堅持不和西德合併，各自為政，1960 年代再強調「不僅德國已分成兩個國家，而且德意志民族也分成兩個水火不容的民族」。1973 年兩德同時進入聯合國。

政府發展電子、電器等尖端工業，食品、水電價維持 30 年不變，教育和醫療完全免費，房租只佔一家開銷的 3%。政府每年的物價補貼高達 500 ～ 600 億東德馬克，外債在 1990 年高達 206 億美元，內價也有 2,500 億馬克。市民買一輛汽車要等 10 ～ 20 年，人們寧可花三倍以上的錢去黑市買車子。

1971 年烏布利希辭職，改由昂內克（Erich Honecker，

1989 年 12 月 22 日移除布蘭登堡門附近一段的柏林圍牆。

1912 ～ 1994）這個瓦匠出身，1935-1945 年被囚禁十年的中央書記掌權。東德的人民警察完全是 KGB 的翻版，安全部成為「國中之國」有 85,000 名專職人員和十萬「義務人員」，幾乎每個人的檔案都存封在安全部裡。黨政要員住在柏林北邊半小時車程的萬德利茨小鎮上，過著豪華的生活，他們的座車更是瑞典的 Volvo，並且不必排隊就可以買到西方的商品。昂內克公開貪汙，上行下效。

　　1989 年 7 月在參加布加勒斯特的華沙公約組織政治諮議會議途中，昂內克突然罹患急性肝炎而回國休養。8 月 11 日他重回權力核心，15 日以後就動手術了。第二號人物克倫茨（Egon Krenz，1937 ～）被昂內克下令去休息，政務由長老 Rudi Mittig 主持。這年 5 月匈牙利拆除奧匈邊界設施，

大批東德人利用赴匈度假而取道奧地利進入西德。9月匈牙利又決定讓滯留在境內的東德人可以自由出境。在波、捷的西德使館也擠滿了 6,000 名東德難民。

10月6日戈巴契夫至東柏林，向記者表示：「我們需要新思維。」他不認為東德目前有危機，「危險只威脅那些對尖銳的生活問題視若無睹的人。」他在參加東德 40 周年國慶大典後，第二天向昂內克介紹蘇聯改革的經驗，並說：「遲到者將受到生活的懲罰。」

7日起萊比錫市民開始示威，迅速蔓延各大城市。9月中被宣佈為非法的「新論壇」也再度活動。第一個反對黨民主德國社會民主黨也在這天宣佈成立，同時六個反對派聯合聲明，要求民主改革，並在聯合國監督下舉行大選。11日德共中央政治局宣稱，願意就所有社會存在的問題進行討論和對話，但不允許工農政權、社會主義的價值、理想和成就受到侵犯，聲明反對任何旨在蠱惑人心和改變國家憲法根本宗旨的建議與示威遊行；並同時譴責西德干涉內政，誘使公民出走。

17日在黨的十一屆九中全會上，執政 18 年的昂內克被迫下台，克倫茨成為新的總書記，一週後他又兼任國務委員會主席和國防委員會主席，昂內克結束 11 年的獨裁統治，18日下台。

克倫茨 31 日去蘇聯，他要學習戈巴契夫的改革。11月7日斯多夫（Willi Stoph，1914～1999）為首的 44 名部長會議成員集體辭職，第二天又有 18 名中央政治局成員辭職。

克倫茨宣佈〈面向未來〉綱領，要開放自由選舉，組織民主聯合政府，黨政分開。18 日莫德羅（Hans Modrow，1928～）組織聯合政府（26 人當中黨外佔 11 人）。

柏林在 11 月的前兩個星期內已有 200 萬人穿過圍牆湧入西柏林。11 月 1 日東德開放通往捷克的邊界，一週內有五萬人出走。11 日柏林圍牆一下子被群眾用挖土機、鏟子敲擊得千瘡百孔。12 月 1 日人民議院刪除了民主德國受工人階級及馬列主義政黨領導的憲法。3 月 SED 開除昂內克等 12 人，黨中央總辭。12 月 6 日克倫茨下台，7 日東德第一次舉行 16 個黨派圓桌會議，決定 1990 年 5 月 6 日大選。

西德政客乘機大倡兩德統一。12 月 19 日西德總理科爾（Helmut Kohl，1930～）至東德訪問。20 日他結束訪問幾小時後，法國總統密特朗（François Mitterrand，1916～1996）也抵東柏林。22 日封閉了 28 年的勃蘭登堡門第一次開放。

1990 年以來東德局勢更加動盪，政府和反對派達成協議，提前在 3 月 18 日選舉。SED 也在 1989 年 12 月改為「德國統一社會黨—民主社會主義黨」，1990 年 2 月再改為「民主社會主義黨」，宣佈和過去的黨決裂。3 月 18 日大選（93% 投票率）有 24 個政黨參選，德國聯盟獲得 48.15%，社民黨（21.84%）、民社黨（16.33%）居後。4 月 5 日基民盟德梅齊埃（Lothar de Maizière，1940～）組閣，各黨共同簽署一份關於兩德統一的文件，隨後東德拆除柏林圍牆。10 月 3 日兩德統一，東德走進歷史，1991 年 1 月科爾出任新的德

國總理。

# 6. 布拉格遲來的春天

胡薩克從 1969 年 4 月被蘇聯老大哥扶正為捷共第一書記以來，開除了 50 萬黨員（佔全黨 1/3）。1975 年 5 月斯沃博達退休後，他又兼任總統。

1977 年 1 月 6 日，前外長 Jiří Hájek、哲學界龍頭 Jan Patočka 及劇作家哈維爾 3 人發起〈七七憲章〉運動，以宣言形式在西德某報刊出，抗議政府未能落實憲法的人權條款，以及 1975 年赫爾辛基協定的最後文件，聯合國政治權、公民權、經濟權、文化權公約，他們自稱是「組織鬆散、非正式、開放的協會……成員因有志於以個人、集體的方式爭取人權。公民權能在我國和世界各地得到尊重而結合在一起」。他們強調這不是個組織，「不構成任何政治反對活動的基礎」，起初只有 243 人連署，接下來十年也只多了 1,621 人加入而已（捷克斯洛伐克人口為 1,500 萬人）。

哈維爾（Václav Havel，1936～2012）生於富裕的工程師家庭，他的祖父蓋過盧塞那宮的電影院，還創立了小劇場。哈維爾念過理工大學經濟系，由於階級成分不得深造，只能以自修通過考試，1945 年入大學，1957 年申請念演藝學院電影系遭拒，只好去當兩年兵，再念影藝學院的函授課，1968 年 3 月成為獨立作家團主席。

1975 年 4 月 28 日哈維爾寫信給胡薩克：「生活在一隻

醜陋的蜘蛛——無所不在、無所不能的國家警察的陰影下，生命變得只符合一個公式：秩序、平靜和穩定，千篇一律的灰色官僚秩序戰勝了一切。捷克斯洛伐克人民再也沒有歷史感了，所有的一切都溶爲一個灰色的影像，虛僞取代了歷史，當權者在癱瘓生命的同時，也癱瘓了自己。」

七七憲章派包括了馬克思主義派、托洛茨基派、基督教和急進派，各吹各的號。托派烏爾（Petr Uhr，1941～）主張東、西歐的無產階級共同革命。當局未將他們視爲和平主義者，反而視宣言爲「一份反政府、反社會主義，只有煽動、宣傳性、謾罵、汙衊的文件」，把簽署人分別扣上「賣國賊與叛徒」、「帝國主義的走狗與代理人」、「破產的政客」、「國際冒險份子」等大帽子，施以恐嚇及報復，包括撤職、禁止他們的孩子上學、吊銷駕駛執照、逼他們流亡國外和取消公民權。1979 年 5 月底警察逮捕十名「防衛不當受害者委員會」（VONS）成員，扣上叛國罪，哈維爾判刑四年、烏爾五年、數學家 Benda 四年徒刑等。哈維爾在 1970～1989 年間三次進出監獄，度過近五年的時間。

戈巴契夫的改革衝擊了捷克斯洛伐克，1987 年 12 月 73 歲的胡薩克辭去黨第一書記，改由 65 歲的雅克什（Miloš Jakeš）繼任。1988 年 10 月保守派的總理什特勞加爾被阿達麥茨（Ladislav Adamec，1926～2007）取代。新總理主張「評價歷史不容拖延」，必須和黨外坦率地對話。8 月間七七憲章派兩度示威。11 月義大利共產黨大本營的波洛那大學頒給杜布切克榮譽博士，他才獲准出國。法國總統密特朗來訪

時，七七憲章派在 12 月 10 日召開世界人權宣言四十週年紀念會，有 3,000 人示威要求釋放政治犯，爭取基本人權。

1989 年 1 月起他們更利用各種紀念日組織集會和示威遊行。1 月 16 日成千上萬市民湧向 1969 年抗議蘇聯佔領而自焚的大學生 Jan Palach 墓前獻花，持續一週，人人高呼「要人權、要自由、要戈巴契夫」等口號，當局調動裝甲車和高壓水龍驅散民眾，逮捕包括哈維爾在內的 200 多人。2 月下旬哈維爾以煽動罪、妨礙公務罪等判刑九個月。3,000 名文化、科學界人士聯名要求當局釋放哈維爾等人。正在召開第三次歐洲安全會議的西方各國代表也紛紛譴責布拉格當局違背歐洲安全的精神。

5 月各反對派在五一勞動節大示威，6 月 29 日他們發表〈幾句話〉宣言，要求為 1968 年事件平反，承認反對派的合法地位並進行平等對話、釋放政治犯、實行新聞言論自由。捷共當局非但拒絕，早在 3 月底就集中火力在《紅色權利報》攻擊杜布切克當年「完全和有意識地站在修正主義立場上，積極實施修正主義綱領，把國家引入了深淵的危機中」，並重申 1968 年蘇聯等五國入侵是「制止反革命」、是對捷克斯洛伐克的「國際主義援助」。杜布切克在 4 月中、下旬兩次對匈牙利電視台發表談話，捍衛自己的立場，再次譴責蘇聯的武力鎮壓。

但〈幾句話〉已有近兩萬人連署了，6 月 30 日黨主席團堅決表示要對反對派的活動採取「最堅決的打擊」，絕不允許為 1968 年事件翻案。然而 20 日起，20 多萬學生、

工人和市民的大規模示威已擴大到布拉迪斯拉發（斯洛伐克）、布爾諾、Ostrava 和 Olomou 等大城市，至少有 230 萬人參加。〈幾句話〉號召人民在 8 月 21 日蘇軍入侵 21 週年時舉行更大規模的示威。市政府的回應仍舊顢頇地指斥反對派企圖利用外國的支持，在那天「製造緊張和暴力」，政府決心「制止這些反社會主義的企圖」，並呼籲群眾「以自己的實際行動和態度」來支持政府的立場。21 日當局又逮捕數百名示威者，連帶抓走趕來的波蘭人和匈牙利人，引起波、匈兩國嚴正譴責。

10 月 18 日東德昂內克下台，更加刺激了捷克人民。28 日的建國紀念日又是大示威；11 月 17 日的國際學生日[1] 又有 167 名學生被打傷，144 人被捕，謠傳查理大學數理系學生什米德被打死，20 日當局找到他本人上電視澄清，公安部藉此逮捕散佈謠言的烏爾。同日各劇院演，高校及中學罷課。

11 月 19 日，「公民論壇」（Občanské fórum）在布拉格宣佈成立，次日斯洛伐克出現「公眾反暴力」組織。20 日捷共中央書記成員、社會主義青年聯盟中央主席莫霍里塔也參加遊行，並宣讀社青盟譴責中央書記處的聲明，提出了調查警察使用暴力問題、要和反對派對話及進行徹底的改革

---

1 納粹佔領期間，學生 Jan Opletal 在 1938 年 10 月 28 日遊行時被打傷致死，11 月 15 日大學生為他下葬示威，又被納粹打死九名學生，並逮捕 1,200 多人，關進集中營，17 日希特勒下令關閉捷克所有的高等學校。這一天成為國際學生日，紀念納粹屠殺學生的示威行為。

等要求。

　　21 日阿達麥茨總理首次和布拉格大學生、藝術家及公民論壇代表對話，他保證不會再對群眾施用暴力，已要求總檢察長調查 11 月 17 日公安人員干預情況，並表示當局將繼續和反對派對話。然而雅克什卻在電視上指責策劃布拉格示威的人企圖「達到破壞捷克斯洛伐克的社會主義制度的目的」；布拉格市委第一書記捷攀也強調「市黨的組織絕不會拿政治原則作交易」。

　　24 及 26 日黨內兩派大激辯，雅克什被趕下台，烏爾班內克（Karel Urbánek）總書記表示黨願意走一條新的路，和所有願意合作的人，包括以前被整肅的黨員進行協商。26 日 50 萬群眾聚集於布拉格的萊特納露天體育場，當晚哈維爾接受電視台史無前例的採訪。次日他在瓦茨拉夫廣場向 25 萬群眾講話，與阿達麥茨及杜布切克同台。阿達麥茨終於和哈維爾為首的公民論壇對話，會後他呼籲儘快結束罷工和遊行示威，並建議將 27 日的全國大罷工由兩小時縮短為幾分鐘。27 日公民論壇照常發動兩小時的罷工。

　　這時公民論壇已冒出新頭頭了，他們看出無心插柳卻搞出革命，必須有一個方向，由史學家皮哈特（Petr Pithart）擬定了「公民論壇綱領性原則」。綱領問道：「我們要什麼？」答案是（1）法治國家；（2）自由選舉；（3）社會正義；（4）乾淨的環境；（5）人民受教育；（6）富裕；（7）回歸歐洲。

　　捷共開始軟化，阿達麥茨承諾在 12 月 3 日前向總統提

出在廣泛基礎上組成的新政府；修改憲法，取消關於捷共領導作用的條款；同時捷共原則上接受自由選舉以及恢復多黨制議會民主的要求。公民論壇宣佈結束十天的罷工，但劇院仍罷演到 12 月 10 日，學生罷課到 12 月 29 日。11 月 29 日聯邦議會通過修憲，拿到捷共領導地位的重要條文，但東德共產黨已在 12 月 3 日被拉下台，阿達麥茨也遭唾棄。4 日又有 20 萬人示威，要求胡薩克下台，這一天，蘇、波、保、匈、東德五國首腦在莫斯科宣佈，他們的軍隊在 1968 年進入捷克，「是對主權的捷克斯洛伐克國家內政的干預，應受到譴責」。7 日阿達麥茨下台，10 日胡薩克任命第一副總理恰爾法為新的民族諒解政府總理後，自己也辭職。恰爾法在前一天的圓桌會議上通過 21 名新內閣中捷共佔十名，人民黨和社會黨各佔兩人，無黨派七人，非黨人士多出捷共一人。

重出江湖的杜布切克已經落伍了，一份學生報中的漫畫裡，一名穿汗衫的壯碩中年男子面帶不屑地盯著他刮鬍鏡裡站在門口的邋遢女人（那位女士披著一件髒兮兮的睡衣，頭髮蓬鬆，叼著菸）。她揶揄他：「你不認得我？」「我是你 1968 年的夢想！」[2] 他終究得到安慰獎，勉強當了聯邦會議主席。

12 月 3 日捷共前總書記雅克什辭去民族陣線中央主席職務，由各政黨和團體輪流擔任主席。29 日聯邦議會推

---

2　Tony Judt "Post War", 第 19 章注 26。

舉哈維爾為共和國總統，結束了捷共獨佔 41 年的歷史。本屆聯邦議會人民院和民族院的 350 人中，捷共佔 240 人（68%），但不久有人紛紛退黨，至 1990 年月中旬，捷共議員只剩 128 人，不足 40%。172 萬黨員也只剩下 80 多萬人。

1990 年 1 月 1 日哈維爾在〈人民，你們的政府還給你們了！〉就職文告上說：「我們目前最大的問題是生活在道德淪喪的環境中，我們都是道德上的病人，言不及義。……我們沒有幾個人會有勇氣大聲喊出當權者不是萬能的。……我們所有人或多或少對此（上一個極權制度）都付出過運作的責任。」3 月 29 日捷克斯洛伐克社會主義共和國改名為「捷克—斯洛伐克聯邦共和國」。4 月 5 日公民論壇等組織要求捷共交出黨產，11 日發動十分鐘全國警告性罷工。人民要克服「不關心」，勇敢地負起督促政府的責任。

遲來 20 年的布拉格之春再度開花綻放了。捷克斯洛伐克在十天內完成民主化，羅馬尼亞更快，只有十個小時。瓦茨拉夫廣場一角貼出一張醒目的海報：

| 波蘭 10 年 | 東德 10 年 |
|---|---|
| 匈牙利 10 個月 | 捷克 10 天 |

一向反對布拉格中心的斯洛伐克人也在 1993 年 1 月 1 日另立自己的國家。杜布切克在 1992 年 11 月車禍去世。

# 7. 羅馬尼亞革命

1989 年 3 月羅馬尼亞前駐美大使 Grigore Racenau 將一封寫給齊奧塞斯庫的公開信交給英國 BBC 記者，署名的還有前黨中央第一書記兼第一副總理 G. Apostol、黨中央政治局委員兼副總理 A. Barladeanu、前外長 C. Manesu、前《火花報》總編 Brucan 等人。他們指出：「當我們為之奮鬥的社會主義理想由於您所推行的政策而名譽掃地，我國在歐洲大陸日益孤立時，我們決定發出自己的聲音。」他們建議改革，放棄計畫經濟，放棄同化日耳曼、匈牙利和猶太人，保障公民基本人權。Brucan 立刻被捕，法國召回大使，英、美兩國譴責羅馬尼亞此舉為侵害人權，歐洲共同體中止和羅馬尼亞的經貿談判。

齊奧塞斯庫（Nicolae Ceausescu，1918 ～ 1989）仍頑固反動，在 11 月 20 日的第 14 次黨代表大會上仍強調科學社會主義，加強黨的領導作用。他不顧 2,300 萬人口的小國，為償還 210 億美元外債，壓縮了人民的消費。

這位工人出身、兩次坐牢（1936 ～ 1938，1940 ～ 1944）的總書記任人唯親：他的夫人埃列娜（Elena）是中央政治局執委、第一副總理；兒子尼古拉是中央候補執委；妹夫伯爾布列斯庫是中央農業書記；弟弟伊利耶（Ilie）是副國防部長，另一個弟弟是內務部警官學校校長。

他在 1977 年 8 月鎮壓 Jiu 採礦河谷罷工，殘殺他們的領袖後八個月去美國訪問，被鼓吹人權外交的卡特總統奉為

上賓。1966 年他下令禁止 40 歲以下、孩子少於四人的婦女墮胎（1986 年提高到 45 歲才能墮胎），但婦女冒險私下墮胎，23 年內奪走 10,000 條人命。他被推翻時，新生兒的死亡率為 25%，還有十多萬孤兒。

羅馬尼亞人民被迫在家裡使用 40 瓦燈泡，以便政府輸電到義大利和德國。肉、糖、奶油等嚴格配給，汽油的使用降到最低，1986 年還推動以養馬以取代摩托化交通工具的計畫，用馬拉車，收割時用長柄大鐮刀和短鐮刀。全國 13,000 個村落有一半被夷平，強迫小農拚命增產以供糧食外銷。布加勒斯特有四萬幢建築和數十間教堂、古蹟被夷平，以騰出空間建造宏偉的「新人民宮」和五公里長、150 公尺寬的社會主義勝利林蔭大道。此新人民宮由 25 歲的 Anca Peturescu 設計，比凡爾賽宮大三倍，宮前有足以容納 50 萬人的半圓形大空間，接待區有個大足球場，這就是齊奧塞斯庫私人宮廷。他被讚頌為建築師、信條塑造者、英明的舵手、最高的桅杆、勝利光環、高瞻遠矚者、泰坦巨人、太陽之子、有思想的多瑙河、喀爾巴阡山的天才……，比史大林更加偉大。

1989 年 12 月 16 日晚上西部大城市 Timişoara 當局驅逐深得人心的匈牙利新教牧師 László Tökés，引發民眾徹夜守護牧師的教堂。第二天德意志人和匈牙利人高呼「打倒齊奧塞斯庫」，反對被移民，他們衝進書店砸爛櫥窗玻璃，焚燒獨裁者的畫像、著作和國旗，還佔領政府大樓。

政府出動軍警鎮壓，鄰近 Arad、Iadi、Sibiu、Cluj、

Brasov 和布加勒斯特居民都響應起義。18 日示威遊行被鎮壓下去，造成幾百人傷亡。齊奧賽斯庫去伊朗訪問，羅馬尼亞當局關閉了通向 Timişoara 的交通和通訊。但到了 20 日示威群眾和保安部隊的衝突又加劇。

齊奧塞斯庫提前趕回國，當晚在電視上譴責事件——恐怖主義行爲是和反動、帝國主義、領土收復主義、沙文主義集團及外國間諜機構密切配合下搞起來的，目的在製造混亂，使政局紊亂，攪亂經濟，爲分裂羅馬尼亞領土、破壞社會主義祖國獨立和主權創造條件。他下令 Timişoara 戒嚴，軍隊、內務部及愛國衛隊進入備戰狀態，禁止任何社會集會和五人以上的結夥行動。21 日齊奧塞斯庫在群眾大會上譴責 Timişoara 事件時，有人高呼「打倒齊奧塞斯庫！」布加勒斯特動亂，群眾高呼「要自由！」「要麵包！」，下午有 20 多人被打死。全部隊驅散群眾。首都隨即發生反政府示威。

22 日上午齊奧塞斯庫在最後一次羅共中央政治局執委會上命令進一步鎮暴。不料示威者很快佔領羅共中央大廈，國務委員會大廈起火。中午示威群眾包圍總統府，齊奧塞斯庫和夫人下午 1 點多從總統府頂樓搭直昇機逃走，卻因爲國際機場被封閉而改乘轎車逃向埃列娜的故鄉，下午 3 點在途中被軍隊抓到。25 日他們被特別軍事法庭判處死刑並立即執行，罪名是大屠殺六萬多人、危害國家政權、炸毀和破壞建築物、破壞公共財產、破壞國民經濟、在國外存款十多億美元、企圖逃往國外等。至此，在四天內結束 45 年的共產

黨政權和齊奧賽斯庫 25 年的統治，400 萬黨員、八萬多安全部隊就此土崩瓦解。

　　22 日前羅共中委 lon Iliescu（1930 ～）宣佈成立由七人組成的救國陣線委員會。1990 年 1 月他們開放政治改革，5 月 20 日學生運動領袖出身的 Iliescu 當選為總統，水利工程教授 Petre Roman 為總理。救國陣線佔參議院 119 席中的 92 席，眾議院 387 席中的 233 席。3 月 19 日 Tirgu Mures 動亂中有八名匈牙利人被打死，300 多人受傷，Iliescu 絲毫沒有阻止。他就任後，6 月就用巴士載礦工去布加勒斯特痛毆抗議學生，打死 21 人，傷及 650 人。


# 8. 保加利亞劇變

　　1989 年 11 月 10 日 78 歲的日夫科夫（T. H. Zhivkov，1911 ～ 1998）被轟下台，由外交部長拉德諾夫（Petar Toshev Mladenov，1936 ～ 2000）為保共的新總書記，保共開始一連串的改革：釋放政治犯、開放黨禁、修改憲法、刪掉保共領導地位條款、改黨名為「保加利亞社會黨」。1990 年 6 月 10 日和 17 日大選，前共產黨輕易勝選。

　　當權 33 年的日夫科夫一直蔑視國內的土耳其裔（900 萬人口的 90 萬），1948 年官方宣佈土裔根本就不是「土耳其人」，而是過去被強迫改變信仰伊斯蘭教，自此將恢復真實身份的保加利亞人，禁止穆斯林儀式，禁止廣播、出版、教育上使用土耳其語；凡有土耳其姓名的，此後得改取保加

利亞姓名。結果土裔群起反抗，也激怒了保加利亞的知識份子，並在聯合國和歐洲法院遭到譴責。1989 年夏約有 30 萬土裔投奔土耳其，造成國內粗活工短缺，局勢惡化。

日夫科夫下台至 1989 年底，僅在一個多月內湧現大小 30 多個異議團體，他們不斷示威集會，要求擴大民主和自由，釋放政治犯，開放自由選舉。11 月 12 日「生態公開性」聲稱，在保共執政下的改革與公開性只能是走向民主的第一步。14 日地方法院奉命准許他們登記註冊。18 日「支持改革與公開性俱樂部」（Club for the Support of Peresttoika and Glasnos）、「支持工會」、「爭取人權獨立」等九個組織號召十萬人集會，提出反對共產黨、反對社會主義口號。保共解除日夫科夫的職務。12 月 7 日十個反對派成立「民主力量聯盟」（The Union of Democratic Force, UDF）。保共中全會結束後，23 日有 15 萬人參加大會，支持新領導，高呼「用鮮血贏得社會主義，以實際行動捍衛社會主義」、「沒有保共就沒有改革」、「反對假民主」、「向民主化和平過渡」。

14 日國民議會開幕，反對派在議會大廈外聯合集會，要求保共中央、國民議會和政府總辭，實行自由選舉。25 日索菲亞五千多人集會，要求保共領導人下台，取消憲法第一條。國民議會被迫在 15 日向反對派承諾 1990 年 1 月修憲，並取消刑法中的「反國家罪」，大赦政治犯，成立由反對派參加的調查貪污的委員會。29 日保共中央將原訂月 19 日的特別大會提前到 1 月 30 日，屆時將修改民族政策，糾正以

前強迫穆斯林公民改名的錯誤。

1990 年 1 月 18 日最高檢察院決議逮捕日夫科夫，控告他造成了民族矛盾，獲得沒有法律根據的大量社會財富及濫用職權。2 月 2 日大會通過〈保加利亞民主社會主義宣言〉，聲稱保共已轉型為民主社會主義政黨，「今天我們面臨的總任務，就是保共的非史大林主義化和建立新型的現代馬克思主義政黨」，使它有能力成為建設民主的人道的社會主義而鬥爭的社會力量和人民群眾思想上和政治上的領導者。」4 月初根據全黨投票，決定改新黨名。

2 月 3 日國民議會任命 Andrey Lukanov（1938 ～ 1996）為總理，組建多黨聯合政府，反對派拒絕參加。8 日的圓桌會議上，民主力量聯盟主席 Zhelyu Zhelev（1935 ～）說：「在目前的條件下參加聯合政府，會把反對黨降為傀儡。」只有保共與政權分離，解散基層組織並使警察、軍隊和法律系統非政治化，反對派才能參加政府。Lukanov 找 1948 年以來就合作的農民聯盟，也遭對方拒絕，還說：「它屈從和依賴共產黨已 43 年了，今天這對夫妻是該離婚了。在這段婚姻中，我們享受不到平等的權力，卻要為共產黨承擔責任」。

6 月大選前，有 153 人退出保共最高委員會，另組新社會主義聯盟，宣稱「將不把社會主義看做是一種社會制度，而認為它是文明發展的必然趨勢」。幾天後他們與民主力量聯合。17 日第二輪選舉後，社會黨仍佔優勢，Lukanov 組閣，姆拉德諾夫為總統。民主力量發動大學生長期罷課和絕食抗爭，迫使姆拉德諾夫於 7 月 6 日下台，最後社會黨讓步，

Zhelev 當選總統。但民主力量聯盟更加大規模抗爭和罷工、罷課。11 月 29 日 Lukanov 政府垮台，12 月 7 日國民議會根據 Zhelev 的提名，任命 Dimitar Iliev Popov（1927-）為總理，一週內組建全國和平過渡政府。11 月 15 日改國號為保加利亞共和國，在政黨法中增補了外交、司法、警察非政治化的條款。10 月 13 日第二次選舉中，民主力量聯盟雖一分為三，但主流仍贏得 34.36% 選票，勝過社會黨的 33.14%。

# 9. 阿爾巴尼亞

　　信仰伊斯蘭教的阿爾巴尼亞人在 1985 年 4 月 11 日霍查（Enver Hoxha，1908 ～ 1985）去世後，13 日阿利雅（Ramiz Alia，1925 ～）當選為勞動黨第一書記，黨宣稱：「實踐是檢驗真理的標準，不怕別人說我們響應修正主義理論和實踐而反對變革。」但仍攻擊戈巴契夫帶頭對馬克思主義、革命和社會主義全面攻擊。社會主義沒有必要引進改革或資本主義制度，那是非常危險和反革命的。東歐劇變不是偶然的，是一條為資產階級反革命鳴鑼開道的錯誤路線的必然結果，修正主義份子把社會主義拱手交給公開的反對派。

　　1990 年以來阿爾巴尼亞社會出現了動盪，2 月大約有 2,000 人在地那拉的斯坎培德廣場靜坐抗議。6 月末至 7 月初又有成千上萬人與警察起衝突，躲進十幾個外國大使館尋求庇護，至少有 3,200 人躲進西德使館。大多數示威學生要求實行多黨制及結社自由。11 月 6 至 7 日阿利雅在黨九屆

十二中全會上指出：黨的領導作用不是靠命令或法令來維持的，黨不應直接行使國家權力，應當修改憲法中規定的「勞動黨是國家唯一政治領導力量」的條款，以便為思想多元化奠定組織基礎。

12月8日晚上地那拉大學學生抗議宿舍停電，進而提出政治要求。第二天教育部長與校長和學生對話三個小時沒有結果。中午有2,000多名學生上街高喊「要自由」、「要民主」、「多元政治」、「多黨制」，要求阿利雅仿效戈巴契夫進行改革，遭大批保安部隊和警察包圍。11日黨迫於形勢，在十三中會上決定允許獨立的政治組織，開放多黨制。儘管首都的學生抗議平息了，但斯庫臺、都拉斯、卡瓦亞和愛爾巴桑各地在11-14日又爆發大小不等的抗議，形勢持續惡化。11日阿爾巴尼亞民主黨宣佈成立，宣佈：「維護阿爾巴尼亞國家的獨立、完整和主權，加強民族團結，實現整個阿爾巴尼亞民族成為現代多元社會的願望。」反對黨由地那拉大學醫學教授貝里沙（Sali Berisha，1944～）領導，19日經司法部正式核准。只有300萬人的小國，在短短幾個月內湧現19個新黨。民主黨在三個月內超過十萬黨員，大多是學生、知識份子和城市居民。

1991年1月圓桌會議決定3月31日大選。2月6日貝里沙在報上指責霍查搞個人崇拜。同一天恩維爾・霍查大學師生向當局要求改名遭拒，引發700多名師生罷課，甚至有人絕食抗爭，各校紛紛響應聲援，持續半個月。20日霍查大學學生上街示威，各校學生紛紛趕來，下午1點已有幾萬

人到斯坎培德廣場，與守護霍查銅像的警察起衝突，最終學生拉倒霍查銅像，並用卡車載到大學城附近的小山坡上砸爛。

總理 Adil Carcani 憤而成立「恩維爾‧霍查自願行動者協會」，痛斥阿利雅是叛徒，要求宣佈民主黨非法，並逮捕領導人。22 日阿利雅一面向全國肯定霍查的歷史地位，另一面又簽署接受 Carcani 政府總辭，宣佈由他組成主席委員會和臨時政府，由 39 歲的經濟學家納諾（Fatos Nano，1952 ～）組閣。勞動黨利用既有資源全面控制廣播媒體，限制阻撓反對黨的政見宣傳，不再限制農民養牲畜的數量，釋放政治犯。

3 月 31 日大選後，勞動黨獲得 250 個議席中的 169 席，民主黨只有 75 席，教育部長 Kastriot Islami（1952 ～）當選為議長，改國號為阿爾巴尼亞共和國，實行三權分立及總統制。5 月 3 日阿利雅任命 Nano 組閣。

反對黨憤而在 15 日聯合獨立工會發動半個多月的罷工，社會動盪，勞動黨不得已在 6 月 3 日與各反對黨達成協議，納諾 4 日總辭。隔天阿利雅任命 Yilli Bufi 組建過渡性聯合政府，24 名閣員中，勞動黨和民主黨各提名 12 人，結束阿爾巴尼亞勞動黨一黨執政的局面。10 至 13 日黨決定改名為社會黨，走民主社會主義道路，放棄馬克思主義。

但反對黨並不以出任幾個部長就滿足，他們在 8 月組成反社會黨政治聯盟，要求提前大選和阿利雅下台。9 月 27-29 日民主黨第一次全代會上，貝里沙聲稱主要目的是要

埋葬社會主義制度，粉碎共產主義意識型態，把社會黨趕下台。12月民主黨提名的部長總辭，使聯合政府垮台。1992年3月22日第二次大選，民主黨拿下62%選票和92席，社會黨拿下25%選票和38席，社會民主黨獲得4%選票和七席，民主黨執政，貝里沙由議會推選為阿爾巴尼亞共和國第二任總統。

至於南斯拉夫則在1992年分裂為六國。

# 第八章

# 蘇維埃帝國瓦解

1991 年八一九事件爆發時佔領蘇聯紅場的坦克，此事件最終促進了蘇聯的解體。

# 1. 戈巴契夫內外交迫

改革派興致勃勃，雅科夫列夫主管中宣部下的國際新聞部，《真理報》、《共產黨人》《消息報》也大換血。1987年莫斯科有 1,000 多個獨立政治團體湧現，列寧格勒有 200 多個。以前禁演的電影、戲劇紛紛開禁，新的文藝創作令人眼花撩亂。

反動派再也按耐不住了：1988 年 3 月 13 日俄羅斯共和國機關報《蘇維埃俄羅斯報》以整版刊出列寧格勒工藝學院女教師尼娜‧安德烈耶娃的長篇來信〈我不能放棄原則〉，她說：「我反覆讀過不少轟動一時的文章，除了教人迷失方向外，這些文章又能告訴青年什麼呢？……就拿史大林在我國的歷史地位問題來說，全力以赴地批評抨擊……正事和他的名字聯繫在一起的。所有這一切都被懷疑，我和全體蘇聯人一樣，對 1930 至 1940 年代由時當時黨和國家領導人的過錯而發生的大規模鎮壓表示義憤填膺，但理智上堅決反對把互相對立的事件都塗上一種色彩。

「我們和青年進行長期間的坦率對話所得出的下列結論是：對無產階級專政國家和我國當時的領袖人物發動進攻不僅有政治原因、意識型態原因和道德原因，而且還有社會原因，試圖擴大這種規模的大有人在，而且不僅僅是在國外，除了早已選定『反史大林主義』這個民主口號的西方職業反共份子外，還有被十月革命推翻的各階級的後代，他們之中遠非所有人都能忘記自己前輩遭受的物質損失和社會損

失。」

　　這位女教師質疑：「目前討論的中心問題是——社會的哪個階級或階層是改革的領導和動員力量？」「目前在國內進行討論的主要根本問題，承認還是不承認黨和工人階級在社會主義建設中，也就是包括改革的領導作用。」

　　這篇文章引起廣泛的迴響，列寧格勒電視台還為此播出一次討論會，會上有人點名批判戈巴契夫。

　　葉利欽（Bors Yeltsin，1931～2007）唸過烏拉爾工學院，畢業後自願當工人。196１年入黨，1981年當選蘇共中央委員，1985年為中央書記處書記兼莫斯科市第一書記。

葉利欽（Bors Yeltsin）

他一向傲慢自負，大唱反調，11 月 9 日他突然心臟病發，11 日被解除莫斯科市委第一書記職務。

KGB 主導的《真理報》轉載義大利《共和日報》文章，指出葉利欽酗酒成癖，終日醉醺醺。電視時事新聞節目「Vremya」更故意將他的演講錄影帶放慢播出，凸顯他似乎宿醉未醒、口齒不清的醜態。有一次他從烏斯潘士可耶村回家途中，突然被一輛車子內的人綁架，丟進冰冷的河裡，直到他勉強游上岸到附近的派出所報案，才由家人趕來接回家。1988 年 6 月 28 日全蘇黨員第 19 次大會上，葉利欽是全國唯一落選代表，他卻在斯維爾德洛夫斯克市破例當選為代表，支持者包括州委會，迫他們已同意他以卡累利亞選區的代表名義當選。

戈巴契夫準備以選舉辦法取代多年來由黨機構確定代表的辦法，並把黨的第一書記和蘇維埃主席團主席的職務合併，目的是要把黨的權力轉交給蘇維埃，他說：「如果我們只有一個執政黨的話，那就應該用這種方式將其置於人民的監督下。」葉利欽第四天終於衝上主席台要求發言，他直指戈巴契夫搞「領袖制」，反對黨總書記兼任蘇維埃主席，並要求再來一次普遍、直接和無記名的投票，限定任期兩屆。他宣佈某些「老人們」為什麼把國家和黨弄到如此地步？「把他們開除出政治局，這種作法比死後進行批判，然後再移葬要人道得多。」

根據 1988 年 12 月的憲法修改草案及人民代表選舉法，全國各地推出 8,000 名候選人，再透過競選產生 2,250 人

代表參加大會，其中 750 名代表社會團體，1,500 人代表各區、各民族。1989 年 3 月選舉結果：750 人中有 100 人代表 1,900 萬共產黨人，100 人代表 2,600 萬共青團，100 人代表近兩億工會會員。沙卡洛夫、阿甘別吉等被排除於有 20 個名額的科學院代表名單，引起科學工院乃至西伯利亞、列寧格勒各地科技人員的示威。月 21 日沙卡洛夫終於當選。3 月選舉後，對於習慣於 100%「當選」的黨內高層而言，無法接受只有 85% 的蘇共黨員當選代表。戈巴契夫後來描述：「大多數人的情緒很壓抑，一股天快要塌下來的氣氛。」「有些人像心臟病發作那樣，在我講話過程中無法控制自己。」在莫斯科，有 90% 票投給了葉利欽，波羅的海三國代表不是原先預定的人，落選的有列寧格勒黨政軍領導人、莫斯科市等市委及州委書記，盧基揚諾夫說：「有 1/5 的黨組織的書記落選。」

葉利欽轉戰人代會成功，背後有汽車工人及一般民眾支持（3 月）。5.25 蘇聯第一屆人代會開幕，葉利欽、沙卡洛夫等花都在 27 日的民族院選舉中落選。3.29，西伯利亞人代表卡托尼克宣佈退選讓給葉利欽，使他順利高票選入民族院，幾天後進入最高蘇維埃主席團。9 月 15 日，在 1985 年被迫退休的前蘇共莫斯科州委第一書記科諾托普寫信給戈巴契夫和政治局：「我同意我們社會中的進程不可逆轉地行進著，但為了看清我們國家要向何處運動，難道經驗，比方說波蘭的，對你們還不夠用嗎？讓我們感到不幸的是，目前這種樣子的民主化和公開性已使猶太復國主義、民族主義份

子、布哈林份子和托洛茨基份子、形形色色的貪贓枉法者、新法西斯主義份子及其他牛鬼蛇神都死而復活，並猖獗活動起來。世界主義者在利用幾乎所有的傳媒手段，特別是報紙和電視、諸多文化機構，以種種頹廢的無稽之談、對黨的不信任來欺騙勞動群眾，完全將蘇聯人所受的自古有之的愛國主義情操教育拋至腦後……現在對軍隊、行政機構，其中包括 KGB 公開和惡毒的攻擊發展得很廣泛。年輕人的處境尤為糟糕，他們不斷地被灌輸這樣一種思想，即我們社會主義國家的歷史是一部骯髒的歷史，沒有任何人性，沒有任何的英雄和卓越人士……」其他的抱怨不必贅述，但反映了懷舊派的失落感。

新的最高蘇維埃在 7 月底選出 25 名「跨地區議員團」的委員和葉利欽、沙卡洛夫、波波夫、阿法納西耶夫和帕爾等五名主席，反對黨已告形成。盧基揚諾夫一語成讖地說：「在當前我們社會發展的極其複雜和極其困難的時期，放棄蘇共的政治領導作用就等於自取滅亡。」

## 2. 民族矛盾的火山爆發

所謂「蘇聯」的 15 個加盟共和國為：面積 2,240 萬 km²，2.9 億人口（1990）。

|  | 面積（萬 km²） | 人口（萬人） | 俄羅斯人（%） |
|---|---|---|---|
| 俄羅斯 | 1710 | 148000 | 82 |

| 烏克蘭 | 60.37 | 5170 | 22 |
|---|---|---|---|
| 白俄羅斯 | 20.27 | 1026 | 13 |
| 烏茲別克 | 44.74 | 2032 | 8 |
| 哈薩克 | 217.73 | 1669 | 38 |
| 摩達維亞 | 3.39 | 434 | 13 |
| 吉爾吉斯 | 19.85 | 437 | 21 |
| 塔吉克 | 14.31 | 551 | 8 |
| 亞美尼亞 | 2.98 | 358 | 2 |
| 土庫曼 | 48.81 | 362 | 9 |
| 立陶宛 | 6.52 | 372 | 9 |
| 愛沙尼亞 | 4.51 | 157 | 30 |
| 拉脫維亞 | 6.37 | 268 | 34 |
| 阿塞拜疆 | 8.66 | 714 | 6 |
| 格魯吉亞 | 6.97 | 544 | 6 |

　　蘇聯共有 100 多個民族，其中俄羅斯人佔 51%，烏克蘭人佔 15%，烏茲別克人佔 6%，白俄羅斯人佔 4%，其他包括哈薩克人、立陶宛人、德意志人、猶太人等約佔 24%。有 200 多種民族語言及方言，其中斯拉夫語佔 75%，印歐語佔 8%，阿爾泰語佔 12%，烏拉爾語佔 3%，高加索語佔 2%。

　　大俄羅斯沙文主義蘇聯是黨政合一體制，蘇共中央總書記不僅是黨的最高領袖，也兼發揮國家元首及政府首腦的作用。從 1920 年代初蘇聯成立到 1990 年代蘇聯解體為止，蘇共中央總書記除了格魯吉亞人史大林外，其餘都清一色是俄羅斯人。俄族在中央政治局中佔 62.5%。戈巴契夫的

總統委員會 16 人中，只有謝瓦納茲（格魯吉亞）、列文科（烏克蘭）、考爾斯（立陶宛）三人不是俄羅斯人。俄族在中亞五國擔任部長職的總數比例爲：哈薩克 36.6%、烏茲別克 38.2%、吉爾吉斯 48%、塔吉克 30.8%、土庫曼 29.2%（1971）。拉脫維亞的共產黨中委中，俄族幹部佔 58%（1972）；在各市和區委書記中，俄族佔 53%。[1]

## 3. 波羅的海三國獨立風波

波羅的海三國總面積 17.4 萬 km²，不到全蘇聯的 1%，總人口 800 萬人，不到全蘇聯人口的 3%。這三國在 1940 年 8 月前都是獨立的資本主義國家。1938 年 8 月 23 日蘇聯與德國簽訂〈莫洛托夫—里賓特洛甫條約〉，暗中議定暫時瓜分波蘭西部、中部及立陶宛劃歸德國；波蘭東部、芬蘭、愛沙尼亞、拉脫維亞及比薩拉比亞（摩達維亞）歸爲蘇聯。9 月 28 日德國消滅波蘭後〈德蘇邊界和平友好協定〉的秘密附加條約上，又把立陶宛歸給蘇聯。1940 年 8 月三國以「蘇維埃社會主義共和國」名義加入蘇聯。1941-1945 年間三國遭德軍佔領，後來又被蘇軍解放。總之，波羅的海三國就這樣被蘇聯強迫結合。

1987 年 8 月 23 日三國首都民眾發動反對 1938 年《德

---

1　卡茨《蘇聯主要民族手冊》，人民，1982。引自張建華《蘇聯民族問題的歷史考察》，p.119-120，北京師範大學，2002。

蘇互不侵犯條約》48 週年的示威抗爭。1988 年以來三國紛紛成立了愛沙尼亞及拉脫維亞的「人民陣線」和立陶宛的「爭取改革運動」（Sajūdis）。三國人民特別反抗愈來愈強勢的俄僑「乞丐趕廟公」。

　　1987 年 11 月里加市民集會，紀念 1918 年拉脫維亞獨立日。1988 年 7 月維爾紐斯一場爭取環保、民主、更大自主權的示威產生了「爭取改革運動」，人們公開批評立陶宛共產黨屈從於莫斯科，高舉「紅軍回家去！」的標語，1989 年 2 月「Sajūdis」成為全國性政黨，次月在蘇維埃人代會拿下 42 席中的 32 席。8 月 23 日三國人民手牽手拉出一條 650 公里的人龍，有 180 萬人響應參加。此後三國獨立運動怒濤壓倒了戈巴契夫，他只能堅持即將擬定一項新法令，明訂「加盟共和國脫離蘇聯的機制」，他本人「支持自決的原則，但不主張分裂獨立」；加盟共和國走向政治主權、經濟獨立和文化自主之道，把蘇聯改造成主權國家的聯邦。這根本是換湯不換藥的空話。

　　蘇共政治局中央委員 Maslyukov 表示，加盟共和國想分離出去，只有交付公民投票一途。這反而提醒了三國人民，所謂「公投」指的是所有蘇聯各加盟共和國的全民公投，不是當事國自己搞公投就成了。戈巴契夫在 1990 年 1 月 14 日回莫斯科，兩天後立陶宛最高蘇維埃選出烏斯卡斯為共和國總統。11 日拉脫維亞人也廢除憲法第六條，愛沙尼亞人也在月 13 日跟進。3 月 11 日立陶宛最高委員會通過〈獨立宣言〉，宣佈立陶宛脫離蘇聯，獨立建國。

# 4. 最後的轉折

　　1990 年 1 月 20-21 日來自上百個城市的改革派共產黨人呼籲蘇共放棄民主集中制，走向多黨制民主，其中最受矚目的是「蘇聯共產黨民主綱領」（Democratic Platform of the CPSU）。2 月 14 日月有 15 萬人非法集會，從極左到極右各派現身，衝進克里姆林宮隔壁的 Manezh 廣場。遙遠地方傳來騷動的不祥消息，如西部西伯利亞的 Tyumen、俄羅斯南歐部份的 Volgograd、烏克蘭的 Chernigov，當地的強硬派全部被推翻了。

　　2 月 5 日蘇共中央集會討論，戈巴契夫呼籲黨要「劇烈地改造自己」，掃除威權主義、官僚主義和意識型態上的教條主義。他強調：「我們社會目前正邁向廣泛的民主化，連帶地政治多元化也水漲船高……這個進程到了某個階段就可能導致組織政黨。」他也主張廢除總書記，換成黨主席。他還主張改造權勢傾天的中央政治局，換成比較吻合蘇聯聯邦架構的新機構。

　　保守派積蓄的不滿一下子爆發出來：烏克蘭黨委第一書記 Kornienko 宣稱，蘇共這項黨綱沒有意識型態的基礎，讓人覺得黨中央不知要走向何處；莫斯科省委第一書記 Mesyats 說，除了蘇共外沒有任何力量「能夠團結人民」；駐波蘭大使 Brovikov 指責戈巴契夫過份迷戀民主化，「據說人民支持改革，問題是什麼樣的改革？過去五年把我們帶入危機、無政府和經濟衰敗的那個改革嗎？」

　　戈巴契夫仍舊頂住保守派的譴責，除了兩個人外，全都投票支持黨綱修正案。這兩票有一票棄權，葉利欽投下唯一的反對票。全會通過〈走向人道的民主的社會主義〉行動綱領，宣稱蘇共將放棄政治壟斷地位，不再獨攬國家大權，不眷戀特權和在憲法中鞏固自己的地位，將和其他社會政治團體與群眾運動一起參與國家與社會事務的管理，建議修改憲法第六條。

　　3 月 11 日立陶宛共產黨宣佈獨立，沙卡洛夫派在二中全會上再次要求修改憲法第六條失敗，他立刻號召一次全國警告性罷工，大鬧會場。戈巴契夫還是完成了他的改革綱領，並首次提出設立總統的建議。

　　2 月 27 日蘇共最高蘇維埃主席團向蘇聯最高蘇維埃會議提出實行總統制的法律草案，最後以 347 票贊成、24 票反對、34 票棄權通過。3 月 13 日非常人代會通過蘇聯憲法修正案，第六條修正為：「蘇聯共產黨、其他政黨、工會、青年及其他社會組織和群眾運動，透過其選入人民代表蘇維埃及其他方式，參與蘇維埃國家政策之制訂，以及國家和社會事務之行政管理。」第七條修訂為：「所有政黨、社會組織和群眾運動在其執行綱領、規章所訂功能時，必須在憲法及蘇維埃法律的架構內運作。」

　　15 日戈巴契夫當選為首任蘇聯總統，任期五年，最多連任兩屆。Lukyanov 當選為最高蘇維埃主席。24 ～ 25 日表決產生內閣（總統委員會，16 人），有人提議總統不能兼任其他黨國職，不過沒獲通過。

戈巴契夫在4月推出《聯邦憲法》（Law of Succession），主張要脫離蘇聯的加盟共和國必須先辦公民投票，取得2/3以上的同意，再經過五年過渡期，最後在五年屆滿時，還得取得蘇聯立法機構的批准，才得以脫離蘇聯。這個權宜之計根本不被立陶宛人接受。15日戈巴契夫寫信給立陶宛總統V. Landsbergis（1932～），要求三天內答覆，對方不到三天就回絕。蘇聯軍機在維爾紐斯上空示威，立陶宛議會宣佈立陶宛人在蘇軍服役的可以脫離軍隊回家。29日蘇軍進佔立陶宛共黨中央黨部，4月18日經濟封鎖立陶宛。然而拉脫維亞和愛沙尼亞分別在5月4日及日宣佈獨立，立陶宛人5月29日決議將3月11日的獨立全案「暫停」100天，以便和蘇聯當局談判，換取戈巴契夫立刻取消對他們的經濟封鎖。

葉利欽卻在5月29日當選為俄羅斯聯邦最高蘇維埃主席，等於俄羅斯聯邦的總統；他的盟友波波夫（G. K. Popov）和索布恰克（A. A. Sobchak）也分別當選莫斯科和列寧格勒的蘇維埃主席。此外，在俄羅斯聯邦有75%蘇共黨州委第一書記及州蘇維埃執委主席當選為人民代表。

激進派抬出「俄羅斯主義」大旗，因為他們不滿最大的一個共和國（佔全蘇土地3/4，人口的55%）卻負擔其他共和國的經濟支援，全蘇企業的利潤留給其他加盟共和國大多是20%，留給俄羅斯的只有12%。葉利欽的14點政治計畫，不外維護俄羅斯主權、俄羅斯法律優先於蘇聯法律、俄羅斯要有獨立的外交政策。這一天戈巴契夫正訪問加拿大，他曾

暗諷葉利欽「打著維護俄羅斯主權的旗幟，實際上是在號召瓦解聯盟，搞垮蘇聯」，但是又奈何。

# 5. 蘇共 28 大前後

　　俄羅斯聯邦是蘇聯各國中唯一沒有自己組織的共和國，各州、市和邊區一級黨組織一向直屬於蘇共中央，只是在中央委員會下設「俄羅斯聯邦局」。葉利欽已坐大，6 月 19 日俄聯邦共產黨代表大會上，他表示不競選俄共第一書記。利加喬夫痛批：「我們低估了改革（內在的危機），低估了反社會主義勢力有計畫地加緊從內部削弱並最終搞垮共產黨和蘇聯的危險。」奧薩奇痛斥蘇聯領導人向反社會主義勢力妥協，「使黨在反社會主義的勢力猛攻下，在戰壕裡繳械投降。」大會終究選出 55 歲的波洛茲科夫爲俄共中央第一書記，擊敗改革派的亞美尼亞中央第二書記洛博夫。

　　葉利欽首先宣佈要取回主權，6 月 12 日敲響了蘇聯瓦解的喪鐘。八天後，6 月 20 日，烏茲別克跟進，緊接著是 23 日摩達維亞呼應，亞美尼亞 8 月 4 日推選 Levon Ter-Petrosyan 爲總統，土庫曼 6 月 12 日宣佈恢復獨立，三天後塔吉克跟進，紛紛宣示主權。

　　7 月 2 日蘇共召開「28 大」，4,657 名代表出席，場外有數千人冒雨參加高爾基文化體育公園前的廣場集會，有人要求立即解散軍隊中的黨和政治機關，集會者多次高呼「打倒蘇共」口號。葉利欽 6 日痛批保守勢力，主張「另一條出

路」，即實行多黨制，蘇共進行根本的改造，將蘇共改為民主社會主義黨，只有 14% 代表支持他。9 日大會通過戈巴契夫提交的新黨章草案，決議增設一名副總書記、成立新政治局、取消候補委員、各加盟共和國第一書記都英是蘇共中央政治局成員。戈巴契夫當選為總書記，保守派失勢，58 歲的經濟學者伊瓦什科（烏克蘭最高蘇維埃主席）成為副總書記，利加喬夫結束了政治生涯。

12 日葉利欽宣佈退黨，理由是他已是俄聯邦最高蘇維埃主席，以及對俄羅斯各族人民所承擔的巨大責任，考慮到社會向多黨制過渡，他「不可能只執行蘇共的決定」。因此根據在選前的諾言，宣佈退黨，第二天波波夫和索布恰克也跟進。

拚經濟成為戈巴契夫的致命傷，隨著價格的逐漸開放，企業必須「自籌經費」，還得提高工資。零售價上漲，低收入人口的必需品更加匱乏，黑市走後門橫行。東歐巨變更使蘇聯失去了主要貿易夥伴，蘇聯喪失了工業進口和消費品的主要來源。各共和國自擁資源，各自把關，不准越界。國家赤字更是雪上加霜：1985 年佔 GNP 的 1.8%，1989 年佔 8.7%；1990 年外債高達 500550 億美元，外匯儲備只剩 60 億美元。1989 年外債逆差達 20 億盧布。雷日科夫主張從 1990 年 7 月 1 日起調漲麵包價格兩倍，1991 年 1 月 1 日起所有食物價格上漲一倍，其他物品上漲 30 至 50%，漲價所得的 2,000 億盧布中，用 1,350 億來補貼居民。這個計畫立刻遭葉利欽派反對，並批評：「我們又在搞一種煉金術，把

市場和社會主義這兩種不相容的東西融為一體。」他要求雷日科夫下台，並挖了雷日科夫的副手西拉耶夫去當俄羅斯總理。

　　戈、葉兩派的馬沙塔林和亞夫林斯基共同參與製作「500天計畫」，主張在 17 個月內進行劇烈改革，減少政府的干預，讓 70% 企業私有化並成為股份公司。同時鼓勵引進外資。雷科夫力圖抵制，最終最高蘇維埃決議，由戈巴契夫領軍在政府方案與「500 天計畫」的基礎上，制訂一項向市場經濟過渡的統一方案，同時授權總統在 3 月 31 日前擁有特別權力，可隨時發佈具有規範性的法令，有位代表說：「戈巴契夫成了經濟沙皇。」

　　9 月 17 日俄羅斯議會決定從 10 月 1 日起執行「500 天計畫」，葉利欽力保雷日科夫不被彈劾。他質問戈巴契夫：「您為什麼右轉？」後者回答：「社會在向右轉。」10 月 15 日戈巴契夫提出〈穩定國民經濟和向市場過渡的基本方案〉草案，獲得絕大多數支持通過。他在 19 日痛批葉利欽不合作，在 16 日的講話是企圖「把觸及國家切身利益的穩定經濟的綱領轉變成政治遊戲的對象」，是「不道德的行為」。激進派憤而成立「民主俄羅斯運動」，在會場上高舉「不要相信雷日科夫政府、不要總統的獨裁」標語。11 月 7 日戈巴契夫在閱兵後，有十萬民眾遊行通過司令台時，險遭來自列寧格勒的民主份子什葉莫夫用雙管獵槍暗殺，兇手當場被安全人員擊斃。

　　6 月 1 日葉利欽的〈主權宣言〉引發了骨牌效應，四個

月內蘇聯大廈倒塌，八個加盟共和國紛紛通過主權宣言，包括烏茲別克、摩爾多瓦、烏克蘭、白俄羅斯、亞美尼亞、土庫曼、哈薩克；至於阿塞拜疆和格魯吉亞早已不聽命於中央了。韃靼、卡累利阿、科米、巴什基爾等俄聯邦境內的自治共和國也自主地升格為加盟共和國了。史大林的魔咒被民族主義的怒潮衝破了。

烏克蘭人 9 月底開始示威，10 月 2 日大學生要求解散共產黨，烏克蘭獨立；24 日總理下台，議會決定取消憲法第六條。11 月 23 日〈聯盟條約〉通過，建立三權分立、總統制的主權聯邦國家，每個締約的「主權國家」在各自的領土上擁有全部國家權力；強調「自願聯合」、「自決自治」、「人權優先」以及「全人類價值與本民族價值結合」。

12 月 17 日第四次人代會召開，24 日人代會就保留聯盟和原國名問題表決，1,658 人贊成保留聯盟；1,365 人贊成保留原國名。戈巴契夫提名主管國際事務的中央書記亞納耶夫（GYanayev）為聯邦副總統。第四天外長謝瓦納茲突然請辭，他不諱言：「民主派同志們，你們已經跑開了，改革派受阻……獨裁專制就要來了。……不過我堅信獨裁專制不會成功，未來屬於民主和自由。」戈巴契夫十分不爽，認為朋友棄他而去，獨自品嚐眾叛親離的苦汁。12 月 2 日他將巴卡丁解職以討好 KGB 和軍方，因為巴卡丁主張將內務部所屬已有限的權力交給若干共和國。前拉脫維亞 KGB 頭子普戈（Boris Pugo）接替內務部長。

# 6. 立陶宛危機

立陶宛人宣佈自主，建立自己的軍隊，10 月 4 日通過〈叛國法〉，規定立陶宛國公民如果主動參加「其他國家」或「外國組織」，旨在破壞立陶宛主權的活動，將被剝奪自由 15 年或死刑，並沒收其財產。2 日立陶宛總統 V. Landsbergis 到莫斯科與雷日科夫會談，沒有敲定正式談判的日期。3 日蘇聯最高蘇維埃民族院（即參議院）主席 R. Nishanov 宣佈，除非任何一個有心獨立的加盟共和國簽署了新的〈聯盟條約〉，否則不可能進行這種談判。一週後 Landsbergis 宣佈蘇方已無限期推遲了下一輪談判。1991 年月 2 日立陶宛總統宣佈撤回他們原先提出的「暫停 1990 年 3 月宣告獨立案」的承諾。同一天立陶宛及拉脫維亞在維爾紐斯及里加展開對史大林派的取締行動，憲兵部隊（OMON）佔領兩地的親蘇共產黨黨部，7 日蘇軍傘兵部隊空降波羅的海三國及格魯吉亞、摩爾多瓦和烏克蘭。波蘭裔及俄裔 5,000 多人藉口物價上漲 23 倍在街頭滋事，高喊反政府口號，遭立陶宛人反制與憲兵的驅散。次日明顯傾向莫斯科的總理 K. Prunskiene 辭職，逃亡瑞士，改由民族派的 A. Simenas 繼任。

10 日戈巴契夫行文立陶宛最高議會，指責騷亂是悍然違背蘇聯憲法，也違背蘇維埃立陶宛憲法，並指控立陶宛最高議會蔑視公民的政治、社會權利，利用「民主的口號掩飾

其恢復資產階級制度之政策」。戈巴契夫這下子成了另一個史大林。11 日蘇聯內務部部隊以「保衛屬於蘇共的財產」為藉口，出動傘兵，佔領立陶宛新聞大樓、國土保衛局、中央報業印刷廠，打死一人。親蘇派立刻成立救國委員會，12 日夜間派 70 人要求接管政府，反遭蘇軍毒打。13 日地方上的紅軍警備隊衝入首都的電視台，蘇聯坦克碾過抗議群眾，造成 14 死 230 傷。

戈巴契夫備受國際輿論譴責，葉利欽呼籲蘇軍不要對立陶宛人動武，然後飛往塔林會晤波羅的海三國領袖。戈巴契夫始終辯稱他完全不知情，國防部和 KGB 又互相推諉，但他沒辦法擺脫歷史責任，聲望急速下降。20 日「民主俄羅斯」召集十萬人示威，聲言要組織俄羅斯自己的部隊去聲援立陶宛人。這一天 KGB 的阿爾法特種部隊攻擊拉脫維亞內務部，造成五死十傷。25 日戈巴契夫下令立陶宛救國委員會停止活動，阿克斯尼上校痛斥戈巴契夫出賣了他們，「他害怕承擔責任，試想，外科醫生開始做了手術，他切了一刀，然後一走了之，置病人於不顧。」

21 日被認為是俄僑抵抗拉脫維亞的重心的工廠發生兩起爆炸事件，三天後塔林市郊發現兩具瑞典工會人員的屍體，他們生前慘遭毒打，謠傳是 KGB 幹的，以嫁禍給愛沙尼亞政府無力維持法治的印象。這時葉利欽在塔林，代表俄聯邦承認波羅的海國的主權。

# 7. 主權鬥爭

　　12 月 19 日蘇聯國防部長雅佐夫元帥和內務部長下果悄悄地下令，批准軍警在全蘇聯各地聯合巡邏，既打擊犯罪，又要取締各種對紀念碑塗鴉、偵察群眾聚會等任務。國際傳眞通訊社揭露了這一命令，官方不得不在 1991 年 1 月 25 日坦承不諱，戈巴契夫也在 29 日正式頒佈命令。2 月 19 日葉利欽在電視上公開譴責戈巴契夫：「我在 1987 年曾提出警告說，戈巴契夫的性格裡有著爭取個人絕對權力的渴望，他已經這麼做，也把國家帶上獨裁專制，美其名曰總統制。我本人要與總統就此一立場以及政策保持距離，並主張他應立即辭職，把大權移交給聯邦理事會此一集體機制。」但蘇聯最高蘇維埃 20 日以 292 對 29 票，27 票棄權，宣佈葉利欽的聲明違憲。葉利欽在國際上的聲望根本比不過戈巴契夫，反而自取其辱，歐洲領袖嗤之以鼻。

　　但戈巴契夫也眾叛親離：15 日雷日科夫下台，雅科夫列夫、彼得拉科夫（戈巴契夫私人經濟顧問）、阿巴爾金（第一副總理）、西塔良（副總理）、普里馬科夫、沙塔林、西奧皮揚等都不滿戈巴契夫個人專斷獨行、放慢經改速度、出兵立陶宛，紛紛掛冠求去，只剩下亞納耶夫、帕夫洛夫（新總理）、普戈、克留奇科夫和伊瓦什科等後來八一九政變的要角。

　　2 月 21 日反葉利欽派在俄羅斯最高蘇維埃號召到規定的 1/5 代表連署，決定 3 月 28 日召開非常人代會討論葉利

欽問題。

3 月 8 日蘇聯正式公佈〈新聯盟條約〉草案，有八個加盟共和國簽字，即俄、烏克蘭、白俄羅斯和中亞五國。戈巴契夫這次低估了葉利欽，26 日葉利欽派發動 20 萬人示威，高呼「打倒戈巴契夫」口號。17 日蘇聯歷史上第一次公民投票表決是否保持蘇聯作爲「平等、主權共和國的聯邦，各民族的人權與自由俱受到保障？」但這只是不具法律效力的民意測驗，波羅的海三國、亞美尼亞、格魯吉亞與摩爾多瓦六國不參加，否則就等於承認蘇聯在憲法上的優位。

1.84 億公民中有 80% 投票，76% 贊成，4% 反對，各大城市投票率很低。3 月 15 日葉利欽在電視上聲稱，這次公投的真正用意是要替「當前的領導階層」吸引支持者。稍早他在 9 日就號召支持他的群眾，「向領導我們陷入泥沼的領導階層宣戰」。

戈巴契夫如願以償，九個加盟共和國元首和他一起簽署聯合宣言，支持在三個月內起草一份新的聯盟條約。

1991 年蘇聯經濟專家評估這一年的 GNP 將降低 20%，失業人口將達 1,500 萬人或 3,000 萬人。物價又開始暴漲。3 月 25 日在俄非常人代會開幕前三天，蘇聯政府禁止「民主俄羅斯」3 月 26 日至 4 月 15 日的遊行。接著戈巴契夫下令成立蘇聯內務部莫斯科市及莫斯科州總局，由內務部第一副部長希洛夫擔任局長。28 日人代會決議撤銷政府關於禁止遊行示威的決定，葉利欽大勝。大會立刻派哈斯布拉托夫向戈巴契夫交涉，要求他撤走莫斯科的軍警，戈巴契夫堅持不

讓步，雙方槓上了。

28 日下午十萬示威群眾照常行動，手持葉利欽肖像，軍警束手無策。4 月 9 日格魯吉亞根據自己的公投，宣佈獨立。接下來是持續兩個月的全蘇煤礦大罷工。3 日戈巴契夫接見礦工代表時堅持自己絕不下台。共產黨內鷹派「聯盟派」的彼得魯琴科說：「我不相信戈巴契夫能維持秩序。一個人不能用顫抖的雙手去搞政治。」反改革的安德列耶娃更要求召開第 29 次非常代表大會，撤銷戈巴契夫的一切職務，她的「為列寧主義和共產主義理想鬥爭團結協會」還準備提名她出任蘇共的總書記。

23 日在總統別墅舉行了九國有關聯盟條約的新一輪談判與協商。葉利欽和烏克蘭克拉夫丘克提出條約所要創立的應是主權國家的聯盟，而不是聯邦國家。戈巴契夫讓步，但堅持不同意給予以前的「自治共和國」等同新聯盟共和國相同的地位。最終出爐的「9+1」協議，即〈關於穩定國內局勢和克服危機的刻不容緩措施的聯合聲明〉：〈新聯盟條約〉簽署六個月後起草並在人代會通過蘇聯新憲法。

戈巴契夫又化險為夷，再次留任蘇共總書記，5 月罷工也平息了。6 月 12 日俄聯邦 7,627.5 萬人投票，22 日葉利欽以 57.3% 得票率當選俄羅斯總統，波波夫和索布恰克也重佔兩京的市長寶座，蘇共頓失俄羅斯地盤。葉利欽指出：「共產主義已經死了，在我看來，共產黨和誠實的黨原開始明白這一制度已開始崩潰，沒有任何方法可以起死回生了。」

7 月 2 日雅科夫列夫、謝瓦納茲等九人聯名號召成立「民

主改革運動」，次日謝瓦納茲宣佈退出蘇共。12 日葉利欽撕掉蘇共黨證。25 至 26 日戈巴契夫在中央全會上的報告，只提出「共產主義思想過去和現在都是對人類具有吸引力的方向……蘇共是勞動者的黨，不代表個別階級和集團的利益。」他仍舊順利當選總書記，鷹派的聲音被淹沒了。

20 日葉利欽頒佈俄聯邦國家機構「非常化」法令七條，不允許各政黨在俄羅斯國家機關及基層組織活動。他表面上限制各政黨，事實上是向蘇共下逐客令，惹怒了蘇共、KGB 和軍隊，但又徒呼奈何。8 月 4 日〈非常法〉生效。俄羅斯共產黨也迅速分裂：當天副總統魯茨科伊宣佈成立500 萬人的「俄羅斯共產黨人民主黨」。6 日俄共中央第一書記波洛茲科夫下台，改由戈巴契夫派的庫普佐夫接任，魯茨科伊被開除出黨。16 日雅科夫列夫退黨，他呼籲戈巴契夫下台，脫離蘇共。他提出警告：「黨的領導違背了自己的聲明，脫離黨內民主派，正在為進行社會報復以及黨和國家政變作準備。」

# 8. 八一九政變

戈巴契夫在《八月政變的真相與教訓》開頭就指出：「動用武力發動政變的可能性，以及謠傳有人著手準備政變，已在蘇聯社會流傳好幾個月了。因此政變並非來得突如其然，彷彿晴天霹靂。」

1991 年 8 月 17 日下午 4 點，陰謀者在 KGB 代號「ABC」

的密室碰頭，由克留奇科夫作東，帕夫洛夫總理、國防部長亞佐夫、總統辦公廳主任博爾金、國防部副部長瓦連尼科夫（陸軍總司令）和阿哈洛夫將軍、蘇共中央書記舍寧和巴克拉諾夫、KGB 副主席格盧什柯將軍齊聚一堂。此時戈巴契夫正帶著夫人、女兒、女婿及外孫女去克里米亞海濱的別墅度假，預定 19 日返回，20 日主持簽署〈新聯盟條約〉的儀式。

18 日下午 4 點 50 分博爾金、巴克拉諾夫、瓦連科夫、舍寧、KGB 保衛局長普列漢諾夫等五人未經事前通知就闖入 Foros 別墅，戈巴契夫怒問：「是誰叫你們來的？」「是委員會。」「什麼委員會？」「哦，是處理國家緊急狀態而成立的委員會。」「是誰成立的？我沒有成立，最高蘇維埃沒有成立，究竟是誰成立的？」

他們不理戈巴契夫的喋喋不休，瓦連尼科夫說：「你辭職吧！」戈巴契夫不理他，繼續怒吼。瓦連尼科夫放下身段，幾近哀求地說：「你就休息，當你不在場時，我們來幹骯髒事，然後你再回到莫斯科。」巴克拉諾夫唸出委員會名單，其中包括戈巴契夫大學時代的好友盧基揚諾夫。他又宣稱葉利欽已遭逮捕，不一會又改口說還沒抓到（葉利欽此時正在哈薩克訪問）。戈巴契夫回憶說：「這些人全是我一手提拔起來的，而今竟然背叛我！我拒絕簽署任何命令。」他堅持一切按照憲法架構依法辦事，否則概不接受。巴克拉諾夫接著表示，總統壓力沈重，健康日惡，令人擔憂，或許可以授權副總統亞納耶夫代簽命令。當晚克留奇科夫下令普列漢諾

夫切斷戈巴契夫對外的一切聯繫。

8月19日凌晨4點，KGB塞瓦斯托波爾團奉蘇聯防空參謀長馬爾朵夫上將命令封鎖別墅，用兩輛牽引車切斷了機場跑道，機場上停放著總統專機。

凌晨6點5分塔斯社宣佈亞納耶夫的命令：鑒於戈巴契夫因健康狀況不能履行蘇聯總統職責，根據蘇聯憲法第127條第七款，亞納耶夫從1991年8月19日起履行蘇聯總統職責。6點23分亞納耶夫致函各國元首以及聯合國秘書長，重申蘇聯信守以前承擔的國際義務，希望得到各國人民及政府以及聯合國的應有理解。6點25分亞納耶夫、帕夫洛夫和巴克拉諾夫三人簽署〈蘇聯領導的聲明〉，宣佈凌晨4點起在蘇聯個別地方實行為期六個月的緊急狀態，在此期間由八人組成「蘇聯國家緊急狀態委員會」，成員包括巴克拉諾夫、克留奇科夫、帕夫洛夫、普戈、斯塔羅布采夫（農民聯盟主席）、季賈科夫（國營企業和工業、建築、運輸、油電設施聯合會會長）、亞佐夫和亞納耶夫。

6點34分委員會發佈〈告蘇聯人民書〉：「我們偉大的祖國面臨致命的危險！由戈巴契夫發起並開始的改革政策已走入死胡同。無信仰、冷漠和絕望取代了最初的熱情和希望，各級政權失去了居民的信任。在社會生活中，玩弄權術取代了對國家和公民的命運的關懷。對國家各級機購進行惡毒的嘲弄。……出現了極端主義勢力，他們奉行消滅蘇聯、瓦解國家和不惜一切代價奪權的方針，他們利用賦予的自由，踐踏剛剛出土的民主萌芽

……總之，我們打算立即恢復法制和秩序，無情地對刑事犯宣戰，根除詆毀我們社會和貶低蘇聯公民的可恥現象……」

9 點幾百輛坦克和裝甲車湧進莫斯科及其他城市，葉利欽在別墅被女兒叫醒，「開什麼玩笑？」他根本不相信。他打電話給亞納耶夫，對方正在「休息」，又打給戈巴契夫卻不通。葉利欽立刻動員起來，草擬一份文告，由他的女兒塔尼亞打字。一個小時後呼籲書傳遍整個莫斯科，無線電波立刻傳向全世界。葉利欽穿上防彈背心，跳上車疾駛向俄羅斯國會大廈的白屋，一路暢行無阻。

10 點他在白屋成立「抵抗指揮部」。11 點 46 分他召開記者會宣讀〈告俄羅斯聯邦人民書〉，宣佈緊急狀態委員會非法，是「右派反憲法的反動政變」。他呼籲戈巴契夫有機會出面對全國人民講話，要求立即召開蘇聯非常人代會，呼籲「俄羅斯公民對叛亂份子給予應有的回擊」，並號召「大罷工」。大規模群眾集結，用人牆堵住坦克和民警大轎車及摩托車。下午民眾團團圍住白屋．17 點 30 分亞納耶夫下令在莫斯科實施戒嚴。22 點 26 分塔曼師的坦克開抵白屋，23 點圖拉空降師的空降連乘十輛裝甲車抵白屋。謝瓦納茲在記者會上痛斥將戈巴契夫趕下台是徹底的政治冒險行動，他支持葉利欽號召總罷工的呼籲。礦工獨立工會執行局決定，自 20 日零點起各地煤礦工人將展開無限期的總罷工。

20 日零點 23 分一隊坦克向立陶宛首都維爾紐斯挺進。軍隊控制了愛沙尼亞首都塔林的電視台發射塔。

13 點 26 分葉利欽向最高蘇維埃主席盧基揚諾夫呼籲，

要求在 24 小時內安排葉利欽與戈巴契夫會晤；在三天內由世界衛生組織的專家對戈巴契夫的健康進行醫學鑑定；軍隊立即回防；立即解散緊急狀態委員會。15 點和 17 點他又和美國總統布希、英國首相梅傑通電，美國總統布希表示西方七國無條件支持戈巴契夫和葉利欽，盛讚葉利欽的「勇敢行動」。17 點 48 分葉利欽宣佈他履行俄羅斯境內武裝力量總司令職務直到戈巴契夫復職。

亞納耶夫下令阿爾法反恐部隊於 20 日凌晨 3 點進白屋，不料副組長戈洛瓦托夫、貢恰羅夫等抗命不出動。20 點國防部的會議上，亞佐夫等了普戈 15 分鐘後，開車去找他，開門的是普戈的岳父，亞佐夫進門看見普戈已舉槍自殺了。

預定在 18 點進攻白屋的計畫並未被執行，阿爾法部隊逃向葉利欽那邊去。空降師長別列德少將抗命，駐守莫斯科周圍的多數指揮官也紛紛抗命。駐薩哈林、堪察加等地的遠東軍也表態支持葉利欽。列寧格勒市長索布恰克從莫斯科趕回來，下午宣佈已控制局面。莫斯科市長波波夫宣佈緊急委員會非法，莫斯科市不實行戒嚴。

21 日深夜剛過 12 點空降師的一隊衝向白屋，遭到群眾攔截，士兵對空鳴槍，接著 20 輛軍車衝破阿爾巴特街的拒馬；通往斯摩稜斯克廣場的十輛坦克碾死三人，不久部隊撤走了。

中午 12 點伊瓦什科接受蘇共中央書記處的委託，向亞納耶夫提出立即與戈巴契夫會面的問題。16 點 22 分盧基揚諾夫、伊瓦什科、克留奇科夫、亞佐夫及季賈科夫等人都先

後飛往克里米亞會晤戈巴契夫，葉利欽派的魯茨科伊和西拉耶夫已早一步抵達。

電話又接通了，戈巴契夫向全國通話，聯絡了葉利欽等人，再宣佈亞佐夫解職，權力交給參謀總長莫伊謝耶夫。戈巴契夫拒絕克留奇科夫寫的懺悔信。

17 點俄羅斯聯邦最高蘇維埃非常會議決定向緊急狀態委員會發出最後通牒，要求他們立即解散，釋放戈巴契夫，全國解除戒嚴。19 點 26 分莫斯科侍衛戍司令加里寧上將宣佈首都解除宵禁。21 點 42 分蘇聯第一副總理謝爾巴科夫向記者宣讀政府聲明：蘇聯內閣完全執行蘇聯總統和蘇聯最高蘇維埃的指令和命令。

22 日 2 點 12 分戈巴契夫回到莫斯科，亞佐夫和季賈科夫一下飛機就被捕，亞納耶夫猛灌伏特加酒，靜待被捕。盧基揚諾夫辯稱沒參加政變，提出辭職，但等開完會立刻被捕。

# 9. 獨立國協

「八一九政變」後戈巴契夫政權名存實亡。23 日戈巴契夫在葉利欽主持的俄羅斯最高蘇維埃會議上備受議員們質問。他被迫說：「我們創造了一種機制，如果我們兩個中有一人處於不能發號施令的情況，就像這次發生的狀況一樣，那麼另一個人就立即自動地接過他的權力和責任。」但葉利欽卻乘勢要求戈巴契夫不得不同意簽下停止俄共活動的命

令，並承認葉利欽在政變時所簽署的一切法令都有法律效力。這下他成了周天子，被霸王挾持了。

葉利欽當晚在電話裡跟戈巴契夫說，由戈巴契夫指派的內閣成員竟然成了政變「公開或暗地的人」。次日兩人又大吵一頓，戈巴契夫被逼得只能指派葉利欽的人馬入閣，包括馬沙波什尼科夫（國防部長）、格拉喬夫（副國防部長）、巴蘭尼（內務部長）、巴卡克（KGB 主席）、潘金（外交部長）。戈巴契夫無奈又哀傷地說：「我從 Foros 來到另一個國家，我自己也不是原來的我，我成了另一個人」

8 月 24 日十萬群眾在馬奈基廣場為三名死者弔喪，高舉「蘇共算帳的時候到了」、「克里姆林宮的齊奧塞斯庫滾蛋」、「戈巴契夫，只有墳墓才能糾正你的錯誤」等標語。葉利欽在會上要求軍隊非政治化、解敗蘇聯最高蘇維埃、建議戈巴契夫退出蘇共。

這一天戈巴契夫宣佈解散蘇共中央並交出總書記職務，他聲明：「蘇共中央及政治局和書記處沒有堅決反對政變，應予自行解散。」各共和國共產黨和地方組織將自行決定自己的前途。25 日蘇共中央被迫解散，其他共和國的共產黨、KGB 和軍隊也紛紛在一夕間土崩瓦解。烏茲別克黨改為人民民主黨，哈薩克黨改為社會黨。22 日烏克蘭的克拉夫丘克、哈薩克的納扎爾巴耶夫率先退出蘇共中央。八一九政變短短十天內，有 88 年歷史、執政 74 年、擁有 1,800 萬黨員的蘇聯共產黨完全瓦解了。

除了立陶宛和格魯吉亞外，1991 年 8 月最後 12 天裡，

又有八個加盟共和國宣佈獨立：愛沙尼亞、拉脫維亞、烏克蘭、白俄羅斯、摩爾多瓦、阿塞拜疆、烏茲別克、吉爾吉斯。戈巴契夫與十國元首在 9 月 1 日達成「10+1」協議。26 日人代會討論十國總統的聯合聲明，這個聲明建議訂立一項條約來建立「主權國家同盟」。任何一個前蘇聯的加盟共和國希望退出，可以和蘇聯進行談判。戈巴契夫已經失勢，葉利欽則日正當中。10 月 29 日新的國務理事會正式裁撤 KGB，將邊防、情報和反情報業務分散到各個不同的機構。

12 月日克拉夫丘克當選烏克蘭總統，5 日他宣佈烏克蘭退出 1922 年建立蘇聯的聯盟條約，並決定不簽署任何聯盟條約。7 日俄、烏、白俄羅斯三國元首在白俄羅斯布列斯特附近的別洛維日密林會晤。8 日他們宣佈：「蘇聯，做為國際法的主體，以及地緣政治的主體，已不復存在。」改由「獨立國協」（Commonwealth of Independent States，CIS）取代，任何前蘇聯加盟共和國以及認同它的國家都可以申請加入。戈巴契夫對此事先一無所知，十分憤怒。葉利欽先打電話給美國總統布希，再打電話通知戈巴契夫。戈巴契夫聲稱這個聯合聲明「不合法且危險」。哈薩克總統納扎巴耶夫試圖保留戈巴契夫的顏面，9 日出席有戈巴契夫和葉利欽參加的集會，宣稱戈巴契夫依然是不可缺少的一般中堅力量。但一切已無法挽回了。

17 日戈巴契夫和葉利欽會談，商訂在 12 月底前停止蘇聯機關的一切活動，戈巴契夫也得在年底前辭去蘇聯總統職

務。25 日戈巴契夫黯然辭職，把核武的密碼交給葉利欽。
26 日蘇聯最高蘇維埃正式取消，歷經 69 年的蘇聯終告走進
歷史。

全世界都愣住了！

## 10. 俄羅斯聯邦

1991 年 12 月 22 日葉利欽下令將「俄羅斯聯邦社會
主義共和國」改爲「俄羅斯聯邦」（Russian Federation，
RF），國旗爲白、藍、紅三色，國徽爲雙頭鷹圖案。1992
年 1 月 20 日俄聯邦最高蘇維埃將 16 個自治共和國和五個自
治州中的四個升格爲共和國。3 月 31 日俄聯邦的 18 個共和
國、六個邊礦區、各個自治實體及莫斯科、聖彼得堡（列寧
格勒）兩個直轄市代表在克里姆林宮簽署了〈俄羅斯聯邦條
約〉（車臣—印古什及韃靼兩國沒參加）。根據《聯邦憲
法》第三章第 65 條規定，俄聯邦由 89 個聯邦主體構成，即
21 個共和國、六個邊疆區、49 個州和一個猶太人自治州。
兩個聯邦直轄市、十個自治專區。12 日憲法生效，俄羅斯
政府取代聯邦部長會議，行政長官改稱總理，下轄各部。俄
聯邦會議由上院（聯邦委員會）和下院（國家杜馬）組成。
上院由聯邦的 89 個主體各派兩人組成，下院四年選舉一次，
18 歲以上公民有投票權，21 歲以上有被選舉權，共選出
450 名代表組成。

美國哈佛大學經濟學者 J. Sachs 的「休克療法」成爲葉

利欽挽救俄羅斯經濟的最後一根稻草。主要內容為開放價格
自由化、宏觀經濟穩定（減少政府開支以達到平衡預算，嚴
格控制貨幣和信貸的增長）、國營企業私有化、消除中央資
源分配的殘餘因素、排除國際自由貿易及投資的壁壘。

　　Sachs 會在玻利維亞及波蘭推行休克療法，1992 年 1
月 2 日起俄聯邦開放價格自由化，但又控制 17 種技術產品
及 23 種消費產品的價格與勞務。頭四週內大多數商品暴漲
35 倍，尤其肉、香腸、奶油漲得最兇。退休工人一個月的
工資只能買到一公斤豬肉或兩公斤奶油。1992 年物價上漲
2,580%，工資才增加 50%，居民實際收入下降 55%，儲蓄
損失 4,600 億盧布。

　　1992 ～ 1995 年俄羅斯連續四年通貨膨脹（1992 年為
2,610%，1995 年為 131%），1995 年的消費品物價比 1990
年上漲了 1,700 倍，助長了囤積居奇、投機倒把與黑市的猖
獗。1995 年貧困人口是 1991 年的六倍，達到 3,700 多萬人
（佔全人口 1/4），他們的平均月收入不超過 32 萬盧布（60
美元）；前蘇聯時代最苦的基層退金金一般為 15-20 萬盧布
（30-40 美金）。

　　儘管國際貨幣基金會有 240 億美元的經援，仍舊杯水
車薪，無濟於事。1992 年 12 月穩健派的切爾諾梅爾金取代
蓋達爾為總理。物價上漲得太離譜了：莫斯科地鐵 1991 年
票價 0.05 盧布，1995 年一次漲到 400 盧布。前 KGB 及退
伍軍人組成的黑手黨橫行，勾結高官、銀行進行有組織的犯
罪。十萬軍官提前退役，軍隊形成辦真空狀態。1996 年國

防開支約 182 億美元，不到美國的 1/10。不過俄聯邦從前蘇聯接收下來的戰略核彈頭仍有 6,915 枚、戰術核彈頭 1.2 萬枚、洲際飛彈 573 枚、遠程轟炸機 90 架；仍有 750 萬軍火工業從業人員和 900 個研究所。

休克療法 1995 年停擺，但私有化已是擋不住的怒濤，便宜了高官及新興企業主、銀行家。哈斯布拉托夫及魯茨科伊反對休克療法及美國式總統制。1993 年 3 月第八次非常人代會否決了葉利欽要求總統制的提案。

1993 年 9 月 1 日葉利欽免了副總統魯茨科伊的職務，後者宣佈總統命令無效，最高蘇維埃也宣佈葉利欽違憲，還發佈〈告人民書〉，號召人民起來反對一切政治陰謀，葉利欽下令軍隊進入莫斯科，魯茨科伊等逃入白屋。21 日晚上葉利欽宣佈終止人代會及最高蘇維埃的活動，12 月 11 ～ 12 日選舉俄聯邦議會。魯茨科伊宣佈總統的命令是「改變」和「違憲」，他根據憲法將代理總統職務。22 日零時，哈斯布拉托夫召集第十次非常人代會，通過解除葉利欽職務，由魯茨科伊代行。

10 月 4 日上午八點 700 名阿爾法特種部隊進攻白屋，下午 4 點哈斯布拉托夫和魯茨科伊宣佈投降，共有 142 人喪生，744 人受傷，結束了一年多的政爭。12 月 12 日公投通過《俄羅斯聯邦憲法》，葉利欽終於如願以償得到渴求已久的總統權力，從此可以提名總理、解散國會了。

40-50 個大小政黨湧現，12 月第一屆國會杜馬選舉，日裡諾夫斯基打著民族主義旗幟的「民主黨」以 22.79% 及 70

席多數成為第一大黨，俄羅斯共產黨區居第二（12.4%，65席），左派與葉利欽派（民主派）、魯茨科伊派（議會派）三足鼎立。1995 年 12 月第二屆國會杜馬選舉，俄共獲得 35% 席次，加上戰友統一戰線，左派超過 50% 席次，俄共的謝列茲尼奧擔任杜馬主席。

葉利欽 1996 年 6 月險勝連任總統，卻因車臣人鬧獨立搞得焦頭爛額。1994 年 11 月他下令出兵鎮壓車臣，1996 年 12 月第一次車臣戰爭結束，耗掉 8,000 多億盧布，俄軍折損 2,837 人，受傷 13,270 人，車臣有十萬傷亡。車臣人打不過俄羅斯人，卻發動恐怖爆炸行動，連續在俄羅斯境內綁架人質引爆，例如 2000 年 10 月 23 日綁架莫斯科軸承廠劇院 800 多名人質；2003 年在各地製造爆炸，莫斯科三次爆炸，搞得人心惶惶。

1998 年 3 月 23 日切爾諾梅爾金下台，4 月 1 日改由基里延科為總理，不到四個月爆發金融危機就下台。8 月 17 日普里馬科夫接任，仍舊無力回天。1999 年 5 月再由內務部長斯捷帕申接任，8 月名不見經傳的普京（V. Putin，1952～）成為總理。

普京是工人的兒子，列寧格勒大學法律系畢業後加入 KGB，長駐東德，1994 年被大學老師索布恰克延攬為列寧格勒市第一副市長，再由主管經濟的副總理丘拜斯引薦給葉利欽，1996 年調任總統辦公廳事務管理局副局長，正逢車臣恐怖份子大肆活動，普京發揮 KGB 時代的長才，1998 年起掌管安全局，他出兵達吉斯坦，掀起第二次車臣戰爭，絕

不向恐怖份子妥協，以強力鎮壓、不惜犧牲人質著稱。

葉利欽重病纏身，1999 年 12 月 19 日第三次杜馬選舉，俄共仍為第一大黨（佔 24.29%，113 席）。12 月 31 日葉利欽在電視上宣佈下台，將權力交給普京。2000 年 3 月 27 日普京獲得 52.94% 選票，當選為俄羅斯第三任總統。

# 【附】第四國際的活動

作為一種政治流派，托派自我界定拒絕史大林主義及西方社會民主主義，重申 1917 年俄國革命的傳統。早年其政治願景吸引了美國人堪農（James P. Cannon，1890 ～ 1974）、黑人權利運動先驅的 C. James（1901 ～ 1989）、法國超現實主義詩人 André Breton（1896 ～ 1966）、參與過美國托派運動的諾貝爾文學獎得主 Saul Bellow（1915 ～ 2005）、後來成為新保守主義派的 James Burnham、小說家 James T. Farrell（1904 ～ 1979）、小品文作家 C. Greenberg（1909 ～ 1994）、實用主義者 Sidney Hook（1902 ～ 1989）、作家 Irving Howe（1920 ～ 1993）、政治社會學者 S. lipset（1922 ～ 2006）、女作家 Mary McCarthy（1912 ～ 1989）及影評家 Dwight Macdonald。來自不同非托派的南非人 N. Alexander（1936 ～ 2012）、英國人 Perry Anderson（1938 ～）、法國人 D. Bensaïd（1946 ～ 2010）英國歷史學家 Robin Blackburn、英國社會主義工人黨的 Tony Cliff（1917 ～ 2000）、法國歷史學家 Pierre Broué（1926 ～ 2005）、

美國人 Hal Draper（1914 ～ 1970）……等等。[2]

第二次世界大戰後，托派於 1946 年 6 月召開首屆代表大會，面對革命新形勢，托派提出三個方面的轉變：（1）由非法組織向合法組織的轉變；（2）由宣傳團體向實際鬥爭組織的轉變；（3）由幹部型國際向群眾性政黨的轉變。戰後國際共產主義運動大起大落，1951 年 8 月「三大」上，帕布洛（Michael Pablo，1911 ～ 96，希臘人，本名 Michalis Raptis，曾在阿爾及利亞政府任職，又同希臘總理 Andreas Papandreou 為摯交，所以他去世後希臘政府給予國葬的禮遇）他認為蘇聯陣營將會在未來的戰爭中獲勝，資本主義的滅亡未必是通過一系列的革命，而可能是通過這場全球性的戰爭。由於戰爭迫在眉睫，托派根本沒有可能發動無產階級革命去推翻資產階級或史大林官僚集團，史大林的「蛻化的工人國家」將在戰爭後存續很長時間甚至數百年。這是從資本主義向社會過渡的中間階段，托派的任務只能是將上述過渡階段盡量縮短，具體做法就是加入共產黨或社會民主黨，這種長期工作的策略首先是「獨特的打進去主義」（entry sui generis），藉此去鼓勵和影響搖擺在改良和革命之間的中間派發展。

堪農引述芝加哥分部一位成員問道：「如果史大林主義會存在下去數百年，那麼我上街去兜售黨報的意義為何？」

---

2　Alex Callinicos, " Trotskyism " 導論，宋治德譯《托洛茨基主義》〔唐山〕2015。

（1973）。

托洛茨基在 1903 年對列寧的有關黨的概念的論戰，指出「包辦代替主義」（substitutionism）的危險：「一群『職業革命家』不是走在有自覺的無產階級的前頭……而是……代替了無產階級」（"Our Political Tasks"）。

帕布洛的政策便是這種傾向一個例子，因爲托洛茨基力圖符合古典與馬克思主義的構想，認爲社會主義是靠工人階級自我解放，但如果東歐國家是變形工人國家，則就要靠工人階級以外的其他社會力量來推動社會主義革命。帕布洛的正統托洛茨基派卻碰到第三世界的革命並非如此，只能勉強說是它們的意識型態是無產階級的，所以文化是無產階級在政治上和綱領上的表現。[3] 因此，一個運動即使很少工人參與，和沒有無產階級參與其日常的鬥爭，也可以是無產階級運動，這樣，帕布洛的包辦主義完全違背了托洛茨基的不懈地鬥爭，庸俗、敗壞革命社會主義的傳統，尤其史大林式的「馬克思—列寧主義」的變種。

反對帕布洛把持的第四國際書記處各派紛紛「造反」，另立國際委員會（堪農、G. Healy 等人），從 1953 年到 1965 年，最終形成四大組織，即比利時人曼德爾（Ernest Mandel，1923～95）的第四國際聯合書記外，希利領導的第四國際國際委員會，波薩達斯（Juan Pasadas，1912～

---

3　Löwy，"The Politics of Combined and uneven Development"，p.214-215，Verso。

81，阿根廷人）領導的第四國際國際書記處和帕布洛的第四國際革命馬克思主義傾向。

## 暫定的結語

馬克思不可能預測到他死後那些打著共產主義旗幟，卻靠暴力與鎮壓來維持無產階級專政的共產國家的發展歷程，他對無產階級與全世界被壓迫大眾的人道關懷迄今仍令人們共鳴，然而無產階級專政實際上被「專」了無產階級的「政」的共產黨所篡奪，成為歷史最大的諷刺。

# 主要參考書目

## 不要太奢求，先看這些「武林秘笈」吧！

Bottomore ed,*A Dictionary of Marxist Thoughts.*Harvard,1983.

《科學社會主義百科全書》，知識，1994。

Pons & Service ed,*A Dictionary of 20th-Century Communism.* Princton U,2010.

《馬克思、恩格斯選集》，人民，2012。

《列寧選集》，人民，2012。

《斯大林選集》，人民，1979。

《毛澤東選集》，人民，1991。

Thomes More，《烏托邦》，商務，1982。

《巴貝夫文選》，商務，1962。

《聖西門文選》，商務，1985。

《為平等而密謀》，商務，1989。

《布朗基文選》，商務，1979。

《考次基文選》，人民，2008。

《伯恩斯坦讀末》，中央編譯社

《盧森堡文選》，人民，2012。

《葛蘭西文選》，人民，2008。

《鮑威爾文選》，人民，2008。

《盧卡奇文選》，人民，2008。

Kołakowski,*Main Currents of Marxism,*Oxford U.1978.

Cole,*A History of Socialist Thoughts,*1953 ～ 60.

Lichtheim,*Asbort History of Socialism,*Praeger,1970.

Hobsbawm,*The Age of Revolusion,*1962.

D. Sassoon,*One Hundred Years of Socialism* ／ 姜輝等譯，《歐洲社會主義百年史》，社科文獻，2007。

Claudín，《共產主義運動》，求實，1982。

梅林，《德國社會民主黨史》，三聯，1973。

蘇珊・米勒，《德國社會民主黨簡史》，求實，1984。

E. H. Carr,*A History of Soviet Russia,*1964.

聯共（布），《黨史簡明教程》，1930。

L. Schapiro,*The Communist Party of the Soviet Union,*1970 ／ 徐葵等譯，《一個英國學者筆下的蘇共黨史》，東方，1991。

Robert Service,*Commanders!,* Harvard H-P,2007.

# 圖片來源列表

## 取自維基百科共享資源領域：

P11 馬克思／P15 烏托邦／P15 柏拉圖／P22 巴枯寧／P24 恩格斯／P26 黑格爾／P31 亞當斯密／P31 李嘉圖／P33 資本論／P44 巴黎公社革命／P47 鮑笛埃／P47 狄蓋特／P49《三等車廂》／P54 伯恩斯坦／P58 考茨基／P67 羅沙盧森堡／P73 尼古拉一世／P73 普希金／P78 亞歷山大三世／P78 烏里揚諾夫／P79 普列漢諾夫／P81 列寧／P86 血腥星期日／P89 托洛茨基／P95《第四階級》／P101 賽拉耶佛事件／P114 圖哈切夫斯基／P114 史大林／P122 葛蘭西／P135 奧爾忠尼啓則／P140 季諾維也夫／P140 加米涅夫／P162 片山潛／P162 幸德秋水／P162 安部磯雄／P163 大杉榮／P163 山川均／P164 河上肇／P164 德田球一／P165 佐野學／P165 甘粕正彥／P169 陳獨秀／P172 馬林／P177 瞿秋白／P179 毛澤東／P195 拉狄克／P195 皮達可夫／P195 索柯里尼柯夫／P195 維辛斯基／P209 希特勒／P219 台灣共產黨／P233 狄托／P235 赫魯曉夫／P240 李承晚／P240 金日成／P246 胡志明／P253 麥卡錫／P255 卓別林／P255 愛因斯坦／P278 季辛吉／P282 馬里亞特吉／P288 卡斯特羅／P290 格瓦拉／P290 勞爾／P292 甘迺迪／P307 反越戰遊行／P311 布里茲涅夫／P314 蘇卡諾／P325 杜布切克／P331 沙特／P399 東柏林／P404 戈巴契夫／P420 柏林圍牆／P441 八一九事件／P443 葉利欽

國家圖書館出版品預行編目資料

共匪：左派、烏托邦與馬克思主義的未竟之業/楊
碧川作. -- 初版. -- 臺北市：前衛出版社, 2022.12
　　面；15×21公分
　　ISBN 978-626-7076-84-2（平裝）

1. 共產主義　2. 共產黨　3. 歷史

549.309　　　　　　　　　　　111019378

# 共匪：左派、烏托邦與馬克思主義的未竟之業

作　　　者　楊碧川
執行編輯　張笠
封面設計　井十二設計研究室
美術編輯　宸遠彩藝

出 版 者　前衛出版社
　　　　　地址：104056台北市中山區農安街153號4樓之3
　　　　　電話：02-25865708｜傳眞：02-25863758
　　　　　郵撥帳號：05625551
　　　　　購書‧業務信箱：a4791@ms15.hinet.net
　　　　　投稿‧代理信箱：avanguardbook@gmail.com
　　　　　官方網站：http://www.avanguard.com.tw
出版總監　林文欽
法律顧問　南國春秋法律事務所
總 經 銷　紅螞蟻圖書有限公司
　　　　　地址：11494台北市內湖區舊宗路二段121巷19號
　　　　　電話：02-27953656｜傳眞：02-27954100

出版日期　2022年12月初版一刷
定　　價　新台幣600元

I S B N　9786267076842（平裝）
　　　　　9786267076859（PDF）
　　　　　9786267076866（E-Pub）
©Avanguard Publishing House 2022

＊請上「前衛出版社」臉書專頁按讚，獲得更多書籍、活動資訊
　http://www.facebook.com/AVANGUARDTaiwan